江苏师范大学小学教育国家级一流本科专业建设点资助

儿童哲学

ERTONG ZHEXUE

小 学 教 育 一 流 专 业 建 设 教 材 · 总主编：高　伟

韦永琼 / 主编

北京师范大学出版集团
BEIJING NORMAL UNIVERSITY PUBLISHING GROUP
北京师范大学出版社

图书在版编目(CIP)数据

儿童哲学 / 韦永琼主编. —北京：北京师范大学出版社，
2022.4(2023.6 重印)
小学教育一流专业建设教材
ISBN 978-7-303-27760-5

Ⅰ.①儿…　Ⅱ.①韦…　Ⅲ.①哲学课－小学－教材
Ⅳ.①G624.101

中国版本图书馆 CIP 数据核字(2022)第 013828 号

教　材　意　见　反　馈　gaozhifk@bnupg.com　010-58805079
营　销　中　心　电　话　010-58802755　010-58800035
北师大出版社教师教育分社微信公众号　京师教师教育

出版发行：北京师范大学出版社　www.bnupg.com
　　　　　北京市西城区新街口外大街 12－3 号
　　　　　邮政编码：100088
印　　刷：北京溢漾印刷有限公司
经　　销：全国新华书店
开　　本：787 mm×1092 mm　1/16
印　　张：17.5
字　　数：352 千字
版　　次：2022 年 4 月第 1 版
印　　次：2023 年 6 月第 3 次印刷
定　　价：47.00 元

策划编辑：张筱彤　　　　　　责任编辑：刘　溪
美术编辑：焦　丽　　　　　　装帧设计：焦　丽
责任校对：包冀萌　　　　　　责任印制：马　洁

丛书顾问

于　伟　　石中英　　朱旭东　　朱家存

朱德全　　刘铁芳　　孙杰远　　李政涛

张　力　　张斌贤　　范国睿　　顾建军

涂艳国　　戚万学　　谢维和　　缪建东

总　序

　　本套教材由江苏师范大学教育科学学院（教师教育学院）小学教育国家级一流本科专业建设点资助出版，共有《教师的实践哲学》《儿童哲学》《小学生认知与学习》等21本，基本涵盖了小学教育专业的学科专业课程、教育实践课程以及教师教育课程，并重点关注了新时代教育前沿课程。

　　本套教材自酝酿到遴选、初审再到申报选题、审读、出版，经历了一个较为漫长的过程。2019年，江苏师范大学教育科学学院（教师教育学院）小学教育专业先后获批江苏省高校一流本科专业和国家级一流本科专业建设点，国家级一流本科专业建设点本身对教材建设有要求。2019年年初，我们在学院发布了教材招标书，明确了申报条件、教材范围以及申报程序。在提交给出版社教材目录之前，我们对所申报的教材采用院内评价、同行评价、专家评价的方式进行了三轮严格的遴选。我们把"三个原则，三个标准"作为教材遴选的基本条件。

　　三个原则，即思想性原则、实用性原则和时代性原则。这三个原则也是教材出版的基本依据和根本遵循。一是思想性原则。思想性就是有意识地将习近平新时代中国特色社会主义思想、社会主义核心价值观有机融入教材内容，体现马克思主义中国化要求，体现中国和中华民族风格，体现党和国家对教育的基本要求，体现国家和民族基本价值观，围绕育人目标，深度挖掘提炼小学教育专业知识体系中所蕴含的思想价值和精神内涵，注重加强师德师风教育，引导学生树立学为人师、行为世范的职业理想，争作"四有"好老师，充分体现课程的思想逻辑、价值逻辑和实践逻辑。二是实用性原则。小学教育专业教材编写的指向很明确，就是要培养能够胜任小学教育教学的高素质、专业化、创新型教师，这就要求教材实用、能用、好用。教材要遵循小学教育专业教育教学规律、小学教师人才成长规律，贴近小学教育专业学生的思想、学习和生活实际，以便教师好教、学生好学、学有所得、学以致用。我们要求教材在呈现专业知识时，以实际问题为出发点和归宿，体现知识的形成和应用过程，突出理论与实践的统一，培养学生用教育学的思想和眼光观察世界的习惯，在教学实践中提升问题解决的能力。教材一定要注重师范生能力培养，以创新精神和实践能力为核心，以培养学生发现问题、提出问题、分析问题、解决问题的能力为目标，完善以能力培养为核心的教学设计。这就要求编者不仅要精心设计教材内容，还应在编写体例上下足功夫，夯实学生能力发展的知识基础，把知识学习与能力形成有效地结合起来。三是时代性原则。时代发展和科技进步是教材改革最有效的催化剂。要想更新教材内容、创造性转化传统教育观念，就必须立足时代前沿，及时反映经济社会发展新变化、科学技术进步新成果，既要相对稳定，准确阐述本学科专业基本概念、基本知识和基本方法，保持小学教育专业教材的科学性，又要与时俱进，吸纳最新研究成果，保障人才培养的先进性。

三个标准，即专业标准、经历标准和验证标准。一是专业标准。凡申报教材出版的教师，必须有高级职称，必须在其专业领域表现出较高的专业水准。我们不是唯职称论者，所看重的并不是职称，而是职称背后的学术训练、实践历练和经验老练。二是经历标准。我们要求教材编者必须有三个经历：和中小学的长期合作经历、经常去中小学体验的经历，以及指导中小学教科研的经历。这三个经历缺一不可。之所以要特别强调经历标准，是因为教材是要"用"的，如果编者对基础教育的情况不熟悉、不了解，对中小学课程标准摸不透、吃不准，对中小学到底需要什么样的教师把握得不清楚、不准确，那么他就既不能准确地理解我们对人才培养目标的设计，也不能保证课程、教学对于培养目标、毕业要求的达成，当然也就写不出一本具有学科特色、专业特色的教材。三是验证标准。验证标准就是所申报的教材内容必须在教学实践中经过两到三轮的试用，也就是说在出版之前，必须已经验证了教材的适用性。事实上，有的教材是编者十几年乃至几十年专业教学工作的结晶。从这个意义上讲，这套教材既是我们对教学实践的总结，也是对教学实践的反思与提炼。

我们按照"三个原则，三个标准"遴选的教材又经过了出版社的严格审核、层层遴选、多重把关，应该说充分保障了教材本身的质量。

本套教材出版之际，还是要表达由衷的感谢之情。感谢江苏师范大学小学教育专业团队，这个团队所有成员同呼吸、共命运，同甘共苦，同心同德，矢志创业，本套教材在某种意义上也是团队共同奋斗的见证。感谢北京师范大学出版社郭兴举、李轶楠、张筱彤及其他编辑同志，他们的精心编辑、审读使本套教材锦上添花，他们的帮助对江苏师范大学小学教育专业建设而言是雪中送炭。最后，也要感谢江苏师范大学小学教育专业的所有学生，他们的成长与发展是我们追求进步的不竭动力。当然，由于编者水平所限，教材不免会有不妥之处，同时随着教育实践和研究的不断发展，教材的内容也应该不断升级换代，敬请广大读者、同行专家给予批评指正，欢迎提出富有建设性的意见，以便今后进一步修订完善。

高伟

2022 年 2 月

前　言

党的二十大为实现中国式现代化描绘了蓝图。为贯彻党的二十大精神，落实"保障妇女儿童合法权益"的具体要求，教育领域的思路主要有两个方面：一是充分发挥妇女儿童工作委员会的作用，以《中国儿童发展纲要（2021—2030年）》为抓手，全面促进儿童保护事业发展；二是新时代的儿童保护事业要有全球视角，要全面研究数字时代儿童保护事业的新特点、新趋势，积极推动、引领数字时代全球儿童保护事业的新发展，为人类社会儿童保护事业作出中国贡献。党的二十大报告第五部分"实施科教兴国战略，强化现代化建设人才支撑"提出："深化教育领域综合改革，加强教材建设和管理，完善学校管理和教育评价体系，健全学校家庭社会育人机制。"因此，健全学校家庭社会育人机制成为当前儿童哲学的核心内容。本教材在党的二十大精神的指导下，尤其重视家庭、学校及社会对儿童成长与教育之间联动关系的思考。同时，教材亦放眼于全球儿童教育事业发展的整体状况，将国际儿童观与中国儿童观进行了对照，并在此基础上总结出一些有益于儿童健康成长的教育理念。对于儿童保护事业，教材也给予了高度重视，并用专章对之进行深入探讨。

本教材由江苏师范大学教育科学学院长期从事教育哲学、学前教育学、家庭教育学、教育社会学、课程与教学论、中西文化教育史等研究领域的教师共同编写而成。韦永琼副教授负责全书的统编、校阅，并撰写了绪论、第二章前两节；第一章由佟雪峰副教授撰写；第三章由王格格博士（现调入南京医科大学马克思主义学院）撰写；第四章由陈健副教授撰写；第五章由苗曼教授撰写；第六章前三节由王翠副教授撰写，第四、第五节由杜连森博士撰写；第二章后两节、第七章和附录由韦永琼副教授指导研究生沈董健、纪婷婷、黄文琪、史余萍、相巨虎和葛盈君进行撰写，文责由韦永琼副教授承担。

全书主体共分三个部分，包括绪论和七章正文。第一篇为理论篇，包括绪论、第一章、第二章。绪论主要解决儿童哲学的概念界定、持何种方法论来构建儿童哲学等问题；第一章着重讨论了儿童情感哲学；第二章专门探讨了儿童现象学。教材以儿童情感哲学为第一章，以注重儿童意识感受和体验为主的儿童现象学作为第二章，凸显了本教材的特色，也就是与国内外其他教材的不同之处，抓住了儿童阶段特有的思维在整体性中发展的两大奠基性特征，即儿童的思维认知发展一定是在情感发展与意识体验的基础上同步进行的。不注重儿童思维、情感与意识的整体同步性发展节奏的哲学，不能被称作真正意义上的儿童哲学。第二篇是文化篇，包括第三章、第四章。第三章介绍了我国古代的传统儿童哲学观念及童蒙教育实践；第四章全面介绍了国外的儿童哲学及其发展历程和当代发展状态。第三章在一定程度上反驳了我国自古没有儿童哲学的固着思维。如果人们认可中国有哲学，而且自古有着与西方不一样的哲学，那么毫无疑问，中国自古有儿童哲学的思想也是可以解释得通的。只是，我们长期受到西方对"儿童哲学"概念的界定的禁锢，遗忘了对这一概念的理解其实也是开放性的，是可以赋予它丰富的内涵与外延的。第三篇是实践篇，聚焦于儿童哲学在实践层面的开展，包括第五章、第六章、第七章。第五章集中讨论了从事儿童哲学的教师形象、儿童哲学课程及活动的设计、儿童哲学教材的编写等；第六章涉及家庭与社会中的儿童哲学，这为持何种儿童哲学观在家庭和社区中开展教育提供了一定的参考；第七章重点讨论了儿童法权问题，阐述了中国的儿童权利意识和法律体现，及这些法律法规背后的法理依据，陈述了儿童法权的实施现状，同时还讨论了教师的惩戒权等问题，这将有助于教师从哲学高度上来省思儿童与成人的法权尺度，从而真正保护儿童合法权益、尊重儿童权利平等。本教材附录分类列出了各学段儿童、青少年哲学教育的参考书目，同时也列出了适合家长或适合家长指导子女阅读和开展家庭亲子教育活动的儿童哲学读本。除此之外，附录中也列出了一些儿童哲学的网络资源。相信这些书目与网络资源对于各领域儿童哲学活动的开展都是有益的。

一门新兴学科的教材编写，需要具有以下一些必不可少的要素。一是全面性与系统性。保证儿童哲学这门学科内容的全面性与知识的系统性，方能为它的后续发展铺垫出一个完备的体系形态。二是基础性与基本性。基础性，指的是为这门学科的知识体系打下了一个地基，确保它的稳定性；基本性，指的是这门学科必须涉及的基本知识、基本能力与情感、态度、价值观等方面的内容都包含于其中。三是开放性与拓展性。课后习题环节，既确保学生具有开放的眼光，同时又能对所学知识达到进一步提升和拓展性学习。四是本土性和国际性的结合。本教材既注重国际前沿意识，又立足于本土本国的传统文化，一定程度上实现了中国传统文化中哲学与童蒙教育思想及其实践之间的关联性知识体系的初步构建。在方法论上，本教材不主张单一主体的儿童哲学观，儿童本位的儿童哲学与成人本位的儿童哲学都难免有失偏颇。鉴于此，我们在撰写本教材时以共主体性方法论作为编写全书的指导原则，各章节所涉内容及例子皆以此展开。

最后，由于编者学识有限，虽然在既定的时间内已经做了较大努力，但仍有诸多不足之处。教材中引用了前贤先进的研究成果及文献资料，在此对成果与资料的著作权人致以诚挚的感谢。如有不当之处，还望不吝来函指正(主编邮箱：fangfang960627@126.com)。

目　录

第一篇　理论篇

绪　论　认识儿童哲学 ………………………………………………………（3）

第一章　儿童情感哲学 ………………………………………………………（19）

　　第一节　情绪、情感与人的价值世界 …………………………………（20）

　　第二节　儿童的情感世界 ………………………………………………（32）

第二章　儿童现象学 …………………………………………………………（49）

　　第一节　儿童现象学的诞生背景 ………………………………………（50）

　　第二节　儿童的意识与语言习得 ………………………………………（56）

　　第三节　表达与儿童画 …………………………………………………（62）

　　第四节　游戏与儿童交往经验 …………………………………………（73）

第二篇　文化篇

第三章　中国文化发展中的儿童哲学 ………………………………………（87）

　　第一节　先秦时期的儿童哲学思想 ……………………………………（88）

　　第二节　先秦之后的文化发展中的儿童哲学思想 ……………………（94）

　　第三节　中国传统教育中的儿童哲学实践 ……………………………（99）

第四章　国际视野下的儿童哲学 ……………………………………………（109）

　　第一节　国际视野下的代表性儿童哲学学说 …………………………（110）

　　第二节　国际视野下儿童哲学研究范式的转换 ………………………（133）

第三篇　实践篇

第五章　儿童哲学教育实践 …………………………………………………（145）

　　第一节　儿童哲学教育的目标取向 ……………………………………（146）

　　第二节　儿童哲学教育的路径探索 ……………………………………（151）

　　第三节　儿童哲学教育的课程形态 ……………………………………（161）

　　第四节　儿童哲学教育中的教师角色 …………………………………（165）

第六章　家庭与社会中的儿童哲学 ……………………………………………（172）

　　第一节　儿童、家庭与社会概述 ……………………………………（173）

　　第二节　家庭生活与儿童哲学 ………………………………………（179）

　　第三节　儿童哲学在家庭中的生成路径 …………………………（186）

　　第四节　儿童的社会角色 ……………………………………………（194）

　　第五节　儿童的社会差异 ……………………………………………（197）

第七章　法律法规中的儿童哲学 ………………………………………………（209）

　　第一节　儿童法权概述 ………………………………………………（210）

　　第二节　中国的儿童权利意识和法律法规 ………………………（217）

　　第三节　儿童法权的实施现状 ………………………………………（223）

　　第四节　教师惩戒权 …………………………………………………（233）

参考文献 …………………………………………………………………………（240）

附　录 ……………………………………………………………………………（254）

　《儿童哲学》附录说明 …………………………………………………（255）

　　附录1　学前教育阶段儿童哲学教育参考书目举隅 ……………（255）

　　附录2　小学阶段儿童哲学教育参考书目举隅 …………………（259）

　　附录3　初中阶段青少年哲学教育参考书目举隅 ………………（264）

　　附录4　高中阶段青少年哲学教育参考书目举隅 ………………（265）

　　附录5　适合家长使用的儿童哲学书目举隅 ……………………（267）

　　附录6　儿童哲学公众号与网址举隅 ……………………………（268）

第一篇
理 论 篇

```
                                      ┌─────────────────────┐
                    ┌──────────────┐  │  儿童本身有无哲学    │
         ┌──────────│  何为儿童哲学 │──┤                     │
┌────┐   │          └──────────────┘  │ 主体之争：谁的儿童哲学│
│认  │   │                            └─────────────────────┘
│识  │   │
│儿  │───┤                            ┌──────────────────────┐
│童  │   │                            │ 共主体性儿童哲学是什么 │
│哲  │   │  ┌───────────────────────┐ ├──────────────────────┤
│学  │   └──│ 成人与儿童共通的儿童哲学│─┤ 共主体性儿童哲学有什么 │
└────┘      └───────────────────────┘ ├──────────────────────┤
                                      │ 共主体性儿童哲学怎么做 │
                                      └──────────────────────┘
```

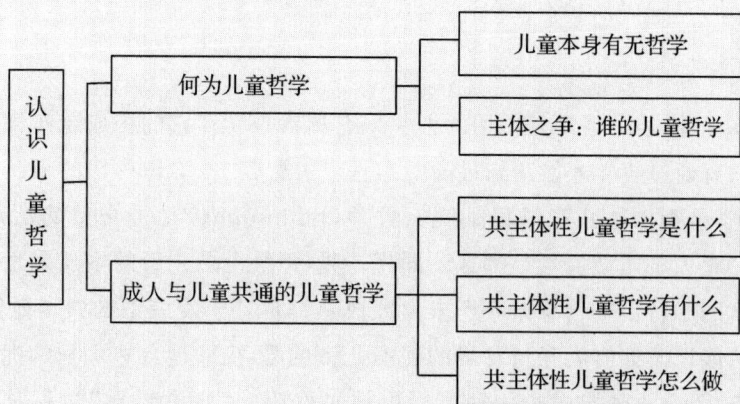

　　绪论系统介绍了《儿童哲学》这部教材的中心思想与讨论方向。绪论有两个部分，分别为"何为儿童哲学"和"成人与儿童共通的儿童哲学"。"何为儿童哲学"这一部分主要围绕两个问题来解读儿童哲学的存在问题，一是儿童本身有无哲学，二是儿童哲学是谁的儿童哲学。"成人与儿童共通的儿童哲学"这一部分主要解释三个问题：共主体性儿童哲学"是什么""有什么"和"怎么做"。

章前导语

　　儿童哲学到底是什么？儿童是否有哲学？爱智慧是人的本质属性，必然也是儿童的本质属性。然而，儿童的身心发展不成熟，儿童是如何哲学地思考的呢？儿童又是如何认知与思考哲学问题的呢？若是有成人的引导，那么儿童的哲学是"儿童的哲学"（Philosophy of Children）还是"为了儿童的哲学"（Philosophy for Children）？近年来儿童哲学在这两者之间游移，因而作为一名教育工作者应该从这两种观点中看出这样一个问题：这两者都以单一主体为中心来探讨儿童哲学，但以单一主体为中心是无法站住脚的，教育对"共主体性"的需求才是更符合实际的。因此教育工作者必须思考儿童哲学教什么、如何教，在教学中实现师生的共主体性，并能够将"共主体"在教学实践中切实应用。另外，我们也不应彻底否定"为了儿童的哲学"，它在第五章儿童哲学实践课程的开展中尤为重要；同时，我们还应在充分尊重儿童主体性的前提下，"与儿童一起做哲学"，如第二章中提到的儿童绘本教育活动及儿童游戏教学活动等。对于"儿童哲学"的理解，我们还应注意到它其中所包括的"儿童教育哲学观念"，详见第五章，这一章回答了对于科学合理地促进儿童身心发展的教育活动的开展应持有怎样的儿童发展观念，这也是良好的儿童哲学观必然包含的方面。

　　哲学家谢林曾说："哲学是一切的根基，它囊括一切；它的构成遍布知识的一切潜能和对象；只有通过哲学才能达到最高的东西。"①既然"哲学是一切的根基，它囊括一切"，那么哲学是否也是儿童的根基呢？哲学（philosophy）是爱智慧的活动，爱-智慧（philo-sophy）是人的本质属性，那么，同样，爱-智慧也是儿童的本质属性。但有一个疑问是，儿童的心智水平、身体等还未发展成熟，是处于发展中的人，他们的爱-智慧活动是如何可能以及如何展开与发展的呢？儿童的爱-智慧是自然生长的呢，还是需要有成人的参与及引导方能成长、发展得更快更好呢？"儿童哲学"学科，教什么，怎么教？

　　在人类的科学知识中，有关某一事物的知识能够成为一门独立的分支学科，需要具备一些基本条件：有特定的研究对象、研究领域和研究方法；具有学科体系完备的上位学科；有国家正式认可的学术组织；已经形成了教学基地，培养了一批硕士、博士研究生；这些学术组织与教学基地承担并完成了多项科研课题，获得了一系列高层

---

　　①　[德]谢林：《艺术哲学（导言）》，罗梯伦译，见刘小枫选编：《德语美学文选》上，140页，上海，华东师范大学出版社，2006。

次的研究成果和奖项；拥有一定规模的学科人才队伍。① 除此之外，还须有自己的专业学术刊物。然而，教育学的很多分支学科到目前为止都没有自己的专业学术刊物，就比如说儿童哲学的上位学科——教育哲学或哲学教育学，均缺乏专门期刊。作为哲学与教育学的交叉性学科，儿童哲学究竟是隶属于哲学的分支学科还是教育学的呢？再有，如同艺术哲学在它诞生之时遭遇到的困境一样，从18世纪开始，人类科技文明飞速发展，这也使得哲学将对一切新兴学科或科学领域进行反思，相应地，必然会诞生众多被称作"××哲学"的学科。这样的情况下，就会出现谢林所指出的问题。

> 现在谁都清楚，如今滥用哲学概念已到了何等糟糕的地步。我们已经有了一门农业科学学说的哲学，还期望得到一门舟车哲学；到头来便是有多少对象就有多少哲学，结果在这些喧嚣的杂七杂八的哲学中哲学本身已经丧失了。除了这些杂七杂八的哲学外，还有一些个别的哲学科学或哲学理论。这一切都是毫无用处的东西。②

那么，什么样的儿童哲学才是有用的，才是真正的儿童哲学，才能避免陷于"杂七杂八的哲学"乱象中呢？要回答这些问题，进行系统的学习与认识极为必要。

一、何为儿童哲学

所谓"儿童哲学"，指的是什么意思？是"儿童的哲学"（Philosophy of Children）还是"为了儿童的哲学"（Philosophy for Children）？长期以来，儿童哲学一直游移于这二者之间。

1. 儿童本身有无哲学

当我们从教育学的立场来看待儿童时，一不小心就会陷入"成人教育儿童"这样一种思维定式中。而一旦我们陷在这样的逻辑框架里，教育学就必然成为伦理学和心理学的下位学科，从而将重心局限于它的操作性技术上，也就是将教育学窄化为教学法。近现代以来，赫尔巴特为现代教育科学指明了它的两大基石，走科学化道路的心理学和传承传统哲学脉络的伦理学原理，从而使得教育学成为一门现代科学意义上的独立学科。20世纪初，杜威指出这一现代教育科学的弊病在于"教师中心""教材中心""学科

---

① 王春茅、田佳：《比较军事教育成为独立分支学科的基本条件》，载《比较教育研究》，2011(06)。
② ［德］谢林：《艺术哲学（导言）》，罗悌伦译，见刘小枫选编：《德语美学文选》上，141 页，上海，华东师范大学出版社，2006。

中心"等，即过于偏重"教"的一方，因而他提出"教育无目的""教育的目的就是它本身"
"学生中心""儿童中心""学生当前的学校生活中心"等偏重学的一方的教育理念。至今，
我们在早期教育和基础教育领域里仍然崇尚杜威的"儿童中心"论与"学生中心"论。21
世纪以来，人类的科学技术文明又取得了飞跃性的发展。单纯重在教师（成人）一方或
学生（儿童）一方的教育立论出发点都是站不住脚的。20世纪中后期由人类学家提出的
互喻文化不断地被人们提起并自觉地用来解释当今的种种教育现实活动。可见，共主
体性是多么重要。

（1）"儿童是天生的哲学家"命题辨析

自从马修斯正式提出"儿童哲学"并出
版了奠定其儿童哲学基础的"三部曲"著作
《与儿童对话》《哲学与幼童》《童年哲学》[①]
以来，"儿童是天生的哲学家""每个孩子
都是天生的哲学家"等命题就在全世界得
到了较为广泛的认识。

目前，国内从事儿童哲学各种项目
推广的学者及其工作团队主要在"儿童是
天生的哲学家"这一命题价值的引领下展
开其范围广阔的活动。例如，于伟等在
《儿童是天生的哲学家——以小学阶段儿
童对"同一性"问题的对话为例》中通过实

> **自主学习小贴士**
>
> 有关前喻文化、后喻文化与互喻文化
> 的基本文献如下。
>
> 米德.文化与承诺：一项有关代沟问
> 题的研究[M].周晓虹，周怡，译.石家
> 庄：河北人民出版社，1987.
>
> 米德.代沟[M].曾胡，译.北京：光
> 明日报出版社，1988.
>
> 米德.萨摩亚人的成年：为西方文明
> 所作的原始人类的青年心理研究[M].周
> 晓虹，李姚军，刘婧，译.北京：商务印
> 书馆，2017.

践操作详细阐述了儿童如何是天生的哲学家。他们以"小学阶段的儿童对哲学中的
经典问题——'同一性'问题"为例，参与性地观察到，随着年级逐渐递升，儿童可
以展开对"同一性"问题的逐步深入讨论。其研究结果指出："一年级的儿童更加关
注同一性问题中数量、结构的维度；四年级的儿童逐渐开始拓展到关注精神意义
层面；而五年级的儿童就是否存在同一性的问题的依据可以进行更加全方位的思
索。"因而，于伟等学者坚定不移地认为："成人应向儿童学习，保持童心，探问世
界的奥秘（天真无邪、单纯与纯粹）。"[②]持此观点的国内学者还有刘晓东、高振

---

① ［美］马修斯：《与儿童对话》，陈鸿铭译，北京，生活·读书·新知三联书店，2015；［美］马修斯：《哲学
与幼童》，陈国容译，北京，生活·读书·新知三联书店，2015；［美］马修斯：《童年哲学》，刘晓东译，北京，生
活·读书·新知三联书店，2015。

② 于伟、刘丹、孙千卉、李维奇：《儿童是天生的哲学家——以小学阶段儿童对"同一性"问题的对话为
例》，载《上海教育科研》，2018（1）。

宇①等，学者们在此领域作出的贡献，在第四、第五章将会进行系统介绍。

（2）"为儿童的哲学"命题辨析

事物的产生与发展总是正反一体的存在。上面所提到的主流观点"儿童是天生的哲学家"亦有反对派。高伟教授在《浪漫主义儿童哲学批判：儿童哲学的法权分析》一文中，集中表达了如下观点："儿童哲学的兴起对儿童教育具有积极的推动作用，但儿童哲学所表现出来的浪漫主义化倾向却不得不谨慎提防。"目前，主要"存在着两种面孔的儿童哲学，这两种面孔的儿童哲学都有可能走向浪漫化"，一是"作为普遍哲学的儿童哲学"，二是"作为隐喻的儿童哲学"。对于后者尤须谨防其浪漫主义倾向。儿童哲学的浪漫主义倾向主要表现在感性自我的确立、通过艺术获得解放以及重新发现自然三个方面。通过对儿童哲学的法理分析来进行厘清，可以防止这些不实的浪漫主义倾向：一是确定儿童的法权与伦理，二是确保儿童独立性的界限，三是承认儿童自由的限度。②

毫无疑问，21世纪，我们已经迎来了一个儿童教育的哲学化时期，培养儿童的价值观及其方法论较农业文明与工业文明的"无儿童"已经产生了翻天覆地的变化。然而，不论是站在"儿童是天生的哲学家"的立场来与儿童一起"做哲学"，还是站在成人的立场以"为儿童的哲学"为指导理念来开展的儿童哲学课程与教学活动，或与之相关的家庭与社会（社区）的儿童哲学活动，都无一例外地离不开成人的参与。换言之，"儿童哲学"的内涵与外延，到目前为止显现出多义性。各派持各自的理解来开展和从事他们眼中的"儿童哲学"。对此，我们认为应从"人观"上来对之进行解析。人类对自身的认识进步，使得"儿童"这一概念在18、19世纪以来逐渐得到了认可，但对儿童的独立性界定及对它的范围的划定则至今仍在发展中。这就表明，如何用以及用怎样的哲学方式来思考和看待儿童，就显得极为重要。

2. 主体之争：谁的儿童哲学

第一，可以肯定的是，用哲学的方式来思考和研究，是儿童哲学的一个理路。然而，这种哲学的主体与客体却是多面的，唯一相同且相通之处在于：用哲学的方式来思考与探问、认知与研究。

由表0-1可以看出，儿童哲学的主体可分为三类：一是儿童，儿童用哲学的方式来认知和探问世界上的万事万物；二是成人，成人用哲学的方式来看待儿童的哲学探问；

① 刘晓东教授在20世纪末较早地从教育学领域出发，明确提出"儿童学的教育学"理念，而不是"教育学之下的儿童教育研究"，并且在国内较早地提出了儿童的精神哲学与教育的主题。这些宝贵的观点至今仍然在指引着我们的儿童哲学向前发展（详见刘晓东：《儿童教育新论》，南京，江苏教育出版社，1998）。高振宇教授的博士论文作的是儿童哲学研究，不仅如此，最近十几年，他一直积极在早期教育领域推广儿童哲学的各项实践活动，非常值得学习。其新近发表的一篇同名论文，观点鲜明［参阅高振宇：《儿童是天生的哲学家》，载《上海教育》，2019（02）］。

② 高伟：《浪漫主义儿童哲学批判：儿童哲学的法权分析》，载《全球教育展望》，2017（12）。

三是儿童与成人共主体，儿童与成人都将对方视作被认知的对象但同时又把自己作为认识的主体，这是目前国内外的儿童哲学未曾充分注意到的共主体性儿童哲学。儿童哲学的客体同样也可分为三类：一是儿童是成人研究的对象；二是成人是儿童认知的对象；三是成人与儿童互为彼此认知的对象。以往的儿童哲学陷入思维困顿中，一直没有厘清"儿童哲学到底是谁的"这一问题。以胡塞尔的共主体性现象学来观审，就清晰明了了。

表 0-1　儿童哲学的种类区分表

	认识主体	哲学方式	认识客体	特征
单一主体	成人的儿童哲学	用哲学的方式来思考和研究	儿童	儿童是成人的认识对象
	儿童的儿童哲学	用哲学的方式来认知和探问	世界上的万事万物	成人是儿童的认识对象
共主体	成人与儿童共通的哲学	用哲学的方式来思考和研究、认知和探问	他者与我、我与他者	"统现"中的共主体性"造对"认识

第二，用哲学的方式来思考和研究，可细分为以下几个方面的具体问题。

(1)将儿童作为哲学的一个研究对象，并从一切可能的哲学视角出发来探问这个领域是什么、有什么、呈现什么样态等，找到这一阶段对人类发展的特殊性何在、意义何在。

(2)试图回答：何以人的成熟期要经历这么漫长的时间？

(3)早期教育各阶段的教育目的是什么？是保育还是启智？是行为训练还是价值观的建立？这里涉及从胎教、早教、幼儿教育到幼小衔接、小学低年级教育、小学高年级教育与青少年儿童教育等各阶段应有的特征及哲学思维的培养。

(4)人的独立性是天生的，还是潜在于人本身的一种特性？独立性需要培养吗，从何时开始培养是恰当的？

第三，儿童哲学是在主体性哲学的大背景下才逐渐得以产生和发展的。

主体性哲学是一种"我"的哲学，它起源于"近代哲学之父"笛卡儿的"我"的观念。虽然"认识你自己"这样一个命题是从古希腊时期就被苏格拉底所明确强调的，它是每一个被称为"人"的存在的使命，但人类真正具有"我"的意识则是从文艺复兴时期开始，并通过笛卡儿的"我思故我在"而得到普遍认可的。20世纪至今，我国的基础教育一直在进行改革。为什么我们一直处在"教改"中呢？当教师的人要有在"教改"框架中从教的意识，否则，将跟不上智识发展的节奏。尤其在科技飞速发展的今天，主动把握事物发展变化的最新趋势，才能成为它的主人而不是被它牵着鼻子走，一旦处于被动的状态就没有了主动权、发言权。但总有一些反面的声音可能会说："为什么一定要处于主动状态，被动没什么不好的啊。"我们看到不少一线中小学老师就是被动的执行者，而且他们恰恰作为执行者才很有执行力，他们只要把国家、教育部下达的教育目标、教学任务等完成好，完成了"课程标准"的要求，让学生们能够顺利地小升初，参加中考、高考，最终考上大学就算是完成使命了。但事实上，这不是一个合格教师该有的心态。然而，我们如何从学理上来揭示人所具有的主体意识的本质特征呢？对这个问题的思考，可以回溯到每一个个体意识到自己的那一刻。让我们来好好回忆一下：在你的儿童时期的哪一个时刻，你突然具有了强烈的"我"的意识呢？从那一刻开始，每一个个体的"我"就诞生了。

【阅读案例】

儿童自我意识的时刻：爱米莉的例子①

爱米莉先是玩游戏，在船首找了个角落为自己造一栋房子。她玩累了，正当她漫无目的地走向船尾，脑际突然一闪，想到她原来是她。一旦完全确信此一令人惊愕的事实，即她现在是爱米莉·巴桑顿，她便开始认真考虑此一事实意味着什么。是那个意志决定了在世界上所有人中间，她将是那个特别的人——爱米莉，生于 1976 年 6 月 16 日。是她选择的吗？是上帝？也可能她就是上帝。她有家庭，有若干迄今为止她从未与之彻底区分的兄弟姐妹；不过，一旦她以如此突然的方式感到自己是个判然有别的人之后，他们对她似乎与这条船一样陌生……一种突如其来的恐惧把她抓住：人们是否知道了？人们是否知道——这是她想说的——她是个特殊的人，爱米莉——可能就是上帝——（不是随便哪一个小女孩）？她也说不出为什么，这个想法使她感到恐怖，因此应不惜一切代价，守住这个秘密……

这个闪电般的直觉毫无意义：孩子刚才确信自己不是随便哪个人，然而正是在他获得此一确信时，他成了随便哪一个人。他与其他人不同，这一点肯定无疑；可是其他人中的每一个人同样也是与别人不同的。他无非经历了分离带来的纯粹否定性的考验，而且他的经验涉及主观性的普遍形式，即黑格尔用"我＝我"这个等式来界定的无效果的形式。一项发现使人害怕，又不能带来收益，那它又有什么用呢？大部分人会赶紧遗忘它。可是把自己禁锢在绝望、愤怒和嫉妒中的那个孩子，将花掉整个一生去思索自己形式上的特殊性而毫无进展。他将对父母说："你们驱逐了我，你们把我从这个完美的一切中赶出来，不让我在其中沉溺，你们判决我分开来存在。那好，现在我与你们对抗，要求这种存在。假如你们日后想把我拉过去，重新消融我，那时候再也办不到了。因为我已经意识到与你们对抗

---

①　[法]萨特：《波德莱尔》，施康强译，3～12 页，北京，北京燕山出版社，2006。

的自我……"

而对迫害他的人，对中学的同学和街上的顽童，他将说："我是另一个。我与你们不同，而你们让我受苦。你们可以迫害我的肉体，但是不能损害我的'他性'。"在这一声明中，既有要求，也有挑战。他是另一个；他不能触及，因为他是另一个，而且几乎已经报复成功了。他偏爱自己胜过一切，因为一切都抛弃他。可是这个偏爱，首先是个自卫行为，从某一方面来看也是一种禁欲行为，因为它使孩子面临对于他自身的纯粹意识。然而这个孩子要享受他的差异；他要感觉自己不同于他的兄弟，犹如他感到他的兄弟不同于他的父亲；我们全神贯注于观看树和房子，忘却了自身。波德莱尔是从不忘记自身的人。他看是为了看见自己在看；他观看的是他对树和房子的意识。而波德莱尔的精神从不迷失在物件组成的迷宫里。拥有反省意识便是达到二重性。骄傲、清醒、厌倦合而为一：在他身上而且不顾他个人的意愿，所有人和每个人的意识达到并且认出自身。既然任何东西在未经他意识到之前对他来说都不可能存在，既然任何东西除了他愿意赋予的意义之外，没有别的意义。

由爱米莉的例子，我们看到，主体性的存在深刻暴露了人性的二重本质。人既是自然存在，又是精神存在；既是感性的、个人的，又是理性的、社会的；既是被决定的，又是自由的。这种人性的分裂使得现实中的人始终处在沉沦和拯救之间，处在人和非人之间。但是，人的根本性的底色仍然是理性，这是人区别于动物的地方。

主体性可以从两个层面来理解：一是自在规定的主体性，二是关系规定的主体性。主体性有其内在结构，如本体范畴、价值范畴和实践范畴等。人与人之间的关系可被理解为一种交往性主体的关系即主体间性或共主体性（如图 0-1 所示）。对于主体间性的理解可分为四点：一是交往双方的共同理解；二是交往双方的彼此承认；三是交往双方的互惠性质；四是交往双方的人格平等。人，这样一种主观性的存在，他们认知对方，在日常经验中都总是体现为"靠自己'脑补'"，即从主观性出发的向外投射。心理学将这种认知过程解释为彼此共同建构出来的结果。现当代哲学也都非常重视对人的

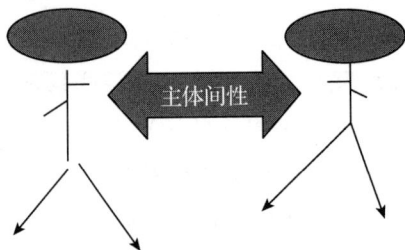

图 0-1 共主体性结构图

主观性本质的研究。例如，最早系统提出"主体间性"的胡塞尔，其在这方面的著作的汉译题名为"共主观性"①。

　　主体性教育有三种内涵：一是着眼于学生的主体性及其培养，认为主体性教育就是有目的地增强和发展人的现代性、有效性、能动性、创造性和自主性的过程，通过主体性教育把受教育者培养成具有现代思想、自我意识，能有效地、主动地、创造性地、自主地进行社会认识和社会实践的人；二是着眼于教育活动过程的组成及其主体性表现，认为教育活动过程的主体性是指教师主体引导学生主体依据认识规律进行学习、认识与实践，以获得发展的对象性活动中表现出来的能动性、方向性、自主性和创造性；三是认为主体性教育主要包括相互联系的三个方面：学生的主体性、教育活动的主体性，以及由此二者所构成的教育系统的主体性。教育的主体性包括教育活动主体的主体性和教育活动自身的主体性，而教育活动主体的主体性则包括受教育者的主体性、施教者的主体性和决策者的主体性。②

　　可以说，基础教育改革是一场主体间性的力量平衡战。因为我们现在是一个强调主体性的时代，谁也不愿处于沉默状态。为什么我们现在要强调主体（性）与主体（性）教育？当我们大力倡导主体性教育时，我们却又忽然发现现在的青少年和儿童越来越自我，那么，他们被培养起来的这种强烈的主体意识是否与我们原先所设计的一致？现在的学生，当他们把自己当作一个很突出的主体来看待时，却常常会忽略了集体的存在以及集体的重要性。主体间性与集体内个人间的合作关系是我们这个时代的教育分析的一个主要面向。问题在于，我们需要的是什么样的主体性教育呢？课堂教学中提到的"主体"，更倾向于在认识论的视角下来理解这一概念。"新课程改革"的背景下，我们最常听到的一句话是"学生主体，教师主导"。而对于学校日常教学中提到的主体性，人们更倾向于从实践哲学的视角来理解。老师在教育学生时，常常会说："你是个人啊！"是"人"，意味着什么？我们看到，现实的状况表现出来的反而是，教师们往往把握不住或拿捏不准他们的教育主动性何在。通常情况下，为人师者常常会在心里对自己说："学习是学生自己的事，主动权在他们，我只能尽力教他们却不能代替他们学。他们自己不愿学（一个人连他自己都不想好了谁还能强迫得了他呢），那我强行压迫也只能适得其反啊……"这种教师心声并非不具有普遍性，因而，如何明确区分教与学的主体双方的权利与责任，尤为重要。关于这点，第七章在阐述儿童的法权哲学时做了系统阐述。

　　第四，人的本质特征之一在于"具有实现自我的需要"。但是，自我实现的人始于何时，或者换一种问法：人都能自我实现吗？如若不能，为什么？是什么妨碍了他们

---

　　①　参见［德］胡塞尔：《共主观性的现象学》1～3卷，王炳文译，北京，商务印书馆，2018。

　　②　参见张天雪：《中国基础教育改革与发展实践》，1～3页，沈阳，辽宁教育出版社，2016。

自我实现的进程？为人师者应该如何抓起这一事业？从哪里、从何时入手？马斯洛需要层次理论认为人的需要分为六层：生理需要、安全需要、爱与归属的需要、受尊重的需要、自我实现的需要、超越个人或灵性的需要（1969 年 Z 理论添加）。马斯洛称他的理论为"Z 理论"，旨在强调它有比道格拉斯·麦格雷戈（Douglas McGregor）的 X 理论和 Y 理论更高的动机。马斯洛回应了"超越者"和"平凡健康人"之间的区别，认为平凡健康人满足了麦格雷戈在 Y 理论中的期望：他们没有匮乏需求（deficiency needs），驱动他们的是实现个人潜能和发展自我身份、个性和独特性的渴望。马斯洛说："这样的人生活在这个世界上，在其中获得满足。""他们掌握世界，领导世界，将世上一切用于好的目的，（健全的）政治家或务实的人正是这样做的。"①尽管马斯洛认为超越者也能满足 Y 理论的期望，但他指出他们也超越了 Y 理论，因为他们有更频繁的"启发、洞见或认知，它们改变了他们对世界和自身的看法，这也许偶尔发生，也许十分寻常"②。马斯洛还提出了一个耐人寻味的观点，即剥夺存在价值可能会导致"超越性病态"（metapathologies），而这种受挫的理想主义或许会致使"超越性牢骚"（metagrumbles）。马斯洛认为，超越者的超越性牢骚也许是他们心理健康的一个指标。事实上，抱怨缺乏安全、地位、金钱、权力、尊重、接纳和情感，似乎与抱怨世界上极度缺乏美、幽默、善良、正义、独特性、完整和意义是不同的抱怨类型。智慧往往随着年龄的增长而增长，在这样一些人群中最为常见：①对新体验保持高度开放心态；②有自我检查和自我反省能力；③有个人成长动机；④愿意对自己的自我评价保持怀疑；⑤从不停止对既有假设和信念发出质疑；⑥不断探索和评估与自身身份相关的新信息。③ 关键是：人的这些素质或品质是如何被培养起来的？什么时候开始培养？在什么学科内容、什么课程上培养，如何培养？须知，它并非自然生长而成。以上所列 6 个方面，可被称作人的"主体性素养"。目前，我们所处的时代，人人都想当主体，这是一个突出个人主体特性的时代。但是，在人人想当主角的人生舞台上，谁来当配角？谁才能当得了真正的主角呢？显然，没有主体性的主体世界是毫无意义的，实际上这是一场永无休止的主体性表征竞技赛，大致可以概括为以下四个方面：性别主体之争（男性霸权、女性主义），角色主体之争（父母师长权威；兄弟姊妹年龄差序，大欺小、强凌弱等），权力与权利主体之争（正当合法权益的维护 vs. 以权谋私、中饱私囊等）。除此之外，在我们这个时代，还有其他的一些"不再是人"或人之脆弱主体的现象存在。例如，"数

---

① ［美］亚伯拉罕·马斯洛：《人性能达到的境界》第 2 版，曹晓慧、张向军译，320 页，北京，世界图书出版公司，2019。

② ［美］亚伯拉罕·马斯洛：《人性能达到的境界》第 2 版，曹晓慧、张向军译，320 页，北京，世界图书出版公司，2019。

③ 这部分内容请参阅［美］亚伯拉罕·马斯洛：《人性能达到的境界》第 2 版，曹晓慧、张向军译，48～62 页，北京，世界图书出版公司，2019。

字主体性、非人主体与人类的终结"等不断被人们提出来讨论。

第五，信息化时代的主体将会有怎样的变化？这个问题需要在儿童哲学中进行深入思考。可举的典型例子有两个。

一是数字化时代的人。不久前，新媒体平台"网易数读"的调查统计显示，我国虽然南北差异巨大，却有着惊人的不可思议的"全国一致"，如全国的父母都对儿女有着同样的期待、唠叨和过度管束，全国的学生都有统一做过的事，全国的老师会说的话也高度一致，全国的男朋友最喜欢说的话、全国的女朋友都会说的话等也存在一致性。二是脆弱主体的人。在这次全球疫情面前，人的主体性又显得如此不堪一击。在以上两个例子中，我们需要注意到，从事儿童哲学教育的教师，自己就要具有较为敏感的反思能力，较为频繁地反思我们生活中的种种新事物、新现象、新思想等，这些对于一名教授儿童哲学课的合格教师而言，非常必要。唯有如此，他们才能从容而机智地启思儿童认识与反思身边的一切"新"事物。总的来说，当今时代的主体不再是笛卡儿时代的主体了，那么，它是什么呢？是感性主体。人作为感性主体，其主体性具体体现在人之身体所带的"五官"（五感）上。直观感受对人的主体性之形塑是不容忽视的。尤其青少年儿童阶段，直观性思维（感官思维）占主导地位，而抽象性思维尚待发展，如何培养他们拥有恰当的感官认知能力，极为重要。这样一种感官智慧本身就包含着抽象认知水平的显现。可以说，它与康德所强调的"感性直观""理性直观""先天观念"等这样一些人特别具有的本质属性紧密相连。直观（或直感）能力，是人的天赋能力或先天能力。当今的互联网图像时代对学校的"可感直观"教育产生了极为严峻的挑战。诚然，在各级各类学校中，大多开有纳入多元课程体系中的生活美育课。然而，真正的生活审美教育，却更是在一种真实生活环境下的自然习得。近年来，学校教育领域里出现了一些新形式的美感教育课程，如作文课的教学新方式——运用小视频制作自己的生活故事，将视频式的自我叙事在日常生活中展现出来。这种新形式的"写作方法"让学生获得了作为主体的审美自由体验。但如何具体地将之运用于学校系统的常规课程中，还有待进一步地开发与研究。

"主体"的界定，按照康德的观点，包含两个方面。一是认识论意义上的"主体"：康德的绝对主体，或纯粹自我。这种不能当作认知对象的绝对主体，在认识论层面上就是一种先验统觉；不是实体性存在，而是一种功能性存在，它能建构人的感觉，使认识成为可能。二是本体论意义上的"主体"：在实践哲学层面上，作为责任来源的道德自我必然是一个本体的存在，一个自由的存在。这个道德自我是一个必需的假设，与认识论意义上的先验统觉一样，都不能被认识。教育上理解的主体，也分为两个方面，一般而言，从教育目的去理解更注重本体论；而从教育教学和学校管理（教育过程)去理解则更注重认识论。① 通常说来,"主体"代表着从第一人称的立场来看待事物,它代表着第一人称的观点,也就是一种主动性的体现,同时也包含了人的主观能动性的发挥。教育上尤为注重对人的主体性的培养,看重的就是人的内在的积极主动性的发挥,它意味着一旦在儿童或学生的内在世界里建立了主动的动力机制,则一切活动于他们而言都是以他们自身作为主人去进行的。有了内在动力机制,他们就是自身的主人,能为自己的言行负责。

二、成人与儿童共通的儿童哲学

在笛卡儿的理性主义、主体主义之后,人类所历经的四个世纪(17~20 世纪),都并不是真正的主体主义时代。而我们今天所处的 21 世纪的信息化时代,才是一个"我"的时代!众所周知,笛卡儿被看作主观唯心主义者,他提出了身心二元论的难题。直到今天,人类都未能完全处理好身心统一的问题。但是,"主观唯心主义"通常被视为贬义词,它由一些不可靠的个人主观想法甚至是不可信的臆想、断想、假想、偏执等组成。也就是说,主观唯心主义没有一个判断的标准来证明到底一个人内心所想是否是真实可信的。例如,一个人的主观感受是"这个东西非常甜,太甜了",而另一个人却认为"一点儿也不甜啊,哪里甜了,明明很淡"。但这些都与笛卡儿的思想无关。在笛卡儿之前的时代,人们需要借着神的名义才能说话,才能行事,才能行使一切活动与言语,而他彻底改变了这种思维方式:不是神让我们做什么、说什么、如何言、如何行,而是我要做什么、说什么、怎么做。"说"和"做"的主体是"我"。这个"我"如何不因它是主观的而不可信呢?就是靠人的理性能力,具体体现在:数学中的那些运用理性原则得出来的原理,是无可怀疑的。

到了 19 世纪末 20 世纪初,笛卡儿之后的哲学家们都在解决主客二元论的问题。所谓"主观唯心主义"最大的困境就在于"唯我论"如何得到克服。而胡塞尔的现象学则对此有了较大的突破,提出"唯我论的超越",更新与推进了主体性哲学。这在教育教学上主要集中于对学生知识获得的意识向度的考察,意识活动的展开与教育发生学等,这些都是现象学教育学的成就。我们这里对儿童哲学的理解重在思之过程与问之追寻两个方面。本书第二章详细呈现了由哲学家梅洛-庞蒂本人讲授的心理学与教育学讲座课程,指出儿童哲学为何必然是哲学化了的教育学与心理学。通过他,我们能够获知一种通向"儿童哲学"的路径,在这条儿童哲学的道路上我们能够看到其中的风景是什么,障碍物是什么,隐而不显的是什么,似是而非的又是什么,等等。当我们从这条丛林里的道路走出来时,我们就必然获得了某种能够通向儿童哲学的道路及通行证。

---

① 参见张天雪等:《基础教育改革论纲》,1~3 页,重庆,重庆大学出版社,2008。

也就是说，我们至少能够真正地懂得共主体的儿童哲学是什么，在此基础之上，我们再去继续探知其他儿童哲学时，就有了立足点。站稳了脚跟，便能够在后续的不断深入推进的研究与学习中，突破儿童哲学领域里的难题，对这门学科贡献出自己的智慧。

1. 共主体性儿童哲学是什么

现象学的共主体性：从一首小诗的意境体验入手

> 我划了若干火柴
> 却迟迟不见火焰
> 这是种抵抗
> 烦躁不安将我笼罩
> 这成了一首诗
> 受挫令事物的存在
> 如此鲜明
>
> ——保罗·瓦莱里

当前人类真正迎来了一个"把自己作为方法"[①]的时代，"把自己作为方法"，而不是"以神作为方法"、以外在的客体作为方法。那么，当我们每一个人把自己作为方法时，可信吗，可靠吗，能令人信服吗？为什么我们要把自己作为方法？这难道不会跌入刚愎自用的暴君式人格结构里去吗？实际上，从笛卡儿的时代开始，"人"才真正得以出现。那么，每一个人靠什么立身呢？理性、怀疑精神、审判一切（包括自己）。我思，而不是神思、他思、王者的思想、权威人士的思想、富豪的思想……信仰是任何一个时代的人都有的，虽然他们未必有某种宗教信仰，但他们会非常相信某种东西、要素所具有的"神力"、力量、重要性。例如，对于科学技术的信仰是我们这个时代的主流（无神论者与有神论者皆不例外）。信仰有偏见，理性则以客观公正的真理标准为其目的。因而，笛卡儿首先揭示出了"理性"之于人的重要性。从他开始，人类意识到唯有理性品质才是人类文明发展的保障。但对主体性哲学有重大突破的则是现象学，如前所述，它将人理解为"交往主体"，这样一种共主体性，除了体现于人与人之间外，还体现在人与物之间。共主体性儿童哲学主张，思与问的主体是成人与儿童，他们既互为对方的客体又同时是自身的主体。更为详细的理解在以下各章展开。

---

① 目前，在社会学中的人类学研究方法，明确从个人经验切入，追索一系列超越自我的问题，其中涉及对知识共同体、经济全球化与民粹主义、人类学方法论等题目的思考。同名著作《把自己作为方法》提供了一份对话实录，也给出了一种问题审视、思维操练的方法——在自我泛滥的潮流中如何谈论、书写和反思自我经历，在经济全球化的年代如何创造性地建设身边的小世界，在思想受困的社会如何回答宏大的命题。（详见项飙、吴琦：《把自己作为方法》，上海，上海文艺出版社，2020。）

共主体性承认"共同体"的价值和意义。"共同体"从复数的第一人称"我们"出发，它表达出的含义是"我们：世界意义的共同承载者"。确切地说，"共同体"是一个与交互主体性密切相关的主题。一方面，"共同体"意味着交互主体的共同构造形式。在共同体中，复数的经验主体构造着交互主体有效的生活习性、生活世界、文化、宗教等。在这个意义上，胡塞尔也谈及"共生的共同体""宗教的共同体""现象学的共同体""超越论主体的共同体"等共同体形式。而"共同体化"的终极形式，即最高意义上的共同体在胡塞尔看来是"爱的共同体"。另一方面，"共同体"本身也是单个主体构造的结果，人类社会的"交互主体的共同体"是各个经验主体，最后是交互主体的构造物。这个意义上的"共同体"是"意向共同体"。① 因而，共主体性儿童哲学，主要包含了两个要点。一是成人与儿童之间是"爱的共同体"，他们之间共享着对世界惊异的爱，探问未知的爱，启发引导的爱。这方面的共通体现在实践行动上，儿童与成人、成人与儿童共通于彼此寻求爱-智慧的活动中。二是成人与儿童之间也是一种在意向性上达成一致的共同体，这是观念上的共通，求同存异地理解彼此，也是理论上的共通，从而形成新知，创造智慧。

在胡塞尔之后，当代的现象学更为认可将"共同体"（community）译为"共通体"的理念。为什么我们的时代需要"共通体"而不仅仅停留在"共同体"的层面上了呢？布朗肖很好地回答了这个问题："在每个存在的根基上，都存在着一种不充足的本原。这种存在的匮乏注定了每个个体的本质的孤独。为了克服这种孤独，因而需要在主体与他者之间构建一种新型的共通体关系。"②共同体强调的是"我们"的"同一性"，即共享着同一种利益或资源等，而共通体则试图在中性的"主体与他者"关系中寻找一种共通的可能。"共通"体现了主体双方的有来有去的、双向回路的相互交流与交往，这对于教育教学活动的双主体即教师与学生之间的关系而言尤为重要；而"共同"凸显的则是"相同"，至于相同的个体（同类，如同一民族的人、同一地区的人、"老乡"等）彼此之间是否有着内在的、无阻隔的相互交流沟通则未在"共同"一词上得到体现。"他者"既包含了他人他物，也包括主体与主体对自己的认识，以客观的他者的眼光来审视自己又能同时形成一种对自己及他人他物的同情性理解。这就比单纯意义上的利益共同体所能涵盖的含义要广阔得多。在共主体性理念下，成人与儿童之间的关系将是开放的，思维也并不会局限在上对下、大对小、成熟与未成熟等这样一些不对等的关系上。

2. 共主体性儿童哲学有什么

"'主体性'（subjectivity）是对'主体'（subject）概念的抽象化，它在传统哲学的意义

---

① 转引自倪梁康：《胡塞尔现象学概念通释》增补版，201 页，北京，商务印书馆，2016。
② 转引自奚麟睿：《布朗肖〈黑暗托马〉中的"共通体"分析》，载《当代外国文学》，2020(01)。

上是指相对于客体性而言的整个主体领域，是对主体及其心境和能力的总称。"①"共主体性"则指的是一种共通体意义上的主体交互性（community of subjectivity）。那么，共主体性的儿童哲学里有些什么呢？最为关键的是"正确运用自己的理性在各门学问里寻求真理的方法"是什么。"如何正确运用自己的理性"分为以下几个问题：人有理性，为什么却不能天生地正确运用？为什么正确使用自己的理性需要加以严格的训练而不是天生就具备正确使用自身理性的能力呢？虽然近代哲学将"理性"作为人的第一本性，但人还有其他特性，诸如人的动物属性、惰性（社会性、功利性的投机取巧）、神秘性（追求永生，对偶然性、未知力量的迷恋或崇拜）等。为什么说信息化时代的人仍然普遍缺乏正确使用自己理性的能力呢？一定程度上，是我们的教育——家庭教育、学校教育与社会教育，没有提供这方面素质的培养与训练。

在共主体性儿童哲学中，成人与儿童彼此互为对方的认识对象的同时又是认识主体，这就是人身上所具有的辩证统一性。因而，面向师范生开设的儿童哲学课程，既是成人的儿童哲学又需要考虑儿童的儿童哲学。我们将儿童的儿童哲学相关的参考书目及读物归类整理放在了附录里。

3. 共主体性儿童哲学怎么做

从现象学的开端之始，胡塞尔即已指出："近代科学开始了一种客观主义转向并完全误解了主体性的功能和成就。主体性代表着第一人称观点，后者不可能从认知概念中被排除。"②共主体性儿童哲学怎么做呢？"共主体性"是一种"功能的主体性"，它首先被看作"主体性的一种匿名性的前自我形式"，由前自我形式才"产生了世界的所与性以及世界'永远已经存在'特性的观念"③。因而，共主体性是对儿童与成人之间的先于经验的预设观念。如同我们承认成年人的独立主体性、儿童的独立个体性一样，共主体性是先于单个的成人与单个的儿童而存在的。有了这样的前提性概念，才能有在此基础上通过情感、意识、我-他关系、文化与传统、实施策略、家庭与社区、科技活动、法律法规等方面分别进行的儿童哲学。本书分七章对儿童哲学进行阐述。相信通过这些章节的学习，我们将能够了解到：人类从儿童阶段开始，用什么来说"我"；为什么说"我"等于说"用我的理性行事"；"我＝理性"这个等式在什么意义上成立。

小 结

我们常常会忽略儿童不经意的一句话、一个动作，也很难将哲学和儿童

① 倪梁康：《胡塞尔现象学概念通释》增补版，485页，北京，商务印书馆，2016。
② ［爱尔兰］莫兰、科恩：《胡塞尔词典》，李幼蒸译，251～252页，北京，中国人民大学出版社，2015。
③ ［爱尔兰］莫兰、科恩：《胡塞尔词典》，李幼蒸译，251～252页，北京，中国人民大学出版社，2015。

联系在一起。但是作为 20 世纪出现的一个哲学分支，儿童哲学发展至今，让我们明白儿童本身可以是哲学家，并且儿童哲学的主体也是不一致的。一方面是单一主体性的儿童哲学；另一方面是共主体性的儿童哲学。共主体性的儿童哲学中成人与儿童之间的关系将是开放的，这样的儿童哲学既是儿童的哲学，也是成人的哲学。有了这样的共主体性的概念之后，我们才能够了解与学习不同阶段和不同方面的儿童哲学，以及明白为何"儿童是天生的哲学家"。

章后思考

一、名词解释题

儿童哲学　主体　主体性　共主体性

二、论述题

1. 请详细说明单一主体性的儿童哲学都有哪些，其各自的利弊是什么。

2. 请详细说明共主体性儿童哲学具体解决了"儿童哲学"领域的什么难题。

拓展阅读

1. 潘小慧．儿童哲学的理论与实践[M]．桂林：广西师范大学出版社，2020.

2. 马修斯．童年哲学[M]．刘晓东，译．北京：生活・读书・新知三联书店，2015.

3. 高振宇．儿童哲学论[M]．济南：山东教育出版社，2011.

4. 彭琨．中国儿童哲学教师辅导用书[M]．昆明：云南科学技术出版社，2000.

5. 竹田青嗣．儿童哲学简史[M]．励立蓉，译．长沙：湖南少年儿童出版社，2019.

第一章

儿童情感哲学

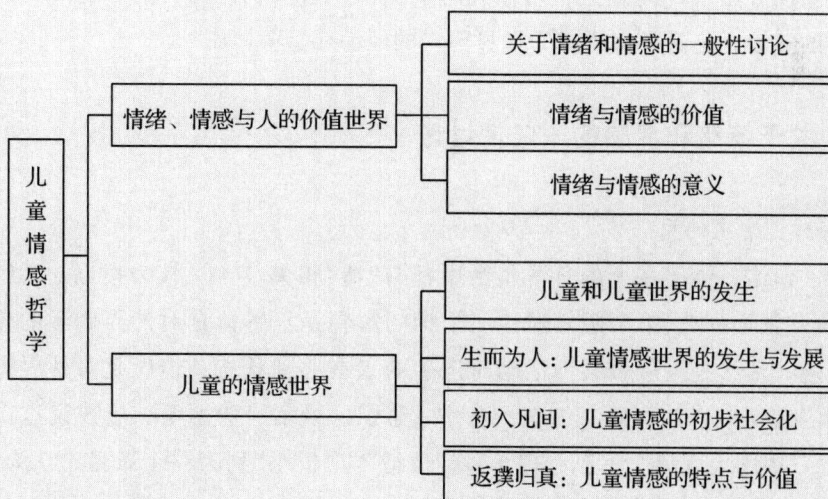

```
                              ┌─────────────────────────┐
                         ┌────│   关于情绪和情感的一般性讨论    │
                         │    └─────────────────────────┘
          ┌──────────────┐   ┌─────────────────────────┐
       ┌──│情绪、情感与人的价值世界│──│      情绪与情感的价值       │
       │  └──────────────┘   └─────────────────────────┘
       │                     ┌─────────────────────────┐
  ┌────┐                └────│       情绪与情感的意义       │
  │儿  │                     └─────────────────────────┘
  │童  │
  │情  │
  │感  │                     ┌─────────────────────────┐
  │哲  │                ┌────│     儿童和儿童世界的发生      │
  │学  │                │    └─────────────────────────┘
  └────┘                │    ┌─────────────────────────┐
       │  ┌──────────┐  ├────│ 生而为人：儿童情感世界的发生与发展 │
       └──│ 儿童的情感世界 │──┤    └─────────────────────────┘
          └──────────┘  │    ┌─────────────────────────┐
                        ├────│ 初入凡间：儿童情感的初步社会化   │
                        │    └─────────────────────────┘
                        │    ┌─────────────────────────┐
                        └────│ 返璞归真：儿童情感的特点与价值   │
                             └─────────────────────────┘
```

情绪感受把环境信息与生命活动联系起来，影响有机体的目标定向和选择行为，情绪体验就是达到意识觉知水平的感受。感受是生命体基于自身需要对环境信息的觉察和"判断"，是对环境信息价值的"评估"，感受的作用在于为生命体对环境的反应提供"决策依据"。情绪感受是价值的源泉，情绪感受既是生命体生存的前提和基础，也能为(高级)生命体带来意义感。

第一节
情绪、情感与人的价值世界

"人就是他们的情感。情感是人这个现象的核心。"①黑格尔说："我们简直可以断然声称，假如没有热情，世界上一切伟大的事业都不会成功。……第一是那个理念，第二是人类的热情，这两者交织成为世界历史的经纬线。"②

一、关于情绪和情感的一般性讨论

1. 情绪、情感的内涵

感情、情绪、情感在人的日常生活中都与"情"相关，含义较为接近，区别也不甚清晰。《现代汉语词典(第7版)》对这三个词的解释是：感情是对外界刺激的比较强烈的心理反应；情绪是人从事某种活动时产生的兴奋心理状态；情感是对外界刺激肯定或否定的心理反应，如喜欢、愤怒、悲伤、恐惧、爱慕、厌恶等。应该说这三种解释区别不大。《中国大百科全书：心理学》将"情绪"与"情感"列为一个条目，认为"两个词可通用"，只是在某些场合所表达的内容不同，但这种区别是相对的。人们常把短暂而强烈具有情景性的感情反应看作情绪，而把稳定而持久的、具有深沉体验的感情反应看作情感。③

---

① ［美］诺尔曼·丹森：《情感论》，魏中军、孙安迹译，沈阳，辽宁人民出版社，1989。

② ［德］黑格尔：《历史哲学》，王造时译，62页，北京，生活·读书·新知三联书店，1956。

③ 中国大百科全书总编辑委员会《心理学》编辑委员会：《中国大百科全书：心理学》，157页，北京，中国大百科全书出版社，1991。

　　情绪心理学家孟昭兰认为，应该把区别于认识活动、有特定主观体验和外显表现，并同人的特定需要相联系的感性反应统称为感情（affect），它一般包容着情绪和情感。情绪（emotion）代表着感情性反应的过程。情感（feelings）则经常被用来描述社会性高级感情。一般认为，具有稳定而深刻社会含义的感情性反应叫作情感。①

　　情绪是个体对客观事物意义的评价结果的表征，也在一定程度上代表了个体相关行动的动机水平和指向。阿诺德的评价理论认为来自环境的影响要经过人的评价与估量才能产生情绪，也就是说，人必须估价情境刺激对人具有怎样的意义，是否符合人的需要、意图或渴求。没有这样的评定，就不可能产生情绪。② 情绪代表了个体对事物是否具有意义、具有何种意义的评价，只是这种评价不完全是知觉水平的。情绪还具有激发和组织行为的作用。伊扎德的"动机—分化"理论认为，每一种具体情绪都保证有机体在遇到自身所处情境中的任何特定事件时发生敏锐感应，并为对所发生的事件做出反应提供准备。③ 利珀的"动机—知觉"理论则直接把情绪过程看作动机，认为这种情绪过程唤起活动，并赋予这个活动以一定的方向和持续性。④ 马克斯·舍勒关于情感的思考则更为深刻："任何个体都必然处在情感之中，并通过情感的绽放意识到自己的存在。就此而言，情感具有存在论意义上的重要性。也就是说，个体正是通过情感体验到自身的存在……先验情感的先验意义就在于，作为启示、预警或征兆，它预先筹划了人存在和行动的方向，并昭示出情感自身、人的行动以及各种事物和事件的不同价值。"⑤

　　情绪和情感在西方传统哲学中的地位并不高。西方传统哲学认为人是理性的存在，理性才是人之为人的本质属性，而情绪、情感与理智相互对立，是人性的非本质部分，需要理性的掌控和指引。而非理性主义基于对"理性的暴政"的反动，把非理性的情感、冲动、本能等当作人的本质，把人的"自我""生命冲动""直觉"等看作一切的出发点。现在看来，这两种角度都有失偏颇，理性也罢、非理性也罢都是人的本性，都是人不可或缺的部分。舍勒就认为"单纯用理性规定人格的本质是远远不够的"。"必须用更加宽泛的'精神'概念来界定人格的本质。他的精神概念不但包括理性，还包括了情感和意志。其中精神性的情感特别是爱具有主导性地位。"⑥

　　本书则认可以下界定：情绪指"一种由客观事物与人的需要相互作用而产生的包含体验、生理和表情的整合性心理过程"⑦。而情感是指这一过程中的主观感受和主观体

---

① 孟昭兰：《情绪心理学》，7～8 页，北京，北京大学出版社，2005。
② 孟昭兰：《人类情绪》，79 页，上海，上海人民出版社，1989。
③ 孟昭兰：《人类情绪》，104 页，上海，上海人民出版社，1989。
④ ［美］K. T. 斯托曼：《情绪心理学》，张燕云译，167 页，沈阳，辽宁人民出版社，1986。
⑤ 张志平：《情感的本质与意义——舍勒的情感现象学概论》，63 页，上海，上海人民出版社，2006。
⑥ 李革新：《康德与舍勒伦理学的三大差异》，载《浙江学刊》，2005(6)。
⑦ 孟昭兰：《人类情绪》，17 页，上海，上海人民出版社，1989。

验。情绪和情感都是基于客体属性与人的需要之间的关系而产生的，只是相对而言，情绪概念带有更多的生理学色彩，而情感则更多地与社会性内容相关。

2. 情绪的发生

人的情绪或情感系统是进化的产物。达尔文认为情绪是生物体具有原初生存价值的遗传模式。从生物进化的角度看，情绪是生物体应对生存挑战的基本机能，不同进化阶段的生物具有与其进化水平基本一致的反应性机能与结构。

生物体总要对外部的刺激予以反应或应答。只是不同进化水平的动物的反应或应答的方式是不一样的。单细胞有机体没有神经系统，但它依然需要对外部刺激做出回应，变形虫这类单细胞生物只能用身体的运动来回答外界的刺激，离开有害的刺激抑或是趋向有益刺激（比如向食物靠近）。多细胞动物由单细胞动物进化而来，在多细胞动物体内，细胞之间已经具有初步的分工，亦即细胞的专门化。一些细胞形成感受外界刺激的感觉器官，另一些细胞变成肌肉细胞，负责动物的运动，还有一些细胞执行着消化作用，等等。有些细胞既担任感受外界刺激的机能，还能调节有机体的运动反应，并把有机体连成统一的整体。这些细胞彼此相连而形成生物体初步的神经细胞以及更为高级的神经系统。神经细胞分散在生物体的各个部分，一个神经细胞受到刺激，会扩散到整个神经系统，神经细胞或神经系统会根据对刺激性质的分析，指挥或协调整个身体的反应。[①]

从生物进化的历史进程看，爬行类以下的动物只有感觉水平上的趋避反应；爬行类到低等哺乳类动物有知觉水平上的情绪反应；啮齿类动物的情绪反应发生在知觉表象水平上；类人猿则有更分化的、表明其智慧行为的复杂感情。[②] 研究发现，动物情绪作为物种进化中获得的适应功能，还没有达到意识水平，特别是还未达到语言意识水平。低等哺乳类可能有在不同程度上发生感觉和知觉的能力，从而可能在感觉、知觉水平上与情绪相联系。动物情绪作为其动机和活动的准备状态，成为它们捕食、搏斗、求偶、育幼等为生存而斗争的工具。随着动物感觉能力的发展，感情性功能成为重要的适应生存的手段。在脊椎动物中可以广泛地观察到所谓"4F反应"，也就是争斗、逃跑、哺喂和怀孕生产（fight，flight，feeding，fecundation）四种感情性反应。情绪成为高等动物比形态变化更有效的适应生存的手段。[③]

伊扎德的"动机—分化"理论也认为情绪在有机体的适应和生存上起着核心的作用。每一种具体情绪都保证有机体对重要事件发生的敏感性，情绪在意识中的存在为对所发生的事件做出反应提供准备。有机体在加工那些对他可能产生某种后果的信息时，

① ［苏联］Л. А. 库库耶夫：《神经系统的进化》，范果仪译，载《生物学通报》，1957(2)。
② 孟昭兰：《情绪心理学》，6页，北京，北京大学出版社，2005。
③ 孟昭兰：《情绪心理学》，13页，北京，北京大学出版社，2005。

促使机体释放能量，增加身体反应的活力。各种情绪的适应作用有所不同，具体情绪以不同的方式并在不同的方向上，促使有机体提高行为的转换力。与此同时，导致做出决策和选择行为的认知能力也随之增加。这一过程突出地显示了情绪的驱动作用。[①]

在这个意义上说，情绪既是动物的情报部门或预警系统，负责搜集各种有价值的信息，也是决策部门，负责发出应对的各种指令。神经细胞的多样化、复杂化构成了神经系统，神经系统的进一步发展和进化，构成了高等哺乳类动物的大脑。脑的发育程度，可以作为动物行为复杂性的指标，脑越复杂，有机体整个生活也越复杂，它对外界刺激的反应也越是多样化。人类的情绪情感系统就是人的大脑这一高度复杂化的神经系统对各种刺激予以感受、反应的过程及结果。

3. 情感的分类

情感的主观性、无序性以及情感与理性的关系向来被视为理解和把握情感问题的主要困难。舍勒运用现象学的方法，从存在论的角度对情感问题进行了深入思考，他关于情感类型的设想、对情感意义的论述开创了理解和把握情感的新天地。

在舍勒情感现象学的语境中，情感不仅指人的喜怒哀乐等一般意义上的情绪和情感，而是泛指人的一切感官的、心理的以及精神的感受。这些感受由于其主观性、个体性和随机性向来被视为混乱和无序的代名词，游离于主流哲学话语之外。而舍勒认为在情感千变万化的现实历史的表现中，始终存在着情感自身不变的本质、结构和意义。首先，任何个体都必然处在情感之中，情感尤其是高层次的情感具有存在论层面上的意义，即个体一方面通过情感意识到自己的存在，另一方面世界通过人的情感才能彰显出自身的存在和意义。其次，情感作为启示、预警或征兆，它预先筹划了人存在和行动的方向，并昭示出情感自身、人的行动以及各种实物和事件的不同价值。只有那些进入情感范围内的事物才可能真正为人所认识和把握，也才能显示出其价值。

舍勒通过对情感的现象学观察和描述，根据情感的先验的感受关系，把情感分为四种类型[②]：①感官感受(sensible feelings or sensations)：与某个感官相联系的舒适与不舒适感受，如疼痛、麻木、腹胀、性快感等；②生命感受(vital feelings or lived feelings)：与整体生命活动相关的感受，如疲惫、紧张、精力充沛等；③心灵感受(psychological feelings or psychic feelings)：与日常情绪相关的感受，如愉快、悲伤、喜欢、厌恶、内疚、坦然等；④纯粹的宗教形而上学的精神感受(purely spiritual, religious-metaphysical feelings)：与精神或心灵相关的感受，如绝望、敬畏、悔悟、安宁等。

舍勒认为，上述四种类型的情感并不处于同一层次，越是高层次的情感，越能体

---

① 孟昭兰：《情绪心理学》，34 页，北京，北京大学出版社，2005。
② 张志平：《情感的本质与意义——舍勒的情感现象学概论》，59 页，上海，上海人民出版社，2006。

现人之为人的本质。动物也有感官感受，但却没有人所特有的心灵和精神感受。低层次的情感不能代替高层次情感的满足，而高层次的情感却能赋予低层次的情感以价值和意义。人们会为了高层次的情感满足而不惜牺牲低层次的情感满足。此外，低层次的情感满足只有合乎高层次情感对它的意义要求才会显现出积极的价值。除了上述四种单独的情感类型外，还存在着对每个情感类型的不同偏爱，这种偏爱使得上述情感在人的内心世界呈现出一定的结构和秩序。这种结构和秩序决定了一个人的精神境界和道德品质。这种先验存在的价值情感秩序，曾被帕斯卡尔称为"心的秩序"或"心的逻辑"。

二、情绪与情感的价值

情绪和情感是人基于自身的需要而生发的对特定对象的反应，无论是内在的体验、生理的变化还是外在的表情都以特定对象与人的需要的关系为基础，都是人对于特定对象与人的需要之间关系的反应。而人的需要包括先天的生理需要和后天的社会性需要，人的需要是人的价值世界的基石。在这个意义上，情绪和情感是人的价值世界的标识。

(一)需要与人的价值世界

人凭借自己的本性难以自足，人总要依赖外部环境提供的各种资源才能够生存与发展，与外部环境建立起恰当的关系是人生存与发展的前提条件，这是由人的生理本性与心理本性决定的。人的各种需要就是这种本性的直接体现。

动物和人一样也有需要，只不过由于进化程度的差异，动物的需要与人的需要之间有着巨大的甚至本质的差异。一般而言，动物的需要主要由其生理本能决定和限制，是固化在动物的遗传性生理结构中的，具有一致性和稳定性，同一种类动物之间需要的差异极小，且终其一生不会有大的变化。

人一方面具有与其他动物一样的、来自生理本能的各种"固化"了的需要，在这个意义上，人与其他动物之间的区别并不大，人性中的动物性不容否定，也不应该被否定；另一方面，人还具有其他动物所不具备的需要，按照美国心理学家马斯洛的观点，人除了生理和安全需要之外，还具有爱与归属、受尊重、自我实现等需要，如果说动物的需要更多地与生理相关、与物质性需要相关，那么人的需要更多地与心理、社会、精神相关。与此同时，人由于意识和自我意识的存在，还能不断生发出新的需要，由于历史和文化的积累，不同时代的人所具有的需要并不相同，甚至不同个体之间因为不同的生长环境和教育条件的不同，其需要也具有很大的差异。

这些需要的存在使得人周围的世界对人显示出不同的价值，事物因其与人的需要的关联凸显其价值，与人的需要无关的事物难以进入人的世界。人的世界是一个价值的世界，是一个由各种各样的价值构成的世界，而这些价值是由诸多的事物承担或显现的。

另外，由于人性的未完成性，人具有通过实践改变自我和世界的意识与能力，这些意识与能力使得人的世界具有未完成性，人的需要或曰价值引领为人描绘了一幅可能的未来世界的图景。人不仅活在现实中，而且更是活在"对未来的筹划"中的，"尽可能去实现各种可能生活就是人的目的论的行动原则，就是目的论意义上的道德原则，是幸福生活的一个基本条件"①。

换言之，人的需要所构成的价值世界既来自现实，也高于现实，人的世界既包括实存的世界，也包括人在其价值或需要引领下自我建构的可能世界。人独特的需要和价值构成了人类生活的底色和特色。

(二)需要、价值与情绪

价值既不是客观事物的自带属性，也不可能孤零零地存在于人的精神世界中。事物的价值总是相对于人的需要而言的，事物的价值是因为人需要的存在才显现出来的，没有人的需要也就无所谓价值，事物价值的大小也取决于事物性质以及能够满足人的需要的种类和程度，换句话说，事物的价值主要取决于该事物与人的需要之间的关系。

情绪可以理解为人对于客观事物与人的需要之间关系的感受与反应。不同的事物与人的需要具有不同的关系，因而不同的事物也就显示出不同的价值，相应地，不同的事物唤起的情绪也各不相同。人的世界是一个价值世界，人的情绪可以理解为人对于其价值世界的感受和反应。

情绪与人的价值世界、价值关系直接相关。许多学派给情绪下的定义反映了这些特点和这类关系。例如，坎普斯把情绪定义为：情绪是个体与环境意义事件之间关系的心理现象。② 阿诺德则认为："情绪是对趋向知觉为有益的、离开知觉为有害的东西的一种体验倾向。这种体验倾向为一种相应的接近或退避的生理变化模式所伴随。"③阿诺德认为情绪产生于评价过程。情绪体验是有机体对刺激事件的意义被觉知后产生的，而刺激事件的意义来自评价。她举例说，在森林里遇到一只熊，会使人产生极大的惊恐。然而，在动物园里看到阿拉斯加巨熊时，人不但不恐惧，反而会产生兴趣和惊奇。这种感情反应的区别显然来自人对情境的知觉—评价过程。拉扎勒斯提出与阿诺德类似的定义："情绪是来自正在进行着的环境中好的或不好的信息的生理心理反应的组

---

① 赵汀阳：《论可能生活》，116 页，北京，生活·读书·新知三联书店，1994。
② 转引自孟昭兰：《情绪心理学》，4 页，北京，北京大学出版社，2005。
③ 转引自孟昭兰：《情绪心理学》，4 页，北京，北京大学出版社，2005。

织，它依赖于短时的或持续的评价。"①这些定义都标示出情绪对人的需要和态度的关系。拉扎勒斯强调：人与所处的具体环境对本人的利害性质，决定他的具体情绪；同一种环境对不同的人产生不同的情绪结果，是因为它对不同人具有不同的意义，而种种不同的意义是通过不同人的认知评价来解释的。拉扎勒斯在此提出了他全部理论的主题：情绪是对意义的反应，这个反应是通过认知评价决定和完成的。②

感受可以理解为个体对自身特定情绪唤起的知觉，能够诉诸语言表达的感受就是体验。感受及体验的唤起源于特定事物与人的价值关系，这种特定的价值关系唤起了人的特定情绪。"感受使得我们得以从纯生物的角度对有机体有所了解，并对生命本身的机制产生思考。如果人类没有了可以感受痛苦或愉快的身体状态这一与生俱来的能力，就不会有人世间的苦难或福佑，欲望或慈悲，悲惨或辉煌。"③

但人的情绪不单单是对特定事物价值的"被动"感受，情绪还是人基于特定价值追求的主动反应。情绪负载了人的价值追求，为人的特定价值追求和价值实现提供了方向和动力。情绪是人建构特定价值关系的方向和策略。人不仅仅适应现存的世界，还可以通过自己的实践活动改造自然和社会，以实现自己的价值追求或价值理想。情绪是价值实现的内在动力，没有情绪作为组织者和推动者，价值关系就无法建构或实现。除此之外，价值实现时的情绪体验也会为人提供快乐和意义的来源。在这个意义上，情绪可以理解为个体建构特定价值关系的动力与方向。

人的世界是一个价值世界。情绪是人对其价值世界的感受。了解了一个人的情绪实际上等于理解他的价值世界，与此同时，个体通过他的情绪表达了他的价值关切，情绪因此成为个体建构其价值世界的动力和方向。

(三)情绪与自我价值感

自我价值感是个体确认、认可自身价值的感受，马斯洛需求层次论中的归属、爱与自尊等需要都与这种自我价值感关系密切。当个体被他人、社会包括自身所认可时，个体就能够获得积极的自我价值感，也能唤起相应的积极情绪体验如自豪、兴奋、愉悦等。

追求和维护自身的价值、追求和维护自我的价值感是人性的基本倾向。个体确认了自身价值或获得了自我价值感的时候，积极情绪会被唤起，反之，对个体价值的破坏或诋毁必然会唤起个体的消极情绪。正向的自我价值感总是与积极的情绪体验相关，而消极的情绪体验往往来自自我价值的挫败感。在这个意义上，情绪是个体自我价值

---

①　转引自孟昭兰：《情绪心理学》，4 页，北京，北京大学出版社，2005。
②　参见孟昭兰：《情绪心理学》，27～28 页，北京，北京大学出版社，2005。
③　[美]安东尼奥·达马西奥：《笛卡儿的错误——情绪、推理和人脑》，毛彩凤译，4 页，北京，教育科学出版社，2007。

和自我价值感的标识。

同时，情绪也是个体维护其自我价值的工具。对他人称赞的渴望与向往，以及被别人赞扬、肯定时的喜悦能强化别人的友好行为；对他人攻击的警惕和提防，以及被别人冒犯、侮辱时的愤怒，能够阻止他人对自我价值的贬低。

在人际关系中的情绪表达具有鲜明的价值关系意味。特定的人际关系背景下的情绪表达往往是一种价值关系的表达。谦卑之所以受人欢迎，是因为个体的谦卑的情绪表达意味着对他人价值的认可与尊重，而自大的人之所以令人讨厌，是因为这种情绪意味着对他人价值或尊严的漠视或蔑视。自我价值感的获得需要一个相对稳定的判断依据，包括来自外部权威的依据和来自自身的价值感受。传统社会在人际关系和生活方式方面相对稳定，这为个体提供了相对稳定的社会角色定位和价值根源，而这些清晰的角色定位对个体的内在的心理体验、外在的行为规范乃至人生意义感提供了相对清晰和稳定的指引和依据，个体根据这些指引或依据能够相对容易地获得自我价值的确认。

在这个意义上，现代人普遍存在的焦虑情绪是一种自我价值危机的信号。现代社会打破了传统社会固有的人际关系模式和生活方式，现有的社会关系更多地是基于契约的工作关系或职场关系，人际的流动性不断增强，社会角色流动化、职业化，个体越来越难以与周围个体结成稳定的社会关系。个体处于这种关系中，更多地是以"戏剧化"的角色扮演的形式存在的，个体难以通过内在的稳定品质包括个性、品质等来获得他人的社会认同和自我认同。

现代人焦虑的一个重要来源是社会比较，这种焦虑情绪可以理解为一种现代人自我价值危机的外在表现。现代社会无法为个体自我价值感的获得提供相对稳定和坚实的价值依据，更难以为个体提供相对稳定的社会关系氛围，导致个体无法通过这两个方面确证自我的德性、能力等内在价值，个体只有通过外显的价值表现包括占有、消费等的相互比较来获得自我价值感，而这种外在价值的比较导致个体不得不以更多的时间、精力的投入来维系这些表面的价值。传统的价值体系被打破，新的价值体系尚未建立，而且很可能无法建立，现代人无法通过一个混乱的体系确证自我价值感，当现代人无法获得一个稳定的自我价值来源，同时对自我价值感降低的忧虑也在不断加大时，焦虑也就不可避免了。

此外，理性及科学的恣意扩展贬低甚至摧毁了情绪、情感的价值，导致了情绪和情感的边缘化，但理性本身并不足以为人提供充分的意义和价值感体验，理性与科学解决不了人的情绪问题，当然也无法为人的价值问题提供答案。当个体无法获得关于自我价值的确证时，焦虑就难以避免。

（四）文化、社会与情感

价值观是由一系列的信念组成的。所谓的信念可以理解为一组具有极强情感色彩的观念或者说由特定情感支撑的观念。在这个意义上说，价值观是由一系列的情感及其指向构成的。

1. 情感是文化的底色

情感是信念以及价值观的底色，没有情感依托的信念不能成为信念，而没有深厚情感作为基础的价值观，也难以成为价值观。共同的情感体验构成了特定文化群体内部认同的核心要件。儒家文化下，人们对先祖的尊敬与崇拜、对父母长辈的恭顺、对家国的深厚情怀等成为中国人的文化特质。基督教文化下，对上帝的信仰、对基督教的皈依、个体权利的张扬等成为西方人的文化特质。在这个意义上，文化之间差异的一个重要方面是情感表达方式和内容的不同。牧童短笛和袅袅炊烟是对中国传统社会的情感记忆，而教堂的钟声和骑士的马蹄声构成了西方人的中世纪的情感记忆。

儒家文化向来被称为情感文化（李泽厚），自然的构成要素和运转机制等问题无法唤起儒家的兴趣，儒家更为关心的是人，是人的道德成长，是人与他人、与社会的关系和谐，更为关心个体如何在道德方面达成“天人合一”的至善境界。在儒家的文本及日常生活实践中，如何通过恰当的情绪表达建构和维系特定的关系就成为日常必修的功课。子夏问孝，子曰：“色难。有事，弟子服其劳；有酒食，先生馔，曾是以为孝乎？”（《论语·为政》）孔子曰：“君子有九思：视思明，听思聪，色思温，貌思恭，言思忠，事思敬，疑思问，忿思难，见得思义。”（《论语·季氏》）“温”“恭”等这些情绪表达构成了儒家文化的情绪特色。

2. 相似的情感表达是群体的界限

在日常生活中特定的情感体验往往是密切和维系个体之间关系的桥梁，也是区别个人性格特质的基本要件。喜欢同一件事物或活动，或者说，对同一事物或活动持有相同或相似的情感体验，就是所谓的“志同道合”“气味相投”；反之，则是“道不同不相为谋”。杀马特的发型显然难以让普通人接受，而中庸的色彩和审美也难以进入后现代青少年们的视线。相似的情感体验因此也称为不同群体之间的重要“区隔”，布迪厄所谓的“惯习”在一定意义上也可以作此理解。

除了上述所谈到的文化之间的差异之外，不同年龄个体之间也存在不同的情感表达。“天真烂漫”的儿童、“老成持重”的成年人在情感体验和情感表达方面的区别是很大的；年长者总是深沉的、成熟的，年轻人总是率真的、活泼的。

三、情绪与情感的意义

(一)情绪的生物意义

从生物进化的角度讲，情绪作为人对外界刺激的本能反应，对于提高人的反应速度，提高人的生存概率具有重要价值。神经生理学家已经发现情绪的神经通路在新皮层之外，也就是说，许多情况下情绪可以不经新皮层即理智中心而直达杏仁核，这就可以解释为何有时理智难以控制情绪。情绪的这种迅捷的传递通路确保了动物在面对危险时，可以不必经过理智的计算和思考而做出快速反应，这对人类的祖先提高生存概率具有重要价值。从生物进化层面讲，恐惧、愤怒等消极情绪有助于个体生理潜能的激发，有利于个体在险恶环境当中的生存。原始状态下人类生存处境险恶，所以就不难理解为什么在人类的基本情绪中消极情绪占据了主导地位。

除此之外，遗传的情绪机制使得人对那些最有威胁性或最有吸引力的事物具有本能水平的印象，从而可能为未来的生存和生活提供一定的指引。如对爬行类动物的恐惧可能就来源于人类早期进化过程中的惨痛记忆，而这种通过遗传获得的特定的恐惧感对于防止或减少类似伤害提供了可能。

(二)情绪的心理意义

情绪是唤起心理活动和行为的动机，起着驱动有机体采取行动的作用，情绪因而成为支配有机体随意或不随意的、本能或认知的行为的重要心理能力。

情绪是人心理活动的组织者。近年来的研究证明，情绪不仅对认知活动起驱动作用，还可以调节认知加工过程和人的行为。情绪可以影响知觉对信息的选择，监视信息的流动，促进或阻止工作记忆，干涉决策、推理和问题解决。因此情绪可以驾驭行为，支配有机体同环境相协调，使有机体对环境信息作最佳处理。[①]

情绪影响加工对象的选择和加工的深度。那些与自己情绪性质一致的对象更容易引起个体的注意，加工时间和深度相对更为长久和深入。弗雷德里克森（B. L. Fredrickson）提出的积极情绪扩展和建设理论（the broaden-and-build theory of positive emotions）认为，积极情绪——快乐、兴趣、满意等能扩展个体的瞬间思维活动序列，扩大个体的注意范围，增强认知灵活性；而消极情绪一般会缩小个体的瞬间思维活动序列，缩小个体的认知范围。

情绪对记忆的影响是显而易见的。心情对记忆的影响已经成为常识。平静或愉快

---

① 　孟昭兰：《情绪心理学》，14 页，北京，北京大学出版社，2005。

的时候，许多知识和观念如泉水般自然而然地流淌，其他时候则正好相反。除此之外，鲍尔(G. Bower)的学习、记忆"状态依存"理论认为"在人的大脑中，事件倾向于按照其所伴随的情绪而被分组……信息是被有选择地储存于记忆之中的"①。不同的情绪状态会影响对不同性质对象的记忆。特定的情绪状态可能会使得某些知识被迅速、准确地提取出来或是被遗忘。

情绪与个性的关系也十分密切，情绪既是个性的重要内容，也是个性的主要外显标志。普拉契克(R. Plutchik)认为，在一定意义上"人格特质可被看作是与一定的情绪反应相一致的行为倾向"②。我们对特定个体个性的了解主要是通过对该个体的情绪的感知觉来获得的，情绪赋予每一个人一张特定的"心理面孔"。

(三)情感的伦理意义与存在论意义

马克斯·舍勒认为"任何个体都必然处在情感之中，并通过情感的绽放意识到自己的存在。就此而言，情感具有存在论意义上的重要性。也就是说，个体正式通过情感体验到自身的存在……先验情感的先验意义就在于，作为启示、预警或征兆，它预先筹划了人存在和行动的方向，并昭示出情感自身、人的行动以及各种事物和事件的不同价值"③。通俗地讲，关于特定对象的情感显现了该对象对于我们的价值和意义，也代表着我们内在的关于该对象的动机水平和行动方向。

1. 情感的伦理意义

舍勒认为，情感及其秩序为人提供了最根本的伦理依据。换句话说，情感为人的道德行为提供了最深层次的动机和最终的价值归宿。西方传统的道德理性主义一直在运用理性、在理性的范围内，为人生和人的行为寻找伦理根据和终极意义。义务论和功利主义莫不如此。但道德理性主义最大的问题在于，道德理性与情感可能冲突。换句话说，道德行为可能只是出于理性的算计而缺乏内在的真实动力，认识到应该这样做不等于一定愿意这样做。舍勒认为，不是普遍的理性论证，而是在人心中所发现的对价值秩序的先验感受，才是形成道德明察力和美德的前提。情感自有其秩序和结构，自有其逻辑和规则，这种秩序和结构、逻辑和规则正是道德原则的基础，而个体的情感秩序和结构则直接决定了个体的精神境界和道德品质。"我们在某人或某一群体身上认识到的一切道德上至关重要的东西必须——始终间接的——还原为其爱与恨的行动，和爱与恨的潜力的特种构造；还原为主宰他们并在一切情感冲动中表现出来的爱的秩序。""谁把握了一个人的爱的秩序，谁就理解了这个人。"④所谓"爱的秩序"即人的情感

---

① 乔建中：《情绪研究：理论与方法》，48 页，南京，南京师范大学出版社，2003。
② 乔建中：《情绪研究：理论与方法》，104 页，南京，南京师范大学出版社，2003。
③ 张志平：《情感的本质与意义——舍勒的情感现象学概论》，63 页，上海，上海人民出版社，2006。
④ 《舍勒选集》，刘小枫选编，740 页，上海，上海三联书店，1999。

秩序。

儒家更是把情绪看作伦理道德的基础。"在孔子看来，人的道德理性的获得、人的道德品格的确立以及道德实践的展开，是既需要以情感之真实为基本诉求，又基本上是一个真实的情感过程的。"[①]因为"人首先是情感的存在……情感是人的最基本的存在方式或存在样式。人的存在的意义和价值问题，首先要从这里寻求解决"[②]。儒家已经把情感提高到了道德本体的高度。"凡人情为可悦也。苟以其情，虽过不恶；不以其情，虽难不贵。"[③]这句话的意思是，凡是出于人的"真情实感"的行为总是好的。只要有内在的真实的情感，即使有了过失也不能算作"恶"。反之，如果没有真实的内在的情感，即使做的事情很不容易也不能算是"可贵"。

社会控制理论也认为，持久的、不当的消极情绪可能会损害或削弱个体与社会的联系，加剧其社会偏离的风险。美国犯罪社会学家特拉维斯·赫希（Travis Hirschi）提出的社会控制理论认为，个人和社会的联系可以阻止个人进行违反社会准则的越轨与犯罪行为，当这种联系薄弱时，个人就会无约束地随意进行犯罪行为。赫希把个人与社会之间的联系称为"社会纽带"（social bond），这种纽带有四种表现形式：依恋、奉献、参与、信念。当个体与社会的联系较强时，个体对他人和社会的利益、情感具有更多的敏感性和重视感，个体一般不会出现越轨行为，而当这种社会联系削弱或隔断时，个体会更多地从自我的角度出发思考和从事活动，越轨出现的概率明显提高。赫希的研究认为，少年犯罪是发泄由不愉快的学习经历导致的挫折的一种手段。[④]

2. 情感的存在论意义

舍勒认为理性不是人的全部，理性与情感共同构成了人的本质。西方哲学向来把理性看作人之为人的本质，看作人与动物最本质的区别。而舍勒认为单纯用理性规定人的本质是远远不够的。因为理性本质上是超个体的或者非个体的，如果人的本质是理性，而理性在所有人中都是完全相同的，那么人与人就无法根据他们的理性得以区分，由此必然导致"去人格化"[⑤]。舍勒认为，"人的本质以及人可以称作他的特殊地位的东西，远远高于人们称之为理智和选择能力的东西……我们宁愿用一个更全面的词来形容这个未知数……这就是精神一词"[⑥]。精神概念不但包括理性，还包括了情感和意志。人既是感性的、生命的、精神的，又是信仰的；他不仅爱着、恨着，而且也在认识着、悔悟着、受苦着；他不仅会同情，而且也会怨恨；他不仅统治世界、观念

① 马育良：《〈论语〉：一种可能的情感解读》，载《孔子研究》，2004(2)。
② 蒙培元：《人是情感的存在——儒家哲学再阐释》，载《社会科学战线》，2003(2)。
③ 蒙培元、任文利：《国学举要·儒卷》，233页，武汉，湖北教育出版社，2002。
④ 吴宗宪：《西方犯罪学》，519~526页，北京，法律出版社，1999。
⑤ 李革新：《康德与舍勒伦理学的三大差异》，载《浙江学刊》，2005(6)。
⑥ 《舍勒选集》，1329页，刘小枫选编，上海，上海三联书店，1999。

化世界，而且也参与到神性领域当中。[1] 情感与理性都应当是人本质的体现和要件，只有理性而没有情感，理性就会失去激情，缺乏活力；只有情感而缺乏理性，情感则会如脱缰野马，难以驾驭。理性和情感共同构成了人的本质。

第二节
儿童的情感世界

一、儿童和儿童世界的发生

（一）儿童概念的困境

"儿童"在日常用语中的含义似乎很是清晰，人们在使用这一概念进行交流时，基本上不会遇到困难。但细究起来，这一概念的内涵与外延又模糊得很。不同学科对这一概念的理解与界定并不一致。更不要说，对一些相近或相似的名词的界定，比如青少年、未成年人等。

1989 年 11 月 20 日，第 44 届联合国大会通过的联合国《儿童权利公约》将"儿童"界定为"18 周岁以下的任何人"；2020 年 10 月 17 日，第十三届全国人民代表大会常务委员会第二十二次会议修订的《中华人民共和国未成年人保护法》第二条规定："本法所称未成年人是指未满 18 周岁的公民"；中国少年先锋队的队员要求年龄在 14 周岁以下，而共青团员的入团年龄为 14 周岁以上；而按照我国当前的学制，小学入学年龄为 6 周岁，初中入学年龄为 12 周岁，小学阶段的孩子被称为儿童，初中阶段的孩子则一般被称为少年。

医学上把胎儿从母体出生到青春发育期以前统称为儿童，一般指 15 周岁以下的未成年人。在心理学领域，皮亚杰把儿童认知发展分为四个阶段，即感知运动阶段（0～2 周岁）、前运算阶段（2～6 周岁）、具体运算阶段（7～12 周岁）、形式运算阶段（12～15 周岁）。按照皮亚杰的理解，15 周岁以下的个体都属于儿童的范畴。蒙台梭利则把儿童的年龄扩大到了 24 周岁。刘金花认为，个体从出生到成熟这段时间内，在心理上和行为上发生的变化是儿童心理学研究的对象。这段时间里的个体就是儿童。[2] 哲学领域的理解更为宽泛，一般说来，儿童概念从广义上讲，其时限直抵成人期边缘，也就是说

---

① 张志平：《情感的本质与意义——舍勒的情感现象学概论》，16 页，上海，上海人民出版社，2006。

② 刘金花主编：《儿童发展心理学》，1 页，上海，华东师范大学出版社，2013。

它包含着青春期；而狭义的儿童概念，是不包括青春期的。本节的"儿童"除有特殊说明的以外均采用其广义概念。[①]

(二)何为成熟？

儿童期的确定与成熟有关，儿童可以理解为人的一种未成熟状态。何为"成熟"？一般指个人身心发育过程的完成。心身成熟意味着儿童期的结束、成年期的开始，或继续向成年期过渡。个体生理上的成熟时间很明确——性发育的完成。国内外一般都认同的个体成熟的年龄在 17、18 周岁。[②]

仅仅使用生理成熟可能不足以界定儿童，毕竟心理和个性的发展也很重要。阿吉里斯认为，人的个性发展，均会经过一个由"不成熟"到"成熟"的发展过程，最后发展成一个健康的个性，这个过程一般要经过以下 7 个方面：①从婴儿的被动状态，发展到成人的主动状态；②从婴儿的依赖他人，发展到成人的相对独立，自立的同时又和其他人保持必要的依存关系；③从婴儿的有限行为方式，发展到成人的多种多样的行为方式；④从婴儿的多变、肤浅、注意力分散、兴趣快速转移，发展到成人的相对持久、专注、精力集中、兴趣稳定；⑤从婴儿时期的只顾及眼前，发展到成人时期的长远谋划；⑥从婴儿时期在家庭或社会上的从属地位，发展到成人的与他人处于基本平等的地位甚至支配他人的地位；⑦从婴儿的缺乏自觉，发展到成人的自觉自制。[③]

也有学者认为，心理成熟是个体社会化的过程，指个体在后天社会生活中通过积累社会生活经验逐渐形成适应社会生活需要的稳定的心理品质的过程。心理成熟的结构应包括以下几个方面。①认识成熟。表现为分析处理问题客观现实，符合逻辑，能一分为二地看问题。②情感成熟。表现为情绪比较稳定并能控制自己的消极或强烈的情绪体验，能够与他人建立起深刻稳定的情感关系，如亲情、友情及爱情关系等。③意志成熟。表现为生活态度积极进取，能坚持进行困难而长期的工作，能承受生活中的逆境和挫折，能恰当应付生活中的种种意外遭遇等。④个性成熟。表现为能按某种道德价值观熟练地处理个体所面临的各种生活问题，形成了对现实生活的稳定态度和稳定的个性化的行为习惯，具有较强的社会适应能力等。⑤自我意识成熟。自我意识成熟主要表现为自我反省仔细深刻、自我评价恰当中肯，既不过高，也不过低，没有骄傲和自卑心理。[④]

---

①　参见刘晓东：《儿童精神哲学》，15 页，南京，南京师范大学出版社，1999。

②　参见刘金花主编：《儿童发展心理学》，1 页，上海，华东师范大学出版社，2013。

③　转引自陈薇怡：《"85 后"大学生心理成熟度、归因方式与人格的相关研究》，硕士学位论文，华东师范大学，2009。

④　转引自陈薇怡：《"85 后"大学生心理成熟度、归因方式与人格的相关研究》，硕士学位论文，华东师范大学，2009。

仔细揣摩这些理解和界定,成熟这一概念在使用中更多地带有一种价值判断的意味,与明确的年龄划分并无直接联系。换句话说,儿童与其说是一个科学(生理学、医学等自然科学)概念,不如说是一个哲学概念或文化学概念,代表了人或人类对于人或人性特定发展阶段的认定。

(三)儿童及儿童世界的发生

儿童究竟是一种人类自然存在的社会事实,还是一种社会文化的建构?或者说,儿童究竟是一种可以精确界定的人类个体的特定发展阶段,还是只是人类社会对于人类发展某些特质的想象与认定?换句话说,儿童及儿童世界是一个客观性存在,还是仅仅是想象性存在?波兹曼认为,童年不同于婴儿期,是一种社会产物,不属于生物学的范畴。[①]

在古代的欧洲,儿童与成人之间是没有区分的,如果有差别也是在量上的不同,儿童是成人在年龄与身材上按比例的缩小,儿童按照成人的标准行事,儿童期的特点与意义完全被忽略。其中,卢梭的"发现儿童"被喻为教育史上的"哥白尼式革命",是近现代儿童教育理论发展的逻辑起点。他主张儿童生来就是自然的、美好的。儿童本身就是一种不断渴求创造性表现的存在。他揭示了儿童期的存在与价值,儿童与成人是截然不同的,他们应该拥有适合他们身心规律发展的教育。[②]

法国社会历史学家菲力浦·阿利埃斯在其震动西方史学界的著作《儿童的世纪》中认为,中世纪没有儿童,在中世纪的欧洲,人们把儿童作为缩小的成人来看待,人们只承认短暂的幼儿期的特殊性。儿童是一个晚近的概念,儿童的概念一直要到 17 世纪,随着新教以及资产阶级兴起才逐步被建构起来。儿童概念的历史性和文化性决定了不同的社会有不同的儿童观,也就是说社会的意识形态决定着人们的儿童观。[③]

因此,儿童的存在是一种精神的存在,或者说是一种文化的存在。儿童的历史也就是儿童的精神世界是逐步从成人的精神世界中独立出来的历史。在人类精神与文化的宝库中,儿童那诗意盎然的奇思妙想、荒诞不经的酒神逻辑、无拘无束的嬉戏玩耍、毫无矫饰的喜怒哀乐和爱恨情仇、天真好奇的哲学发问、泛灵主义的童话世界、超印象派的绘画天才,是跳跃在人类精神画卷上的浓墨重彩,是奔涌在人类精神脉搏中的鲜活血液,是彰显人性之初的灵光异彩。老子认为,儿童是"绝圣弃智"的"圣者",所以,我们应"复归于婴儿"[④]。

儿童以及儿童世界、儿童精神的概念可能不过是表达了一种对异于成人、异于成

---

① [美]尼尔·波兹曼:《童年的消逝》,吴燕莛译,引言 1 页,桂林,广西师范大学出版社,2004。
② 朱宁波:《试析现象学视野中的回归儿童生活世界》,载《教育科学》,2006(5)。
③ 张梅:《从"儿童的发现"到"童年的消逝"》,载《文艺争鸣》,2016(3)。
④ 丁海东:《儿童精神:一种人文的表达——论儿童精神的人文性》,博士学位论文,山东师范大学,2005。

人精神、异于成人世界的美好世界或美好境界的想象或设定。在这个意义上，儿童精神是成人理想精神家园的投射；人类建构的儿童精神、儿童世界是理想化的儿童状态，是人类精神的复归和向往之地。

理解自我一向是人的本能倾向，但这向来都是一个难题。从发生学的意义上说，理解人的发生有助于理解人性。人类个体和人类自身都有其童年时代，理解儿童世界自然有助于理解人的世界、人的精神世界。

儿童精神世界在其先验形式（康德的概念）上是人类历代祖先（包括生命进化史上的所有祖先）的遗产。儿童精神世界在其形式上以及部分内容上是人类历代祖先生生不灭的典型生活的沉降。因而我们对儿童精神世界的认识，也是对成人心灵深处的认识，是对人类心灵深处的认识。①

二、生而为人：儿童情感世界的发生与发展

舍勒根据情感感受内容，把情感分为四种类型：感官感受、生命感受、心灵感受、纯粹的宗教形而上学的精神感受。对人类而言，这四种感受可能是同时存在的，但对于儿童而言，不同感受的发生所需要的心理发展水平尤其是社会性发展水平并不相同。情绪心理学的研究认为，按照儿童的心理发展水平，儿童的情绪大致可以分为两大类，即基本情绪和自我意识情绪。基本情绪来自人的先天遗传，是人类长期进化中积累的生存经验的遗传性保存，与人的生理特点尤其是大脑的解剖生理条件直接相关。人类的基本情绪与高等哺乳动物具有一定的相似性。自我意识情绪是人类特有的情绪类型，这种情绪的出现主要与人的社会性发展有关，是在儿童心理不断发展尤其是自我意识萌芽后才逐渐出现的，是理性发展基础之上的情绪。这种情绪类型与人的认知能力相关，也与人的社会性发展相关。与基本情绪相比，自我意识情绪代表了儿童的较高的心理发展水平和较高的社会性发展水平。

（一）儿童的基本情绪

儿童天生就具有情绪。伊扎德运用录像技术和两套面部肌肉运动和表情模式测查系统，将新生婴儿的面部表情进行了全面、详细的录像，并进行了精细、深入的分析，发现人类婴儿在其出生时就展示出了各种不同的面部表情和情绪，包括惊奇、痛苦、厌恶、微笑和兴趣五种。伊扎德认为，高兴、悲痛、厌恶等情绪的表达在出生后就有，而愤怒情绪的表达最早是在 4 个月时才出现的（惊讶的表达要更晚些，在 6 个月左右）。

---

① 刘晓东：《儿童精神发生学对儿童教育、儿童文学的影响》，载《上海师范大学学报（哲学社会科学版）》，2008(1)。

而且这些情绪的表达一旦出现，就比较稳定。行为主义心理学派的代表人物华生根据对医院500多名婴儿的观察提出：新生儿有三种主要情绪，即怕、怒和爱。多数研究认同，人类婴儿具有6种基本情绪：快乐、兴趣、厌恶、恐惧、痛苦(悲伤)和愤怒。①

这些先天的情绪构成了人的基本生命情感，即人的感官感受和生命感受，也包括初步的心灵感受。这些情感大都来自先天的遗传，是人类漫长进化积累起来的生存智慧，精神分析学派的荣格称之为"集体无意识"。

1. 兴趣

兴趣既是外界刺激对儿童的唤醒，也可以理解为是儿童的一种情绪状态，是儿童对特定事件的关注与探索倾向。许多刺激能够激发儿童的关注，但却未必能唤起儿童的探索倾向。只有具有特定属性的事件方能引发儿童的兴趣，而且使得儿童在对特定事件进行探索的过程中获得愉快的感受。儿童对何种事物感兴趣取决于该事物对于儿童的价值，那些具有新奇、变化等属性的事物因为具有未知的意味，才可能唤起儿童的关注和探索兴趣。毕竟对于人类的远祖而言，对周围环境的变化保持警觉，进而进行探索是生存的基础。

2. 快乐

快乐既是一种感官感受，也是一种生命感受和心灵感受。儿童的快乐源于感官层面需要的满足或机体的舒适，也源于儿童与他人尤其是父母之间的亲密关系，这种亲密关系对儿童而言意味着温暖、安全。与此同时，快乐情绪的表达如笑容、笑声等是建立和维系儿童与成人关系的基本方式。

3. 痛苦

引起痛苦的原因是多种多样的，包括物理的、心理的和社会的多方面因素。单纯的大声或尖刺的噪声，刺眼的亮光或灼热等物理刺激均会引起痛苦。由这些物质刺激所引起的其他情绪，如烦躁、焦虑，甚至痛苦本身，也能引起痛苦的刺激。同认知相联系的社会事件，如失望、失败和丢失，则是引起痛苦的最重要的心理-社会原因。痛苦表情能引起他人的同情和帮助，痛苦还有利于群体的联结。

4. 悲伤

如果说痛苦是有机体生理状况不适的原型反应，悲伤则是痛苦的发展和延伸。悲伤或悲痛典型地代表着失去亲人或失去重要资源时的情绪状态。当人必须忍受这种分离或丢失时，痛苦和悲痛就转化为忧愁或忧郁。

5. 愤怒

情绪研究指出，对婴儿身体活动的限制能激活愤怒情绪。一般来说，无论对儿童或成人，强烈愿望的限制或阻止都能导致愤怒的发生。不良的人际关系常常是愤怒的

---

① 刘万伦：《学前儿童发展心理学》，106～107页，上海，复旦大学出版社，2014。

来源。受到侮辱、欺骗、挫折、干扰，被强迫去做自己不愿做的事，都能诱发愤怒。情绪本身也能成为发怒的原因，例如，持续的痛苦能转化为愤怒。愤怒的原型意义在于激发人以最大的魄力和力量去打击和防止来犯者，也用于主动出击。

6. 恐惧

儿童的恐惧往往由威胁生命安全的刺激引发，包括很大的声音、从高处降落、疼痛等客观刺激导致的本能性恐惧，以及由黑暗、独处、陌生动物、奇异景物等引发的主观想象所导致的陌生人恐惧和预测性恐惧。恐惧情绪同样具有适应价值。无论在进化或个体发展中，威胁和危险情境唤起的恐惧通常都会导致退缩或逃避的适应行为。①

儿童的这几种情绪更多地来自先天遗传，这些来自人类生存经验的情绪对儿童更好地生存和适应具有积极作用。在人类最初的生命历程中，具有关注、区别、探索、沟通、联系的功能。这些情绪作为儿童对世界的最初感受，同时也构成了儿童最初的价值世界和情感世界。

(二)高级情绪的萌芽与成长

随着儿童生理和心理的发展，儿童对世界的感受在不断地丰富和深化，尤其是伴随着儿童理性的成长和社会性的发展，儿童的情感日益变得细腻和丰富。生命感受、心灵感受和精神感受日益丰富，社会性的情感不断发展。在这一发展过程中，理性的发展和自我意识的萌芽起到了关键性作用。

儿童理性逐渐发展的结果是认知评价越来越多地参与情绪过程。阿诺德认为情绪产生于评价过程。情绪体验是有机体对刺激事件的意义被觉知后产生的，而刺激事件的意义来自评价。人的日常经验反思也告诉我们，情绪的确来自价值关系，或者说来自人对价值关系的感受和评价。同一种环境对不同的人产生不同的情绪结果，是因为它对不同的人具有不同的意义，而种种不同的意义是通过不同人的认知、评价来获得的。拉扎勒斯认为，情绪是对意义的反应，这个反应是通过认知评价决定和完成的。有机体对刺激的评价有三种类型：无关、有益和紧张。无关的评价结果不唤起情绪。有益的评价结果激发愉快、舒畅、兴奋、安宁等情绪。而紧张的评价结果则会调动起个体的应激。②

认知的参与使得儿童的情绪逐渐摆脱了生物本能的限制，超越了最初的基本情绪，开始体验更为丰富的生命，情绪变得更细腻、更丰富，同时也开始对这种感受进行加工和控制。

---

① 孟昭兰：《情绪心理学》，148～165 页，北京，北京大学出版社，2005。
② 孟昭兰：《情绪心理学》，27～29 页，北京，北京大学出版社，2005。

(三)自我意识情绪的出现和发展

自我意识情绪是儿童情绪发展的高级阶段。自我意识情绪与基本情绪的不同特点：①自我意识情绪没有特定的可被检测的表情，但是可以从整体身体动作或姿态来鉴别；②自我意识情绪很少有特定的、明显的引发它们的刺激，重要的诱发因素应当是某种情绪的发生蕴含着以自我为中心的认知评价。正是认知加工才是这些复杂情绪的诱发源。[①]

儿童自我意识的萌芽使得儿童的情感发展到一个全新的阶段。自我意识的出现使得儿童开始摆脱自身生物性的局限，初步具有他人和社会的视野，开始从一个全新的角度看待自己，并引导自己情感的发展。

儿童的自我意识大致出现在 18 个月到 24 个月，自我意识的出现带来两个后果，一是具有了人我界限，儿童开始对自己的样貌、行为乃至情绪体验本身有了一个逐渐清晰的认识，另一个后果是，儿童开始采择他人或群体的观点以替代原有的本能性的冲动或反应。自我意识情绪的出现是儿童社会化的起点，也是儿童社会性发展的基本动力。典型的自我情绪包括羞怯与羞愧、自豪与自负、内疚与悔恨、傲慢等。

自我意识情绪产生于自我评价。当儿童对自我的觉知符合真实的或者是想象的自我表征时，就会体验到自我意识情绪，如自豪和羞愧。儿童的自我意识大致出现在 18 至 24 个月，稍后才会出现自我意识情绪，如羞愧、内疚和自豪等。自我意识情绪能促使个体明确社会规则，产生社会所要求的行为。有研究者提出，尴尬和羞愧的产生基于缓和的目的，内疚基于鼓励增进相互关系的目的，而自豪则基于建立优势领域的目的。[②]

自我意识情绪的产生源于个体自我意识能力的发展，以及对外部社会要求的内化。自我意识情绪的出现能够促使个体对外部社会要求的体认，促使个体遵守社会规范，如果个体没有达到或违反了社会规范，则会唤起特定的情绪感受，比如"内疚"。《心理学大辞典》将内疚定义为"个体认识到自己的行为违反道德准则时产生的一种悔恨、自责的情感体验"，因而，内疚这种情绪与道德规范关系密切，也是个体道德社会化的重要推动力。而当个体认为自己的言行符合特定的社会规范时，则会产生自豪等自我意识情绪，并从这种情绪体验中获得愉悦的感受。

自我意识的出现可以理解为儿童对自己作为特定社会的成员的觉知，意味着儿童不再是完全由生物本能驱动的生命体，而成为一个具有团体或社会意识的个体。相应地，儿童对自身生命存在的感受也由纯粹生理性的感官感受，逐渐生发出与社会性生

---

① 孟昭兰：《情绪心理学》，198 页，北京，北京大学出版社，2005。
② 张晓贤：《儿童内疚情绪与初级情绪的发展差异》，博士学位论文，华东师范大学，2012。

命相关的生命感受、心灵感受和精神感受。儿童因此也就获得了与其社会性存在相关的情感世界和价值世界。而且，儿童的情感世界和价值世界会随着儿童社会性的发展、儿童本身知识经验的积累越加细腻和丰富，逐渐生发出道德感、美感等更为深沉和隽永的情感，儿童心灵也会在越来越广阔的世界中获得越来越丰富的生命体验。

人的世界与其他动物世界的不同之处就在于人的意识和自我意识，从这个意义上说，自我意识情绪所构成的情感世界和价值世界是人所独有的世界，也是人之为人的世界。

三、初入凡间：儿童情感的初步社会化

（一）情绪与情感的规范性

1. 情绪的规范性

情绪的社会建构理论者普遍强调，尽管情绪的种系发生基于一定的进化-遗传特质，但是情绪的体验内容和表达方式并不是遗传性习惯的遗迹。许多研究已经发现，某些情绪是固化在人类神经自主系统之中的，通常认为高兴、恐惧、愤怒和悲伤是人类普遍的情绪，这些情绪被称为基本情绪。对个体而言，这些情绪是先天的、不学而能的。但毫无疑问，仅有这些基本情绪还不足以建立和维系人类社会如此复杂和密切的关系。许多情绪如羞愧、歉疚、感激等对于人类而言也是十分必要和常见的，这些复杂的复合情绪和次级情绪，一方面与基本情绪相关（普拉契克认为它们是基本情绪的不同程度的混合），另一方面这些复杂的情绪更多地来自社会文化的标定和解释。

正如一些研究指出的："文化与社会标签指的是包括我们如何获得、识别、表达和解释每种情感的词汇、评价性观念与社会维度。这些包括处在不同位置的个体可能会感觉到什么和不会感觉到什么，应该表现出什么和不应表现出什么的规则。"[1]心理学的社会建构理论尤其强调情绪的社会色彩。"尽管情绪的种系发生基于一定的进化-遗传特质之上，但是情绪的体验内容和表达方式并不是遗传性习惯的遗迹，而是在社会文化系统中获得的，是与人当时的社会角色相适应的有用的习惯。"[2]

研究者把具有情绪属性的特定文化观念称为情绪规则（emotional rules）。霍赫希尔德（Hochschild）区分了两类情绪规则——感受规则和表达规则。感受规则（feeling rules）规范个体在情境中应该如何感受和体验某种情绪，表达规则（display rules）规范

① 王鹏、侯钧生：《情感社会学：研究的现状与趋势》，载《社会》，2005(4)。
② 乔建中：《情绪的社会建构理论》，载《心理科学进展》，2003(5)。

在一定情境中应在什么时候和怎样表达情绪。① 琼斯(D. C. Jones)进一步把情绪表达规则区分为情绪表达规则知识(display rule knowledge)和情绪表达规则目标(display rule goal)。情绪表达规则知识是指根据情境要求调节情绪表现的知识。情绪表达规则目标是指儿童使用情绪表达规则调节自己外部情绪表现的动机和目的。情绪表达规则目标又可以分为三种：亲社会的、维持常规的和自我保护的。亲社会目标指的是顾忌他人的感受，维持常规的目标指的是维持社会规范，自我保护则是为了脱离困境、尴尬以及维持自尊。②

2. 情感的规范性

在多数情况下，情绪反应并不像人们通常认为的那样是主体难以控制的激情式、刺激反应式的纯生物过程，而是个体在特定社会文化约束下的一种策略性行为。随着个体社会性的发展，在生理性的情绪中越来越多地出现了社会性的情感。情感具有强烈的社会性和明确的规范性，情感的这种规范性体现在两个层面。

首先，情感形式的规范性。不同的文化传统对个体的同一情感表达有不同的要求。以愤怒为例，儒家文化要求含蓄、内敛，对情感的表达讲究得体，反对无节制的放纵，孔子所谓的"色思温、貌思恭"以及"戒色、戒斗、戒得"(《论语·季氏》)的"君子三戒"就是典型。相较之下西方文艺复兴之后，则不反对甚至鼓励个体的愤怒表现。

其次，情感内容的规范性，即面对某种情境个体应该表达何种情感，不同文化有不同的要求。比如中国传统文化向来强调"师道尊严"，要求学生在师长面前必须恭顺，不可放肆，而西方文化在这方面对学生的要求要宽松得多。

相较而言，情感与道德规范的联系可能更为密切。一方面，道德规范包含着对情绪感受和表达的特定要求，如对父母的感恩、对师长的恭敬等；另一方面，情感是道德规范包括深层次价值观维护的基础，个体自身的羞愧感、罪恶感等消极情感以及旁观者的愤怒、不屑等负面情绪的表达是维护道德规范的重要力量。

(二)儿童情感规范的习得过程

儿童的情感规范是建立在对多种情绪感受和表达规则的习得基础之上的，儿童情感规范的形成和发展过程，也就是各种情绪感受和表达规则习得过程的总和。儿童习得情绪规则的过程大致要经过三个阶段：服从、认同、内化。

服从：在外部力量如父母、教师乃至同伴的要求甚至压力下，为了达到某种物质或精神的满足，或为了避免惩罚而表现出来的符合规则要求的情绪。比如孩子在很小

---

① ［美］乔纳森·特纳、简·斯戴兹：《情感社会学》，孙俊才、文军译，30页，上海，上海人民出版社，2007。

② 王丽娟、刘凤玲：《儿童情绪表达规则认知能力研究述评》，载《心理科学》，2009（3）。

的时候，在家长及其他权威的要求下表现出对师长的恭敬和遵从。

认同：当个体因遵循某种规范而获得积极强化，满足了个体的某种需要，获得了某种积极情感的时候，对这种规范的遵从会渐渐变成一种习惯和需要。如果孩子在师长面前的恰当的情绪表达经常得到积极的反馈，孩子就会把这种情绪表达逐渐固化，渐渐变成一种习惯，进而变成一种内在的要求。

理解与内化：随着知识和经验的积累，对情绪规则的体验、认知和理解达到一定程度后，情绪规则就会与个体自身的理性规范相融合。随着年龄的增长及知识、经验的丰富，孩子可能会对这种情绪表达所代表的文化产生越来越深刻的理解，逐渐把这种情绪表达看作理所当然、天经地义的事情。这时，尊敬师长这种情感规范就已经被孩子内化，成为其人格的一部分。

（三）儿童情感规范的习得途径

有学者认为情感社会化的机制主要有："人际调节的内化、观点采择的互动、自我反思的内化。"[①]这种观点更多的是采取了米德的符号互动论的角度和视野，强调儿童的人际互动和个体认知发展的关键作用。也有学者强调父母的重要作用，认为父母对幼儿的情感社会化的影响是通过"示范、反馈、直接示范和环境创设"实现的。[②]而社会心理学家则强调"替代强化和自我强化、认知加工和主观认同、社会比较"三种机制对个体社会化的重要影响。[③]笔者认为，儿童情感规范的习得途径主要包括父母等重要他人的示范、社会比较和团体规范等。

在个体情感社会化过程中，最值得重视的是父母的作用，这种作用既包括父母的榜样示范作用，也包括父母在促成儿童对情感规范的理解、认同方面的不可替代的价值。"作为'情绪专家'，父母教给孩子如何处理日常情绪事件。他们会告知孩子他们对情绪事件的评价，帮助孩子们针对情绪体验使用相应的情绪标签，使用情绪表达的文化或亚文化规则。这主要是通过家庭中父母和儿童的'情感对话'（feeling talk）进行的……研究发现，母亲在讨论家庭成员的情绪上花的时间越多，其3岁孩子的情感观点采择能力越好，学前儿童的情绪理解能力越好。"[④]

社会比较和团体规范指的是随着儿童的逐渐成长，父母在儿童情感社会化中的作用逐渐让位于儿童的同伴和群体，儿童一方面通过与其他同年龄儿童的比较获得自我意识和自我认同，并据此调节自己的情绪表达，另一方面同辈群体中业已存在的情绪

---

① 孙俊才：《情绪的文化塑造与社会建构：情绪社会分离视角》，博士学位论文，上海师范大学，2008。
② 成莉、刘云艳：《父母对幼儿情绪社会化的影响机制研究》，载《教育导刊》，2008(7)。
③ 时蓉华：《现代社会心理学》，73～74页，上海，华东师范大学出版社，2007。
④ 刘国雄、方富熹、杨小冬：《国外儿童情绪发展研究的新进展》，载《南京师大学报（社会科学版）》，2003(6)。

规则对儿童的情绪感受和表达具有重要影响。"作为一个群体，儿童和青少年形成了一种有着独特情绪规则的文化，他们对诸多的情绪事件有着类似的评价，构成了其情绪表现的同伴常模。……伙伴们拒绝不服从情绪表达规则的儿童。"①

　　个体情感社会的过程，也就是个体基本情感拓展的过程，即在个体基本情感的基础上，在新的社会刺激与原有的情绪生理反应及主观体验之间建立起联系，并形成相对稳定的情绪反应模式，即对特定对象总会发生特定的情绪反应的过程。这一过程的前提条件是个体的生理成熟和认知发展水平的提升。个体的生理成熟程度不够或者认知经验不足可能会妨碍其对情绪规则的理解、认同和运用，进而影响其情感规范的形成和发展。

四、返璞归真：儿童情感的特点与价值

（一）儿童情感的基本属性：本真性和非功利性

　　儿童情感的特点是与成人情感相比较而产生的，而成人的情感特点源于成人的生存方式及其需要特征。

　　成人化生存是一种独立化、世俗化的存在，儿童是一种整体化、精神化的存在。成人自身与他的世界的界限是清晰的、明确的，人我界限是清楚的，对成人而言，世界是在我之外的，与我对立的；成人的存在还是一种世俗化的存在，世俗化指的是很多成人的注意力更多地聚焦在利益上，对自身行为和他人的外在价值更为关注，超越性的精神需要、单纯的快乐需要与利益或功利需要相比是排在第二位的。因而，成人的情感有较多的工具化或手段化的成分，对成人而言，情感有时不得不成为社会角色、特定职业要求等规范下的"表演"，甚至成为获得利益的工具。

　　因此，成人的需要具有复杂性、功利性和伪装性。复杂性指的是成人的需要是多样的，生理性的食色需要、社会性的交往和地位需要、精神性的自由和超越需要等多种需要杂糅在一起。功利性指的是，面对生存和发展的压力，成人对自身或环境的外在价值更为在意，而对于其内在价值反而相对忽略了，财物、社会地位需要等所谓的名与利很多时候成为成人的重要需求，伪装性指的是成人需要的表达往往需要顾忌诸多显性和隐性规范，难以直抒胸臆，难以真实表达自己的欲望。

　　而对儿童而言，儿童自身与世界之间的界限是模糊的、不确定的，儿童的自我与他人之间的区分也是混沌的，世界与我是浑然一体的，我就是世界，世界就是我。儿童的需要也相对简单得多、单纯得多，儿童既没有成人多样化的需要，也没有成人功

---

　　① 刘国雄、方富熹、杨小冬：《国外儿童情绪发展研究的新进展》，载《南京师大学报（社会科学版）》，2003(6)。

利性的追求，更没有隐藏自己的真实意图的念头，儿童的情感表达更为单纯、率真、本真。儿童的存在更多的是一种精神性的存在，儿童是单纯的、本真的，他们不关心利益或功利问题，单纯的精神性的快乐是儿童生活的核心追求，而因为需要的简单性，世界也在儿童面前呈现出单纯的颜色。

但复杂性、功利性、伪装性等概念只是抽象的表述，人的需要的复杂性、功利性、伪装性不是一个简单的有或无的问题，而是一个多与少的问题。如前文所述，儿童是一个与成人对立的概念，这一概念是社会建构的结果，没有纯粹的儿童或成人，儿童不过是代表人的特定属性。在这个意义上毋宁说每个人身上都有儿童和成人两种色彩，只不过不同的个体之间两种成分的比重不同而已。有些个体年龄虽老，但依然"童心未泯"，而有些个体年纪轻轻，却"少年老成"，一副暮年之相。

儿童情感也可以作此理解。儿童情感与成人情感的区分也不是绝对的，两者分别在情感的两个维度上具有不同的权重，这两个维度即情感的成分和情感的目标。

情感的成分指的是，情感（表达）中理性和非理性的成分构成及其各自的权重。人的基本情绪来自先天的遗传，基本情绪的唤起可以不需要理性尤其是认知的参与，类似日常语言所说的"直觉"，非理性的色彩更浓些；而大多数的自我意识情绪比如内疚、羞愧等主要源于个体的认知评价，理性和意识主导的成分更多些，直觉的成分相对要少得多。情感成分最显著的体现就是情绪表达的意识参与程度，有些情绪是自然流露的、下意识的，有些情绪表达则是一种典型的"表演"，是理性尤其是自我意识主导下的结果。

情感的目标指的是，特定的情感或情感表达的目的或价值指向。有些情感表达没有任何外在的价值指向，情感的表达全然来自主体当下内在的真实体验，比如游戏中的愉悦，完全是内在感受的自然流露；而有些情感则明显具有外在的价值指向，比如面对长者微笑的情绪表达可能不过是为了讨好这个人，建构和维系与这个人的良好关系。

相比于成人的情感，儿童的情感具有本真性、非功利的特点。本真性指的是儿童可以自由地表达自己的情感，率真地表现自我，没有罪恶感、没有道德和世俗羁绊，完全按照自己的自然本性率性而为，不虚伪、不做作。

虽然不能也不应该把道德和世俗等同于虚伪，但毫无疑问，成人的情感体验和表达会受到许许多多的限制，意识和潜意识层面的许多规范约束了成人的情感。"人们的感受是文化社会化以及参与社会结构所导致的条件化的结果，当文化意识形态、信念、规范与社会结构紧密联系时，它们就界定了什么被体验为情感，以及这些被文化定义的情感应如何表达。"①有时不得不说，成人的情感体验和表达是沉重的、受限的，但却

① ［美］乔纳森·特纳、简·斯戴兹：《情感社会学》，孙俊才、文军译，30 页，上海，上海人民出版社，2007。

无可逃避。也正因为此，成人和成人社会才愈加羡慕儿童的天真与率直。自由是人类的最终追求，但社会的发展却使得成人的负担异常沉重，对儿童精神、儿童世界、儿童情感的赞美代表了成人对自由的渴望。

非功利性(内在目的性)指的是，儿童的情感表达更多是出于其内在的目的，即儿童的情绪表达不是因为这种表达的功利价值、外在价值，而仅仅是因为"我就是这样的感受"。对成人而言，情感是建构和维系特定社会关系的重要工具和渠道，过多的欲望追求、过多的利益牵涉，使得成人在情感表达上不得不推敲、反思，唯恐不当的情绪表达阻碍特定目的的达成。成人的笑是因为"我应该笑""我必须笑"，而不是因为"我想笑"。而儿童的情感是率真的、真诚的，也是自我中心的，没有媚俗、不想讨好，只是真实地表达自我。儿童的情感表达即使是不当的，也依然是可爱的、真实的，是真实的可爱，可爱的真实。

日常生活中我们对待世界的态度主要有三种，即实际态度、探究态度和审美态度。"实际态度"是指功利态度，它主要体现为感性欲念，而所谓"探究态度"即科学态度，主要体现为知性观念。审美态度是主体摆脱了这两种态度后出现的第三种对待外物的方式。① 儿童天然地不具有或很少具有实际态度和探究态度，更多地是以审美态度对待世界的。儿童欲望的简单性、天然性和审美性，使得儿童能够在各种世俗欲望面前保有一份自由。从另一个角度看，儿童的情绪表达具有较少的理性成分，而具有较多的非理性的"体验"成分。知性、理性解决的是对世界的认识问题，"体验"所要面对的是人自身的感受问题、自身对世界的态度问题。儿童的体验混杂着直觉、感觉、幻觉，在体验中，儿童的世界是与儿童自身浑然一体的，近似于道家所谓的"物我两忘"或儒家的"天人合一"，意味着一种因忘我而获得的自由。

(二)儿童情感与游戏精神

如果说有什么概念或现象是儿童或童年的代表，那么非游戏莫属。没有游戏的儿童不能称其为儿童，离开了儿童的游戏也必然不是真的游戏。在一定意义上，甚至可以把二者等同，游戏就是儿童或童年的代名词，游戏是儿童价值世界和情感世界的最好表征，游戏也是我们窥视儿童秘密的窗口。同样，游戏和游戏精神也是我们理解儿童情感的密码。通过对游戏精神的探寻能够帮助我们进一步深入儿童情感世界或价值世界的隐秘角落。

亚里士多德认为，游戏是劳作后的休息和消遣，是本身不带有任何目的性的一种行为活动。②《大美百科全书》中关于游戏的表述是这样的，游戏为娱乐所做的任何消遣

---

① 王丽：《儿童的审美情感与儿童艺术教育》，硕士学位论文，南京师范大学，2003。
② [古希腊]亚里士多德：《政治学》，颜一、秦典华译，北京，中国人民大学出版社，2003。

和活动，包括玩玩具、参加体育活动、看电视等。游戏的特色是不断往前，以及独一无二的人物和事件。在游戏中，人们将希望和幻想投诸特定事件上，而不是遵照外在世界要求。①

按照这种理解，游戏是人的理想投射，是人在精神领域中为自己构建的精神家园。康德认为，"快适的诸艺术是单纯以享乐为它的目的。……这些游戏没有别的企图，只是叫人忘怀于时间的流逝"②。在康德看来，游戏是与"快适的艺术"属于同一层面的东西。因为它们之间既存在着"自由"的共同本性，又葆有"快适"的心理效应。更深一层分析，游戏如同艺术一样，具有无目的性（无外在的目的）。但是，另一方面，因为艺术又是"自在自为"的存在，具有自身的"目的性"，也就是具有"合目的性"。因此，游戏也是具有内在目的的、能够自成一体的现象存在。③

而在弗洛伊德看来，游戏则是儿童调节和平衡本我与超我之间冲突的机制。因为游戏是与现实分离的，在游戏中，儿童避免了现实的约束，可以通过本我的宣泄和补偿来调节本我和超我的矛盾。游戏的这种调节机制具体表现为两个层面：①通过游戏，儿童能实现现实中无法实现的愿望，因此，游戏对儿童的正面心理需求具有补偿功能；②经由游戏，儿童能够控制现实中无法控制的创伤性事件，据此，游戏对儿童的消极心理体验、情绪具有转移和泄导作用。④

儿童的游戏精神与庄子的"逍遥游"有着内在的一致性，所谓"逍遥"，按照庄子的解释，其实就是"逍遥于天地之间而心意自得"。而"游"则是由现实抵达"逍遥"的精神通道，也指一种自由自在、畅快通达的行为状态。这是一种超脱和摒弃了一切人世间的功利、欲望的绝对自由，是精神在无限宇宙时空中的自由翱翔，是心灵摆脱了一切世俗羁绊而获得的空前解放。在精神上融入广袤的时空，与天地合一，同宇宙同源，让心灵在无限的世界里自由升腾、尽情体验，真正达到"物我两忘"的境地，真正体味到"天地与我并生，万物与我为一"的逍遥境界。

游戏活动的基本旨趣就在于生命力的体验、释放——享受生命本身于游戏过程中所激发出来的感受力高涨、创造力爆发、想象力昂扬而带来的快慰与欢畅。⑤ 人类游戏的精神核心在于愉悦、自由与超越，这是人孜孜以求的精神境界，也是人的理想所在。而儿童情感的本真性、非功利性、趣味性与人类的游戏精神具有高度的内在一致性，这也是人即使在成年之后依然对儿时的游戏念念不忘的根本原因，因为游戏精神与人的深层意识高度契合。儿童的情感及其表达也正是在这个意义上成为成人的理想家园的。

---

① 李学斌：《儿童文学的游戏精神》，博士学位论文，上海师范大学，2010。
② ［德］康德：《判断力批判》上册，邓晓芒译，147 页，北京，人民出版社，2002。
③ 李学斌：《儿童文学的游戏精神》，博士学位论文，上海师范大学，2010。
④ 李学斌：《儿童文学的游戏精神》，博士学位论文，上海师范大学，2010。
⑤ 李学斌：《儿童文学的游戏精神》，博士学位论文，上海师范大学，2010。

(三)儿童情感的理想价值

儿童情感的本真、非功利表征着儿童的自由、超越等精神特质,而自由、超越恰恰是人类梦寐以求的理想境界。

人类思想的历史是人类不断寻求确定性的历史,也是在此基础上不断寻求自由和超越的历史。形而上学之所以是人的本性,原因在于形而上学在人的生存世界之外悬设了超感性世界,为人确立了最高价值,为人生提供了某种意义支撑,人也因此获得对终极存在、终极解释和终极价值的信念,并因此可以通过超越通达无限,从而也就获得了心灵的确定性和安定感。传统形而上学的先验和超验世界固然给人带来了安全感,但也必然附带着压迫和束缚,当以启蒙为代表的现代性和理性打破了这种压迫和束缚的时候,传统的形而上学给人带来的终极确定性也消失了,人类不得不漂浮于虚无之中。

现代虚无主义描述的是现代人在这个为资本和技术所主宰的时代的无家可归状态。原来支撑有限的人过好尘世生活的理想和信念都已不再纯粹。于是,现代人用外在的忙碌来掩盖内心中的极度空虚,用奢华的外在商品来点缀愈加贫困的精神生活。时代的富有与时代的贫困的悖论就真实地摆在了我们每一个人的面前。① 现代人越来越多地被禁锢于不断膨胀的欲望和现代理性编织的牢笼中,也越来越多地感受到了生命的压抑和憋闷,儿童情感世界的自由、率真便如一道闪电照亮人心中的阴霾。另外,儿童情感天然具备的超越性特点也为人类的现代性困境提供了思考的方向。人的本质在于其生命活动的自由性。"一个种的整体特性、种的类特性就在于生命活动的性质,而自由的有意识的活动恰恰就是人的类特性。"②

人总是希望能够从日常的、琐碎的、个体性的经验中超越出来,不断超越自身有限性的存在,不断达到更高的境地,从而获得精神性的满足。"动物只是按照它所属的那个种的尺度和需要来构造,而人懂得按照任何一个种的尺度来进行生产,并且懂得处处都把内在的尺度运用于对象;因此,人也按照美的规律来构造。"③马克思把"按照美的规律来构造"的审美活动作为确证人的存在的重要活动。人总是不愿意只是如此这般地存在,总希望有更高层级的存在,总希望有某种永远的、永恒的东西存在,以安慰自己的心灵与精神。

儿童情感的率真、对功利的超越无疑为人提供了一个理想中的精神家园,也促使人类不断反思和批判自身的当下困境,不断去思考"何为人""何为真正的人",不断追

---

① 杨宏祥:《现代虚无主义的生存论批判》,博士学位论文,东北师范大学,2017。
② 马克思:《1844 年经济学哲学手稿》,57 页,北京,人民出版社,2000。
③ 马克思:《1844 年经济学哲学手稿》,58 页,北京,人民出版社,2000。

问"何种生活才是应该过的""何种生活才是值得过的"。

儿童是成人世界的一面镜子。儿童既是人类成长历史的现实呈现，也是人类自身理想和希望的未来寄托。

小　结

人的情绪或情感系统是进化的产物，是生物体应对生存挑战的基本机能。情绪和情感都是基于客体属性与人的需要之间的关系而产生的，人的需要是人的价值世界的基石，因而情绪和情感是人的价值世界的标识。情绪、情感具有极其重要的生理、心理、社会和精神价值。儿童世界是人类文化建构的结果，儿童情感的发生与人类情感的发生具有相似性。自我意识的出现是儿童情感发展的转折点，开启了儿童情感社会化的进程。儿童情感尚未遭受功利主义等世俗的沾染，具有本真性、非功利性等特点，表征着儿童的自由、超越等精神特质，成为人类理想的精神家园。

章后思考

一、名词解释题

情感　情绪　自我价值感　儿童　成熟　基本情绪　自我意识情绪

二、简答题

1. 舍勒对情感的分类有哪几种？
2. 简述一下情绪的意义。
3. 简述儿童习得情感规范的过程。
4. 简述儿童情感规范的习得途径。
5. 与成人的情感相比，儿童的情感所具有的特点是什么？

三、论述题

联系你的生活实际与本章所学内容，谈谈你对儿童情感的理想价值的看法。

四、案例分析题

留守儿童缺乏父母的陪伴，他们有一颗渴望陪伴的内心，关注留守儿童的敏感的精神世界，给他们温暖的关爱，还他们一个美好的童年，是作为父母的义务，也是我们共同的责任。民政部联合教育部、公安部等十个部门出台《关于进一步健全农村留守儿童和困境儿童关爱服务体系的意见》，这个意见指出，要设立"儿童主任""儿童督导员"，让孩子们受到更多的关注。至

2020 年，全国已经有 66.3 万的儿童督导主任，他们已进行实名认证。儿童督导主任的实名认证能够更多地督促他们，约束他们去更多地关爱孩子们。强求父母单方面"弃城还乡"并不现实，依赖留守儿童的自我调节效果不佳，唯有用社会大家庭的力量搭建情感沟通的渠道，培厚亲子关系的土壤，才能让留守儿童的情感世界充满阳光。

请结合儿童情绪情感发展的特征，阐述如何加强对留守儿童的情感教育。

拓展阅读

1. 卡米. 学前儿童认知情感动作学习评价［M］. 柳佳，译. 上海：华东师范大学出版社，1989.

2. 吴凤岗，宋志辉，聂晶. 儿童道德情感的培养［M］. 北京：教育科学出版社，1990.

3. 柏尼菲，布洛克. 情感，是什么？［M］. 刘明，译. 南宁：接力出版社，2011.

4. 朱小蔓，梅仲荪. 儿童情感发展与教育［M］. 南京：江苏教育出版社，1998.

5. 兰吉林，等. 塑造成功个性：21 世纪儿童情感智力开发［M］. 北京：中国华侨出版社，2008.

6. 余仲宇，徐奋，连启正. 特别关注：当代青少年儿童学业情感问题解读［M］. 北京：中国长安出版社，2003.

儿童现象学

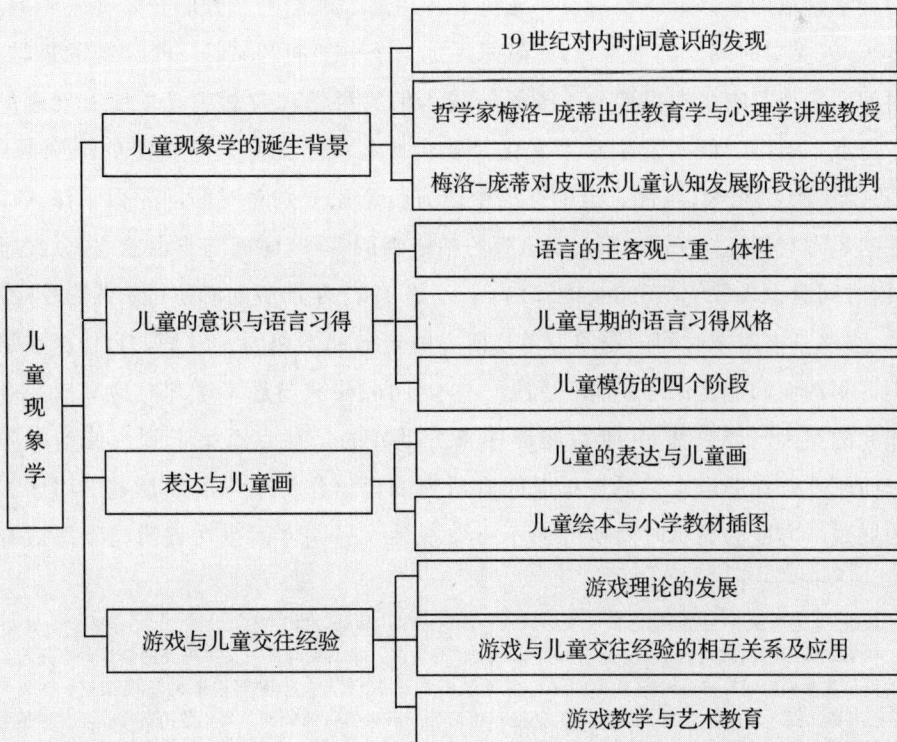

当前，我们对儿童哲学和儿童现象学的关注越来越多。如同现象学既不同于传统哲学但又同时属于哲学一样，儿童现象学也既是儿童哲学但又不同于传统意义上的儿童哲学。为什么在传统的哲学里能够产生现象学呢？简单说来，是为了解决身心二元论的难题，从梅洛-庞蒂的身体现象学或称知觉现象学开始，基本上已扭转了身心分离或身心孰为第一孰为第二的论证方向。

第一节
儿童现象学的诞生背景

20 世纪上半叶出现了一门新兴的哲学分支学科——儿童哲学，同时也出现了教育学、心理学领域的新兴分支学科——儿童学、儿童心理学等，人们开始将眼光落在"儿童"身上。人类对时间问题很重视，"时间既是一个科学问题又是一个纯粹的哲学问题。因为时间问题所具有的本根性和重要性，成为解答科学和哲学中几乎所有问题的前提和思考原点，每当时间观发生重大变化时就会掀起科学史和哲学史上的深刻革命"①。19 世纪末至 20 世纪 30 年代，至少有三个西方哲学家分别对时间问题做了深入而具有影响性的思考与研究，一是 1889 年出版的柏格森的著作《时间与自由意志》，二是胡塞尔的《内时间意识现象学(1893—1917)》②，三是 1927 年出版的海德格尔的力作《存在与时间》。当然三人对于时间问题的思考与研究的走向并不相同。但是，为什么在那一时期他们都不约而同地走向了对同一问题——时间的研究与思考了呢？这显然是个十分值得探究的重大问题。其实 19 世纪震撼整个世界的是马克思关于剩余劳动时间的发现，因而刚才选择一段有关马克思时间观研究的话语作为引出后续话题的引子。此处引文的展现一方面为显示时间研究的不可忽视性，另一方面也在表明马克思对剩余劳

---

① 熊进：《论马克思的时间概念》，1 页，武汉，武汉大学出版社，2014。
② 胡塞尔关于时间问题的思考，素有"时间三部曲"的美称，除了我们在正文中提到的著作外，还有《关于时间意识的贝尔瑙手稿(1917—1918)》(肖德生译，商务印书馆出版)与《关于时间构造的后期文字(1929—1934)》(2006 年已出德文版，目前尚未出中文译本)。胡塞尔生前唯一出版的一部关于时间主题的著作是正文中提到的《内时间意识现象学(1893—1917)》，其他两部都属"手稿"，由专人编辑整理后出版[实际上已经出版的这部《内时间意识现象学》也是手稿性质的文本，出版前已经先后由茵伽登(Roman Ingarden)和海德格尔编辑]。

动时间的发现亦有其学理上的奠基性的内在理论可循。马克思的博士论文研究的是伊壁鸠鲁的自然哲学和德谟克利特的自然哲学问题，而柏格森与海德格尔在有关时间问题的研究上都曾从亚里士多德那里出发来展开思考和讨论。这就是说，时间问题的研究与思考可追溯到古希腊哲学家们那里。另外还有亚里士多德的"闲暇出真知"论、为马克思主义研究者们所一直关注和讨论的"闲暇时间与人的自由"问题，以及后来凡勃伦(T. Veblen)所提出的"有闲阶级论"等，这些都是围绕着时间与存在问题而展开的一系列极有影响力和启发性的研究。此处想要明确指出的是：时间是一个自古代起就为西方哲学所关注和严肃认真地思考着的主题，这始终是一项未竟之思。①

一、19 世纪对内时间意识的发现

1889 年，法国哲学家柏格森的博士论文《论意识的直接材料》(*Essai sur les données immédiates de la conscience*)［英译本书名改为(*Time and Free Will*)］的出版，掀开了认识论史上的一个新篇章。柏格森的开创性工作至少包括两个方面：一个是意识，另一个是时间。在此之后，1900 年胡塞尔出版了《逻辑研究》，开启了对意识问题的现象学研究。1917 年柏格森的《创造进化论》出版，引起了舍勒的重视。1927 年海德格尔出版《存在与时间》。虽然他们都与柏格森的研究不同，但是，柏格森的《时间与自由意志》在时间问题的研究上可能是具有先导性的(它将时间的测量方式从过往的研究中与空间混淆的情况区分开来)，随后他进行了"生命时间—存在论"等的研究。舍勒曾将柏格森的著作引入德国，海德格尔同样也并未对此有所忽视。

而以上所提这些人物大致都属于 19 世纪末至 20 世纪初以来，以不同方式从哲学与教育上启发了人们对"人"也即"时间"这一谜题的不断思考的哲学家。例如，柏格森的生命时间哲学引发的教育学界的思考是学生生命时间之一次性、不可逆性的问题；胡塞尔的意识现象学能够与脑神经科学、人工智能等联系起来去探讨人的认知、意识与学习等问题；海德格尔的存在论亦可从思的角度来谈老师和学生的思与教和思与学的问题，如诗般的本体生命如何自行绽放，等等；而舍勒的现象学知识论则早已经被教育学者们用于课程实施与课程改革等研究上，他的哲学人类学更是直接与教育学中人的培养的最终目的相联系。②

根据以上的"生命时间—现象学—存在论"的脉络背景，经过将近四年的教育教学实践，梅洛-庞蒂发展出了一种聚焦于儿童这一人的早期阶段的儿童现象学。

---

① 韦永琼：《奠基于时间哲学的教育理论之思》，博士后出站报告，南京师范大学，2020。
② 韦永琼：《奠基于时间哲学的教育理论之思》，博士后出站报告，南京师范大学，2020。

二、哲学家梅洛-庞蒂出任教育学与心理学讲座教授①

人的儿童期是独特的，它与人的成年期可以说完全是"两个世界"。但就儿童与成人的关系而言，这"两个世界"之间如何进行恰切的沟通与交流，就个人自身而言，如何在自己的童年期与成年期之间形成一种内在健康有序的发展性联系（毕竟自弗洛伊德的精神分析以来，人们已经在一定程度上达成共识：成年人的精神困境大都能够在其童年期找到根源），始终是哲学和心理学共同关注的主题。本书通过对法国现象学家梅洛-庞蒂（M. Merleau-Ponty）在这一领域的将近四年的讲座课程而形成的著作《儿童现象学》的读解，梳理了梅洛-庞蒂如何通过对儿童认知发展心理学的批判，以现象学之眼对儿童画的观看，提出了现象学对儿童认知与表达的不同观点。

1949—1952 年，梅洛-庞蒂从里昂大学的哲学教授位置上离开并成为索邦大学"心理学与教育学"讲座课程的教授。有学者将他在此期间的讲课稿及学生听课笔记整理成册出版，其内容主题包括"儿童的意识与语言习得""成人的儿童观""儿童意识中的结构与冲突""儿童社会心理学""儿童与他人的关系""人文科学与现象学""儿童心理学中的方法""他者经验"等。其中，我们发现梅洛-庞蒂对"表达与儿童画"的思考是进入其儿童现象学的一条要道。在索邦的近四年时间里，由已成书的讲座稿显示，至少在 1949—1950 年与 1951—1952 年期间，他分别有两个学期的讲座课都专题性地讨论了"表达与儿童画"。而且两学期对这一专题的讨论并不是简单的重复，而是逐渐地有所深入。在"一阶的讨论"（1949—1950 年）中，基于格式塔心理学、精神分析与皮亚杰等人的研究，梅洛-庞蒂指出了它们存在三个方面的不足：①将儿童画视作儿童对世界的自然模仿能力的表现，因而总是将落脚点和重心放在儿童画所具有的创造性上；②总是将成人作为参照标准来看待儿童及儿童画，这使得"儿童画从来都失能于很好地复制世界"的这一观点成为一种固着的印象；③未曾将人的儿童阶段视作一个可完全独立于成人世界而存在的世界来看待，也就是说以往的研究从未面向儿童事实本身来是其所是地观察他们、思考他们和研究他们。"二阶的讨论"（1951—1952 年）引入了人类学的研究结论。梅洛-庞蒂指出，儿童画作为儿童对其所感知到的世界的表达，具有独特之处。它们与成人的绘画一样代表着人类在某一年龄阶段对存在的把握，二者之间是彼此相对独立的，互相不可取代。

需要明确指出的是，梅洛-庞蒂对于儿童画的研究并非属于教育心理学的研究。恰恰相反，他非常明确地表明他对儿童画的思考是现象学的。我们认为，他在索邦大学

---

① 韦永琼：《表达与儿童画——梅洛-庞蒂的儿童现象学管窥》，载《内蒙古师范大学学报（教育科学版）》，2019(12)。

的讲座课程汇编而成的著作确切的书名宜译为《儿童现象学》(*Phenomenology of Children*),而不应译作《儿童心理学与教育学》。虽然,法语原版原名为 *Psychologie et pedagogie de l'enfant*:*Cours de Sorbonne 1949—1952*(《儿童心理学与教育学:索邦 1949—1952 年课程》),但是,哲学家本人的学术背景与专长是现象学。在这本由讲座课程汇编成的著作中,梅洛-庞蒂本人时常提到,他所理解的教育学从来不是心理学的下位学科,亦不把教育学视作对心理学原理的应用,他在索邦的这一"心理学与教育学"的讲座课程从来都是他所理解的哲学课程(从未溢出过他所擅长的哲学领域)。毋宁说,梅洛-庞蒂所理解的儿童心理学与教育学从他开始接任这一课程的主讲任务时,就已经是哲学的或更具体而言是现象学的了。对此,我们可以类比性思考的是,在胡塞尔以前对意识与时间问题进行了哲学上深入研究的是法国的柏格森(H. Bergson),其 1889 年出版了《论意识的直接材料》。柏格森的意识哲学并不是传统意义上的笛卡儿的"我思故我在"的单纯主体内的精神意识哲学,而是将"时间与意识"作为一个统一体揭示出来。同理可类推的是,梅洛-庞蒂对儿童画暨儿童的原始表达的发现必然也不是在教育心理学的框架内单纯进行的,他的主要工作是用现象学的观察之道看出了儿童画与儿童表达之间的内在联系,并由此揭示出了人在童年期对世界的认识和把握不应在成年人的标准下被视为简单、幼稚的。更进一步,梅洛-庞蒂对儿童画的思考道明了儿童画画这样一种现象的本质。12 周岁以前的儿童总是有那么一段疯狂的爱画画的时期,他们喜欢在所有能够乱涂乱画的地方"乱涂乱画"。难道这样的"儿童画"现象不是一个值得教育工作者重视的现象吗? 它在儿童成长期的作用与意义有多大呢? 儿童画的本质到底是什么? 接下来我们将对此进行讨论。

三、梅洛-庞蒂对皮亚杰儿童认知发展阶段论的批判[①]

以往的研究,尤其是以皮亚杰为代表的儿童认知发展理论,总是将成人作为参照标准来看待儿童及儿童画,未能看到儿童阶段有着一个可完全独立于成人世界而存在的世界。

首先,梅洛-庞蒂认为皮亚杰对儿童的解释是消极的。《儿童现象学》的英译者在前言中提道:"1952 年,梅洛-庞蒂走在跨学科交叉的道路上,那时让·皮亚杰接任了索邦大学的遗传心理学教授职位。梅洛-庞蒂频繁引用皮亚杰在索邦的讲座报告内容,他发现皮亚杰过度地将儿童还原成了'成就动机引发的'某一阶段发展的产物。这是不正确的,因为这样一种发展模式并不能成功解释儿童如何从一个阶段转换到下一个阶段,

---

[①] 韦永琼:《表达与儿童画——梅洛-庞蒂的儿童现象学管窥》,载《内蒙古师范大学学报(教育科学版)》,2019(12)。

它忽视了大量来自社会、文化与历史情境的重要性。"①虽然皮亚杰在格式塔心理学家的基础上对儿童的认知发展研究工作向前推进了一步,尤其是对儿童在动作技能方面的观察上,他注意到了"儿童比成人具有更少的动作能力(motor capacities),我们应该小心避免将他们的绘画解释为仅仅是他们的动作技能(motor skills)还未发展完全的反映"②。但梅洛-庞蒂让我们注意到:"我们必须再检验儿童非写实的(nonrepresenta-tional)符号风格。有一种观点认为它是内在性发生的外显结果,换句话说,当儿童在画画时很少能够集中注意某物。正如我们的年龄,我们获得的不仅是动作技能上的优势,而且还获得了对世界更多的客观性与现实性[的认识]。"③也就是说以往的研究(包括皮亚杰在内)从未曾面向儿童实事(sache/matter)本身来让其是其所是地观察他们、思考他们和研究他们,而是在一种成人感的带入性之中来观察儿童的。"实事"或"实事本身"按照倪梁康的《胡塞尔现象学概念通释》上的解释,它至少具有两方面的内涵:"一方面,'实事'无非是指被给予之物、直接之物、直观之物,它是在自身显示(显现)中,在感性的具体性中被把握的对象;另一方面,'实事'还意味着哲学所应探讨的实际问题本身;更进一步说,它是指所有那些以自身被给予方式展示出来的实际问题,从而有别于那些远离实际问题的话语、意见与成见。"④

其次,梅洛-庞蒂得出明确的结论:"皮亚杰并未找到理解儿童如何进行思(concep-tions)的办法,而是将他的注意力放到了他们是如何从童年阶段转变到成人的这一系统过程上。"⑤这使得"儿童画从来都不能很好地复制世界"的这一观点成为一种固着的印象。儿童画所画出来的事物如果不经他们自己解释,成人不知道他们到底画的是什么,也就是说他们画出来的东西与实物的差异极大。以往人们总认为儿童是在"乱涂乱画",其实是没有发现它的真实意义何在。对此,梅洛-庞蒂强调,在某种程度上,儿童更加直接地与他们所处的环境接触,因为儿童还未拥有足够多的文化工具来使他们自身隔离。他们还未获得完全的社会规范,包括对某种表达方式的偏爱。当然,皮亚杰与其他当代儿童心理学家对儿童画的研究代表了一种在这一研究领域的重要的进展,他们不像传统的心理学立场那样将儿童画视作对内容认知的缺乏。然而,梅洛-庞蒂指出:"皮亚杰的错误在于总是将儿童画视作成人画的一种功能[来看待],而不是将其视作蕴

① Merleau-Ponty M, *Child Psychology and Pedagogy: The Sorbonne Lectures* 1949-1952, trans. by Talia Welsh, Evanston: Northwestern University Press, 2010, p. xiv.

② Merleau-Ponty M, *Child Psychology and Pedagogy: The Sorbonne Lectures* 1949-1952, trans. by Talia Welsh, Evanston: Northwestern University Press, 2010, p. xvi.

③ Merleau-Ponty M, *Child Psychology and Pedagogy: The Sorbonne Lectures* 1949-1952, trans. by Talia Welsh, Evanston: Northwestern University Press, 2010, p. xvi.

④ 倪梁康:《胡塞尔现象学概念通释》增补版,453 页,北京,商务印书馆,2016。

⑤ Merleau-Ponty M, *Child Psychology and Pedagogy: The Sorbonne Lectures* 1949-1952, trans. by Talia Welsh, Evanston: Northwestern University Press, 2010, p. xvi.

于它本身的'一种积极的意义[表达]'。"①

　　再次，就语言方面而言，梅洛-庞蒂认为皮亚杰将儿童的语言表达放在成人的语言表达的背景之下来看待，产生了双重的伤害。皮亚杰判断儿童的能力是以他们距成人的能力有多远来进行的。"在皮亚杰对儿童与成人在语言方面的讨论中，我们看到一对伤害行为（disservice）：皮亚杰对照成人的语言表达从而低估儿童语言表达的价值。'皮亚杰因而消除了来自成人自我表达的语言与来自他人教会我们去言说的语言之间的差异。'由于对客观性语言估价过高，皮亚杰忽视了语言的艺术价值、表达价值与儿童语言的价值。"②

　　最后，梅洛-庞蒂指出，将儿童画视作儿童对世界的自然模仿能力的表现是不正确的。以往我们是怎样看待儿童画的呢？基于格式塔理论、皮亚杰的儿童认知发展研究，梅洛-庞蒂指出，他们几乎无一例外地将儿童的绘画视作对外在世界的自然模仿能力的表现，因而总是将落脚点和重心放在儿童画所具有的创造性上。但梅洛-庞蒂将儿童与原始人和精神失常者（以自闭症患者为例）作对比之后，指出这三类人的思维与认知世界的方式是与正常成年人不一样的。然而，因为正常成年人的世界是占统治地位的"正统"世界，所以成年人总是用自己的标准来衡量原始人、精神失常者与未发育成熟的儿童，用这样的标准来看待他们，那么他们都在不同程度上不符合成年人所规定的标准就是理所当然的了。梅洛-庞蒂指出："发展这一概念在遗传心理学上包括对儿童、原始人与病态意识者的研究，这个概念假定儿童的意识代表着成人意识的早期阶段（an ar-chaic state），同理，病态的意识代表的是退化阶段（a regressive state）。"③正是因为持此观点，以往人们认为儿童画与成人画比起来总是不成功的作品，充满了诸多技能上的欠缺，在观察外界事物方面表现得不够全面，在表现手法上也是漏洞百出。可想而知，在这样的认知思维下，人们只是把儿童画当作未发育成熟的成年人的早期阶段对自然的模仿，从而认为它们与成年人的绘画作品比起来总是有所欠缺和存在着这样那样的不足。但实际上"儿童画不是一种成人画在某方面的缺失与不足；它不是一种对世界的反思。儿童画是一种儿童经验世界的表达方式"④。因而，它们必然代表着这一年龄阶段的人所看到的世界的样态，他们对世界的观看、认知和把握总是不同于成年阶段的。

---

　　①　Merleau-Ponty M, *Child Psychology and Pedagogy*：*The Sorbonne Lectures* 1949-1952, trans. by Talia Welsh, Evanston：Northwestern University Press，2010，p. xvi.

　　②　Merleau-Ponty M, *Child Psychology and Pedagogy*：*The Sorbonne Lectures* 1949-1952, trans. by Talia Welsh, Evanston：Northwestern University Press，2010，p. xiv.

　　③　Merleau-Ponty M, *Child Psychology and Pedagogy*：*The Sorbonne Lectures* 1949-1952, trans. by Talia Welsh, Evanston：Northwestern University Press，2010，p. xvi, p. 134.

　　④　Merleau-Ponty M, *Child Psychology and Pedagogy*：*The Sorbonne Lectures* 1949-1952, trans. by Talia Welsh, Evanston：Northwestern University Press，2010，p. xvi, p. 214.

第二节
儿童的意识与语言习得

一、语言的主客观二重一体性

通常意义上的儿童哲学并未将人的意识发展与语言习得之间的关系当作一个十分重要的主题来看待。传统的哲学也并不把语言当作哲学思考的对象，从而认为"语言并不具有哲学意义，而且也只是将它作为一个技术问题排除在哲学研究之外"[1]。笛卡儿的"我"哲学认为意识与语言没有交集，语言不是意识本身，相对于意识而言，它是一种外在存在物。"意识是一种普遍的合成活动"，它只能被主体自身所意识到，然而，语言则是意识的某种外在表达。外在的万事万物都是主体意识的投射。在这个过程中，语言成为架起主观内在意识与外在客观事物的认知之间的桥梁。那么，语言，是主观的还是客观的呢？换言之，语言是来自事物的秩序还是来自主体自身的内在意识？这是矛盾的。语言文字是一种物理现象，因为词语的意义与它的外形之间的关系是临时记号的关系，它们具有偶然性，是习俗的积淀。但语言却绝不仅仅是意识交流，"我的话语仅仅给予了他人的心灵一个场景去记得他已知的一切。语言是一种发出的信息，但一个人没有情感效力的作用是不可能有交流的活动发生的。言词本身没有力量。最好的语言是最中立的，最好的语言都是很科学的，算法语言不可能含糊不清"[2]。话语的力量来自人的情感与意识。

让我们举个例子来加以说明。人们对笑话与幽默的领悟和理解建立在这种情感与意识起关键作用的地方。这是弗洛伊德于1905年在《笑话及其与潜意识的关系》一书中所讲述的一个笑话，这个现在众所周知的幽默是这样的：

> 两个人在加利西亚（Galicia）火车站的火车车厢里相遇。
> 一个问："你上哪儿去？"
> 另一个回答道："去克拉科夫（Cracow）。"

① Merleau-Ponty M, *Child Psychology and Pedagogy*: *The Sorbonne Lectures* 1949-1952, trans. by Talia Welsh, Evanston: Northwestern University Press, 2010, p. 3.

② Merleau-Ponty M, *Child Psychology and Pedagogy*: *The Sorbonne Lectures* 1949-1952, trans. by Talia Welsh, Evanston: Northwestern University Press, 2010, p. 3.

首先提问的这个说："你真是个骗子，如果你说你要去克拉科夫（Cracow），你是想让我相信你要去伦伯格（Lemberg）。但我知道你会去克拉科夫（Cracow）。那你为什么要对我撒谎？"[1]

对于第二个人，也就是回答去"克拉科夫"的人，弗洛伊德迅速地指出：第二个人"在说真话的时候是在说谎，并且是以谎言的方式在说真话"[2]。这个极其著名的笑话被弗洛伊德认为是既愚蠢又充满智慧的语言的例子，即一个表面看似愚蠢的笑话，却内在地包含着智慧的洞察力。他赞扬了这个笑话隐含的理论复杂性。

> 这个笑话……指出了一个问题，并利用了我们最常见的概念不确定性。如果我们描述事物的本来面目而不费心去考虑我们的听众将如何理解我们所说的话："这是真的吗？"或者，这只是一个虚假的真相，并且真正的真相不就是在于把听者考虑在内，并给他一个我们自己知识的真实图景吗？我认为这类笑话与其他笑话有很大的不同，可以给予特殊的地位。它们攻击的不是一个人或一个机构，而是我们知识本身的确定性，我们的"投资预测能力"（speculative possessions）。因此，对于这对话的二人来说，恰当的名称应该是"猜疑的"笑话。[3]

从这个例子我们看到，语言成为一个神秘的元素，因为它既不是自我意识，也不是客观的事物。实证主义语言学与心理语言学将主要的研究重点放在了语言的外显上，展现出一种机械论心理学的解释方式。例如，他们对失语症患者的研究表明，失语症患者仍然知道如何把词拼凑在一起。当他不再知道如何说"红色"时，他仍然可以说出"樱桃—红"。失语症患者的语言抽象能力减弱，而具象思维能力还残留着。这句话的正常表述应是："樱桃是红色的。"语言心理学家戈尔茨坦（K. Goldstein）认为："失语症不是失去了一个词，也不是失去了一个想法，而是'让这个词准备好表达'。"[4]具有正常语言表达能力的人能够根据言语双方的语境来区分有意义的词和没有意义的词之间的差别，但失语症患者则只是机械化地说出某个字或词甚至是短句的发音，他们已经不知道它们的准确或确切意思了。语言具有的象征力量已经不再被他们所理解。

---

① Johnston A，"'A mass of fools and knaves'：Psychoanalysis and the world's many asininities"，in Zeiher C，*Psychoanalytic Reflections on Stupidity and Stupor*，Lanham：Rowman & Littlefield，2021，p. 14.

② Johnston A，"'A mass of fools and knaves'：Psychoanalysis and the world's many asininities"，in Zeiher C，*Psychoanalytic Reflections on Stupidity and Stupor*，Lanham：Rowman & Littlefield，2021，p. 14.

③ Johnston A，"'A mass of fools and knaves'：Psychoanalysis and the world's many asininities"，in Zeiher C，*Psychoanalytic Reflections on Stupidity and Stupor*，Lanham：Rowman & Littlefield，2021，p. 14.

④ Merleau-Ponty M，*Child Psychology and Pedagogy：The Sorbonne Lectures* 1949-1952，trans. by Talia Welsh，Evanston：Northwestern University Press，2010，p. 4.

语言学家索绪尔最大的贡献在于指出，语言是一个独特集合，其中每个词从作为意群的其他词那里获得它的意义，并且逐步地区分出它自己。而纪尧姆（G. Guillaume）则指出，亚语言体系支撑着每一种语言，例如，在一种既定的语言中，该语言告诉我们关于结构的知识。[1] 此处可举的最为丰富的例子是文学作品，它展现了语言的象征寓意力量，如诗歌、寓言故事、神话、童话等文体，甚至反讽等修辞手法都是对语言的既非主观亦非客观的二重一体性的最佳说明。

"语言既不是物质，也不是心灵。"[2]实验和真实事件的发生之间存在矛盾，并不一致。语言的心理学研究让我们看到它的清晰性，而语言的模糊性却只能通过哲学来对之进行思考。那么，我们要如何研究它呢？如上所述，走科学化道路的实证语言学与语言心理学所使用的归纳法，虽然揭示了语言的客观性，但它们始终不能说清语言的主观性是什么。而现象学的方法则能作为一个补充，用来阐释儿童的认知发展、语言习得及儿童的内在意识之间的关系，因为现象学的方法"是与事实接触，理解事实本身，阅读它们，并以某种赋予其意义的方式破译它们"[3]。在这一点上，梅洛-庞蒂将认知主义心理学家，场-认知理论的提出者科勒（W. Konler）与考夫卡（K. Koffka）等的观点概括为"它确立的有效知识不仅是可度量的知识，而且是定性的描述。这种定性的知识不是主观的，而是主体性的：它描述的是对所有人都可见的东西"[4]。

二、儿童早期的语言习得风格

梅洛-庞蒂的儿童现象学就 0～12 周岁"意识与语言习得"的线索作了连贯的分析。首先是从语音的习得开始的，语言发音的差异具有典型的地方性。语音风格是在早期幼儿进行咿呀学语时就形成的，并且一旦形成将具有高度的稳定性，在后天很难有大的改变。"一个概念性的分布可以在孩子的头脑中产生；孩子会学习和重复原本不协调的语音音位。音位系统必须由孩子重新发明，因为它最初是由团体（la collectivite）发明的。实际上，雅各布森把音位系统当作概念系统来处理，就违背了音位学分析的原始内容。他将这种系统的习得与颜色系统的习得进行了比较。现在，对颜色感知的进展不是一种理智的分析，而是感知本身的清晰度或'格式塔'（Gestaltung）。同样地，音位

① Merleau-Ponty M，*Child Psychology and Pedagogy*：*The Sorbonne Lectures* 1949-1952，trans. by Talia Welsh，Evanston：Northwestern University Press，2010，p. 4.

② Merleau-Ponty M，*Child Psychology and Pedagogy*：*The Sorbonne Lectures* 1949-1952，trans. by Talia Welsh，Evanston：Northwestern University Press，2010，p. 5.

③ Merleau-Ponty M，*Child Psychology and Pedagogy*：*The Sorbonne Lectures* 1949-1952，trans. by Talia Welsh，Evanston：Northwestern University Press，2010，p. 6.

④ Merleau-Ponty M，*Child Psychology and Pedagogy*：*The Sorbonne Lectures* 1949-1952，trans. by Talia Welsh，Evanston：Northwestern University Press，2010，p. 7.

系统的习得也不能导致智力上的分类：儿童具有音位尺度，具有他所听到的语言的内在特征，同时具有感知世界的结构。"①除此之外，语言的几个基本功能是同时进行的，在幼儿早期的咿呀声中，他们身边的成人弄不明白这些模糊的声音是什么，但成人与婴儿之间都能够"达成某种共识"，即成人明白了婴儿发出的声音的需求所指。"语言是不可分割的表达、自我表达与对他人的诉求。孩子发出语言的动作是对他人的不断呼唤。孩子在他人身上认识到另一个自我。语言是实现彼此相互影响的手段。音位系统是一种语言风格。风格不是用文字，也不是用思想来定义的；它不具有直接意义，而具有间接意义。"②

三、儿童模仿的四个阶段

在儿童的语言习得中，最根本的一个要素是模仿。儿童通过模仿发展他们自己的语言。但是传统的模仿现象研究只将重点落在儿童所模仿的结果上，即儿童模仿某种语言的发音是否准确，能否清晰地吐出"爸爸""妈妈"等词语。但是儿童早期的第一个模仿期的模仿仅仅是一种本能性模仿，这个时期他们的模仿与大猩猩对着镜子里的那个大猩猩做同样的动作没有两样。然而，一旦这种模仿动作熟练了之后，儿童早期阶段的模仿就会进入第二个模仿期，也即对动作意义本身的尝试性理解。他们在早期阶段的模仿既不会分析被模仿的动作的步骤包含哪些，也不会特别注意它们的细节。模仿的早期阶段，婴幼儿是对动作的整体性模仿。"这实际上是一个规模（scales）的问题。孩子在不分析它们的情况下重现它们；分析是一项晚得多的成就。因此模仿不可能是这种双重转换的努力。"③儿童的语言习得是一种直观的整体性的模仿，没有分析，也并非仅仅是无意识的模式。儿童所模仿的是语言的用法，用法是他懂得在什么时候说出某词某句话是恰当、贴切的。纪尧姆用他的孩子作为研究的对象，发现当他用手指在孩子的脖子上画了几个手势时，孩子成功地复制了它们，但孩子在他的额头上照着画了一个像而不是在脖子上。儿童现象学对此的总结是"我们首先意识到的不是我们自己的身体，而是事物"④。人并不把自己的身体当作客体来认识，今天也这样。这在 9 个月左右的婴儿那里就体现出来了。"9 个月零 21 天的时候，纪尧姆的孩子把铅笔倒扣起

---

① Merleau-Ponty M，*Child Psychology and Pedagogy*：*The Sorbonne Lectures* 1949-1952，trans. by Talia Welsh，Evanston：Northwestern University Press，2010，pp. 19-20.

② Merleau-Ponty M，*Child Psychology and Pedagogy*：*The Sorbonne Lectures* 1949-1952，trans. by Talia Welsh，Evanston：Northwestern University Press，2010，p. 20.

③ Merleau-Ponty M，*Child Psychology and Pedagogy*：*The Sorbonne Lectures* 1949-1952，trans. by Talia Welsh，Evanston：Northwestern University Press，2010，p. 21.

④ Merleau-Ponty M，*Child Psychology and Pedagogy*：*The Sorbonne Lectures* 1949-1952，trans. by Talia Welsh，Evanston：Northwestern University Press，2010，pp. 19-20，22.

来，用它击打桌子。但是，几次尝试之后，他把铅笔翻过来，把笔尖放在纸上。同样，这不是孩子模仿父亲的手势的问题，而是试图获得与父亲相同的结果(铅笔在纸上的位置)。几周后，孩子不再用铅笔敲击，而是在纸上画线。这里，他又一次没有模仿(imitate)父亲的手势(gestures)，而是模仿结果。孩子在他周围看到的所有动作都是类似的；因此他的手势只是近似的和不完全相似的。这意味着模仿是'内在的'(immanent)；它的目标是整体的结果，而不是手势的细节。"①

幼儿的早期阶段在认识外部世界时，并没有主观意识，他们还未将他们自己作为"中心—我—自身性"并以此出发来将他自身之外的一切人和事物视为客体，而他自己则是主体，因而他的模仿始终是将其周围最频繁出现的那个客体视作"权威"客体来进行模仿。而这时的模仿也不是片断零碎动作的模仿，而是动作结果的模仿。他们对客体的"格式塔"把握，与原动作在细节上一定会有差异。因为他是以他领悟到的整体行为结果来进行动作行为的重现的，而不是从细节出发去进行分析式的模仿。前面说到儿童是从"格式塔"即动作的结果整体来对其进行模仿，但他把握到的这个"整体的结果"也是部分的把握而不是完全的100%的把握。并且，对这样一种整体性的部分把握以后，他做出来的动作是"他的"，因而是"特别的"。这些部分的模仿是一种迹象，表明他在自己身上认识到了其他人。或反过来说，他从对他人的认知那里逐渐意识到了自己的存在，他的自身性意识是从对他者的模仿中逐渐成长起来的。他者是世界和儿童之间的普遍中介。

通过儿童早期的模仿，我们可以看出"一开始的无意识模仿(the involuntary imitations)和后来的明确模仿(the explicit imitations)之间存在反差。纪尧姆观察到一个9个月大的孩子，他知道如何正确地用梳子梳理自己和别人的头发。但是，20天后，这个孩子就会毫无例外地模仿举手碰头的动作。他仍然对没有目标的手势无动于衷"②。他不理解动作的意图，但会模仿动作本身。也就是说，举手碰头、拿梳子给自己和他人梳头这两种动作对他而言没有什么差别。

在小学低年级阶段的语言学习，常常有重复操练、反复抄写、句型套用等教学环节的设计，这样一些操练、抄写与对字、词与句型语法等的反复演练，是不是既包含了无意识模仿与无意义的机械模仿又包含了梅洛-庞蒂的儿童现象学所讲的示意符号的模仿呢？以声音模仿为例。"声音模仿是一般模仿中的一种特殊情况。但它的优点是可

① Merleau-Ponty M, *Child Psychology and Pedagogy: The Sorbonne Lectures* 1949-1952, trans. by Talia Welsh, Evanston: Northwestern University Press, 2010, p. 22.

② Merleau-Ponty M, *Child Psychology and Pedagogy: The Sorbonne Lectures* 1949-1952, trans. by Talia Welsh, Evanston: Northwestern University Press, 2010, p. 23.

以完全由听觉控制；我们总是在见证我们自己的语言。"①声音发出后能被自己听到，但动作做出后却未必能被自己看到。如前面所述，动作模仿是看着对方做的动作而在自己身上做相同的动作。这时，在自己身上同时运作的是视觉和动觉。而且，视觉所看要经由脑神经转换后才能发出动作，这个过程在意识逐渐发展成熟后是复杂加工。娱乐节目上的"模仿秀"比赛，之所以能有超级模仿秀的胜出者，原因就在于这种模仿进行了动作分解与意义深度理解的模仿，甚至是一种专业技能训练，如口技、双簧等表演技术。但幼儿的早期阶段的无意识模仿只是不带意义的动作模仿。"因此，对于言语的模仿，我们发现有一种双重的动觉天赋，这是动作模仿所缺乏的。过去对通过模仿习得语言的问题有一种错误的简单化理解，而实际上，[通过模仿习得语言]这个问题恰恰是我们为了普遍模仿而提出的。"②也就是说，模仿是人的本性，人的诸多行为都来自模仿，人们通过模仿而习得某种语言，这能说明人的其他一切模仿行为的复杂本质到底是什么。语言的习得是一种模仿性习得，而模仿并非像以往人们所想象的那样是一件非常简单的事情。

"我们可以注意到，儿童通过同化（assimilating）自己已经发出的声音来重复新的声音。在这里，模仿也意味着以自己的方式朝着一个目标（所听到的词）前进。孩子学着画画；他没有逐条遵循模型，而是把握（gets）到了全局的结果。"③教育学领域里有三种教育起源论普遍被认可：一是生物起源论，二是模仿起源论，三是劳动起源论。它们分别认为人的教育起源于生物训练、心理模仿和劳动（活动）进化。④ 但教育的模仿起源论并未详细说明人类的教育本质是如何通过模仿来得以体现的。人类有善于学习的本质，而人类的学习活动本身首先是一种模仿。通过儿童现象学在意识与语言习得上的考察，梅洛-庞蒂让我们看到，人的模仿性学习至少包含了四个阶段：第一个阶段是无意识模仿，这也是孟禄通过考察人类学史之中的研究结论而提出来的"教育的心理起源论"所看到的，但孟禄之后，教育学原理领域至今未曾见到比教育的心理起源论更新的学说。而梅洛-庞蒂的儿童现象学则让我们看到，在人类的学习活动中，除了无意识的习得之外，还有机械化的行为模仿阶段（第二个阶段），它将使主体对某一动作掌握到自动化的程度，主体会多次自行重复同一个动作或发音直至最终能够条件反射式地说出或做出它。第三个阶段是意义模仿，例如婴幼儿对成年人用梳子梳头与用笔在纸上写画的行为的模仿，当他们并不仅仅用梳子来触及自己头上的头发而且还用它来触及

① Merleau-Ponty M，*Child Psychology and Pedagogy*：*The Sorbonne Lectures* 1949-1952，trans. by Talia Welsh，Evanston：Northwestern University Press，2010，pp. 19-20，25.

② Merleau-Ponty M，*Child Psychology and Pedagogy*：*The Sorbonne Lectures* 1949-1952，trans. by Talia Welsh，Evanston：Northwestern University Press，2010，p. 25.

③ Merleau-Ponty M，*Child Psychology and Pedagogy*：*The Sorbonne Lectures* 1949-1952，trans. by Talia Welsh，Evanston：Northwestern University Press，2010，p. 25.

④ 项贤明主编：《教育学原理》，北京，高等教育出版社，2019。

身边人的头发时，当他们尝试用手中的笔在纸上"乱涂乱画"时，他们就已经是在领悟其意义所指的层面上进行动作与行为的模仿了。这个阶段的模仿，占据了儿童学习的主要部分。准确地说，小学阶段的学习大都是在这三个阶段（层面）的模仿性学习。因而，成年人总会看到儿童的"不足"，他们的行为水平仍然在发展中。第四个阶段的模仿则是具有创造性的，例如仿生学：鱼雷的发明是对水中的鱼的模仿，飞机的平衡原理是对鸟飞行的模仿，超声波的发明是对蝙蝠的发声系统原理的模仿，等等。创造性的模仿作为人的模仿性学习的最高阶段，它也同样能够在儿童早期的模仿现象中出现。这也是儿童常常能够带给成人惊喜的地方，他们会出乎意料地说出或做出成人难以预料的惊人之语和惊人的行为。"儿童是天生的哲学家"一说就来自对儿童的创造性模仿的惊人发现，但直到梅洛-庞蒂的儿童现象学出现，我们才在一定程度上弄清了儿童的哲学原理究竟是怎样的。

第三节
表达与儿童画

当我们"以儿童的眼光去看待儿童"，便会发现儿童的世界是充满趣味的。成年人的世界与儿童的世界是截然不同的，我们通过儿童的绘画作品可以看出儿童的想象力是丰富的，不同时期的儿童绘画内容的表达又不尽相同，他们对自己画作的解释又充满着成人无法理解的哲学性。

在教学中，小学时期的教材、儿童读物的插图都是具有趣味性的，是符合该年龄阶段特征的，插图的功能是多样的，合理运用插图，不仅能够丰富学生的知识，还可以增加学习兴趣。

在教育过程中，教师应该注重儿童的经验积累，直接经验和间接经验的积累是同样重要的。而经验积累的途径之一便是游戏，合理地设计游戏的前提就是把握好经验和游戏之间的关系。

一、儿童的表达与儿童画

在儿童阶段，绘画是每一个儿童都喜欢的一个活动，他们可以通过绘画表达自己的感受和情绪，尽管他们自己还没有意识到这是自己对世界的一个"客观"表达。虽然儿童画没有技巧、没有"画法"也不讲"画理"，但透过儿童画我们可以发现，儿童对世界的独特见解和表达有些甚至是我们成人想都不敢想的。因此我们通过儿童画的分期以及梅洛-庞蒂通过儿童现象学对儿童画的研究来探讨儿童画表达的特点。

(一)不同时期儿童画的表达

儿童对绘画内容的表达是一个循序渐进的过程,先是涂鸦时期,这一时期儿童自己也没有意识到自己会画出什么,只是将眼睛看到的世界用涂鸦的方式描绘出来;有了涂鸦的基础之后,儿童的绘画开始出现轮廓,有了大致的形状,但是成人仍然看不懂他们的象征性的绘画;接下来,儿童开始有远近大小的概念,绘画内容开始有感情的表达和空间感;儿童绘画的最后一个时期,开始进入写实阶段,这一阶段儿童思维能力得到发展,绘画内容也随之有思维的体现。

1. 涂鸦命名期

1~3周岁的儿童处于绘画的涂鸦命名期,这一时期的1周岁左右的幼儿大多会有好奇的本能,在墙上、纸上等地方进行涂鸦式绘画,绘画的内容多为色彩鲜明的线条,没有实质性的画面。这些在成人眼里是乱涂一气,但是对儿童来说是他们运用大脑去控制自己动作,通过反复的、同一个动作表达出来的。他们乐于尝试,能够从其中获得快乐和幸福。

2~3周岁的儿童,他们绘画时会根据自己所看的物体的形态来画。他们看到的不是事物的整个形态特征,只是将自己看到的那一部分进行表达。绘画的画面有一定的形态,具体的内容成人无法理解,这是儿童将自己的想象和创造结合在一起,对儿童的思维发展有促进作用。

2. 象征图示期

3~5周岁的儿童进入绘画的象征图示期,这一时期的儿童好动,喜欢不断提出问题,有很强的求知欲,笔下的事物有了初步轮廓,有很强的概括能力,能够表达自己对世界的感受,由于受到认知水平和记忆力的影响,绘画内容大多比较简洁。4~5周岁的儿童还不具有空间抽象思维,不能把握立体的概念,因此画画没有立体感也没有远近、大小之分,仅仅是将画的内容置于同一平面和维度。但还是不能够将东西的整体形态画出来,只是将自己看到,然后将自己心里所认为的场景或者人物画出来。然而他们可以把握一个整体概念,并且凭借记忆把记忆的内容进行重组。

3. 意向表现期

5~8周岁的儿童会进入绘画的想象期,这一时期儿童经过学前教育的学习,掌握的知识技能都有明显提升,逐步掌握事物的基本形态。同时,也能对事物的基本形态进行描述,画面内容也随之变得丰富多彩,可以表达情绪和情感,画面也开始有空间感,如出现地平线和天空。儿童也注意去表达事物的表情、动作和环境,根据自己的感受和理解画出人物或景物。这一时期的儿童,想象力丰富并且想象多于观察,画面内容也是多种多样、千奇百怪的，但还不能够认识到事物的本质联系和比例关系。①

4. 初级写实期

8～15 周岁及 15 周岁以后的阶段，学生进入小学、初中之后，逐渐失去儿童的天真，绘画也逐渐进入写实的阶段。② 这一阶段儿童也逐步形成逻辑思维能力，同时也具备一定的评价和鉴赏能力。对比意向表现期，这一时期的孩子对事物进行观察，否定之前的充满想象力的画。由平面思维转向立体思维，观察能力变强，能够依靠感觉画出实物，开始有意识地表现空间、立体感，能够描述事物的具体形态。

(二)梅洛-庞蒂儿童画现象学的观点

梅洛-庞蒂认为"儿童画不是一种成人画在某方面的缺失与不足；它不是一种对世界的反思。儿童画是一种儿童经验世界的表达方式"③。他在以往儿童认知心理发展的基础之上从现象学的角度对儿童画进行研究。通过儿童画表达出来的特殊性，来反思儿童阶段的独特意义。

1. 儿童画是一种原始表达

梅洛-庞蒂对儿童意识进行研究，并不是将儿童与成人对比着进行研究。他从儿童本身出发，将儿童与原始人和精神失常者(以自闭症患者为例)作对比之后，指出这三类人的思维与认知世界的方式是与正常成年人不一样的，从而探究儿童这样一种人类早期阶段的样态究竟是怎样的一种本真状态。④ 但是因为我们的社会是由成年人"统治"的，所以我们总是会用成年人的标准去衡量这三者，这三者的真实思维和认知方式也是成人最容易忽视的。儿童画是反映儿童内心世界的方式之一，因此是儿童最真实、最根本的一种表达。

儿童绝不是成人之前的一种发育未成熟的阶段和状态，这种思维是不利于人类的整体发展水平的，因为它恰恰限制了儿童的自由成长(将儿童笼罩在既有的成人文化与文明中，让其按照这样既定的框架来成长)⑤。

2. 儿童画是儿童对他所感知到的世界的一种再现

在成人看来，儿童画是胡乱涂画的，没有美感也没有意义。但这乱涂一气的画作，是儿童所能反馈的对这个世界感知的方式。不同于成人的优美画作，儿童画是不讲究

---

① 魏明坤主编：《儿童画理》，5 页，上海，复旦大学出版社，2013。

② 魏明坤主编：《儿童画理》，6 页，上海，复旦大学出版社，2013。

③ Merleau-Ponty M, *Child Psychology and Pedagogy*：*The Sorbonne Lectures 1949-1952*，trans. by Talia Welsh，Evanston：Northwestern University Press，2010，p. 214.

④ 韦永琼：《表达与儿童画——梅洛-庞蒂的儿童现象学管窥》，载《内蒙古师范大学学报(教育科学版)》，2019(12)。

⑤ 韦永琼：《表达与儿童画——梅洛-庞蒂的儿童现象学管窥》，载《内蒙古师范大学学报(教育科学版)》，2019(12)。

"画理"和"画法"的。成人画更多表达的是一种表象，满足了其主观性，而儿童画仅仅是儿童将自己所看到的事物呈现在画纸上，往往是比成人画作更加主观也更加客观的。更加主观是因为他们描画事物更自由；更客观是因为他们总是企图再现事物的真实性，而成年人只是从他们的立场上来再现事物。①

对于儿童画的研究，奥地利医生、精神分析学家和心理学家弗洛伊德曾有大量论著，并将儿童对图像的认知归结为下意识或潜意识图形，即梦幻般的意识。其实，当我们重新跟踪儿童涂鸦的过程时，不难发现，儿童涂鸦时，也与成人一样，意识明确，只是自身对客体认识的局限性，以及儿童特有的动作性思维方式，构成他们在表现图形时的认知心理特点。根据马斯洛关于基本需求心理学的观点，儿童需要爱，需要他人认可其价值的存在，他们需要成人认同。②

儿童画对世界的表达不仅仅是简单的模仿。不同于成人的表达能力，儿童画就是儿童对他所认知到的世界的一种再现。儿童画的一个非常明显的特征就是自由。③ 儿童会对着某一事物进行绘画，他们会画上他们认为的那个事物的样子，而不是所看到的那个样子。儿童画与成人画之间的关系表现为：儿童绘画的过程是一个否定的过程，儿童不会描画他们的所见而是描画他们的所知，这是与成人完全不同的；成人通过透视对所看之物进行创作，这一过程中成人仅仅是画出自己所看到的事物表象，没有其他的任何事物被给出，许多可能的透视恰恰已经遮蔽了一些事物，我们必须由此认识到儿童意识的模糊性和可塑造性。

3. 儿童的表达是一种时间性表达，不同于成人的空间性表达④

儿童的表达是时间性的而不是空间性的，时间在儿童这里被表达为一种情感与情绪的体验。儿童记不住地方(空间)，但他们能记住留给其深刻印象的对象的某些特征。儿童画呈现出来的画面虽然不准确，但的确是对他们所看到的东西的最真实的表达。⑤成人画不满足于利用完全现成的身体世界，而是在此基础上加进了系统表达的原则世界，因此，成人画客观的同时，也很主观，他们可以表明自己的立场和观点来进行画作。而儿童绘画的目的不在于完整呈现出事物本来的样貌，仅是客观表达自己的内心。

绘画是一种知觉上的绘画，而不仅仅是一种表达。儿童画比成人画更多地表达了

---

① 韦永琼：《表达与儿童画——梅洛-庞蒂的儿童现象学管窥》，载《内蒙古师范大学学报(教育科学版)》，2019(12)。

② 丘星星：《CG时代视觉设计心理》，7页，福州，福建美术出版社，2005。

③ 韦永琼：《表达与儿童画——梅洛-庞蒂的儿童现象学管窥》，载《内蒙古师范大学学报(教育科学版)》，2019(12)。

④ 韦永琼：《表达与儿童画——梅洛-庞蒂的儿童现象学管窥》，载《内蒙古师范大学学报(教育科学版)》，2019(12)。

⑤ 韦永琼：《表达与儿童画——梅洛-庞蒂的儿童现象学管窥》，载《内蒙古师范大学学报(教育科学版)》，2019(12)。

主体性，成人画虽然客观但仍然与实物有差别。成人画与儿童画皆有其缺失之处，就此意义而言，二者是平等的，都只代表了某一种视角对世界的观看而已，不过是表达了人在不同年龄阶段与事物交流的结果。[①] 通过梅洛-庞蒂对儿童画的研究，我们得知，儿童时期是一个独立的阶段，并非相对于成人而言能力的不足与欠缺（这不过是以成人世界作为唯一标准参照系的情况下，对处于儿童阶段的人的片面看法）。

二、儿童绘本与小学教材插图

人们对图形的认知，始于童年。几乎每个人儿时都有这样的经历，即喜欢涂鸦或是任意张贴各种小图片。[②] 儿童对图形、图像的直观的感受有利于儿童发展认知记忆。儿童绘本和教材插图不同于儿童画，前两者是成人所描绘的，是由成人出版的。但是绘本和插图的具体内容是符合儿童身心发展特征的，因此对儿童的图画认知能力是有促进作用的。

图像识读是指对美术作品、图形、影像及其他视觉符号的观看、识别和解读。[③] 儿童对图像的理解包含了三个阶段：第一阶段是直观地感受图画，了解图画内容；第二个阶段是了解图画的构成和作者的绘画方法；第三个阶段是试图揣测图画的意思，用自己的方法去理解图画所表达的情感。这就要求教师在使用教材的过程中，注重解读插图的含义。儿童对图画的理解往往是依靠直观感受的，教师要引导学生思考图画的深层含义，思考不同层次的不同含义，要调动学生的感官和心理去理解插图的不同含义，以此来促进学生图像感知力的发展。

（一）儿童绘本的特点

儿童绘本是以儿童思维和心理发展为基础的，并且能够促进他们的认知能力的发展。儿童绘本的最大特点是趣味性较强。趣味插图，不仅能够吸引儿童的注意力，引起儿童的兴趣，而且可以慢慢引导儿童从被动的学习变为主动的学习。使儿童在得到心理满足感的同时，语言表达能力、思维能力都得到发展。儿童绘本的另一个特点就是审美价值，绘本不仅图片精美，而且绘本与戏剧结合的形式更增添了绘本的精美。

---

① 韦永琼：《表达与儿童画——梅洛-庞蒂的儿童现象学管窥》，载《内蒙古师范大学学报（教育科学版）》，2019(12)。
② 丘星星：《CG 时代视觉设计心理》，7 页，福州，福建美术出版社，2005。
③ 邱景源：《浅谈现代设计艺术美学研究方法——评〈设计美学〉》，载《中国教育学刊》，2018(6)。

1. 儿童绘本插画的趣味性

（1）儿童绘本中的插图多以拟人化的形象出现

与青少年的绘本读物相比，儿童绘本的插图在进行角色设计的时候就需要考虑到儿童的喜好和心理特征。[①] 像青少年的绘本读物会根据青少年的心理，将每个角色写实化，而写实化的绘画吸引不了儿童的注意力，儿童更喜欢可爱、充满趣味性的形象。

（2）绘本插图与现实的反差感

儿童前期获得知识经验的途径主要是成人的口述、电视、手机等，比如不听话会被坏人抓走、奥特曼会抓小怪兽等。在儿童的认知里就会认为这些全部都是不好的形象，能够引起儿童的恐惧、害怕心理。但是在儿童绘本中并不存在单纯的恶或者黑暗的角色，那些令人害怕的角色不再是令人恐怖的形象，变得可爱和有亲和力，适合儿童的心理特征，吸引儿童的注意力，让儿童获得知识的同时又能够重新获得对现实世界的看法，并且有一个积极引导的作用。《遇见你真好》这一故事将恐龙的形象可爱化，儿童印象中的恐龙是庞然大物，而这个故事里将恐龙变小且模样变得可爱，变得亲切。儿童在认识恐龙类型的同时，还可以不再惧怕恐龙，并且从故事中去学习乐于助人的品质。

2. 儿童绘本图文结合巧妙

儿童绘本中文字和图片是相互依赖的关系，缺一不可。儿童绘本的特殊性在于图片多文字少。在一个绘本中，文字通过相应画面的配合得以展开，形成了一个具体形象或者场景，这样的文字就并不单纯是文字了，还是一个可以满足视觉审美、情感体验的具体的空间。[②] 除了文字描述，插图本身也具有叙事性并且故事内容连贯。儿童第一眼会被插图的内容所吸引，而文字则需要家长去讲述。文字和图相结合有利于家长进行温和性的教育。比如在《我做哥哥了》这本儿童绘本中，文字部分"猫妈妈生了五只小猫，小猫野田做了哥哥，但是妈妈总是照顾弟弟妹妹……"配合图片猫妈妈照顾小猫的画面，文字就变得生动有趣，同时文字也使得插图富有情感。

3. 儿童绘本与戏剧教育的结合

随着儿童绘本的发展，儿童戏剧也受到其积极影响，因为20世纪末的儿童戏剧教育主要是通过儿童绘本来实现的。除此以外，二者能够结合在一起还因为二者具有相同的核心理念——儿童本位。

目前，儿童绘本与戏剧教育结合有两种形式：一种是绘本中结合戏剧元素和策略，通过戏剧这一形式去感受绘本中所表达的情感和价值观念等，对绘本内容有一个深层次的理解；另一种就是教师通过绘本中的故事内容，组织儿童进行表演，这能够激发

---

① 黎艳：《儿童绘本中插画的趣味性设计研究》，载《西部皮革》，2020(22)。

② 陈振桂：《幼儿文学阅读与指导》，175页，长春，东北师范大学出版社，2015。

儿童天马行空的想象力和无限的创造力。戏剧教育可以让学生自己动手去设计绘本内容的场景和道具，通过同学之间的合作去表演出来，这样，能够加深对绘本内容的理解、动手能力及合作的精神。在整个过程中，教师还可以根据不同学生的特征安排不同角色，满足他们的个人需要，促进他们的健康成长。

儿童绘本与戏剧教育的结合，能够产生"1＋1＞2"的效果。以"儿童本位"为纽带，通过戏剧教育，使得儿童成为戏剧的主人，能够自主接受绘本的内容，这样更容易理解其内涵。二者的结合，使绘本在戏剧教育中能够发挥更大的作用。

(二)小学教材插图的特点

1. 随着年级增长，插图逐渐减少

纵观整个小学阶段的教材，我们可以发现低年级的教材中运用的插图比较多，且在一篇课文或是一个单元中占据不少比例。高年级的教材中插图比例减少。随着年级的增长，插图的数量逐级减少。[①]

有学者根据插图的抽象水平将插图分为实物图、描绘图、漫画图三种类型。[②] 实物图多为真实的摄影画面，如纪念碑、景点及著名的人物介绍；描绘图是指描绘一个真实的场景，这个在小学数学中很常见，以卡通形象进行对话来模拟情景；漫画图通常是将动植物拟人化，如"小蝌蚪找妈妈"及各种寓言故事。

2. 插图具有趣味性，色彩鲜明，情节丰富

低年级的插图多为可爱的动植物且会将动植物拟人化，不仅增加了学习的趣味性而且给低年级的儿童足够的想象空间，培养他们的思考能力、想象力和好奇心；到了高年级插图变少且多为写实的图画，注重真实，不管是语文还是数学的课本，插图更多的是丰富课本情节，与文字结合增加一定的趣味。

3. 内容丰富，具有科学性

小学教材中的插图类型众多，内容也是丰富多彩，包括人物插图、自然现象插图、动植物拟人化的插图等。这些插图在每一门学科的课本中都起着重要作用。图文结合可以引起学生的探究欲望，学生也不会产生文字疲劳。

插图不仅要和所学内容与文字所表达的意图契合，而且图片的选择应符合各年级儿童的身心发展特点，严谨又有着童趣，有艺术感又很直观，具有一定的科学性。

(三)小学教材的发展历程

中华人民共和国成立初期，革命基本胜利，统一课程标准和统一教材的需要就迫

---

① 卢杨：《初中语文教科书的形象助读系统——关于插图功能及其利用探讨》，载《北京教育学院学报》，2000(4)。

② 唐萱、姚永强：《部编本小学语文教材插图的特点及教学应用》，载《教学与管理(小学版)》，2018(5)。

切起来了。因为不同地区不同省份学生的学习要求、接受能力各不相同，所以根据各个地方的实际情况编写教材、教学大纲等，有的地区沿用了民国时期的课本和苏联教材的编译本。各科老师不断发现课本存在的问题，内容超纲、习题和学习内容的不平衡等，因此不停地更换新的教材。直到 1963 年，全国小学教材统一，这些新编的教科书形式上也美观大方，封面色彩艳丽丰富，书内也增加了许多插图。

1949—1966 年是新中国教育发展最初的 17 年，教科书领域当中有着诸多改革尝试。学生和教师的教材和课本是不断更换的。刚熟悉，又换了，甚至有的课本只用了两年就被更换了。学校、老师和学生在这一段时间内不停地适应新教材。

"文化大革命"到改革开放前的时期，教材常用"红色"。红太阳、红旗、红字、红色的毛泽东等是课程的主题图案，教材课本带上了政治的色彩。课本内的插图多为毛泽东的头像和人物像。封面上的主要图案是毛泽东像组成的象征性图案，或是红太阳、红灯笼、红旗、红花、向日葵等象征图案。课本内容，不少知识点都会加上"毛主席告诉我们……"

1976—2000 年是教科书发展的转折时期，这一时期分为恢复整顿和发展提升两个阶段。首先是恢复整顿阶段。1977 年后，邓小平主持科学与教育的工作，教育者不再使用印有毛泽东语录的课本上课了。全国大部分地区实行 10 年制中小学教育，课本内容开始注重学生、注重实际运用，不仅仅关注知识还注重人格内涵的提升。内容比之前难度加深，但由于有些地区学校师资力量薄弱，于是 1981 年教育部颁布了《全日制五年制小学教学计划（修订草案）》，1984 年又颁布了《全日制六年制城市小学教学计划（草案）》和《全日制六年制农村小学教学计划（草案）》。这一系列的文件，目的在于通过拉长中小学的教育年限，缓解课本内容难度较大的问题。这时，全国中小学有的地方还是 10 年制，有的地方已经改成了 12 年制。全国各地教学需要、教学水平和教学条件相差十万八千里，出版社也很难编出一套让大家都满意的教科书。然后是稳步发展提升的阶段。各省老师都拿到了本省编写的教材，同时使用这套教科书的中小学的老师，还拿到了丰富的配套用书，包括学生的练习册、实验册、地图册，教师用书、教学挂图，以及录音带、录像带等辅助教学工具。[1] 经过这一阶段的改革后，中国教育开始走向多样化。根据各个地区不同的政治、经济、文化发展状况，为学校提供可选择的教科书和学校制度。

2001 年新课程改革后是教科书的快速发展时期。2001 年 9 月，教育部审定通过了 20 个学科（小学 7 科、中学 13 科）49 种中小学新课程标准实验教科书，并推行到 38 个国家级实验区试用。这是中国教育的一个非常忙碌的年份，这年开启了力度最大的一

---

[1]　石玉、张文：《新中国教育的全景图——评〈新中国中小学教科书图文史〉》，载《湖南师范大学教育科学学报》，2016(2)。

次教育改革。① 直到今日我们仍然是沿用 2001 年新课改标准下的教材进行教学活动的。

新课程改革后，课本内容更加关注学生本身，书中开始有卡通人物的形象，并且贯穿于整本书。最初，人民教育出版社根据新课程标准编撰、出版的教科书《品德与生活》(当时只供应部分地区使用)开始出现图文结合，五颜六色的图片结合一些在旁解释说明画面内容的文字。这本书的试验是十分成功的，由此国家开始将新课程标准实验教科书推行到全国。2001 年开启了新时期以来中国教育改革力度最大的一次课程改革，自此，中国教育改革在教材的更新与编制上进入了一个既生动活泼又思想开放的时期。

2015 年秋季开学，全国的中小学生都拿到这些新编的新课程标准教科书。这些教科书的出版打破了过去一个教学大纲一个版本的教科书，打开了教科书多样化出版的局面。各个省市的出版社都积极参与到中小学的教科书的开发中，根据各地的经济政治文化发展的不同，各个省根据教学大纲来制定适应本省发展的教材。书本中的插图内容也根据儿童身心发展的顺序和特点重新进行了调整，更有利于儿童的学习。

(四)小学教材插图的功能

1. 教育功能

小学教材插图最根本的作用，就是将其蕴含的丰富内涵和知识经教育者传递给学生，从而教育学生，使学生增长知识，拓展思维。

(1)激发学生的学习兴趣

图文结合的形式比纯文字的内容更能够激发学生的兴趣。② 插图具有视觉形象性，生动的图片往往能够引起学生的注意，激发他们对所学内容的兴趣。我们能够感受到的是，每当新的课本发下来时，学生最先看的是书中的插图。

(2)插图可以帮助学生自主预习

有研究表明，插图往往是教材中最具有意义的一部分，插图与课本内容相关性越大，学生就越能够通过图片来理解课本内容，就越可以从插图中获得较多的内容。③ 插图能够引起学生的积极性，同时插图为学生深入了解课文内容创设了一定的情境相关性，可以减少学生预习时遇到的困难，增强他们对预习的兴趣。

(3)插图有利于加深学生对知识的印象

插图是有助于对信息的记忆的，研究者认为，插图的形象性特点可以使学生产生丰富的视觉表象，有利于对相关内容的记忆。复习时，可以根据课文插图位置进行知

---

① 石玉、张文：《新中国教育的全景图——评〈新中国中小学教科书图文史〉》，载《湖南师范大学教育科学学报》，2016(2)。

② 马学强：《对初中语文教科书插图功能的若干思考》，载《课外语文(上)》，2017(6)。

③ 卢杨：《初中语文教科书的形象助读系统——关于插图功能及其利用探讨》，载《北京教育学院学报》，2000(4)。

识点的回顾，也可以通过视觉想象的方法来回忆知识点。教师应当注意讲解插图的含义，联系学生的生活。复习巩固时，学生可以通过插图联系实际生活的方法记忆知识点。

2. 审美功能

插图具有一定的艺术性，可以提高学生的审美能力。[①] 与其他的科目相比，语文教科书中的插图具有特别的意义，不同题材的课文，插图内容也是不一样的，既有文学性也有艺术性。一方面，插图具有文学性作品的审美价值；另一方面，插图具有绘画性的文学性。同时，语文课本中，不仅包括了名胜古迹，还包括了文人的书法、绘画等艺术作品。这是具有欣赏价值的，因此能够培养学生的审美价值。其他教材的插图也是具有艺术价值的，只是相对于语文教材的文学性和艺术性，语文课本中的插图更具有特别的意义和价值。

3. 训练功能

教材插图种类丰富，类型多样，学生可以根据插图进行想象。插图可引发学生的深入思考，使学生体会插图中的意境，训练学生的想象力以及思维能力。

除此以外，插图还蕴藏着许多信息，能够潜在地影响学生的行为态度等，教师也可以通过插图中蕴含的教育思想教育学生，以及借助插图去训练学生的写作、表达能力等。比如在英语课上，教师可根据插图去模拟情境中的对话，引导学生去挖掘图片信息，引导他们学会表达。

(五)儿童绘本中的插图与小学教材插图的联系、区别

绘本和教材插图从本质上看都是图画，是成人为儿童绘制的学习的内容。二者都从儿童身心发展特征出发，顺应儿童的年龄特征，以促进儿童的心理、智力和图像认知能力的发展。

1. 儿童绘本中的插图与小学教材插图的联系

二者教育目的相同，都有利于衔接学前和小学阶段教育。儿童绘本与小学教材的插图，都旨在提高儿童的认知能力。幼儿时期，小学教育阶段之前，小朋友阅读的课本是儿童绘本读物，从绘本中了解生活常识，认识中华传统美德、遵守纪律等。从学前教育到小学教育阶段，有一个过渡时期，课外读物或是课本中的插图较多，文字较少。随着儿童认知能力的提高，经验的增加，小学教材不断减少课本中的插图，并且在高年级的课本中插图出现写实这一类型。但绘本和插图二者的教育目的是一致的，都是促进儿童的各个方面的发展。

---

① 刘桂红：《插图在初中语文教学中的运用研究》，载《新教育时代电子杂志(教师版)》，2020(1)。

2. 儿童绘本与小学教材插图的区别

(1)图的地位不同

教材中的插图，和我们从报纸、杂志所看到的插图性质类似，都是给文字增加色彩，为文字做补充说明的。而儿童绘本属于儿童图书，绘本中的插图常常占据很大篇幅，而文字是给绘本内容一个"点缀"，插图是用来讲故事的。"无字书"也是儿童绘本的一种类型，全书没有一个字，只有绘画，留给儿童充分的想象空间。儿童可以真正成为思考的主人。儿童绘本对培养儿童的审美功能大于教材插图。

(2)教育要求不同

插画是在 19 世纪初随着报刊、图书的变迁发展起来的，是一种艺术形式，插画是文字内容的体现[1]，插画不仅能突出学习内容的主题思想，而且还可以增强艺术的感染力。教材中的插画体现教材内容的核心部分，是对课文内容的一个补充，带有一定的教学要求和教学目标，插图的内容选择也是严格符合教学内容的。而绘本的图画，画风、形式都没有严格的要求，包容性较强。绘本的绘画多为卡通形象，写实类较少。绘本有教育意义但是没有明确的形式，故事性较强，儿童阅读起来也较为轻松。

(六)小学教材插图的合理应用

1. 联系实际生活，结合教学，引导学生

教材插图从学生的实际和生活出发，能够引起小学生的共鸣，有利于教师创设情境，让学生们能够积极参与到课程中。例如在低年级的数学课本中，认识小数的章节里，首先是两个小朋友去超市买东西模拟对话的插图，是贴近学生的日常生活的场景。教师很容易引导学生解读插图，并引入新的学习内容，同时还能够引起他们的学习兴趣。

课本中的插图是具有教育功能和教育目的的。一方面插图要能够和学生的实际生活联系在一起，另一方面就是要和教学结合在一起，以引导学生发展为目的。

2. 立足儿童，选择合适的插图

插图要符合学生的年龄和心理特征、智力发展水平，教材中选择和运用的插图不能脱离学生的生活实际，比如低年级学生更喜欢彩色的、可爱的插图，而高年级学生更倾向于写实类的插图。而且，插图要与课本紧密联系，具有生动形象的特征。

另外需要注意的是，插图还要考虑到儿童的认知发展的变化，因为计算机、网络传播的流行，学生获得图片的渠道更加多样化，不仅在课堂中能够获得，在学校之外依旧能够获得。网络给学生带来了方便，拓展了学生们的视野，丰富了课外知识，增长了认知领域，也引起学生课外学习的兴趣。同时，学生利用网络还要正确把握一个度，教育者要利用好网络带来的便利。

---

[1]　刘艺琴、郭传菁：《平面广告设计与制作》，53 页，武汉，武汉大学出版社，2002。

3. 合理利用插图的优势，多途径实施教育

教科书插图不但有益亦有趣。一方面，插图可以使文字形象化，激发学生的好奇心，产生学习的兴趣；另一方面，插图还可以美化书本，起装饰作用。[①] 插图可以激发学生的兴趣，增添课堂的乐趣；插图与文字的结合，一方面可以突出重点，另一方面可以引导学生进行反思。合理利用插图，可以提高教学质量，同时还能够增长学生的知识经验，促使学生主动学习。

插图不仅仅能够吸引学生的学习兴趣，而且能够在教学过程中为教学提供便利。将教材中的插图巧妙地设计在教学活动中，可以增加学生对知识点的记忆。例如，在人教版英语课本三年级[②]第一单元中，学习单词时可以将单词对应的图片（文具盒、书包等）放在幻灯片（PPT）上，并配上英文（pencil、bag 等）和读音。先让学生自行看图片听读音，之后再大声朗读英语单词。最后老师播放图片让学生进行回答，来加深学生的记忆，让学生更好地掌握单词的读音、中文意思和拼写。不仅仅是英语课堂，任何一门课程教材的插图都应当被合理利用，在语文课上，可以利用插图软件，让画面动起来，让课文内容更加"活灵活现"。自然科学课程课本中的插图相对于文字来说，更受学生的青睐，课堂上，学生接受科普性的知识的效果更佳。

在自媒体时代，不仅仅可以在课本、课外书中看到插图，在微信公众号中也有许多介绍儿童绘本及讲解的内容，还有儿童文学知识的拓展，如儿童文学、儿童绘本故事大全、小学英语点读等一系列的公众号的内容。教师和家长可以利用这些公众号的内容丰富学生的知识，增加他们学习的乐趣。除了微信公众号外，微博里面小学教育类的博主也很多，他们的讲课也是充满着趣味的，有利于儿童知识全方位的增长。

第四节
游戏与儿童交往经验

一、游戏理论的发展

众所周知，游戏是儿童日常生活的重要活动，对儿童各方面发展都有着促进作用。

---

① 朱波：《打开低年级学生写话思路的钥匙》，载《基础教育研究》，2017(22)。

② 人民教育出版社课程教材研究所英语课程教材研究开发中心、灵通教育有限公司（加拿大）编著：《英语：三年级》上册，北京，人民教育出版社，2017。

其本质就是交往关系的建立，在与他人和事物的接触中认知世界、建构世界、反思自己。一方面，游戏就是儿童有目的、有意识、创造性地反映现实生活的活动，具有社会性；另一方面，游戏是一种由多种心理成分组成的综合性的活动，具有虚构性、兴趣性、愉悦性和具体性。①

在对儿童游戏的研究中，主要的研究集中在"游戏的本质"上面。

(一)早期的游戏理论

19世纪下半叶到20世纪30年代，是研究儿童游戏的初始阶段，这一阶段的理论又被称为"古典的游戏理论"。②

1. 剩余精力说

该理论的代表人物是德国的思想家席勒(J. C. F. Schiller)和英国的社会学家、心理学家斯宾塞(H. Spencer)。其主要观点是，游戏是由于机体内剩余的精力需要发泄而产生的。生物保护自己生存的精力除了维持正常生活外，还有剩余。③ 而游戏是最好的释放剩余精力的方式。剩余精力越多，游戏就越多。④ 这可以解释为什么儿童学习一段时间后，需要一定的课后时间来追逐打闹。

2. 娱乐论

其代表人物是德国的哲学家、心理学家拉扎鲁斯(M. Lazarus)。他认为，游戏并不是消耗精力的，而是从娱乐中获得和恢复精力的方式。劳动一段时间后，人会感到身心疲惫，这种疲劳是需要充分休息才可以消除的。娱乐和游戏可以使人消除这种疲惫感。所以一节课的中间，需要教师进行游戏环节，来消除学生的疲惫感，使学生能够更加集中注意力听下一节课。

3. 练习说或生活准备说

该理论的代表人物是德国生物学家、新达尔文主义者格罗斯(K. Groos)，他从生物学角度去分析，认为儿童作为人类的早期阶段最能体现出从祖辈那里遗传下来的不完善的本能，而游戏能够对人的各方面本能进行训练，应用得当的话，它能为未来儿童的良好生活做准备。该理论批判了"剩余精力说"中的理论，认为其没有对游戏的价值进行充分估计。游戏的目的就是为儿童提供一种安全的方法，帮助他们练习和完善成人生活所需要的技能，为将来的生活做准备。⑤ 越是高级的动物，在成年后所需要的技能就越复杂。比如，儿童在"扮家家"游戏中，女孩子充当妈妈角色，这为她日后成

---

① 张泓、高月梅：《幼儿心理学》，41～42页，杭州，浙江教育出版社，2015。
② 郑名：《学前游戏论》，36页，兰州，甘肃人民出版社，2006。
③ 张娜、蔡迎旗：《幼儿游戏与指导》，28页，武汉，武汉大学出版社，2015。
④ 张娜、蔡迎旗：《幼儿游戏与指导》，28页，武汉，武汉大学出版社，2015。
⑤ 张丽锦、吴南、王玲：《幼儿心理学》，161页，杭州，浙江教育出版社，2015。

为母亲提供了一个练习。

4. 种族复演说

其代表人物是美国的心理学家霍尔（G. S. Hall）。其主要观点是，游戏是远古时代人类祖先的生活特征在儿童身上的重演。霍尔认为格罗斯关于游戏是对未来成人活动的练习的观点是片面的、表面的和错误的，因为它忽视了过去。过去（历史）才是揭示游戏活动之谜的钥匙。①

游戏正是人类种族活动的遗迹，游戏的阶段性也符合人类进化的顺序。例如，儿童爬桌子是对人类动作阶段的复演；过家家、捕鱼等行为是早期人类群体生活的复演。儿童就是要在游戏中根除"史前状态的动物残余"，让个体摆脱原始的、不必要的本能动作，为当代复杂的活动做准备。②

上述游戏理论，或多或少都受到当时达尔文进化论的影响，所以它们都带有浓厚的生物学色彩，明显的是用先天的、本能的、生物学的标准看待游戏，否认游戏的社会本质。

他们关注的是人的本性会对游戏产生什么样的影响，是否会影响游戏的作用，不关注游戏本身的特点。同时它们仅仅是主观思辨层面的产物，缺乏实验依据。但是这些理论为后续研究奠定了基础，推动了儿童游戏研究的发展。

(二)精神分析学派的游戏理论

20 世纪的许多研究者对游戏理论提出了诸多观点，对比早期的理论，这一时期的研究者都认同游戏对儿童成长的重要作用。

1. 补偿说（发泄论）

其代表人物是精神分析学派的创始人弗洛伊德。他的主要观点是人的欲望是人生存的基础，但人的天生的欲望会因为道德、伦理等不能够随意表现出来。儿童的天性也是需要满足和表现的，他们通过游戏能够使压抑的欲望和心理得到满足，减少由于日常生活压抑带给他们的紧张。游戏为儿童提供了一条安全的途径来发泄情感，为他们减少忧虑，发展自我力量。

2. 掌握论

该理论代表人物是新精神分析学派、美国心理学家埃里克森（E. H. Erikson）。该理论发展了弗洛伊德的观点，认为游戏不仅能够满足人的欲望还能够促进人格的发展，强调了游戏在自我发展中的重要作用。

埃里克森认为人格的发展是心理性欲（生物因素）和社会因素相互作用的结果，而

---

① 张泓、高月梅：《幼儿心理学》，37 页，杭州，浙江教育出版社，2015。
② 柳阳辉：《学前儿童游戏》，22 页，上海，复旦大学出版社，2017。

游戏可以帮助自我对生物因素和社会因素进行协调和整合，因为游戏创造了一种典型的情景，在其中"过去可复活，现在可表征与更新，未来可预期"[1]。埃里克森认为，游戏是情感和思想的一种健康的发泄方式。在游戏中，儿童能够重新体验他们的快乐经历，产生愉悦的心情，以此来治愈自己的不开心而导致的"创伤"。

随着年龄和人格的发展，游戏的形式也随之变化，以促进儿童的身心发展。精神分析学派注重研究不同类型的游戏，但这些游戏只有个别儿童在个别时间段才进行，因此缺乏系统的总结概括，缺乏代表性。

(三)认知发展的游戏理论

皮亚杰认为，游戏是学习新的复杂事件的方法，是巩固并扩大概念和技能的方法，是使思维和行动相结合的方法。皮亚杰从认知发展的角度阐释儿童游戏的发展，他认为有适应才会有学习发生，适应需要两个互补性过程的平衡，即同化(吸纳现实新信息的过程，即使这个过程会对新信息进行一些修正甚至扭曲，也要使之适应原有的认知结构)和顺应(改变已有的认知结构以适合、顺从实际情况)。[2]

他认为游戏是在儿童智力发展背景之下，通过对环境的同化或者顺应作用，接受外部的信息并使其适应自己的内部认知结构的方式之一，当顺应作用大于同化作用时，通常表现为模仿；同化作用大于顺应作用时，主体可以不考虑事物的客观性，只为满足自己的愿望。同时，儿童的认知发展水平决定了游戏发展的水平。皮亚杰从认知发展的角度去研究游戏，并且将游戏的演化分为三个阶段——练习游戏阶段、象征游戏阶段和规则游戏阶段，这三个阶段分别与他的认知发展的三个阶段——感觉运动阶段、前运算阶段和具体运算阶段相对应。特别是假想的游戏，是创造性想象的根源。儿童在游戏中可以自由地满足个体的需要。[3]

维果茨基关于游戏的观点是比较全面的。一方面他肯定了游戏对儿童社会性发展和情绪发展的重要作用，强调了游戏对儿童认知发展的重要作用；[4] 另一方面，他认为游戏可以作为儿童最近发展区的支架，帮助儿童控制自己的行为、语言、动作等。比如，在游戏情境中儿童可以假装乱丢垃圾，以此教育儿童养成保护环境的意识。

(四)元交际游戏理论

该理论代表人物是贝特森(G. Batson)，他提出游戏的元交际理论(或译"后设交际理论"，meta-communication theory)。元交际是一种抽象的交际，是在交际过程中交

---

① 张丽锦、吴南、王玲：《幼儿心理学》，162页，杭州，浙江教育出版社，2015。
② 张丽锦、吴南、王玲：《幼儿心理学》，162页，杭州，浙江教育出版社，2015。
③ 张丽锦、吴南、王玲：《幼儿心理学》，162页，杭州，浙江教育出版社，2015。
④ 张丽锦、吴南、王玲：《幼儿心理学》，163页，杭州，浙江教育出版社，2015。

际双方对对方交际意图和所传递信息的意义的理解。贝特森认为游戏是充满隐含意义的交际过程，儿童处于游戏交际过程中时，获得的是一种意义含蓄的交际。他认为，游戏作为一种元交际过程，在人类文化演进与个体社会化中有重要意义。[①]

游戏的元交际理论把游戏看作一种意识与信息的"意义"交流和理解过程，说明了作为一种元交际活动，游戏本身就是"有价值"的。游戏是儿童进入人类的文化和表征世界的一种必要的技能和重要的途径。[②] 该理论从元交际的特点出发探究游戏，认为游戏就是一种元交际的过程，这个过程中能够引导参与游戏的学生在不断的游戏练习中提高认识发展技能。

二、游戏与儿童交往经验的相互关系及应用

儿童经验与游戏是紧密相连的，二者相互促进不可分割，教育好儿童与它们是密不可分的。应构建儿童游戏的通道，基于儿童精心设计游戏，以促进儿童的发展。

(一)儿童交往经验是游戏的基础

1. 游戏来源于儿童的交往经验

儿童的游戏有生活的影子。许多教育家、心理学家认为游戏来源于儿童的经验。霍尔认为，游戏是远古时代人类祖先的生活特征在儿童身上的重演。[③] 社会学习理论则认为，儿童行为的习得出于对成人的模仿。虽然无法明确说明经验是直接获得的，但实际上能够表现儿童的游戏来源于交往经验。

心理学家桑代克认为，"游戏也是一种学习的行为，遵循效果律和练习律，受到社会文化和教育要求的影响"[④]。儿童游戏反映了社会文化、民族文化。弗洛伊德认为，"游戏有潜意识成分，游戏是补偿现实生活中不能满足的愿望和克服创伤性事件的手段"[⑤]。较为著名的是，埃里克森从精神分析的角度出发，认为儿童可以"复活"儿童在游戏中的快乐经验，儿童的快乐是由过去的经验所引起的。[⑥]

可以看出，无论是教育家还是心理学家，无论从什么角度出发，都能看出经验是游戏的基础，游戏的构建离不开儿童的经验和生活。

2. 儿童交往经验有利于提高游戏的质量

经验与游戏，二者是相互促进的，缺少交往经验的儿童游戏，是流于形式，缺少

---

① 张丽锦、吴南、王玲：《幼儿心理学》，164 页，杭州，浙江教育出版社，2015。
② 刘焱：《儿童游戏通论》，142 页，福州，福建人民出版社，2015。
③ 柳阳辉：《新编学前儿童游戏》，6 页，上海，复旦大学出版社，2017。
④ 转引自孙爱莲等编著：《学前教育原理》，189 页，兰州，甘肃文化出版社，2015。
⑤ 转引自白学军等编著：《发展心理学》，105 页，天津，南开大学出版社，2013。
⑥ 参阅郝红英：《埃里克森与毕生人格发展》，3 页，太原，山西人民出版社，2018。

灵魂的，儿童也很难融入这个游戏，失去游戏本身的教育价值。儿童交往经验有利于儿童参与游戏，成为游戏的主体。

寓交往经验于游戏之中的最主要的表现就是，儿童参与度高和在游戏中表现出的主动性。例如数学课堂创设一个去购买文具的场景，去模拟购买时的情境对话，这是小学生都经历过的一件事情，所以在这个情境中学生能够有更大的兴趣，投入更多的精力与老师一起完成整个游戏过程。经验能够推动游戏的进行，也能够提高整个过程的完成质量。儿童的经验是儿童与游戏互动的基础，他们的经验使他们能够较快地融入游戏之中，并且不断深化游戏，发挥游戏的教育意义和价值。

(二)游戏促进儿童交往经验的生长

游戏是儿童获得经验的途径之一。游戏是儿童认识世界的方式之一，也是儿童的主要生活方式之一，他们通过游戏去探索世界，产生各种奇思妙想，最终习得知识经验。

教育家夸美纽斯认为，儿童的经验可以通过游戏来获得。儿童能够通过各种游戏来获得知识的增长，他们通过他们独特的认知方式，借助游戏来认识事物，发展智力，从而得到成长。

在英语课堂上，模拟点餐、旅游等其他情景的对话，不仅可以练习口语发音，还可以增加许多关于国外旅游、点餐礼仪的学习，积累经验。儿童获得经验的途径很多，但通过游戏教学，儿童一方面可以在愉悦的心情中学习，另一方面紧张情绪还可以缓解，更好地进入课堂学习。

儿童的游戏空间有三个。一是儿童个人游戏空间。儿童时期是一个充满幻想和想象力的阶段，我们能够看到，只要给一个小玩具或者一支画笔，儿童就可以玩上半天。儿童可以用玩具进行过家家的游戏，也可以用画笔画上自己所看到的世界，并且乐此不疲。他们是充满快乐幻想的。二是儿童和教师之间、儿童与儿童之间的游戏空间，发生在课堂上以及课后。这个空间很大程度上可以提升和促进儿童现有经验的发展。在这个空间中，儿童与儿童之间、儿童与教师之间进行人际交往，在交往的过程中，除了生活经验得到积累，与人交际和相处的经验也会随之积累，同时，还会获得相关学科的知识。儿童会与同伴分享自己的经验，交流经验，甚至会一起探究奥秘，发现真理。三是儿童与环境的游戏空间。环境是随着游戏产生的，不同的游戏面对的环境是不同的。比如老鹰抓小鸡的游戏，环境相对比较大，而课堂中的小游戏可能场景就小一些。随着游戏的深入，环境也会随之而变化，儿童也随着环境不断变化不断增加自己的交流、生活、合作等经验。

(三)经验与游戏的应用

儿童可以通过多渠道来获取经验,如学校教育、与他人的交往、网络学习等。在这些过程中除了直接获得的经验,还有间接经验的获得。因此,要构建一个能丰富儿童经验的渠道。

直接经验是指儿童亲身参与的实践活动中所获得的知识;间接经验是指儿童通过书本或者他人的描述习得的一种经验。进行游戏教学时,学生的参与度高,在这一过程中学生不仅能够获得最直接的经验,还可以通过学生之间的合作交流获得间接经验。因此,应建立合适的游戏渠道来帮助学生获得各种经验。在教育过程中,要尽量调动学生的听觉、视觉、触觉等,在获取经验的过程中也要注意各种感官的配合。

经验与游戏二者相互联系、配合,这样教育才能达到最好的效果。教师应基于经验去设计游戏。

首先我们应当站在儿童的角度去设计游戏。现在人们越来越注重家庭教育和学生技能的培养,在学校教育之前可能就已经获得了许多经验,但是不能因此而忽视游戏的设计。游戏的设置要区分成人游戏和儿童游戏。儿童游戏是由成人设计的,我们应该注意避免成人文化在游戏中体现,儿童游戏是儿童本身而不是工具。

其次是教师要了解学生的已有经验。教师了解学生获得的经验,才能结合儿童经验去设计游戏,脱离实际的游戏是流于形式的,是没有意义的。教师可以通过观察、调查等方式去发现和了解学生现阶段的经验和认识。游戏要有广泛的适用性。

最后是游戏的合理应用。教师和家长都要注重知识,也要注重经验的积累。教师不能因为注重学生直接经验的获得,而过多地设计游戏,导致重经验而轻知识的经验主义,也不能只讲知识而忽视经验。设计游戏时也要充分考虑学生的"最近发展区"。教师不能将所有的成人经验传递给儿童,儿童需要慢慢积累,一步一步地实现目标。游戏不能仅仅适应儿童现有的认知发展水平,还要在教师的引导下有发展的空间。

当前,儿童的经验慢慢受到重视,而游戏可以被看成是儿童积累经验课程中的一个重要组成部分。无论是课堂还是生活中,游戏的地位都是无可替代的。因此建立一个良好的游戏通道对儿童积累丰富经验至关重要。

三、游戏教学与艺术教育

(一)游戏教学

教育与游戏不是平行线,一直以来它们都是不断交汇的。[①] 从古至今,不论东方还

---

① 高岚岚:《教育游戏与教学研究——教育游戏引导中小学生爱读书》,12 页,厦门,厦门大学出版社,2010。

是西方，都能在时间空间中找到两者交融的影迹。例如，《论语》中说："学而时习之，不亦说乎？""知之者不如好之者，好之者不如乐之者。"现代教育家克鲁普斯卡娅说："对孩子来说，游戏是学习，游戏是劳动，游戏是重要的教育形式。"高尔基也曾说过："游戏是小儿认识世界和改造世界的途径。"①这些表述，让人立刻联想到了"乐学"与"游戏"之间必然有着一定的内在联系。

游戏教学，顾名思义就是将游戏的形式融入教学之中的教学类型。近代，福禄培尔提出，游戏教学可以增加儿童学习乐趣和提高其学习效率。当代，我国陈鹤琴先生创建了南京鼓楼幼儿园，他是提倡幼儿教育和游戏教育的代表人物，他认为，儿童喜爱游戏是天然倾向。随着人们对游戏教学研究的深入，更多的人希望教学能和游戏结合，以此促进儿童的全面发展。

1. 游戏教学的本质

游戏教学是学习和教学的统一，对于游戏与学习的关系，一般存在三种看法：①通过游戏进行教学，即在游戏中实施教育；②游戏和复杂的智力活动交替进行；③从教学过程中排除游戏，因为学习肯定不是、而且永远不是游戏。在传统的学校教学实践中，一直采取流行最广的第三种观点。②鲁宾斯坦认为，儿童的游戏和劳动既有区别又有联系，要把握劳动与游戏之间的关系，并将二者联系起来才能把握游戏的本质。

游戏和学习之间有统一性。儿童的游戏，不仅仅是玩玩具或者嬉戏打闹，不仅有娱乐功能还有学习功能，通过游戏，儿童可以认识、理解和掌握世界，比如在丢手绢的游戏中，儿童学会掌握和遵守游戏规则。游戏还能使学生产生愉悦心情，而产生游戏体验的学习是最佳状态的学习，因为在进行游戏的过程中，主体产生愉悦的情绪和体验，才可以最大地发挥主体的创造性，产生更愉悦的心情，促进学习的产生。

游戏与学习是既对立又统一的概念，大部分人只注意到游戏与学习的对立而忽视了教学与游戏的统一性。但游戏与教学（学习）的结合并不是简单的相加，而是要抓住游戏与学习的联结点来帮助儿童有效地学习，它表现的是游戏与学习的统一，游戏教学与其说是教师的一种教学方法，不如说是提供给学生的一种学习方法。③

2. 游戏教学活动的特征

一是游戏教学的趣味性可以诱发儿童学习的内部动机。游戏教学的意义在于儿童的自主参与，如果游戏带有强制性，那么对儿童来说便失去了游戏的意义。教师是游戏教学活动中的引导者，要利用游戏的趣味性激发学生的内在动机，诱发学生的主动

---

① 高岚岚：《教育游戏与教学研究——教育游戏引导中小学生爱读书》，12页，厦门，厦门大学出版社，2010。

② 吴也显：《小学游戏教学论》，19页，南昌，江西教育出版社，1996。

③ 吴也显：《小学游戏教学论》，23页，南昌，江西教育出版社，1996。

学习，通过教学活动中的游戏让学生产生学习兴趣，保持他们的好奇心和探究欲，调动他们参与游戏的积极性。比如，流行歌曲《琵琶行》根据白居易的《琵琶行》进行编曲，以歌曲的形式将这首诗唱出来，并且在抖音上大热。教学应不拘泥于语言描述，还可以"唱"出来。这就比单调的讲解有趣多了。

二是游戏教学以教学素材为主要内容构建情境。设计游戏情境时，不能仅仅依靠想象、事物的替代，虽然在儿童自发的游戏中，通常是凭借儿童自己的想象去创设环境的，但是教学游戏还要联系教学内容，创设一个良好的富有创造性的游戏环境。比如，在小学数学课本中，元角分的学习，要创设一个符合儿童经验同时又体现教学内容的环境，通常是创设去超市买东西这一游戏内容。

三是游戏教学具有目的性。将游戏引入课堂是为了让儿童在知识的掌握、技能的发展和情感的陶冶上得到更充分的实现，以达到素质教育的目的。这始终是游戏教学不可或缺的要旨。[①]因此，游戏教学是具有目的性的。在游戏教学的过程中，学生不仅要掌握课程内容，也要熟悉游戏教学的内容和规则，与教师相互配合，促进教学的有序进行。在此过程中，儿童不仅可以获得知识技能，也能够获得一定的玩乐心理满足。根据游戏教学的任务和内容，教师也能较为轻松地实施教学，完成教学任务，以达到教学目标。

(二)游戏与审美艺术教育

关于艺术作品的存在方式，伽达默尔有这样一个比喻性的阐释："艺术作品就是游戏。"[①]他认为，美学和语言哲学中的"游戏"概念指出了游戏必须有一个主体(康德、席勒的观点)，又指出了这个主体是游戏本身(维特根斯坦的观点)，这正好可以用来作为对艺术作品本体论的解释学说明，所以游戏概念对于解释学美学来说是非常重要的。[②]

对游戏参与者来说，游戏只是"消除紧张"的，但是从游戏活动本身出发，游戏与其要达到的目的有着本质的联系。只有游戏参与者全身心投入到游戏之中，才会达到游戏活动的根本目的。但游戏存在的意义不是游戏本身。"游戏的真正主体显然不是在其他所从事的活动中也能存在的主体性，而是游戏本身。"[③]课堂中的教学游戏设置，要注重学生的参与感以及游戏过后的反馈。艺术作品也是在艺术者经验的增加中获得存在的。由此看来，艺术作品的存在方式和游戏的存在方式是相同的。

审美活动虽然是有规则的，但规则不是概念的和技巧的规则，而是"心意"和"冲

---

① ［德］伽达默尔：《真理与方法——哲学解释学的基本特征》，王才勇译，177 页，沈阳，辽宁人民出版社，1987。

② 周文彬：《理性的轨迹美之路》，545 页，沈阳，辽宁教育出版社，1992。

③ ［德］伽达默尔：《真理与方法——哲学解释学的基本特征》，王才勇译，150 页，沈阳，辽宁人民出版社，1987。

动"的和谐，是一种无强制性的愉悦，从而是一种游戏活动。

伽达默尔对游戏概念的解释学分析，揭示了游戏和艺术作品的主体不是参与者而是它们本身；游戏活动和艺术作品的"娱乐性"，不是纯粹的参与者的主观心理，而是它们的自我表现；游戏是游戏者和观者的整体，而不是游戏者的行为。他认为，艺术作品与接受者有本体论的关联，不是自我封闭的静物。[1] 总的来说，游戏与艺术作品都是因理解者/游戏者参与其中而存在的。伽达默尔接着指出，游戏具有自身特有的精神而被观者提升为他的观念性，这叫作游戏向能被理解的"创造物"的转化。它存在于游戏事物的纯粹显现之中，并能被复现。游戏的这种转化按其本性来说是艺术的转化，游戏也就具有了作品的特质。创造物是从游戏者的表现性行为中分离出来的，因而它仍是表现，并且是从观者出发而言的表现。[2]

"我们的出发点是：艺术作品就是游戏。也就是说，艺术作品是不可分离地以其表现获得其真正存在的，而且一个创造物的一致性和同一性就是在表现中出现的。"[3]游戏亦是如此。从游戏者所产生的"创造物"中得到真正的存在。游戏的设计和游戏活动的进行都是有艺术审美价值的，教师设计游戏以及让学生参与到游戏中产生经验，是一种艺术的存在。

小　结

每个人的儿童时期是独立和特别的，与成人的世界是截然不同的。成人总是会以成人的眼光去看儿童，以成人的标准去要求和约束儿童，这不利于儿童的自然生长。但是这两个时期应当建立和谐有序的发展性联系，能够更好地促进儿童身体和心理的发展和促进儿童知识经验的积累。通过梅洛-庞蒂对儿童"意识与语言习得"的分析，对皮亚杰认知理论的批判，和以现象学的眼光去看待儿童画，我们能够学习到他通过现象学对儿童认知与表达提出的不同观点。因此，我们要以儿童的眼光去看待儿童，将儿童时期独立于成人时期，以儿童的角度去看待儿童的行为、语言。从儿童画、儿童的游戏、儿童的行为和语言中我们不难发现儿童在以自己的方式来探究世界，但是我们往往会忽略这些小的举动，比如模仿行为、儿童的自言自语等。我们应当注重儿童的每个行为和语言，不仅仅把他们看成"小孩子"，也要将他们看成"小小的哲学家"。

---

① 周文彬：《理性的轨迹美之路》，548 页，沈阳，辽宁教育出版社，1992。
② 周文彬：《理性的轨迹美之路》，548～549 页，沈阳，辽宁教育出版社，1992。
③ 周文彬：《理性的轨迹美之路》，554 页，沈阳，辽宁教育出版社，1992。

章后思考

一、名词解释

游戏教学　艺术教育　儿童现象学　儿童哲学

二、简答题

1. 简述儿童画不同阶段的表现。

2. 简述儿童绘本和教材插画的特点。

3. 简述早期的游戏理论。

三、论述题

1. 语言的二重一体性具体指的是什么？

2. 儿童模仿的四阶段论具体指的是什么？

3. 怎么理解游戏教学在课堂中的应用？

4. 怎么理解图像认知在儿童绘本和教材插图中的运用？

四、材料分析题

现代教育，强调应试教育转向素质教育，知识教育转向智力教育，单一教育转向多样教育。为了达到每一次转化目标，教育手段、教育策略都会相应改变，游戏学习在其中扮演的角色也越来越凸显，越来越重要。教育与游戏的碰撞，从许多方面丰富了孩子的观察、注意、记忆，提升了其处理事务和独立思考的能力。随着人类社会的发展，人们附加给教育的理性的东西太多，教育变成了工具，变成了手段，变成了方式。当然，孔子是支持游戏中学习的，但随着人们对儒学理解存在的偏差，教育从游戏中游离出来，游戏孤立地意味着娱乐，甚至不够正经、不够严肃，登不了大雅之堂。

教育游戏的应用实践方面也取得了一定的成绩。在我国首先将教育与游戏结合起来的应该是科利华公司，该公司在 2000 年推出科利华学生智慧世界，几个学生可以一起竞答问题。按时间排列，具有代表性的作品分别为：北京娱教网络科技有限公司的"k12play 快乐教育"、显泉信息技术（上海）有限公司"游戏学堂"、传育网络科技（上海）有限公司的"S520 快乐学堂"、香港意成资讯科技有限公司的"一课一练之传说之旅"、成都斯普电脑科技公司的"三毛欢乐派"。2009 年的"梦幻城堡"是一款让 7～12 周岁儿童喜欢，能让家长普遍接受的 3D 动漫综合教育平台。2009 年，国内最大的儿童虚拟社区——摩尔庄园被正式收录于湖北省武汉市九年义务教育《综合实践活动信息技术》教科书中。这标志着摩尔庄园寓教于乐的安全性已经得到湖北省中小学教材审定委员会的肯定。

——高岚岚：《教育游戏与教学研究——教育游戏引导中小学生爱读书》（厦门大学出版社 2010 年出版）

《2019 年中国游戏产业报告》显示，2019 年中国游戏市场实际销售收入 2308.8 亿元，中国游戏用户规模已达到 6.4 亿人。数字游戏日益进入"90 后""00 后"学习者的日常生活，但其教育应用却面临一系列挑战，不同利益群体对数字游戏的技术接受度与使用意向也存在较大的分歧。如何引导数字教育游戏回归教育本质，是游戏支持教育领域面临的重要课题。近十年，在数学、历史、工程学等领域，数字游戏的教育功能日益受到关注。

——郑春萍、徐畅、张娴、刘涵泳：《近十年数字游戏应用于语言教学的系统性综述》（《现代教育技术》2021 年第 6 期）

根据材料，试分析教育与网络游戏结合的必要性和重要意义。

拓展阅读

1. 朱姝. 基于梅洛-庞蒂具身现象学的儿童心理发生研究[M]. 长春：吉林大学出版社，2016.

2. 黄进. 儿童游戏文化引论[M]. 南京：南京师范大学出版社，2012.

3. 佛罗斯特，沃瑟姆，赖费尔. 游戏与儿童发展：原书第 4 版[M]. 唐晓娟，张胤，史明洁，译. 北京：机械工业出版社，2015.

4. 林美琴. 绘本有什么了不起[M]. 乌鲁木齐：新疆青少年出版社，2011.

5. 艾尔·赫维茨，迈克尔·戴. 儿童与艺术[M]. 郭敏，译. 长沙：湖南美术出版社，2008.

第二篇
文化篇

第三章

中国文化发展中的
儿童哲学

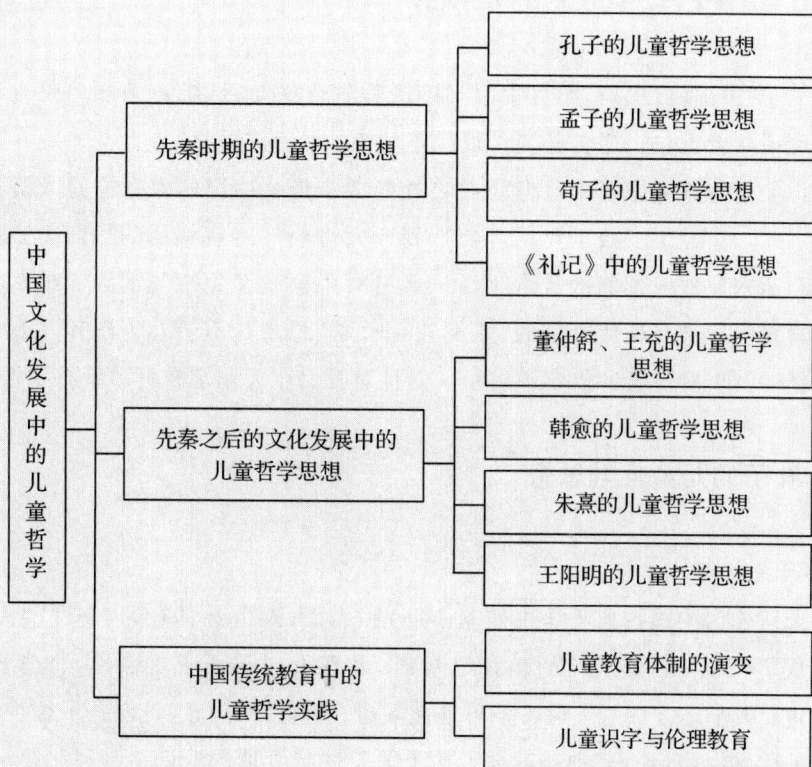

```
                                    ┌─────────────────────┐
                               ┌────│  孔子的儿童哲学思想   │
                               │    └─────────────────────┘
                               │    ┌─────────────────────┐
                               ├────│  孟子的儿童哲学思想   │
              ┌──────────────┐ │    └─────────────────────┘
              │先秦时期的儿童 │─┤    ┌─────────────────────┐
              │哲学思想       │ ├────│  荀子的儿童哲学思想   │
              └──────────────┘ │    └─────────────────────┘
                               │    ┌─────────────────────┐
                               └────│《礼记》中的儿童哲学思想│
                                    └─────────────────────┘
   ┌────┐                           ┌─────────────────────┐
   │中  │                      ┌────│ 董仲舒、王充的儿童哲学 │
   │国  │                      │    │ 思想                 │
   │文  │                      │    └─────────────────────┘
   │化  │                      │    ┌─────────────────────┐
   │发  │    ┌──────────────┐  ├────│  韩愈的儿童哲学思想   │
   │展  │    │先秦之后的文化 │  │    └─────────────────────┘
   │中  │────│发展中的儿童哲 │──┤    ┌─────────────────────┐
   │的  │    │学思想         │  ├────│  朱熹的儿童哲学思想   │
   │儿  │    └──────────────┘  │    └─────────────────────┘
   │童  │                      │    ┌─────────────────────┐
   │哲  │                      └────│  王阳明的儿童哲学思想 │
   │学  │                           └─────────────────────┘
   └────┘    ┌──────────────┐       ┌─────────────────────┐
             │中国传统教育中的│  ┌────│  儿童教育体制的演变   │
             │儿童哲学实践   │──┤    └─────────────────────┘
             └──────────────┘  │    ┌─────────────────────┐
                               └────│  儿童识字与伦理教育   │
                                    └─────────────────────┘
```

纵观中国传统文化发展我们发现，先秦时期就已经出现了儿童哲学的思想，并在后期的文化发展过程中愈发重要。因此，作为新时代的小学教师，要从中国优秀传统文化中找寻儿童哲学的历史脉络以及发展特点，进而对当下儿童哲学的发展起到关照作用，最终起到促进儿童健康发展的作用，这就需要我们在通晓传统儿童哲学演变历程的同时，古为今用，古今结合，创新转化，这样才能实现弘扬优秀传统文化和促进儿童发展双重目标。

第一节
先秦时期的儿童哲学思想

学界关于"中国（古代）有无哲学"与"中国哲学合法与否"的论争颇为热闹，论者机杼各出，可谓仁者见仁，智者见智。近代学科意义上的"哲学"与人类文明在世界各个区域的思想文化积累不能等同，但相通之处颇多。传统中国的教育亦是人类史上最宝贵的遗产之一，它经历了数千年的淬炼，到今天也仍然富有鲜活的生命力，以至于影响着中国乃至东亚地区人们的日常生活。通过对中国教育思想与实践的梳理，我们可以找到富含多彩智慧与现代价值的"儿童教育哲学"思想，不但会为现代儿童教育研究提出一些新的、更有价值的借鉴和启示，而且对我们今天制定教育政策有积极的贡献。

一、孔子的儿童哲学思想

1. 个性是施教基础

性与天道作为中国古典哲学中的基本问题，对人天生所具有的"个性""天性"的强调，就构成了孔子"因材施教"的教育学基础。尽管孔子弟子子贡曾说："夫子之文章，可得而闻也；夫子之言性与天道，不可得而闻也。"[1]表面看，这是说孔子很少谈论关于性与天道的问题。但《论语》中却记载了孔子关于性与天道的谈论。《阳货》篇记孔子说：

---

[1] 杨伯峻：《论语译注》，46 页，北京，中华书局，1980。

"性相近也，习相远也。"①在孔子生活的时代，尽管在"儿童"与"成人"之间没有明确的哲学认知的分野，但"童年"无疑被看作成人的初始阶段，且对于人一生的教育发展起到至关重要的作用。正如孔子自己评价自己："吾少也贱，故多能鄙事。"②又言："吾十有五而志于学，三十而立，四十而不惑，五十而知天命，六十而耳顺，七十而从心所欲，不逾矩。"③这说明孔子对自身的成长历程有明确的觉知和关照，因而才会以自己的成长历程为弟子现身说法。在孔子那里，对人的教育就是要注重了解学生的个性，从而施以与其个性相适应的教育。孔子对于弟子们的个性，应该是有很详细的考察的。《论语》中基于弟子不同的个性和禀赋，把他们分为德行、言语、政事三科。对于学生的个性与行为，孔子能很好地把握、鼓励和控制。比如下面一段典故：

> 子路问："闻斯行诸?"子曰："有父兄在，如之何其闻斯行之?"冉有问："闻斯行诸?"子曰："闻斯行之。"公西华曰："由也问闻斯行诸，子曰，'有父兄在'；求也问闻斯行诸，子曰，'闻斯行之'。赤也惑，敢问。"子曰："求也退，故进之；由也兼人，故退之。"(《论语·先进》)④

此外，针对弟子们的相同问题，比如说问仁问孝，孔子的回答基本是不全相同的，这都是他基于个性因材施教的明证。

2. 兴趣与努力

对于学习，最大的动力当然是来自本心的热爱，即兴趣。孔子自己的好学达到了"发愤忘食，乐以忘忧"的地步，他还说"知之者不如好之者，好之者不如乐之者"；又说："学而时习之，不亦说乎?"所谓的乐、说(悦)，其实都是指的浓厚的兴趣。孔子屡说"学而不厌"，有了兴趣，再加之不懈的努力，便没有达不成的心愿。这些思想为古代儿童启蒙教育提供了源头活水的智慧。

二、孟子的儿童哲学思想

1. 性善说

孟子自身的家庭教育故事，为古代教育提供了典范。三字经中的"昔孟母，择邻处"和"子不学，断机杼"的故事广为流传。这说的是孟子小时候的家教情况。孟子长大后，受业于子思门人，一生崇拜孔子，自称"乃所愿，则学孔子也"。因此，孟子的思

---

① 杨伯峻：《论语译注》，181 页，北京，中华书局，1980。
② 杨伯峻：《论语译注》，88 页，北京，中华书局，1980。
③ 杨伯峻：《论语译注》，12 页，北京，中华书局，1980。
④ 杨伯峻：《论语译注》，117 页，北京，中华书局，1980。

想基于孔子而来，也有自己可贵的生发。在"儿童哲学"上，孟子最大的贡献是发展了对人性的讨论，提出"性善说"，成为影响中国传统教育最大的哲学思想。

在《孟子》里，我们可以看到他反复证明着人性本质的"善"。

第一，人具有相同的官能，用孟子的话说"口之于味也有同嗜焉，耳之于声也有同听焉，目之于色也有同美焉。……心之所同然者何也？谓理也，义也。"①这里孟子把人人具有的相同官能及其感受力作为"理"和"义"的基础。

第二，人们同具善端，所谓"恻隐之心，仁之端也；羞恶之心，义之端也；辞让之心，礼之端也；是非之心，智之端也。人之有是端也，犹其有四体也"②。在笔者的理解中，孟子这里所指的恻隐之心、羞恶之心、辞让之心、是非之心，是人的"本心"，只要你能意识到本心的存在，那么，善端即可以扩展而生出仁义礼智。

第三，人们同样具有良知良能："人之所不学而能者，其良能也；所不虑而知者，其良知也。孩提之童无不知爱其亲者，及其长也无不知敬其兄也。"③

这些"善"乃人天生所具有，那又如何解释后天的不善呢？在孟子看来，不善，是由于不能尽其才性。这一方面是因为有外力的影响，如孟子所言"富岁，子弟多赖；凶岁，子弟多暴"④，外在环境很能影响人的行为；另一方面也是因为善端的丧失。总之，孟子以"性善说"为根据，其认同的人生理想，便在于善端的保存与扩充，使人人能尽其才。善端扩充至极致，便有了孟子所谓的"浩然之气"，有浩然之气的人才能"居天下之广居，立天下之正位，行天下之大道。得志与民由之，不得志独行其道。富贵不能淫，贫贱不能移，威武不能屈，此之谓大丈夫"⑤。

2. 为学之道

在"性善说"的认知基础上，孟子十分注意培养学生专心致志、持之以恒的学习态度。他认为不论智慧高低，不论内容难易，能专心致志就能学有所得，心不在焉就会一无所得。这也成为此后中国传统教育尤其是儿童教育的经典思想。

《孟子》中的很多寓言故事也成了中国古代社会妇孺皆知的教育箴言。如其中以下棋为例说："今夫弈之为数，小数也。不专心致志则不得也。弈秋，通国之善弈者也。使弈秋诲二人弈，其一人专心致志，惟弈秋之为听；一人虽听之，一心以为有鸿鹄将至，思援弓缴而射之；虽与之俱学，弗若之也。为是其智弗若与？曰非然也。"⑥孟子不但强调为学要专心，更要持之以恒，不能"一曝十寒"："虽有天下易生之物也，一日暴

① 金良年：《孟子译注》，170 页，上海，上海古籍出版社，2012。
② 金良年：《孟子译注》，49 页，上海，上海古籍出版社，2012。
③ 金良年：《孟子译注》，200 页，上海，上海古籍出版社，2012。
④ 金良年：《孟子译注》，170 页，上海，上海古籍出版社，2012。
⑤ 金良年：《孟子译注》，86～87 页，上海，上海古籍出版社，2012。
⑥ 金良年：《孟子译注》，172～173 页，上海，上海古籍出版社，2012。

之；十日寒之，未有能生者也。"①孟子还认为教学与学习如同植物生长，应当遵循自然的规律，而不能"揠苗助长"："宋人有闵其苗之不长而揠之者，芒芒然归，谓其人曰：'今日病矣，予助苗长矣。'其子趋而往视之，苗则槁矣。天下之不助苗长者寡矣。以为无益而舍之者，不耘苗者也；助之长者，揠苗者也。非徒无益，而又害之。"②这里孟子继承了孔子"欲速则不达"的思想。

生活于战国中期的孟子，其思想表现出对人性及人的价值的关注与肯定，他的教育原则、思想、方法无不体现了对人的主观能动性的提倡。他的教育思想对于后世中华民族精神的涵养与激发，崇高精神世界的追求，有着极其深远的影响。

三、荀子的儿童哲学思想

1. 性恶论

荀子与孟子，同为孔子之后的儒家大师。孟子主性善说，荀子则针锋相对，主性恶论。孟子的教育理想更提倡个人修养；荀子则更强调社会环境的作用。《荀子》中有言：

> 人之性恶，其善者伪也③。今人之性，生而有好利焉，顺是，故争夺生而辞让亡焉；生而有疾恶焉，顺是，故残贼生而忠信亡焉；生而有耳目之欲，有好声色焉，顺是，故淫乱生而礼义文理亡焉。然则从人之性，顺人之情，必出于争夺，合于犯分乱理，而归于暴。故必将有师法之化，礼义之道，然后出于辞让，合于文理，而归于治。用此观之，人之性恶明矣，其善者伪也。④

孟子那里的一切善端如恻隐之心、羞恶之心、辞让之心、是非之心，在荀子看来，都成了"伪"即人为的东西了，荀子强调的是人性中的恶，如好利之心、耳目之欲等。所以，两人的观点，根本不同。

2. 礼法并行，重师道尊严

荀子有了性恶的前提，便非常重视礼的约束。他发展了孔子关于"礼"的思想，常常"礼法"并称。他的《礼论》成了由礼到法的过度。他著名的弟子韩非、李斯则干脆舍礼而专讲法，成为秦朝建立中央集权制的理论基础。荀子对于"礼"的解释集中地体现在下面这段话中。

---

① 金良年：《孟子译注》，172 页，上海，上海古籍出版社，2012。
② 金良年：《孟子译注》，40 页，上海，上海古籍出版社，2012。
③ 伪，人为也。
④ （清）王先谦：《荀子集解》，713～714 页，济南，山东友谊书社，1994。

> 礼起于何也？曰：人生而有欲，欲而不得，则不能无求；求而无度量分界，则不能不争；争则乱，乱则穷。先王恶其乱也，故制礼义以分之，以养人之欲，给人之求，使欲必不穷于物，物必不屈于欲，两者相持而长，是礼之所以起也。①

荀子的教育思想也正是奠基于"礼"论之上的，这对中国的儿童哲学也产生了深远影响。

其一，重"礼乐"。荀子直接把习礼懂礼作为教育的内容与目的。《荀子》中有言："学恶乎始？恶乎终？曰：其数则始乎诵经，终乎读礼；……礼者，法之大分，类之纲纪也。故学至乎礼而止矣。"②荀子还重视乐教。《荀子》一书中专门有一篇《乐论》，是我国相当早的音乐教育理论。荀子认为音乐是表现人的快乐情感的一种重要方式，"乐者，乐也，人情之所必不免也，故人不能无乐"，"声乐之入人也深，其化人也速"，礼能使上下有别，乐则能使上下和谐，礼乐并施，能实现"移风易俗、天下皆宁、善美相乐"③。难能可贵地是，荀子对于"乐"还作了区分，提倡正当健康的音乐"正声"，抵制低俗的"奸声"，这些见解对我们今天仍有很大启发意义。

其二，重视积久努力。荀子的教育方法，注重人为的努力，凡是道德学问，都需要积久努力而后才能成功。所以在他的《劝学》篇里，我们可以读到许多有关积累的思想："积土成山，风雨兴焉；积水成渊，蛟龙生焉；积善成德，而神明自得，圣心备焉。故不积跬步，无以至千里；不积小流，无以成江海。骐骥一跃，不能十步；驽马十驾，功在不舍。锲而舍之，朽木不折；锲而不舍，金石可镂。"④

其三，重师尊、师道。荀子特别重视教师的地位和作用，竭力倡导尊师。《荀子·修身》有言："礼者，所以正身也；师者，所以正礼也。"荀子还把教师的作用与国家的前途命运相连，"国将兴，必贵师而重傅；贵师而重傅，则法度存。国将衰，必贱师而轻傅，贱师而轻傅，则人有快，人有快则法度坏"⑤。所以，荀子把教师提高到了与天地君亲同等的地位，明确提出了天地君亲师的说法："天地者，生之本也；先祖者，类之本也；君师者，治之本也。无天地恶生？无先祖恶出？无君师恶治？"⑥

此外，在教育方法上，荀子并不囿于灌输式的教导，而是特别强调要善于辩难，批评不仁之言，这颇符合现代我们所说"真理越辩越明"的道理。

---

① （清）王先谦：《荀子集解》，593 页，济南，山东友谊书社，1994。
② （清）王先谦：《荀子集解》，128～129 页，济南，山东友谊书社，1994。
③ （清）王先谦：《荀子集解》，637、639、641～642 页，济南，山东友谊书社，1994。
④ （清）王先谦：《荀子集解》，123～124 页，济南，山东友谊书社，1994。
⑤ （清）王先谦：《荀子集解》，813 页，济南，山东友谊书社，1994。
⑥ （清）王先谦：《荀子集解》，597～598 页，济南，山东友谊书社，1994。

四、《礼记》中的儿童哲学思想

我们梳理先秦时期的教育，还有一部影响后世深远的书不得不提——《礼记》。《礼记》中的名篇《大学》《中庸》《学记》《乐记》，集中了战国末期至汉初儒家学者关于教育的基本主张。从教育史的意义而言，书中记载了一套比较完整的教育体系，包括尊师重教的思想，科学的教育原理和方法，谨严的教学制度，丰富的教学内容，显著的教育功效和影响等，对于儿童哲学也有较为集中的阐发，可视之为中国古代儿童哲学的重要起源。

《礼记》中的《学记》是我国最早系统表述教育学观点的文献，成文于战国时期。以现代学术语言来说，这篇文献的教育学立场是以人为本的、学生本位的、以儿童为中心的，其思想与卢梭否定教育论和杜威教育即生长等观念有不谋而合之处，是先秦百家争鸣时期的精神气象和创新智慧在教育学中的光辉反映。尤其值得我们重视的是，《学记》的教育学立场是一种"内发主义"的。从其哲学立场上来看，它强调尊重和顺应儿童的成长。"当其可之谓时"，当其不可则何如？不可教不可学也。何以不可教不可学？时未到也。于是便有了"禁于未发"的诉求。"未发"是与"时"紧密联系的。何以未发？时未到也。《学记》云："大学之法：禁于未发之谓豫；当其可之谓时；不陵节而施之谓孙；相观而善之谓摩。此四者，教之所由兴也。"大意是：大学施教的方法，在学生的错误没有发生时就加以防止，叫作预防；在适当的时机进行教育，叫作及时；不超越受教育者的才能和年龄特征而进行教育，叫作合乎顺序；互相取长补短，叫作相互研讨。这四点，是教学成功的经验。[①]

《学记》中强调的"可""时""孙"等，让我们想到了孟子里"揠苗助长"的寓言，其围绕着受教育者，即一个个体的教育受到自身生长规律的制约，什么年龄阶段学习什么教育内容，不能躐等。《礼记》中规定了儿童入学的年龄以及不同阶段所学内容有"小学"与"大学"的区别。《礼记·内则》讲了在家庭内部父子、男女所应遵行的规则，许多内容事实上涉及对儿童教育的箴言仪规，如对教学过程的记录："六年，教之数与方名。七年，男女不同席，不共食。八年，出入门户，及即席饮食……九年，教之数日。十年，出就外傅，居宿于外，学书计……十有三年，学乐，诵《诗》，舞《勺》。成童，舞《象》，学射御。二十而冠，始学礼，可以衣裘帛，舞《大夏》……三十而有室，始理男事，博学无方。"[②]此段记述说明儿童到10虚岁（9周岁）还没有接触到书本。因此，"大学之法，禁于未发之谓豫"便有了科学的心理基础，孔子自述"十五而志于学"，表明孔

---

①　刘晓东：《先秦〈学记〉"禁于未发"章新诠》，载《南京师大学报（社会科学版）》，2008(2)。

②　《礼记》，陈澔注、金晓东校点，333页，上海，上海古籍出版社，2016。

子也是到了十五岁以后才对"经"进行探究的。由此可知，古时的"大学"绝非不考虑学生的年龄因素。从以上入学年龄的记载，进一步证明《学记》中"大学"教育注重时机、规律的说法，这不仅是一种教育观念，而且古代政府亦实行了此观念，使其成为教育制度的一部分。

此外，《礼记》中正面论述儿童教育的文字还有很多，如"玉不琢，不成器"。我们常说，儿童如一块璞玉，蕴含着无限的潜能与价值，但是"玉不琢，不成器"这句话就出自《学记》。原文载："玉不琢，不成器。人不学，不知道。是故古之王者，建国君民，教学为先。"意思是玉石不经过雕琢打磨，就不能成为有用的器物，人不通过学习，就不能掌握知识。因此，古代的君王建立国家，治理民众，都把教育当作首要的事情。尤其对于儿童接受教育的场所，也有了系统化的设置。《学记》云："古之教者，家有塾，党有庠，术①有序，国有学。"②学校的规模从小到大分别为塾、庠、序、学，民众在家、党、遂、国都可以接受教育。这里突出体现了古代历史上执政者重视教育的思想渊源。而"玉不琢，不成器"恰恰可以看作中国古代对儿童教育的一种隐喻式理念表达。

第二节
先秦之后的文化发展中的儿童哲学思想

先秦之后，儒学对于人性基本问题的探讨以及儿童教育的基本观念成为教育制度化、世俗化的学理基础。对于儿童教育以及儿童哲学的认知，紧紧围绕儒学对人的塑造与培养需要而展开，尽管其间有佛教、道教思想的注入，总体趋于三教合一，但仍以儒家价值观为主体。

一、董仲舒、王充的儿童哲学思想

汉代在董仲舒的努力下，"罢黜百家，独尊儒术"，在国家与社会治理方面开始以儒家学说来解决现实问题。这种既有理论又有现实可操作性的方略获得了汉武帝的欣赏，从而也铸就了汉代文教政策的历史基调，对后世也产生深远影响。此种影响表现在以下几方面。

---

① 术，通"遂"。
② 《礼记》，陈澔注、金晓东校点，415页，上海，上海古籍出版社，2016。

第一，确立了教育为立国之本的地位。自此以后，国家政策和文化教育皆以儒术为本，儒学成了统一的指导思想，国家以此为标准培养选拔人才，对人民加强思想的教化。

第二，儒家经学成了教育的主体内容。在这个政策指导下，儒经受到了极大的尊崇，儒家五经占据了官学的主体位置。

第三，形成了群士归宗攻读儒经的社会风尚。在儒学实际上已经垄断教育的形势下，社会上攻读儒经蔚然成风，乃至与儒学本无涉的各类人士后来也纷纷归宗儒学。

董仲舒本人对于传统教育最为关心的"人性"问题多有阐发，在继承孟子"性善说"的基础上，董仲舒认为人性不是生而为善，乃是教而为善。他说："善如米，性如禾。禾虽出米，而禾未可谓米也，性虽出善，而性未可谓善也。……性如茧如卵，卵待复而为雏，茧待缫而为丝，性待教而为善。"①这是和现代本能习惯的观念相近的。汉代另一位著名的大儒王充从"气"的认同出发，亦认为人的"禀气"有多少、厚薄，所以性有三等：一是生来就善的人，是中人以上的人；二是生来就恶的人，是中人以下的人；三是无善无恶或善恶相混的人，是中人。绝大部分的人都是中人，中人可通过教育定性，正所谓"习善而为善，习恶而为恶也"，所以，王充赞同荀子的思想，也强调环境对人的影响极大："蓬生麻中不扶而直；白纱入缁，不练而黑。"②王充的学说，一个重要特色就是重经验、尚批评。

二、韩愈的儿童哲学思想

唐代韩愈所著的《师说》，是中国古代著名的教育论说，其中所论述的有关儿童教育的观点有两方面。一是强调教师存在的必要性。《师说》由"人非生而知之者"出发，肯定"学者必有师"的论点。二是对教师的任务提出探讨。《师说》中开宗明义第一句话就是"古之学者必有师。师者，所以传道受业解惑也"③。在我国教育史上，这是第一次完整地对教师的职责进行的论述。这个论断的生命力就在于揭示了教师的职责。

韩愈所说的"传道"当然指的是传"儒家"之道，传儒家"修身、齐家、治国、平天下"之道。"授业"在当时是指讲古文及儒家的"六艺"，受到文化知识方面的教育。"解惑"则指教师在教学过程中解答学生在"道"与"业"两方面的疑问。他认为上述三项任务是紧密相连的，但"传道"是教师的首要任务，是目的，是方向，"授业""解惑"是进行"传道"的过程和手段。三项职责有轻有重，有先有后，因而应有主有次、前后有序地

---

①　孟宪承：《中国古代教育史资料》，288～289 页，北京，人民教育出版社，1961。

②　孟宪承：《中国古代教育史资料》，247 页，上海，华东师范大学出版社，2010。

③　孟宪承：《中国古代教育史资料》，325 页，北京，人民教育出版社，1961。

来进行，绝不能本末倒置、舍本逐末。"传道""授业""解惑"这三项任务随着历史的发展已被人们赋予了新的内涵。韩愈把"传道"放在最前面，在今天则被理解为把德育放在最重要的位置。这一思想不仅在当时具有重要的意义，而且在今天也具有非常重要的社会价值。把德育放在其他教育之前的思想有助于改变许多教师忽视德育而仅仅注重智育这一教育现状，有利于教育的良性发展。这一思想中还包含了寓德育于智育之中、德育通过智育来进行的思想，有助于教师明确自己的职责和首要任务，从而使其在教学中能做到有的放矢。

三、朱熹的儿童哲学思想

宋代朱熹的教育思想对此后的中国传统教育起到了新的塑造作用。朱熹的教育主张可以归纳为：教育的主要作用是"改变人的气质"；教育的目的是"明人伦"；教育的任务是小学"教之以事"，"大学是穷之其理"。

朱熹重视教育对于改变人性的重要作用。他从"理"一元论的客观唯心主义思想出发来解释人性论，提出了人性就是"理"，就是"仁、义、礼、智"等道德规范。他强调"为学乃变化气质耳"。在朱熹看来，气质之性，有清有浊，有善有不善。只有通过教育来澄浊为清，去不善而从善，才能变"气质之性"为"天地之性"。

朱熹对于"儿童教育"的重要思想贡献，集中体现在对于"小学"教育目的、内容和方法的集中阐述。朱熹提出教育分两个阶段，8～15 虚岁入小学，15 虚岁之后入大学。朱熹主张以小学而言，主要是"教之以洒扫应对进退之节，礼乐射御书数之文"①。至于发掘和探究事物之理，则是大学教育之任务："教之以穷理正心，修己治人之道。"②

朱熹还自编了应用于"小学"教育的启蒙教材。他依循《礼记》的指示，认为儿童应在 8 虚岁入学，所编教材亦定名为"小学"。书中摘录了很多作家的著作，上自先秦，下至 12 世纪。全书共六卷，分内外两篇。内篇有四个纲目：前三个是立教、明伦、敬身，第四个是稽古。外篇分两部分：一是嘉言，二是善行。稽古、嘉言和善行，均各有立教、明伦、敬身三纲目。朱熹所编这部《小学》的意义，正如教育史家李弘祺指出的，"朱熹提出了《论语》当中一段长久以来备受评论家与经学家忽略的篇章。"③而被忽略的内容正是孔子教育弟子子夏的一段典故：

> 子游曰："子夏之门人小子，当洒扫应对进退，则可矣。抑末也。本之则无，

① 孟宪承：《中国古代教育史资料》，356 页，北京，人民教育出版社，1961。
② 孟宪承：《中国古代教育史资料》，356 页，北京，人民教育出版社，1961。
③ 李弘祺：《学以为己：传统中国的教育》下，399 页，上海，华东师范大学出版社，2017。

如之何?"子夏闻之，曰："噫! 言游过矣! 君子之道，孰先传焉? 孰后倦焉? 譬诸草木，区以别矣。君子之道，焉可诬也? 有始有卒者，其惟圣人乎!"①

朱熹认为子夏的教育方式，也就是扫地与言行举止等基本生活训练，有助于达成教育的最终目标。于是认定古人心目中适合初学幼童的教育，必然是基于子夏所谈的这些实务工作。因此，朱熹才在《小学序》中强调：

> 古者小学，教人以洒扫应对进退之节，爱亲敬长隆师亲友之道，皆所以为修身齐家治国平天下之本；而必使其讲而习之于幼稚之时，欲其习与智长，化与心成，而无扞格不胜之患也。今其全书虽不可见，而杂出于传记者亦多。读者往往直以古今异宜而莫之行。殊不知其无古今之异者，固未始不可行也。今颇搜辑以为此书，授之童蒙，资其讲习，庶几有补于风化之万一云尔。②

朱熹的教育主张，跟他的教育目的是密不可分的。其教育目的是以儒家的伦理道德学说为基础，认为教育目的在于明人伦，所谓"先王之学以明人伦为本"(《近思录》卷九)。他主张学校要"讲明义理，以修其身"。对于这部《小学》，大部分学者都认为，朱熹的意图是将其当作儿童的预备教材，学完此书后再接着阅读其他比较难的书籍，如《论语》。实际上，该书因为内容摘自古书或旧作，读起来比《论语》更艰涩。就整体内容来看，仍可称之为道德教诲的基础教科书。由于书中引用了很多家训，可知朱熹的基础教育构想中，有一大部分是要把个人摆在社会关系网络的正确位置里。这部著作的中心要旨，就是把人格成长置于个人的社群环境中。朱熹希望儿童学会恰当地处理个人与社会的关系后，即可以进入道德正直的内心世界。

四、王阳明的儿童哲学思想

朱熹之后，明代大儒王阳明的心学，开儒学新境界，对传统教育哲学影响甚深。

王阳明将孟子"学问之道无他，求其放心而已矣"视为是对君子之学的最好概括。故强调"君子之学惟求得其心，虽至于位天地，育万物，未有出于吾心之外也"③。他还打比方说，人的成长教育如同种植，人心才是根苗，学习的过程就是对根苗多加培护。"譬之植焉，心，其根也；学也者，其培拥之者也，灌溉之者也，扶植而删锄之者也，

① 杨伯峻：《论语译注》，201 页，北京，中华书局，1980。
② 孟宪承：《中国古代教育史资料》，363 页，北京，人民教育出版社，1961。
③ 孟宪承：《中国古代教育史资料》，375 页，北京，人民教育出版社，1961。

无非有事于根焉耳矣。"①在儿童教育问题上，王阳明尊崇古人的典范，认为"古之教者，教以人伦"，而非后世"记诵词章之习"。他说："今教童子，惟当以孝弟忠信礼义廉耻为专务，其栽培涵养之方，则宜诱之歌诗，以发其志意，导之习礼，以肃其威仪；讽之读书，以开其知觉。"②何以将歌诗、习礼、读书看得如此重，这源于他对儿童心理及成长规律的把握。

> 大抵童子之情，乐嬉游而惮拘检，如草木之始萌芽，舒畅之则条达，摧挠之则衰痿。今教童子，必使其趋向鼓舞，中心喜悦，则其进自不能已。譬之时雨春风，沾被卉木，莫不萌动发越，自然日长月化；若冰霜剥落，则生意萧索，日就枯槁矣。故凡诱之歌诗者，非但发其志意而已，亦所以泄其跳号呼啸于咏歌，宣其幽抑结滞于音节也。导之习礼者，非但肃其威仪而已，亦所以周旋揖让，而动荡其血脉，拜起屈伸，而固束其筋骸也。讽之读书者，非但开其知觉而已，亦所以沉潜反复而存其心，抑扬讽诵以宣其志也。凡此皆所以顺导其志意，调理其性情，潜消其鄙吝，默化其粗顽，日使之渐于礼义而不苦其难，入于中和而不知其故。是盖先王立教之微意也。③

可见，王阳明对儿童的生长规律是有科学把握的，儿童乐嬉戏游玩，活泼好动，就像草木出生，如果过多地束缚，势必会衰弱不振，故要用歌诗来教育引导，这就如春风化雨，既可以帮助孩子认识与抒发志趣情义，又可以将活泼好动的天性引导至歌咏之中，相得益彰。导之以礼也不是要儿童养成畏首畏尾、谨小慎微的习惯，而是一方面通过礼仪的学习，让他们活动开筋骨，血脉畅通，另一方面也感知到礼仪的严肃和威仪所在。至于读书，则是启蒙的最好方式，通过读书可达到明理修身的目的。应该说，这样简省的教育内容，对于当时的儿童教育是比较务实的。与之相反，"若近世之训蒙稚者，日惟督以句读课仿，责其检束，而不知导之以礼；求其聪明，而不知养之以善。鞭挞绳缚，若待拘囚"④，这是王阳明所极力反对的。

从孔子到王阳明，中国儒学2000多年的发展过程中，确立了教育乃个人的充实而不是为了取得别人的肯定或自身利益的价值观。中国教育文化传统，首重识字与伦理道德的修习，在此过程中探求学习的乐趣。即便是在隋唐之后，科举制盛行，中国教育亦一直被两种力量拉拢，一方是国家或政府为了自身利益而意图操控教育，另一方则是士人努力要摆脱这种操控，贯彻自己对社会所独立怀抱的理想。

---

① 孟宪承：《中国古代教育史资料》，376 页，北京，人民教育出版社，1961。
② 孟宪承：《中国古代教育史资料》，380 页，北京，人民教育出版社，1961。
③ 孟宪承：《中国古代教育史资料》，380 页，北京，人民教育出版社，1961。
④ 孟宪承：《中国古代教育史资料》，380 页，北京，人民教育出版社，1961。

第三节
中国传统教育中的儿童哲学实践

　　教育实践活动作为人类最基本的社会实践活动之一，与人类其他实践活动紧密联系。与西方相比，中国文化传统中的教育实践尤其是启蒙教育，有其特点和相对的独立性，这反映在各个历史时期儿童教育的内容、方法、组织形式和各种教育设施及设备上，突出体现着中国"儿童哲学"思想的一体化特色。具体而言，学校教育体制、童蒙教材、家规家训等，支撑着儿童教育哲学的实践过程。

一、儿童教育体制的演变

　　1. 上古时期的儿童教育

　　夏商周时期，不仅可以看到在中国教育史上起着极其重要作用的历代选官考试制度的源头，而且可以看到国家学官制度的起源，那时"开始设置学校、学院并广为发展，迅速形成完备的学制，直至今日，其发展之快也是中国教育史上所罕见的"[1]。

　　单就儿童教育而言，据传在尧舜时期，王宫附近即建有两种教育机构，一种称作"上庠"，另一种称作"下庠"。"上庠"提供较高程度的教育，也称为"大学"；"下庠"是提供较低程度教育的场所，也称为"小学"。此后"大学""小学"的名称虽变（变为"东序""西序"和"右学""左学"），却延续着比较完备的高等与初等教育。尤其是周朝建立后，教育制度亦臻于完善。那时的学校，大多是为王公贵族与普通民众中的优秀子弟而设的。

　　至于儿童入学的年龄及所学内容，我们在《礼记》一书中可以窥见相关线索。《礼记》中规定了儿童入学的年龄及不同阶段所学内容有"小学"与"大学"的区别。古时大致在 8 虚岁（7 周岁）以后入"小学"，有时可能更晚。小孩子入小学只是学习写字和简单的算术等，15 虚岁甚至更大以后才入大学。如《大戴礼记·保傅》云："古者八岁而出就外舍，学小艺焉，履小节焉。束发而就大学，学大艺焉，履大节焉。"[2]

　　至于上古的教学方法，则较为简单，与其他的文明古国也很相似。道德养成和礼乐教育主要有两种方法，一是口述，二是示范练习。《礼记·内则》记载："教子弟以礼

---

　　① 郭秉文：《中国教育制度沿革史》，储朝晖译，14～15 页，北京，商务印书馆，2014。
　　② 高明：《大戴礼记今注今译》，高明注译，126 页，台北，台湾商务印书馆，1975。

乐，师作之，弟子从之。"这表明，榜样示范的教学方法受到重视，模仿是习得的有效方法之一，这应是中国儿童教育哲学思想在实践中的具体体现。

周朝后期，礼崩乐坏，中国教育亦受到大的打击，"天子失官，学在四夷"，民间的教育家开始成批涌现。孔子、孟子即是最著名的例证。孔孟生活的年代，学校虽然是存在的，却不再仅仅是由王公贵族掌管或出钱资助，很多都是由私人兴办的。由于此时学制废弛，政府对教育的束缚也较少，反而增加了思想的自由，因此我们也看到了思想家辈出的局面。更重要的是，由于诸子百家的出现，中国传统文化中新的知识体系开始形成，这为后世教育奠定了基础。

2. 汉代的儿童教育

自春秋战国到秦朝，由于焚书坑儒及法家思想的主导，周朝建立起来的学校教育制度已经名存实亡。也恰是这种对文教的戕害，一定程度上导致了秦朝二世而亡。随之继起的汉朝一改法家冷酷严苛的治理思想与体制，改弦易辙，大力推行儒学，广泛恢复各级各类学校教育制度。

在"独尊儒术"的政策指引下，汉代各类学校获得蓬勃发展，形成了较为完整的学校教育体系。以教育内容分，有以传儒家经学为主的普通教育和其他专门教育两大类；以办学途径分，可分为官学和私学两大类。官学体制中的庠、序主要针对儿童启蒙教育。而在私学中，对于"蒙学"是相当注重的。

汉代的私学大致可分两种：一是"蒙学"，相当于小学程度，儿童启蒙阶段的教育；二是"精舍"，相当于大学程度，主要进行专经教育。"蒙学"也称"书馆"，教师称为"书师"，教儿童识字、习字。"书馆"所用的字书，现在保存下来的只有史游编撰的《急就篇》，教习的内容包括姓氏、衣着、农艺、饮食、器用、音乐、生理、兵器、飞禽、走兽、医药、人事等方面的常用字，全文押韵，没有重复字，便于记诵，切合实用。

汉代教育制度的重建，不但恢复了上古儿童教育的传统，亦为后世学校教育制度的发展提供了基本建制模式与重要参考。

3. 隋唐科举制兴盛后的儿童教育

隋统一了南北，但是统一后短短 28 年就灭亡了，在教育上似乎没多少可说的。但是隋朝一方面承袭着南北朝的旧典章制度，另外又为唐朝开辟了新途径，尤其在制度方面。在隋代学制中，仍然秉承了前代的国子学、四门学，这为后来的唐朝所继承。隋朝的教育制度，最可圈可点的是官员选拔制度，自隋炀帝开始建立了"进士科"，也就是废除了之前的九品中正制，而专用考试，这是科举制度的开始。

唐代的教育事业发达，史载"鼓箧而升讲筵者，八千余人，济济洋洋焉，儒学之盛，古昔未之有也"①。唐代教育可分为官学和私学两个部分，唐前期官学高度繁荣，

---

① （五代）刘昫等：《旧唐书》，4941 页，北京，中华书局，1975。

私学处于边缘地位；安史之乱后，官学遭到了沉重打击，私学日益发展，形成了私学繁荣、官学衰微的局面。

从官学上看，唐代科举考试专门设立童子科，鼓励儿童立志从事举业，为儿童将来入仕开辟了捷径。据《新唐书·选举志上》记载："唐制，取仕之科，多用隋旧，然其大要有三。由学馆者曰生徒，由州县者曰乡贡，皆升于有司而进退之。其科之目，有秀才，有明经，有俊士，有明法，有明字，有明算，有一史，有三史，有开元礼，有道举，有童子。"①随着童子科的逐步完善及影响日渐扩大，作为举子应试教育初级阶段的儿童教育，在教育内容和教材编纂上也无疑受到了科举制度的影响。

从私学上看，私学构成了唐代童蒙教育的主要社会力量。在唐代统治者的高度关注下，唐代儿童教育得到了长足的发展。不仅有乡学、村学、家学，也有设立在山林寺院中的寺学。此外，唐代私人讲学、书院等在一定程度上也为儿童教育提供了有利的学习场所。当时不少著名的政治家、文学家或出资建校，或执教于乡学。如苗晋卿请归乡里后，出"俸钱三万为乡学本，以教授子弟"②；王栖曜天宝年间曾"游乡学"③；白居易自己也说过，他也曾当过"乡校竖儒"。此外，虽然科举考试为大量地主与平民子弟提供了晋升机会，但科举金榜题名者毕竟只是其中的少数，大量的落榜者无以为生，只好以授书为业，便成为儿童教学的主体。大量知识分子投身于儿童教育事业，为唐代的儿童教育思想的丰富和发展产生了重要作用。

唐代科举制度对学校教育的影响是多方面的。唐代科举制度设立之初，便确立了官学教育服务于科举选士的模式。科举考试的推行是为封建统治服务的，目的是选拔优秀人才进入仕途辅佐皇室政权。因此，那些经过私学接受儿童教育之后的成年人是科举制度的主要选拔对象，相比之下，官学系统的儿童教育功能则十分薄弱。由此可知，在科举制度之下，私学是唐代社会儿童接受教育的主要途径。④

此外，整体而言，在科举制的指挥棒下，经学教育在唐代得到大力发展，造就了大批儒学人才。除五经为常规科目之外，《论语》《孝经》等儒学经典也得到了广泛的推广，既是学校的学习科目，也成为童子科的考试科目，"凡童子科，十岁以下能通一经及《孝经》《论语》，卷诵文十，通者予官；通七，予出身"⑤。科举制下设的童子科，虽然科目较小、录取人数较少，地位不及进士、明经等科，但是国家对通过童子科考试的优秀儿童授官褒奖，这极大地带动了蒙学的风气，引起了社会对儿童教育的重视。童子科的设置对整个社会的教育发展水平，尤其是对当时儿童教育的发展有较大的促

①　(北宋)宋祁、欧阳修：《新唐书》，1159 页，北京，中华书局，1975。
②　(五代)刘昫等：《旧唐书》，3350 页，北京，中华书局，1975。
③　(五代)刘昫等：《旧唐书》，4068 页，北京，中华书局，1975。
④　刘海峰：《唐代的教育与选举制度》，载《文献》，1990(01)。
⑤　(北宋)宋祁、欧阳修：《新唐书》，1162 页，北京，中华书局，1975。

进作用。

4. 宋代的儿童教育

宋代实行尊孔崇儒的政策，在教育、科举考试中不断强化经学的地位。科举制度在唐代以诗赋取士为重，宋初因袭唐制。但到宋太宗时，就强调科举取士"须通经义，遵周孔之礼"，并诏令国子监刻印唐代孔颖达《五经正义》，颁行天下。宋真宗在咸平二年(999年)，诏令国子监祭酒邢昺等校定《周礼注疏》《仪礼注疏》《公羊传注疏》《谷梁传注疏》《孝经注疏》《论语注疏》《尔雅注疏》，加上孙奭的《孟子注疏》，合唐人经注(《周易正义》《尚书正义》《毛诗正义》《左传正义》)，为"宋本十三经注疏"，颁行天下。后又诏令州县学校及聚徒讲诵之所并赐"九经"。经学教育的加强，使得崇儒重教之风更广泛地渗透到了社会生活的各个角落。

宋代官学除了承袭唐代基本教育制度外，还发展出自己的一些特色，如中央官学设有若干专门学校，主要有律学、算学、书学、画学、医学、武学，分别由国子监和各职能部门统辖。书院教育，是宋元明时期最具特色的教育组织形式。"书院"一词，最早出现于唐代。不过，那时的书院主要还只是编书、藏书以及读书的场所。作为具有一定规模的教育场所的书院，是到宋代才出现的。当时，刚刚经历五代十国战乱，文化教育亟待振兴，一些思想家也需要自己的宣传阵地，以私人讲学为核心的书院教育，就顺应这种时代需要而出现了。宋代书院教育，以其官私结合的教育体制以及完善的教育组织形式，呈现出与之前私学大不相同的面貌。不仅如此，书院教育与宋代官学之间也有较大区别。虽然书院也选用儒家经典作为教材，但它更侧重于引导生徒修养品性、增长才识，而不是为了适应科举。

在教育方式上，除了新形式的书院的诞生外，宋以前的私立家塾、乡校、村学等蒙学教育，都已有相当的发展。进入宋以后，逐渐形成了学校、家庭和社会教育共同组建的较为完整的教育体系。而且由于宋代教育有意打破阶级的限制，也相应出现了义学等新型教育模式，为下层社会的儿童提供了更多的受教机会，成为童蒙教育的重要组成部分。除学校教育外，童蒙教育还常通过家庭教育来实现，如家训、族训、族规在利用宗法关系团结族人的同时，对家族中的子弟有很大的教育作用。此外，"宗约""义约"和讲史等社会教化的载体也可看作童蒙教育的方式。

二、儿童识字与伦理教育

著名教育史家李弘祺在《中国传统教育的特色与反思》一文中指出，中国教育的一个重要特质就是不强调口头的考试，而多采用笔试。这个特质表现于科举制度里，最为清楚。中国教育的这一特色，突出表现为对识字教育的重视。因此，传统的识字启蒙教育是中国"儿童哲学"思想的重要实践载体，也隐含着对中国传统道德伦理的传达。

1.《尔雅》与识字教育

在中国文化传统中，汉字识字教育的观念萌生很早，先秦的"六艺"中有一种才能——"书"，与识字有关。古籍《尔雅》是专门协助儿童识字与阅读的字典，亦可视为最早的儿童识字教材。《尔雅》成书于战国与两汉之间。《尔雅》被称为辞书之祖，书中收集了比较丰富的古汉语词汇。它不仅是辞书之祖，还是典籍——经，是"十三经"的一种，是中国传统文化的核心组成部分。[①]《尔雅》全书收词语 4300 多个，分为 2091 个条目；本有 20 篇，现存 19 篇。它大约是秦汉间的学者缀辑先秦各地的诸书旧文，递相增益而成的。这些条目按类别分为"释诂""释言""释训""释亲""释宫""释器""释乐（yuè）""释天""释地""释丘""释山""释水""释草""释木""释虫""释鱼""释鸟""释兽""释畜"等 19 篇。这些类别，除了包含基本汉字的字义词义解释之外，也包含了天文、地理、人事、动物、植物、器物等文化常识。尽管用今天的标准来看，《尔雅》的知识容量相当有限，但是在古代已经非常可观了。所以亦可说，《尔雅》是中国古代的百科全书。

《尔雅》作为中国古代教育的经典之一，反映了早期中国识字教育的基本观念就是教导学童认识汉字。除此之外，与《尔雅》相类似的典籍都被归入"小学"。在中国古代，"小学"往往包含三种意义：实体的学校、字词和名称的认识与了解、道德培养的启蒙教材。三种意义共同构成了传统中国对基础教育的理解。作为启蒙教材之义开始使用，在汉代即开始了。班固在其著名的《汉书·艺文志》对书籍的分类中即把"小学"单列，意指初级教科书。从此之后，"小学"初级教材的目的就是教导认字。一直到宋代，朱熹为"小学"一词赋予新的意义，增加了道德训练的内容，对此后中国儿童教学带来深远影响。

2.《急就篇》与识字教育

《急就篇》是西汉史游所撰的字书，主要是教学童识字、增长知识、开阔眼界的，在古代常被用作识字课本和常识课本。全书为三言、四言、七言韵语。三言、四言隔句押韵，七言则每句押韵，以便诵习。篇中分章叙述各种名物，如姓氏人名、锦绣、饮食、衣服、臣民、器物、虫鱼、服饰、音乐，以及宫室、植物、动物、疾病、药品、官职、法律、地理等，不仅为识字而设，还传布知识，以应实际需要。这部著作在唐初成了最重要的启蒙教材，并且吸引了许多著名文人的注意，包括崔浩、颜之推、颜师古等。这部著作留存至今，由于其内容的平衡与构思的巧妙，仍然足以深深吸引读者。

急就奇觚与众异，罗列诸物名姓字。分别部居不杂厕，用日约少诚快意。勉

---

① 李学勤：《重写学术史》，304 页，石家庄，河北教育出版社，2002。

力务之必有喜。请道其章：宋延年、郑子方、卫益寿、史步昌……姓名迮，请言物：锦绣缦旄离云爵，乘风悬钟华洞乐。豹首落莫兔双鹤，春草鸡翘凫翁濯……

《急就篇》由于实用性强，容纳的知识量多，作识字课本兼常识课本，可收事半功倍之效。正因为如此，它一经出现，在很短的时间内就受到了热烈的欢迎，从深宫到边疆，从贵戚到工匠，都采用它作为启蒙学习的教材。顾炎武说："汉魏以后，童子皆读史游《急就篇》。晋夏侯湛抵疑乡曲之徒，一介之士，曾讽急就，习甲子。《魏书》崔浩表言太宗即位元年敕臣解《急就章》，刘芳撰《急就篇续注》《音义证》三卷。"可见《急就篇》对后世影响之深远。

以今日眼光来看，《急就篇》搜集的文字极为广泛，如果当时的儿童必须先背诵这样一部作品，才能阅读书籍，的确不是一件轻松容易的事。但这种强调先认字并且要懂得其含义的观点，成为后世许多启蒙教材的编纂原则。

3.《千字文》《百家姓》《三字经》与识字教育

最为今日中国人所熟知的传统启蒙教材，非《千字文》《百家姓》《三字经》莫属。原因之一是古代书法作品广为流布，有关《千字文》的各种版本不计其数；原因之二是《三字经》《百家姓》成为今天国学复兴浪潮中新教育的一个焦点，很多学校及社会各方重拾古人的启蒙教材，希冀让今天的孩子也能领会古人识字做人的道理。

按照历史时序，魏晋南北朝以后广为流传的启蒙教材《千字文》，作者是南朝梁的周兴嗣。据说他奉命编写一本启蒙教材，一夜写就，满头黑发也一夜之间全部变白。他写出来的这部作品不仅性质独特，在此后一千多年深受尊崇，并且影响到朝鲜和日本的汉文教育。

以下是《千字文》中的一段：

天地玄黄，宇宙洪荒。

日月盈昃，辰宿列张。

寒来暑往，秋收冬藏。

闰余成岁，律吕调阳。

云腾致雨，露结为霜。

金生丽水，玉出昆冈。

剑号巨阙，珠称夜光。

果珍李柰，菜重芥姜。

海咸河淡，鳞潜羽翔。

……

《千字文》最引人注目也最独特的特征，就是全篇皆以四言句构成，几乎不重复用字。由于全篇皆押韵，儿童也就很容易背诵这 250 个句子。与之前的启蒙教材相比，《千字文》里的道德教诲已逐渐增多，但主要目的仍是教导学生学习基本字词，早期中国传统教育趋向功能与务实的做法，体现了编纂者的主要意图。

唐宋时期是中国历史与社会的一个重要转变期。门阀士族的衰亡对中国教育产生了深远的影响，自然也影响了识字教育的方向与发展。此时，出现了广为使用的一本启蒙教材——《百家姓》，也充分反映了这一时期社会历史的深刻变化。

《百家姓》是一部关于中文姓氏的作品。按文献记载，成文于北宋初。原收集姓氏411 个，后增补到 504 个，其中单姓 444 个，复姓 60 个。这部童蒙教材把"赵钱孙李"作为前四姓，是因为百家姓形成于宋朝，故而宋朝皇帝赵氏、吴越国国王钱氏、正妃孙氏以及南唐国主李氏成为百家姓前四位。由此也可看出中国南方在宋代政治与文化中越来越重要的地位。

《百家姓》采用四言体例，对姓氏进行了排列，而且句句押韵，虽然它的内容没有文理，但在中国姓氏文化的传承、中国文字的认识等方面都起了巨大作用，这也是它能够流传千百年的一个重要因素。但需要指出的是，《百家姓》作为宋代早期的童蒙教材，也还没有对儿童和童年产生新的认知，即没有把童年视为人格发展的一个特定阶段，这种认知在朱熹之后，日渐成为一种清晰的儿童教育理念。

《三字经》在宋代成为最著名的启蒙教材，也是中国历史上最普及且最有影响力的启蒙教材之一。《三字经》的取材包括中国传统文化的文学、历史、哲学、天文、地理、人伦义理等，核心思想包括了"仁、义、诚、敬、孝"。背诵《三字经》的同时，就了解了常识、传统国学及历史故事，以及故事内涵中的做人做事道理。在格式上，三字一句朗朗上口，因其文通俗、顺口、易记等特点，使其与《百家姓》《千字文》并称为中国传统蒙学三大读物，合称"三百千"。从教育史的意义上说，从《三字经》开始，中国传统儿童教育的重点发生了一个深刻变化，即由传承事物的简单知识向伦理教育的转变。我们可以看到《三字经》"人之初，性本善。性相近，习相远。苟不教，性乃迁……"的主题是强调教育的重要性，以及人人所具有的相同的天生善性，对于教育在人生中的优先地位给予方方面面的概括与总结。这种从知识中获得教训的新理念，成为此后中国儿童教育的主流认知和趋向。

明代之后，《千字文》《百家姓》《三字经》已成为流传最广的教材，历数百年而不衰。这三部著作甚至还被翻译成汉语以外的语言。近代鸦片战争之后，《千字文》甚至成为英国外交官学习汉语的教材，同期的外国传教士也模仿《千字文》，撰写了很多阐述基督教教义的作品，这些事例在一定程度上反映了中国童蒙教材的广泛影响。可以说，至宋代中国启蒙教材的编纂达到高峰，而上述三部教材无疑在"小学"中有无可争议的主体地位。此后，虽然还有其他著作陆续出现，但除了另一类用于教导诗文的启蒙教材《千家诗》之外，大多数都是对这三部教材的增补。我们可以说中国启蒙教材与基础教科书的发展到了 13 世纪已经臻于成熟。这也为我们了解和认识中国传统儿童哲学的教育实践活动提供了最典型的范本。

4. 古代家训中的儿童教育

家风家训，是中国古代传统文化的表现形式之一，也是家庭教育的核心部分。家训在自然经济和儒家文化的主导下形成了与其他文化有别的传统文化，人们世代流传下来，并通过文字的方式传给世人。家训在中国古代文化中占据不可小觑的历史地位。在中国的传统美德中，家风家训对其具有总结性和发展性，是对传统美德的继承和发展，是传统美德的结晶。

作为传统社会家庭教育的典范教材，《颜氏家训》约在公元 6 世纪末成书，是颜之推记述个人经历、思想、学识以告诫子孙的著作，共有七卷，二十篇。

《颜氏家训》对后世有重要影响，特别是宋代以后，影响更大。宋代朱熹之《小学》，清代陈宏谋之《养正遗规》，都曾取材于《颜氏家训》。不唯朱陈二人，唐代以后出现的数十种家训，莫不直接或间接地受到《颜氏家训》的影响，所以，王三聘说"古今家训，以此为祖"。

综括《颜氏家训》所含儿童哲学思想，可以总结为以下几点。第一，尊重早教的价值。颜之推认为，童年期的人具有极大的可塑性和发展潜能，在童年阶段人的心智、情感、兴趣等尚未定型，因此教育者可以利用这一不可逆的过程，有目的、有意识地对儿童进行引导和教育。他根据"少成若天性，习惯成自然"的观点，提出"教妇初来，教儿婴孩"的著名论断。认为儿童的身心发展具有迅速性、可塑性、不可逆性等特点，因此坚决主张及早施教。并且以此为前提，他还提出"当及婴稚，识人颜色，知人喜怒，便加教诲，使为则为，使止则止"[①]的主张。第二，把读书做人作为家训的核心。他认为无论年龄大小，都应该读书学习，"幼而学者，如日出之光；老而学者，如秉烛夜行，犹贤乎瞑目而无见者也"[②]。第三，注重榜样示范的作用。颜之推生活的年代，一些人教孩子学鲜卑语、弹琵琶，希冀通过服侍鲜卑公卿来获取富贵。颜之推对此非常不屑，认为这样会迷失人生方向，即使能到卿相之位，亦不可为之。他要求子女"慕贤"，将大贤大德之人作为自己的人生偶像，并且"心醉魂迷"地向慕与仿效他们，在他们的影响下成长。第四，重视道德教育与情感教育。在《颜氏家训》中反复提到关于儿童道德教育需要及早进行，儿童天性纯良，未经外界干扰，有赤子之心，应以此为契机，利用生活场景和活动，对幼儿的各种礼仪行为及道德认知进行引导和教育，如在

---

① （南北朝）颜之推撰：《颜氏家训》，颜敏翔点校，5 页，上海，上海古籍出版社，2017。
② （南北朝）颜之推撰：《颜氏家训》，颜敏翔点校，73 页，上海，上海古籍出版社，2017。

该书中提出"生子咳噗"即须"明孝仁礼义，导习之矣"①。还有"习若自然，卒难洗荡"②，"至有识知，谓法当尔。骄慢已习，方复制之，捶挞至死无威，忿怒日隆而增怨，逮于成长，终为败德"③，都是对此进行的较为详细的阐述。此外，颜之推还指出："吾家风教，素为整密。昔在龆龀，便蒙诲诱；每从两兄，晓夕温清。规行矩步，安辞定色，锵锵翼翼，若朝严君焉。赐以优言，问所好尚，励短引长，莫不恳笃。"④这是在利用家庭伦理、父子之情、兄弟之义等内容，确立家庭教育的各项准则，对于儿童的情感和道德教育方法加以论述。他主张家长要成为子女的楷模："夫风化者，自上而行于下者也，自先而施于后者也。是以父不慈则子不孝，兄不友则弟不恭，夫不义则妇不顺矣。"⑤要在践行"箕帚匕箸，咳唾唯诺，执烛沃盥"⑥等细小的生活礼仪中树立"士大夫风操"。持家要"去奢""行俭""不吝"。此外，他还在婚姻、为官、修身等问题上，系统阐述了儒家君子教育的典范性。

总之，《颜氏家训》堪称"众家训之母"，它总结了当时的潮流，把童年视为人生的一个独立阶段，家族教育于是发展成中国教育史不可或缺的一部分。

小　结

　　回顾历史，我们可以看到，中国自古就有重视教育的优良传统和丰富经验，有宝贵的教育理论和教育实践经验，有充实和多彩的教育资源，历朝历代也比较注重教育的改革和创新，为后世积累了无数教育传播的知识与智慧。最宝贵的是，我们的教育传统向来主张尊重儿童的独立、自主和完整。因此，我们今天探索儿童教育发展的新命题，一方面要善待我们的优良传统，在传统文化教育中吸取有益的资源与营养；另一方面也不能舍弃对国外优秀教育理论与成果的借鉴，最重要的是我们需要加强对文化转型的自主能力，从而在多元文化世界里确立自己的位置，经过自己的适应向其他文化取长补短，从而发展出中国本土化的儿童哲学，继而构建起适合儿童、适应当代、面向世界的当代儿童教育，这才是这个时代需要面对的真实命题。

① （南北朝）颜之推撰：《颜氏家训》，颜敏翔点校，5页，上海，上海古籍出版社，2017。
② （南北朝）颜之推撰：《颜氏家训》，颜敏翔点校，2页，上海，上海古籍出版社，2017。
③ （南北朝）颜之推撰：《颜氏家训》，颜敏翔点校，5页，上海，上海古籍出版社，2017。
④ （南北朝）颜之推撰：《颜氏家训》，颜敏翔点校，2页，上海，上海古籍出版社，2017。
⑤ （南北朝）颜之推撰：《颜氏家训》，颜敏翔点校，20页，上海，上海古籍出版社，2017。
⑥ （南北朝）颜之推撰：《颜氏家训》，颜敏翔点校，28页，上海，上海古籍出版社，2017。

章后思考

一、论述题

1. 先秦时期的"儿童哲学"思想有哪些主张？

2. 韩愈、朱熹、王阳明等的"儿童哲学"思想对建构中国儿童哲学有什么贡献？

3.《颜氏家训》对当前我国儿童教育观念的影响是怎样的？

拓展阅读

1. 王占魁."爱智"抑或"爱人"——论中国儿童哲学课程的价值与未来[J].教育发展研究，2020，40(22)：11-20.

2. 高振宇. 儿童哲学的中国化：问题与路径[J]. 全球教育展望，2009，38(08)：25-29.

3. 刘晓东. 论儿童的哲学与儿童哲学课[J]. 苏州大学学报(教育科学版)，2019，7(03)：51-59.

4. 高振宇. 中国儿童哲学研究三十年：回顾与展望[J]. 教育发展研究，2019，39(Z2)：70-79.

5. 颜之推. 颜氏家训[M]. 颜敏翔点校. 上海：上海古籍出版社，2017.

6. 钱文忠. 钱文忠解读《三字经》[M]. 北京：中国民主法制出版社，2009.

国际视野下的代表性儿童哲学学说
- 儿童哲学之父——马修·李普曼
- 加雷斯·马修斯与儿童的对话
- 夏威夷小 p 儿童哲学
- 英国儿童哲学的课程发展及启示
- 其他国家儿童哲学的现状

国际视野下的儿童哲学

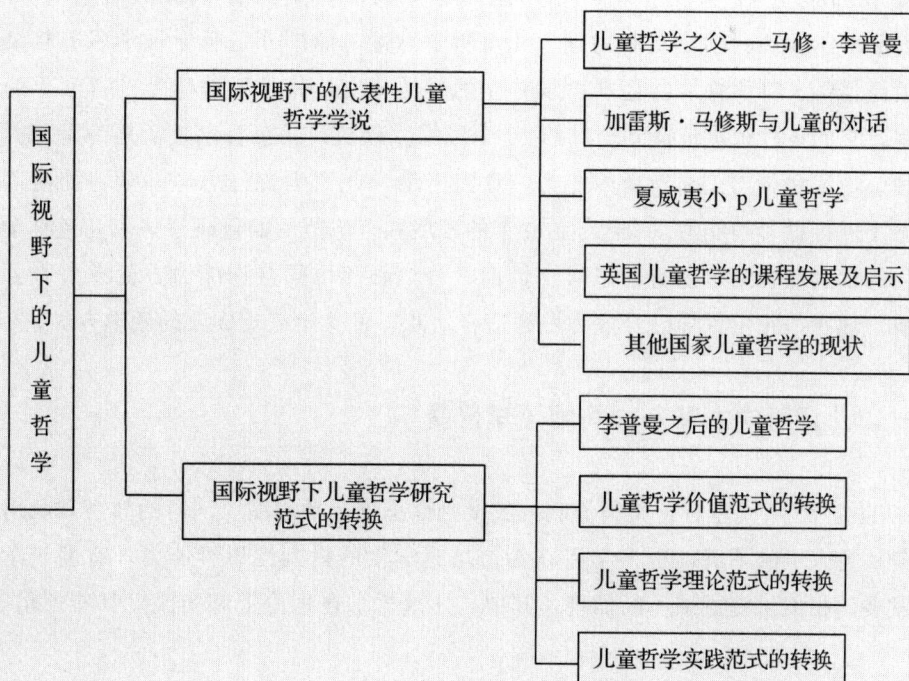

国际视野下儿童哲学研究范式的转换
- 李普曼之后的儿童哲学
- 儿童哲学价值范式的转换
- 儿童哲学理论范式的转换
- 儿童哲学实践范式的转换

儿童哲学由美国的马修·李普曼发起，美国哲学家加雷斯·马修斯不断发展和完善儿童哲学理论，学术界逐渐开始接纳儿童哲学，并将其作为哲学的分支，学科地位也随之上升，对此进行研究的国家也越来越多。儿童哲学教学最初是为了培养学生推理、论证和做出正确判断的能力及独立思考的能力，随着儿童哲学的不断发展，现今儿童哲学教学已经成为一种适合幼儿、青少年以及成人的教学方式。

第一节
国际视野下的代表性儿童哲学学说

儿童哲学，英文称为 philosophy for children，简称 P4C，由马修·李普曼（Matthew Lipman）于 20 世纪 70 年代发起。80 年代起，美国哲学家加雷斯·马修斯（Gareth B. Matthews）丰富和完善了儿童哲学理论，随即儿童哲学被学术界接纳，作为与道德哲学、科学哲学、艺术哲学并立的哲学分支，其学科地位受到哲学界的承认和重视，它的各种版本传播到全球约 60 个国家。起初，儿童哲学教学是为了培养学生的推理、论证和做出正确判断的能力，致力于培养儿童为自己思考并学习如何以负责任的态度进行思考的能力。①随着近 50 年的发展和全球范围的科研评估，儿童哲学在提高学生的批判性思维、创造性思维、情商、自信心和协同合作能力方面有着十分明显的优势。现在，儿童哲学已经成为一种适合幼儿、青少年以及成人的教学方式。②

一、儿童哲学之父——马修·李普曼

20 世纪 70 年代左右，美国涌起一股批判性思维运动思潮，当时的教育现状引起了大部分社会人士的不满，很多学者认为，培养学生的批判性思维能力，有助于学生的综合发展。相关研究成果不断涌现，其中，儿童哲学在理论上和实践上都有不俗表现。

---

① Lipman M，*Philosophy Goes to School*，Philadelphia：Temple University Press，1988，p. 5.
② Goering S，Shudak N J，Wartenberg T E，*Philosophy in Schools：An Introduction for Philosophers and Teachers*，New York：Routledge，2013，p. 4.

1969 年，马修·李普曼创作了哲学小说《聪聪的发现》①，1974 年再版，同年"儿童哲学促进协会"（Institute for the Advancement of Philosophy for Children，IAPC）成立，宣告了儿童哲学的诞生。

在"儿童哲学"（Philosophy for Children）之前，李普曼在 20 世纪 70 年代召开的美国哲学年会上首先提出"童年哲学"（Philosophy of Childhood）的概念。他建议哲学研究者应当将童年哲学视为与科学哲学、历史哲学等一样独立的学术领域，以童年及相关问题作为核心研究对象。② 1988 年，李普曼又在《哲学步入学校》（*Philosophy Goes to School*）中进一步阐述了童年哲学的内涵。李普曼指出，童年是人类行为及其经验的重要维度，但它常常处于被遗忘或轻视的地位，因为学者总以为哲学（成人）的经验与童年是不兼容的，而童年哲学的建立则旨在消除哲学（成人）与儿童之间的敌对、压迫与罪疚，邀请双方共享人类多元的经验。为此，李普曼主张童年哲学应至少回答以下四类问题：一是儿童是否有逻辑推理的权利？二是儿童是否能参与到伦理探究之中，以对成人的道德教化作出有意义的改造？三是儿童在共同体中所扮演的角色会对社会哲学作出何种贡献？四是是否应将儿童视为"个体"，理解童年对理解成年有何意义？③

李普曼所提出的四类问题为童年哲学的研究指出了最初的方向，并在此基础上构建出一套可供儿童学习的学校课程，即我们所熟知的"儿童哲学"（Philosophy for Children），从而对哲学进行了实用主义式的改造。"儿童哲学"课程有四个特点，均建立在对杜威思想的继承和发展基础之上：其一是将儿童在批判、创造、关怀和合作方面的思维发展作为学校教育的核心目标；其二是将哲学视为儿童思维训练的中介，并关注儿童的哲学思考过程及其精彩观念；其三是强调哲学探究是儿童不断分享和改造自身经验的过程，它必须在共同体的氛围下，经由对话和讨论的形式才能开花结果；其四是以小说的形式，将哲学学科内在的逻辑习性及其引发的好奇、质疑等态度以吸引儿童兴趣的方式呈现。

李普曼批判了教育实践中存在的问题，尝试通过哲学培养儿童理智性思考能力，重构学校教育。④其代表性思想如下。

（一）批判学校教育实践，希望以儿童哲学重构学校教育实践

以李普曼为代表的价值范式的核心体现是：在对教育实践的哲学批判与反思基础上，通过设置儿童哲学课程，培养儿童理智性思考能力，实现对学校教育的重构。李

---

① 《聪聪的发现》，英文名为 Harry Scottlemeier's Discovery，李普曼于 1969 年创作了这本儿童哲学小说。

② ［美］马修斯：《童年哲学》，刘晓东译，前言 9 页，北京，生活·读书·新知三联书店，2015。

③ Lipman M，*Philosophy Goes to School*，Philadelphia：Temple University Press，1988，pp. 191-192.

④ Lipman M，*Thinking in Education*（*Second Edition*），Cambridge：Cambridge University Press，2003，p. 25.

普曼生活的时代，美国教育改革强调批判思维培养，在此背景下，他批判学校教育没有培养出儿童的反思能力。1994 年，他撰写了《基础教育的孩子需要哲学吗?》("Do elementary school children need philosophy?")，文章批判了学校教育中学科教学的不足之处，例如学校教育没有区分更多的思考和更好的思考，许多方法被当成各种思考激发的刺激进入课程中，却无法提供改善思考质量的策略；学校教育中一些看似改善学生思考技巧的方法，实际上是在教学生怎么获得更好的分数。① 2003 年，李普曼在《教育中的思考》(Thinking in Education)一书中，列举了当时人们对教育的错误看法："教育是由知识的传递构成的，知识从知道的人向不知道的人进行传递"；"知识是关于世界的，关于世界的知识是确定的，不模糊的，没有秘密的"②。李普曼主张，"教育是教师与探究共同体共同参与的过程，目标是获得理解和好的判断"，"当知识被揭露出来，向学生展示出它们是不确定的、模棱两可的、神秘的时候，学生需要被激发去思考世界"③。李普曼强调，哲学教育能改善思考，只有哲学教育才能弥补学校教育的不足。他向儿童提出诸如"普通的房子和漂亮的房子之间有什么区别""你能提供一个反例吗""我相信、我认为、我感觉、我宣布之间有什么区别"等问题，关注对儿童反思能力、逻辑能力的培养。他认为，哲学教育使人们学会使用概念，发现问题，进行推理、判断和元思考，是教育改造与重申设计的必然道路。李普曼以"诊断问题—提出药方"的方式指出学校教育实践的不足，提出儿童哲学是解决学校教育问题的良药。

哲学是理性的学问，儿童理性能力尚弱，是否具有讨论哲学的能力？这是儿童哲学在价值范式上需要解决的前提性问题。对此，1988 年，李普曼在《哲学走进学校》(Philosophy Goes to School)的结语部分表达了其儿童观。李普曼认为，不一定每个儿童都是哲学家，但每一个哲学家都曾经是儿童，哲学与儿童并非不可兼容。他从解决问题的角度提出，如果否认儿童的理性能力，不让儿童进行伦理的和社会的探究，不把儿童当成一个人，那么成人社会的冷漠、不负责任、平庸就会延续。④另外，李普曼批判了心理学上的发展理论。李普曼认为，发展理论有两个错误：一是经常假设童年是成年的预备，把手段当成目的，或者让不完满的状态向完满的状态转变；二是发展理论的支持者总是选择那些他们强化的标准而忽视其他的标准。也许这些标准在自然科学中是恰当的，但在人文领域不存在线性的标准。孩子们进行的伦理探究、社会探

---

① Lipman M, "Do elementary school children need philosophy?", in Reed R F, Johnson T W, *Philosophical Documents in Education* (*Second Education*), New York: Longman, 2000, pp. 207-208.

② Lipman M, *Thinking in Education* (*Second Edition*), Cambridge: Cambridge University Press, 2003, p. 25.

③ Lipman M, *Thinking in Education* (*Second Edition*), Cambridge: Cambridge University Press, 2003, p. 25.

④ Lipman M, *Philosophy Goes to School*, Philadelphia: Temple University Press, 1988, pp. 191-198.

究、认识论探究和美学探究都是哲学的一部分，不是科学的教育编程。①

李普曼把理智性思考能力改善作为儿童哲学的目的，被认为是把哲学当成知识传授给儿童，属于"哲学教学"模式。

(二)将儿童哲学建立在实用主义哲学、语言哲学基础上

在"知识从哪里来"这个问题上，李普曼选择了实用主义路线。他认为，儿童哲学以加强沟通与合作的方式消除不平等的权利关系，服务于社会建设。他指出，"批判性思考改善理性能力……批判性思考是必要的手段"②。李普曼把理智性思考能力建立在实用主义哲学基础之上，并赋予皮尔士(C. S. Pierce)"探究共同体"概念以教化意义。他认为，自从皮尔士以来，所有的短语都可以被拓展为任何种类的探究，无论是科学的还是非科学的，如此，教室可以被转换为探究共同体，在共同体中，学生带着尊重倾听彼此，在彼此的观点基础上思考，在其他未经证实的观点中挑战彼此，帮助彼此从已经被表达的观念中进行推理，寻求彼此假设的认同。③同时，他也支持杜威(J. Dewey)强调的探究性思维，提出"教育即探究"，强调教育并不是让学生学会结论而是让学生进行调查和探究。"就像科学家应用科学方法进行问题情境的探究一样，学生也应做同样的事情。"④杜威的探究性思维为儿童提供了解决问题的工具。在没有儿童哲学的时候，儿童解决的是经验世界里的问题，回答的是有答案的问题；当儿童面临不确定的生活状态和面对经验世界中的不确定性时，儿童哲学帮助他们探究生活中那些非经验性的困惑。李普曼认为，涂尔干、古德曼等教育者从社会学、逻辑学出发，号召教育中的新学科、新标准和新规范，这些都为反思模式带来了新信息。⑤在李普曼看来，仅仅是成年人与儿童的对话不能发展儿童的思维，而恰恰是儿童同伴间的对话才能激发儿童真正的思考。儿童哲学作为一种语言项目，也受到维果茨基、皮亚杰、米德(G. H. Mead)、维特根斯坦(L. Wittgenstein)等人的影响。这些哲学家把语言与思维密切地联系起来，认为语言是思维的外显，思维是语言的内隐，儿童哲学以语言为媒介，通过同伴互动实现思维的发展。

---

① Lipman M，*Thinking in Education*，New York：Cambridge University Press，1991，p. 194.

② Lipman M，*Thinking in Education*，New York：Cambridge University Press，1991，p. 194

③ Lipman M，*Thinking in Education*(*Second Edition*)，New York：Cambridge University Press，2003，p. 25.

④ Lipman M，*Thinking in Education*(*Second Edition*)，New York：Cambridge University Press，2003，p. 25

⑤ Lipman M，"Brave old subject，brave new world"，in Naji S，Hashim R，*History，Theory and Practice of Philosophy for Children*，New York：Routledge，2017，p. 13.

(三)力图通过独立设置儿童哲学课程来重构学校教育实践

李普曼更多地从教育学的角度，在对现实教育批判的基础上思考儿童哲学问题。他提出，儿童哲学代表一种努力，促使其承担作为教育的功能。它成为教育，把哲学带入孩子的内心，满足孩子对意义探寻的需要。[①]李普曼提出"受过充分教育的人"这一主张，即受过教育的人会进行理智性的思考，而儿童哲学就是利用哲学的理智性特点培养儿童的思考力。[②]他批判教育的"部落模式"让儿童去占有文化的做法，主张教育的"反思模式"让文化服务于儿童的反思品质。在儿童哲学实践中，哲学作为资源和手段存在，其目的在教育。与儿童进行哲学问题的讨论并不致力于将儿童培养成哲学家，而是服务于儿童理智性思考能力的养成，提供给他们更有价值的学习经验。为此，他提出了独立设置儿童哲学课程的实践范式以及践行的基本模式。2003年，李普曼和助手夏普提出了五步骤模式：第一步，文本的提供，帮助学生进入要讨论的哲学故事中；第二步，日程表的构建，学生就讨论的问题做一个日程表；第三步，加强交流，学生们讨论哲学问题直到达成一致或者转移到另一个话题；第四步，使用练习和讨论计划，加深和拓展学生的探究；第五步，鼓励进一步回应，包括自我评估、个人哲学反思等。[③]在这一模式中，李普曼提供了配套的哲学小说故事和教师指导手册。他认为，传统教育模式是以教师的"教"为核心的，提供给学生的是分化的知识。在分科教学方式下，把各个学科的知识连接起来的期望无法在教师身上实现。借助哲学资源，通过与儿童讨论哲学问题的方式，才能把各个学科联系起来实现深度学习。[④]因此，李普曼主张独立地设置儿童哲学课程。

李普曼身体力行、着力宣传、积极推动基础教育的儿童哲学实践。李普曼批判当时学校教育实践的诸多问题，倡导教授儿童以哲学，主张在学校设置儿童哲学这一科目，希望基础教育阶段的儿童能通过学习哲学实现理智性思考能力的提升。在李普曼的影响下，许多儿童哲学课程得以开发，许多师资培训材料得以出版，更多的研究者走进学校，开展儿童哲学的研究与实践。[⑤]

① Lipman M，"The institute for the advancement of philosophy for children（IAPC）program"，in Naji S，Hashim R，*History，Theory and Practice of Philosophy for Children*，New York：Routledge，2017，p. 4.

② Lipman M，*Philosophy Goes to School*，Philadelphia：Temple University Press，1988，pp. 191-198.

③ Gregory M，"Precollege philosophy education，What can it be? The IAPC model"，in Goering S，Shudak N，Wartenberg T，*Philosophy in Schools：An Introduction for Philosophers and Teachers*，New York：Routledge，2013，p. 72.

④ ［美］李普曼：《教室里的哲学》，张爱琳、张爱维编译，31页，太原，山西教育出版社，1997。

⑤ Vansieleghem N，Kennedy D，*Philosophy for Children in Transition：Problems and Prospects*，Chicester：John Wiley and Sons Ltd，2012，p. Ⅸ.

二、加雷斯·马修斯与儿童的对话

加雷斯·马修斯（Gareth B. Matthews）是美国著名的哲学家，在儿童哲学领域是有着世界影响力的先驱者，与"儿童哲学之父"李普曼齐名。马修斯著有儿童哲学三部曲——《哲学与幼童》(1980)、《与儿童的对话》(1984)、《童年哲学》(1994)。马修斯在儿童哲学的思想论证、写作和教学方面都有自己独特的看法，为儿童哲学的学科建设作出了重要的贡献。

（一）马修斯儿童哲学思想的产生

马修斯与"儿童哲学"之缘始于 1963 年自家发生的跳蚤事件。故事的主角是他的大女儿莎拉，她通过"猫生跳蚤"这一现象提出"第一跳蚤"的论证，她指出一定是有只猫身上生了跳蚤，跳蚤跳到自家猫身上了，她疑问：跳蚤总不会无限循环地从一只猫身上蹦到另一只猫身上吧？跳蚤事件让马修斯开始意识到儿童与哲学似乎存在某种关联，儿童的哲学评论往往具有新鲜感和创造性，即使最具有想象力的成年人也难以匹配，或许儿童也可以自然地进行哲学思考。

1969 年，马修斯开始在马萨诸塞大学教授哲学。马萨诸塞大学经常发生罢课、炸弹威胁和游行等学生动乱。动荡不安让一些学生开始怀疑哲学是"权势集团"将他们的注意力从越南战争转移出来的一个阴谋，许多大学生认为学习哲学毫无实际作用，更不认为人类可以自发地进行哲学活动。这种想法让教授哲学课的马修斯既伤心又难以回应，学生们的怀疑让马修斯的哲学探索步履维艰。

正是因为学生对哲学的无知甚至误解致使他们与哲学产生深厚的隔阂，因此马修斯想通过"儿童哲学"的研究来消除这种隔阂，找到使大学生重新认识哲学的方法，向他们证明他们当中许多人在孩童的时候就可以运用哲学，进行哲学思考是他们童年的一部分。马修斯对于儿童哲学的研究不断深入，他从许多儿童文学作品中发现了强烈的哲学气息，这让他坚定了儿童与哲学之间确实存在某种程度关联的看法。于是，他写了一篇关于哲学与儿童文学的论文并被美国哲学学会录用。会议上，马修斯向与会的哲学家分享了这篇论文，论文得到大家的广泛认可和好评。他的研究信心得到了极大的鼓舞，开始兴致勃勃地研究儿童哲学，于 1980 年完成了《哲学与幼童》一书。

在《哲学与幼童》这部著作中，马修斯认为，儿童哲学可以帮助儿童表达自己的哲学智慧，表述自己的哲学困惑和哲学观念，从而对世界进行理性的重建。

（二）马修斯的儿童哲学教学实践

通过在美国内外不同的学校里对儿童哲学进行实践研究，马修斯摸索出一个儿童哲学教学方法，即编写故事开头法。1981 年，马修斯在波士顿给 20 多名小学教师讲授"哲学与幼童"，课堂上死气沉沉，没有马修斯所期待的激烈的讨论和火花四溅的思想碰撞，事实证明编写故事开头法对于成人学生学习哲学并不适用。1982 年 10 月至 1983 年 6 月，马修斯在苏格兰爱丁堡的圣玛丽音乐学校给一群 8 周岁到 11 周岁的儿童上哲学课并将他的编写故事开头法付诸实践，研究进展颇为顺利。此后，他将这一学年与他们进行哲学探索的点点滴滴以及对此所作的评论整理出来编写成第二部儿童哲学著作——《与儿童的对话》。

马修斯儿童哲学提倡的对话体现了苏格拉底的对谈教育思想，他把这个对话看作哲学对话。哲学对话是具有结构性的"谈话"，是有主题性和组织性的，是经过深思熟虑并赋予教育意义的。在哲学对话的过程中，成人与儿童、儿童与儿童之间的关系是一种彼此尊重、相互信任的双向的"我—你"关系，在这个关系中，彼此平等相待，相互理解。马修斯认为哲学对话的产生是有一定条件的，他从一定的理解力、将儿童看作对话伙伴、对话以儿童为主导几个方面来解析成人与儿童进行哲学对话时需要具备的条件。马修斯经常用续写故事的方法来激发与儿童的对话，因为在实践中，他发现儿童可独立思考由故事引出来的问题，而且会得出多样化的答案。在马修斯看来，成人如果能够转换与儿童对话的方式，用一颗平等的心，信任关心照顾儿童，对于儿童的自主性和独立性的培养甚至其他能力的发展都是有帮助的。

马修斯通过提供故事的开头，来引发孩子们的哲学思考，或者与儿童一起讨论一个主题的哲学问题。马修斯为儿童提供哲学思考的方法，有时运用经典的儿童故事激发儿童的思考，有时用马修斯自编的故事来与儿童进行哲学讨论，这都为成人与儿童的哲学对话提供了合适的例子，为他们的对话提供了故事情境。马修斯不仅关注儿童经常思考的哲学问题，也注意到儿童的文学能促使大学生意识到哲学性的思考是他们童年重要的一部分。[1]

马修斯在儿童哲学的思想论证、写作和教学中都是先驱者般的存在。马修斯的儿童哲学思想为哲学系的学生提供他们所需要的专业知识支持、启发探索式的方法和批判的眼光，激发了年轻人的哲学冲动。[2]

通过与儿童的对话，马修斯认为"儿童哲学"的目的并非在于教育儿童，而是在于成人与儿童之间的共同成长。在《与儿童对话》的序言中，马修斯直接指出，他的儿童哲学的目的是"想让成人对令人着迷的问题产生兴趣，也能帮助他们与小孩共同思考"；"小孩也能帮助我们探究、反思一些有趣而重要的问题，同时小孩所能达到的成就，可

---

[1]　Goering S，Finding and fostering the philosophical impulse in young people：A tribute to the work of Gareth B. Matthews，*Metaphilosophy*，2010，39(1)，pp. 39-50.

[2]　Wartenberg T E，"Introduction to symposium on Gareth B. Mattthews"，*Metaphilosophy*，2010，39，p. 1.

能与我们大人曾经达成的一样有价值"①。在马修斯看来，成人与儿童各自的优势在"儿童哲学"中可以得到完美的结合，"成人和孩子各自发挥所长，作出一定贡献，因此对困惑的探究很容易成为一次真正的强强联合的事业"②。他甚至在《哲学乃是童年的理性重建》一文中提出，"在真正的哲学讨论中，儿童可以成为出色的讨论者。儿童可能没有成人的丰富信息和老练的语言能力，但是他们的想象，他们的困惑和发现意识，他们对不和谐、不恰当的敏感，他们对认识事物的急切热望，都特别有利于哲学思考。如果你没有同一个或一群幼童一起探讨过哲学问题，真正的哲学问题，那你错过了人生最大的乐趣之一"③。

(三)马修斯童年哲学理论的形成

1985 年和 1988 年，马修斯指导了两场题为"童年哲学诸议题"的高校教师暑期研讨会，会议的主旨是对童年哲学能否成为类似于历史哲学、宗教科学、科学哲学等合法的哲学学科进行论证。研讨会的成功举办印证了马修斯有关童年哲学的想法，使他坚信童年哲学是可以作为一门合法的学科而存在的。此后马修斯在曼荷莲女子学院（Mount Holyoke College）第一次教授了以"童年哲学"为题的课程。马修斯在 1994 年完成的《童年哲学》一书中提出了童年哲学的理论框架，并对他认为属于童年哲学这门学科的一些议题进行了回应。

对于"儿童哲学"与"童年哲学"，马修斯认为，"儿童哲学"主要指的是通过与儿童进行哲学对话，发现儿童的困惑与问题，进而理解儿童的世界，实现成人与儿童的共同成长；而"童年哲学"主要是以研究"儿童哲学"为出发点，思考现有的童年研究范式所存在的问题，从多重视角对童年的概念进行重新反思，并深入思考"儿童是谁""儿童知道些什么"及"儿童应当得到些什么"等问题。

就如同他的哲学观里所表达的"哲学始于困惑"一样，马修斯所建构的童年哲学也是由一个个对于"童年"的困惑所组成的。童年哲学的目的在于提出这些困惑，对这些困惑进行深思，但并非一定能够解决这些困惑。马修斯从未尝试对"童年哲学"这门学科可以研究些什么做出系统性的说明，他在 1994 年出版的《童年哲学》的序言中也只是提出了一系列有待思考的关于儿童的问题，从这些问题出发产生了这本他在研讨会上所讨论的一些专题的合集，主题包括儿童的道德、儿童的权利、儿童文学、儿童艺术等。可以看出，马修斯在这本书中所讨论的有关童年哲学的相关问题还是比较零散的。而到后来，在马修斯 1998 年所编写的《哲学家的儿童》(*The Philosopher's Child*)一书

---

① [美]马修斯：《与儿童对话》，陈鸿铭译，3 页，北京，生活·读书·新知三联书店，2015。
② [美]马修斯：《哲学与幼童》，陈国容译，122 页，北京，生活·读书·新知三联书店，2015。
③ [美]马修斯：《童年哲学》，刘晓东译，203 页，北京，生活·读书·新知三联书店，2015。

中，他将哲学家们对于儿童/童年的理解总结成了三个方面的问题，而这三个方面的问题可以说是更为清晰地展现出了童年哲学的核心问题。

第一个问题是"何为儿童（What children are）"这一根本性问题。如"儿童是存在于其自身还是说儿童仅仅是一种待成熟的存在呢？儿童具有动物的本能还是理性呢？儿童这个群体是怎样被决定的呢，它是一种本质上的划分还是关系上的划分，由年龄还是由能力决定，由谁决定？"①等问题。或者说，在马修斯看来，关于"儿童是谁"这一问题是童年哲学的基础性问题，因为童年概念并非像很多人所说的那样是一个不言自明的概念，相反，在它里面充满着矛盾与各种困惑。马修斯提出，"我们很难理解儿童是谁、儿童应是什么样子等问题，原因可能在于童年对我们成年人来说有太多的意义。也许，如荣格心理学派所言，我们往儿童身上投射了天真、未来、我们难以理解的遗弃与成长问题，或者我们身上所缺失的东西，等等。而正是这些投射扭曲了我们对于童年的理解"②。因此，唯有对童年的概念进行辨析，并深入反思当前所流行的童年研究理论，我们才有可能理解儿童（童年）对于世界的意义。

第二个问题是"儿童知道什么（What they know）"，具体如"儿童有能力进行因果推理还是说儿童只是生活在当下呢？儿童是模糊地看世界，还是反而能够看到成人所看不到的那种明晰呢？"③关于这些问题的答案在哲学家的研究中一直处于矛盾的状态。马修斯发现，现有的童年研究范式不足以帮助我们认识更多的儿童世界，因此我们需要透过各个维度去剖析儿童世界的特质。"儿童哲学"是马修斯理解"儿童知道什么"的一种主要方式，如马修斯在对幼儿讲述《青蛙与蟾蜍》的故事时发现 6 周岁以前的儿童也能够具备理解反讽的能力。④此外，马修斯在《童年哲学》中对这样的一些问题进行了探析，譬如："儿童的思维方式如何不同于'我们的'思维方式？幼童具有真正利他的能力吗？儿童的一些艺术作品与某一著名现代艺术家的'简笔画'或油彩斑点画相比，在艺术或审美上带给人们的感觉是一样的吗？成人为儿童写作的文学作品，正因为是成人所写，就得是假的吗？"⑤马修斯在这样一些问题的引领下，随着问题的层层深入，他对于"儿童知道些什么"也有了更多自己的解答。

第三个问题是"儿童应当得到什么（What they deserve）"。这个问题是在前面两个问题的基础上自然延伸出来的，主要是从儿童权利的维度来思考童年在社会中的地位问题。譬如说，"儿童是否值得拥有成人所享受的那些自由或保护的权利，还是说他们

---

① Mattews G B, Turner S M, *The Philosopher's Child：Critical Perspectives in the Western Tradition*, New York：University of Rochester Press，1998，pp. 3-4.

② Mattews G B, "Conceiving childhood：'Child animism'"，*Nous*，1982，3，pp. 29-37.

③ Mattews G B, Turner S M, *The Philosopher's Child：Critical Perspectives in the Western Tradition*, New York：University of Rochester Press，1998，p. 3.

④ Mattews G B, "Children, irony and philosophy"，*Theory and Research in Education*，2005，3，pp. 81-95.

⑤ ［美］马修斯：《童年哲学》，刘晓东译，9 页，北京，生活·读书·新知三联书店，2015。

应该满足于顺从和奴役以及属于动物生活的那种脆弱的状态呢？他们的自由是否仅限于保护他们的脆弱性并促进他们的发展呢？过度的保护是否阻碍了他们的发展并伤害了他们的尊严呢？"①或者说，"儿童可以获得与父母'脱离关系'的权利吗？"②马修斯在《童年哲学》的"儿童权利"一章中从"如何理解理性权威"出发，对那些反对儿童解放运动的人进行了批判，并提出让儿童享有更多权利，让儿童在越来越年幼的年龄享受权利，这是我们的社会渐渐推进的方向。③

以上这三个方面的问题构成了马修斯童年哲学的核心问题，也为后来者构建童年哲学的体系提供了一些基本的逻辑和思路。

三、夏威夷小 p 儿童哲学

夏威夷儿童哲学(philosophy for children Hawaii，p4cHI)，由美国夏威夷大学哲学系托马斯·杰克逊(Thomas Jackson)博士于 1984 年发起。经过近 40 年的发展，夏威夷儿童哲学的理念逐渐成熟并在美国、中国、日本、巴西、韩国、奥地利、瑞士等国家传播与发展。④夏威夷儿童哲学是夏威夷师生基于李普曼儿童哲学的理念并根据夏威夷的热情真挚的阿罗哈(aloha)文化和对李普曼儿童哲学的反应与评价而做出的调整。⑤

(一)夏威夷儿童哲学的特点

1. 小 p 哲学

1984 年起，托马斯·杰克逊和同事开始在夏威夷实践李普曼的儿童哲学模式。杰克逊发现，虽然教师和学生能够就李普曼的阅读文本提出问题，但是实际的探究却很难进行下去。夏威夷大学希洛分校(University of Hawaii at Hilo)的儿童哲学实践也发现了类似的问题。

首先，夏威夷的学生对李普曼的哲学手册很难产生兴趣。李普曼的课程设置有很大的局限性，课程内容过于侧重"大 P(Big-P)哲学"，即西方的哲学传统和文化。例如大哲学家柏拉图、笛卡儿、康德、尼采等的思想和著作，存在、真相和正义等大哲学

---

① Mattews G B，Turner S M，*The Philosopher's Child：Critical Perspectives in the Western Tradition*，New York：University of Rochester Press，1998，p. 3.

② ［美］马修斯：《童年哲学》，刘晓东译，9 页，北京，生活·读书·新知三联书店，2015。

③ ［美］马修斯：《童年哲学》，刘晓东译，9 页，北京，生活·读书·新知三联书店，2015。

④ Jackson T E，"Philosophical rules of engagement"，in Goering S，Shudak N J，Wartenberg T E，*Philosophy in Schools：An Introduction for Philosophers and Teachers*，New York：Routledge，2013，pp. 99-109.

⑤ Makaiau A S，Miller C，"The philosopher's pedagogy"，*Educational Perspectives*，2012，44，pp. 8-19.

问题，形而上学、本体论、认识论、伦理学等大哲学流派。①在课程活动方面，李普曼过于注重培养西方式的哲学辩论，比如提供原因、假设、结论等。教师手册中的讨论方案主要集中于探讨西方哲学的主要思想，课程练习主要集中于提升学生的逻辑推理能力。

其次，夏威夷的教师通常没有时间与精力阅读并使用李普曼的教师手册，比如学习和研究手册中提供的整套引导理念、练习与讨论计划。另外，如果在课堂上缺乏哲学家的引导与支持，教师们比较容易放弃儿童哲学教学。

最后，李普曼的课程需要学校单独提供课时学习，很多学校在时间安排上有局限性。同时，师生也会产生一种刻板印象，即哲学是一门学科，有其独立的内容与活动，哲学学科更适合成人，最好在大学课堂中实施。

因此，杰克逊便创造了"小 p(little-p)哲学"。小 p 哲学从大 P 哲学的哲学家和哲学领域中解放出来，让哲学变成一种可以探究任何内容或主题的"活动"，这些主题可以是个人或大家一起思考的、学术性的或是实际生活中的问题。小 p 哲学没有让我们就问题立即给出答案，而是邀请我们放慢脚步，沉淀思绪，关注自我的惊奇，关照问题本身，然后再进行探究。②

2. 智力和情感安全的团体

杰克逊还发现，虽然李普曼的材料可以启发学生的思考，令他们保持对惊奇的探索，但是夏威夷的学生更需要"一种特别的团体"，传统的夏威夷文化被称为"庇护所"（Place of Refuge）。③李普曼的探究共同体重点放在探究部分，而较少关注共同体的建设与发展。夏威夷丰富而复杂的多元文化与种族构成促使师生必须先建立一个智力和情感的安全领地，再进行哲学探究。

从某种意义上说，惊奇的存在、深层次问题的探究都需要在一个安全的心理环境中进行。然而现实中大多数教室没有为学生创造一个有安全感和归属感的环境，例如，学生为了避免歧视，假装自己学会了；即使他们对某些问题不感兴趣，但为了迎合教师，便假装自己有兴趣；或者因为害怕被嘲笑而不敢发言。所以杰克逊强调，大多数人无法保持好奇心和无法进行探究主要是因为缺乏智力安全。他认为教室首先必须是身体安全的地方，为了进行对话和探究，师生还必须感到情感上和智力上的安全。在这样的安全的地方，没有任何贬低、破坏、否定或嘲笑别人的评论，探究团体可以探

---

① Jackson T E, "P4C Hawaiian style: We are not in a rush", American Philosophical Association's Annual Meeting, San Diego, California, 2011.

② Jackson T E, "Home grown", *Educational Perspectives*, 2012, 44(1/2), pp. 3-7.

③ Jackson T E, "Philosophy for children Hawaiian style—'On not being in a rush…'", *Thinking: Philosophy for Children*, 2004, 17(1), pp. 4-8.

究任何问题或话题，只要每个人感到是受尊重的。[1]

3. 温和的苏格拉底式探究

夏威夷儿童哲学又被称为温和的苏格拉底式探究（gently Socratic inquiry）。温和的苏格拉底式探究认为，"教育的首要目标是帮助孩子培养自己的思考能力，并学会以为自己和他人负责任的态度来运用这种能力"[2]。

苏格拉底通常被描绘成技艺高超的雄辩家，巧妙地质疑和操纵他的对手。但温和的苏格拉底探究最大的特点是"对话"。"对话"的突出性质不是质疑、盘问、反击、辩论、反对、控制或揭露，而是真诚而简单地倾听。这种倾听首先需要参与者抛开自己的固有想法，以开放的态度聆听对方的想法。尤其是在与儿童的对话中，唯有让思考和行为保持温柔，才有希望得到孩子们的真实回应。温和的苏格拉底式探究的另一特点是在课堂上创造一个特定的地点、时间和环境，以让教师和学生建立起一种特殊的关系。教师转变为与孩子们对话的共同探究者，而不是他们的教育者或圣人；另外，温和的苏格拉底式探究没有提前预设的答案，它的目标是让每个人都能深入了解所探讨问题的复杂性以及拥有处理复杂问题的能力。温和的苏格拉底式探究不是专门针对有天赋的群体而设计的课程，它几乎适合任何人或群体。[3]

4. 不急于到达任何地方

"不急于到达任何地方"（not being in a rush）是夏威夷儿童哲学的主旨精神。[4]通常情况下，儿童进入幼儿园时，有强烈的好奇心，但是进入小学三年级后，他们真实的思想和好奇心就开始递减。到了小学六年级时，学生的好奇心和发问能力就几近消失，因为他们关注的是教师或书本上的答案，或是他人、教育系统给他们设定的目标。在学校里，学生的兴趣，他们所关心的问题，他们的经历、信仰、好奇心几乎完全被忽略掉。一般情况下，因为各种压力，学生没有时间去发问或审视自己的思考，只能快速地全盘接收别人抛给他的知识。其结果是，那些真实的童年声音渐行渐远，即使没

---

① Jackson T E, "The art and craft of 'gently Socratic' inquiry", in Costa A(ed.), *Developing Minds: A Resource Book for Teaching Thinking (3rd Edition)*, Association for Supervision and Curriculum Development, Alexandria, 2001, pp. 459-465.

② Jackson T E, "The art and craft of 'gently Socratic' inquiry", in Costa A(ed.), *Developing Minds: A Resource Book for Teaching Thinking (3rd Edition)*, Association for Supervision and Curriculum Development, Alexandria, 2001, pp. 459-465.

③ Jackson T E, "The art and craft of 'gently Socratic' inquiry", in Costa A(ed.), *Developing Minds: A Resource Book for Teaching Thinking (3rd Edition)*, Association for Supervision and Curriculum Development, Alexandria, 2001, pp. 459-465.

④ Jackson T E, "Philosophy for children Hawaiian style—'On not being in a rush…'", *Thinking: Philosophy for Children*, 2004, 17, pp. 4-8.

有完全丧失，仅存的一点好奇心也已经变得平淡而功利。①正是这种急于求成的思想和行为，让我们变得急功近利，让极其珍贵的、对于人类社会至关重要的情怀消失了，那就是我们的惊奇感。

所以，夏威夷儿童哲学提倡我们放慢脚步，放空思想，给自己一个时空反思自我的生活与经历，与内心深处的真我对话，与大自然、与他人建立起真诚的联结，审视并探究自己对于这个世界的疑问，永葆赤子之心与好奇之心。

（二）夏威夷儿童哲学的实践模式

夏威夷儿童哲学围绕着团体（community）、探究（inquiry）、反思（reflection）和哲学（philosophy）四大支柱进行活动。探究一般分为三个步骤：构建探究团体、进行团体探究、反思团体探究，每个步骤都有具体的策略和建议来指导实践。

1. 构建探究团体

探究团体的发展分三个阶段：萌芽、发展和成熟阶段。随着团体探究的进行，教师的角色由教师/促进者/参与者（teacher/facilitator/participant）转变为参与者/教师/促进者（participant/teacher/facilitator）。当团体发展成熟时，也就是学生理解他们的角色，学会夏威夷儿童哲学的规则、词汇和思想家工具后，学生转变为"同步促进者"（co-facilitator）与参与者。②此时，教师的角色也很难被别人辨识出，因为教师已经由教授或建议指导的角色转变为参与者的角色。

团体建设之初，教师要认识到团体的"性质"，即学生的年龄和背景（age & background）。杰克逊团队发现幼儿园和小学一年级的学生与高年级的学生对夏威夷儿童哲学的反应有所不同。例如，较小的学生可能从来没有在集体中学习，没有上过幼儿园，没有坐成圆圈方式、轮流发言的经历。他们也来自不同的家庭，有不同的文化背景。而高年级的学生，比如初高中学生由于受教育经历的不同，在进行夏威夷儿童哲学探究时，可能会拒绝围坐成圆圈、轮流发言、在同伴面前表达自己的想法或分享他们未确定的答案。尤其是当他们知道夏威夷儿童哲学探究没有提前预设一个标准答案，而且师生也可能无法预知探究的方向与结果时，他们很可能感到困惑、沮丧，甚至害怕。但是杰克逊发现，只要学生认识到夏威夷儿童哲学探究是与众不同的，意识到夏威夷儿童哲学的时间是他们自己的时间，探究的主题是自己的思考和想法的时候，学生最初的抵制情绪将慢慢消失。

在夏威夷儿童哲学探究中，建设探究团体的方法如下。

---

① Jackson T E，"Philosophy for children Hawaiian style—'On not being in a rush…'"，*Thinking：Philosophy for Children*，2004，17，pp. 4-8.

② Jackson T E，"Philosophical rules of engagement"，in Goering S，Shudak N J，Wartenberg T E，*Philosophy in Schools：An Introduction for Philosophers and Teachers*，New York：Routledge，2013，pp. 99-109.

首先，参与探究的师生围坐成一个圆圈。围成圆圈而坐的方式非常重要，因为每个参与者可以看到彼此，保持眼神交流，并且了解到每个人的面部表情、行为和其他反应。这种参与方式可以增强探究者的参与程度、交流程度、信任程度以及敞开心扉的程度。

其次，圆圈内的成员共同制作一个"团体球"（community ball）。这个团体球贯穿于整个夏威夷儿童哲学探究的始终。实证研究表明团体球的运用可以增强学生的参与感、自信心和语言能力。[①]制作一个团体球需要以下材料：一个较硬的空心圆纸卷、毛线球、一个塑料扎带或束线带、一把剪刀。具体制作步骤如下。第一步，师生轮流将毛线缠绕在空心纸卷上，并轮流分享某一问题的答案。教师可以先提出一个团体感兴趣的话题，比如"你最喜欢的食物是什么"，然后全体师生分享答案，同时第一个分享答案的人开始将毛线缠绕在纸卷上，旁边的人拿着毛线球送线，依此类推，团体便建立起初步的情感联系。第二步，当全体成员缠绕完毛线圈后，教师用塑料束线带穿过空心纸卷，同时将硬纸卷从毛线圈中拉出来，注意束线带必须放在毛线圈的正中央。第三步，系紧束线带，这样毛线圈便变成了一个"面包圈"。第四步，用剪子从中间把"面包圈"剪开，就有了一个蓬松可爱的团体球。

再次，通常团体球的出现会带给探究团体一份小惊喜，随之教师宣布两条规则：第一，拿到团体球的人才有权利讲话，其他成员要注意倾听；第二，拿到团体球的人随时有权利把球传给别人，而不强迫他发言。换言之，团体球是一个授权发言的强有力象征，发言的机会自此由教师转向学生。在团体建设的最初阶段，教师有权利和义务在必要的时候介入到学生的探究之中，即使没有拿到团体球。

最后，团体成员开始探讨"智力安全地"（intellectual safety）的概念。教师可以在黑板或是提前准备好的宣传纸上写上这句话："在每个人受到尊重的情况下，团体中的所有参与者可以自由地提问任何问题或陈述任何观点。"[②]教师要注意根据学生的年龄和背景与学生一起探讨什么是安全的团体、安全的学习环境，包括威胁到安全感的思想或行为。是否拥有一个智力安全、情感安全的团体是衡量接下来探究成功与否的标准之一。因为，这种支持性的氛围可以让学生表达出最原始的想法、自由的言论，并分享最真实的声音。

2. 进行团体探究

（1）探究选题

夏威夷儿童哲学探究的一个突出特点是它的探究主题来源于团体的兴趣、想法和

---

① Leng L, *The Role of Philosophical Inquiry in Helping High School Students Engage in Learning and Seeking Meaning in Lives*, Mānoa: University of Hawaii at Mānoa, 2015.

② Jackson T E, "Philosophical rules of engagement", in Goering S, Shudak N J, Wartenberg T E, *Philosophy in Schools: An Introduction for Philosophers and Teachers*, New York: Routledge, 2013, pp. 99-109.

关注的问题。那么如何激发探究团体提问呢？杰克逊提出了"香草冰激凌"(plain vanil-la)四步走的策略。①

第一，阅读。探究团体可以找一个"刺激物"(stimulus)，比如读一段话，一节文章，整篇故事。也可以观赏一幅画，读一首诗，听一段音乐，或者从已经准备好的"奇妙盒子"(wonder box)里找一个问题。

第二，提问。团体中的每个成员都要就"刺激物"提出一个问题或做出评论。接下来，学生写问题到黑板上，或全班轮流宣读自己的问题。

第三，投票。成员阅读完所有问题后，选择一两个自己最感兴趣的话题。

第四，探究。探究团体就已选择的问题，用"优秀思想家的工具"(WRAITEC)进行探讨。

（2）探究过程和思考工具

夏威夷儿童哲学探究不仅仅是探究团体内的对话或想法的分享，还通过运用"优秀思想家的工具"(WRAITEC)来提高思考的严谨程度。

"优秀思想家的工具"(WRAITEC)包含以下问题：

[W] 你想表达什么呢？(what)

[R] 你有什么理由来支持你的论证呢？(reason)

[A] 我们是否意识到这个问题的假设？(assumption)

[I] 我们能够推理出什么结论？这些推论又有什么影响/含义呢？(inference/impli-cation)

[T] 他说的对吗？怎么判断是对的？(true)

[E] 有什么例子/证据证明这个论断？(example)

[C] 有什么反例反驳这个论断？(counter-example)

在早期课程中，教师应注意使用各个思考工具并鼓励学生积极运用它们。比如让学生阐释问题的含义，给出支持或反对的理由，探讨某种想法的后果等，这样才能保证团体探究深入下去。

（3）魔术词

另一个引导团体探究的策略是使用魔术词(magic words)。②因为魔术词具有非威胁性，对于建设智力情感的安全地特别有效。例如，当小组中有人说 SPLAT 时，害羞的学生会开口讲话。老师和学生可以在卡片上写下这些单词，并根据需要展示给所有人看。当然，每个探究团体可以基于自己的语言和文化开发一套属于自己的单词或手势。

---

① Jackson T E，"Philosophical rules of engagement"，in Goering S，Shudak N J，Wartenberg T E，*Philosophy in Schools：An Introduction for Philosophers and Teachers*，New York：Routledge，2013，pp. 99-109.

② Jackson T E，"Philosophy in the schools project：Aguide for teachers"，http：//www. p4cawaii. org/wp-content/uploads/2011/06/TeachGuide. pdf，2011-07-08.

夏威夷儿童哲学实践探究中经常使用的魔术词如下。

SPLAT：请大声说出来。

IDUS：我不明白。

POPAAT：一次一个人发言。若有人说 POPAAT，便意味着所有人都必须停止说话，只有持有团体球的人才能发言。

OMT：再重复一下你说的话。

NQP：请说下一个问题。

LMO：让我们继续前进。

PBQ：请保持安静。

GOS：离开主题了。

3. 反思团体探究

探究团体用下列的评估问题来评判探究质量。评估主要分为两大部分：作为团体，我们做得如何？就探究而言，我们做得如何？

听：我认真听其他人讲话了吗？其他人认真听我讲话了吗？

参与：是不是大多数人（而不是只有几个人）参加了探究？

安全感：我们的探究让我感到安全吗？

集中：我们围绕着探究主题讨论了吗？

深度：我们的探究有深度和广度吗？

理解：通过今天的活动，我是否增强了对这个问题的理解？

思考：我今天积极努力地思考了吗？

有趣：今天的探究有意思吗？

在探究活动结束时，年龄小的探究团体可以用竖大拇指的方式评价这次的活动。拇指朝上表示非常棒，朝外表示一般，朝下表示不好。年龄大的团体可以用写小反思的方法评估是否有所进步，具体可以考察以下三个方面。第一，是否觉得这个主题令人困惑或觉得这个讨论很复杂。一般情况下，复杂的话题会让人感觉很困惑，让人思维混乱。探究成员要意识到个人有困惑是值得庆贺的事情，因为困惑意味着思考已发生且思考有了新进展。第二，是否觉得想法之间有所联系。在探究中，我们经常听到与众不同的见解，收集整理这些见解可以让人联系、反思自己的想法，从而让人有新的收获。第三，是否有一个答案。不管是最初的、还是最终的想法，都会有一个答案产生。

一般情况下，在同一个探究中，不同参与者会经历不同类型的进步。对于某些人来说，可能只是一种思维上的混乱。对于其他人来说，想法之间会产生联系，而其他人可能会想到一个答案。每种进展形式都有其价值和优点。一场珍贵的探究可以促进每个人进行持续的内部对话。如果有的学生在以上方面都没取得进步，教师需要时间耐心等待，或发现他们其他方面的进步。

四、英国儿童哲学的课程发展及启示

英国的儿童哲学研究始于 20 世纪 90 年代左右。1990 年，英国制作的一个时长 1 小时，名为"苏格拉底与六岁孩童"的纪录片的播出，正式宣布了儿童哲学来到英国。该纪录片讲述了美国的李普曼教授和他的同事历时 25 年，设计了一个适合于从 5 周岁 到 16 周岁儿童的哲学课程。该片不仅使观众们对儿童哲学这个理论印象深刻，而且对其实践的结果也充满兴趣。观众们发现，片中的小学生似乎变得更愿意一起推理而且他们的推理能力看起来也有所加强，同样让人惊奇的是，多数参与李普曼研究的学生在哲学课结束后的一系列评估测试中的指标都有一定程度的提高，并且对哲学课充满期待。

英国观众对这部纪录片的反响非常热烈，于是 1991 年人们自发组织了一次讨论英国未来如何发展儿童哲学的会议，这就是"教育中的哲学探究与反思促进协会"（Society for the Advancement of Philosophical Enquiry and Reflection in Education，SA-PERE）的雏形。次年，该协会正式成立，它是一个教育性的慈善团体，设在英国牛津布鲁克斯大学的威斯敏斯特教育学会。与李普曼所建立的专门发展儿童哲学的机构"儿童哲学促进协会"（IAPC）相比，SAPERE 是一个更加独立的组织，它的大部分成员希望能将儿童哲学正式融入一线基础教育的教师中；其中一些成员在 SAPERE 成立前就做过儿童哲学方面的相关研究，他们在英国儿童哲学的成长中发挥了很大的作用。

随着 SAPERE 的建立，儿童哲学在英国有了新的开端。1988 年英国教育改革之后，教师们必须遵照教育部门给出的国家课程计划，因此学校的课表里很难有儿童哲学课程的时间。那些早期研究儿童哲学的学者大多从个人兴趣的角度出发，因为那时儿童哲学在英国还没有得到任何支持，大部分的实践也都是小范围进行的个人行为，但有一部学者还是在艰苦的条件下坚持着对儿童哲学的研究，他们的研究成果最终也取得了相应的成就与认可。

经过近 30 年的实践，英国儿童哲学课程在探索过程中发现了若干现实问题，这些问题延缓了儿童哲学课程向前发展的脚步。首先，传统课堂中，教师一直占据主导地位，而这却抑制了教师与学生之间进行"平等对话"的可能。其次，中小学教学大纲中的主要课程多数与儿童哲学思维探究课程的内容没有实际关联，甚至一定程度上限制了儿童哲学思维探究课程的发展。最后，对于儿童哲学的研究过程和结果，缺少权威且系统的评估方法。[①]

---

① 杨落娃、于伟：《英国儿童哲学课程的发展及其现实启示》，载《外国教育研究》，2019(5)。

(一)"课堂对话"缺失，师生地位不平等

1989 年召开的联合国大会通过了一系列儿童权利保护法案，其中包括《儿童权利公约》(*Convention on the Rights of the Child*)，该公约明确指出儿童享有平等的受义务教育的权利。公约指出，义务教育必须全面普及，儿童享有言论、思想、道德及信仰的自由。虽然此公约早已颁布，但实际操作并不尽如人意。海恩斯(J. Haynes)在 2008年出版的《儿童都是哲学家》(*Children as Philosophers*)一书中披露，尽管近年来义务教育基本上全面普及，但现实中仍然存在着许多思想与言论自由的障碍。在英国，出于保护和控制孩子的原因，学生和教师的地位是不完全平等的。①

对于这一问题，著名学者亚历山大(R. Alexander)同样提出过教育中存在的弊端："(英国)过去 50 年关于课堂互动的研究基本上都呈现出一种现象：教师在课堂上占主导地位，师生互动较少，而且课堂讨论中罕有开放性问题。"②

海恩斯所披露的这种现象存在于英国多数学校中，而这些由教师主导的课堂大大抑制了儿童的能动性，儿童只需对老师的问题简单回应即可，从不敢对老师所说的话进行质疑与反思。相比于前者，师生之间的"平等对话"反而更加能激发出他们对于一个普通事物多方位、多层次的思考，而这也是哲学对话开展的基础。③

儿童哲学教育的展开恰恰对这个问题有所缓解，其课程设置中老师的角色是与学生身份平等的伙伴或课堂主持人，正是这种对等的角色增加了师生间的互动，激发儿童进行更有批判性的思考，从而使儿童在未来的人生道路中做出更加理性、明智的选择。

(二)教学大纲对课程形成约束

英国教育家麦吉尼斯(C. McGuinness)将儿童哲学探究课程分为三类：第一，游离于教学大纲之外、完全独立的课程；第二，能够成为教学科目一部分的课程；第三，与教学大纲内容相互穿插的课程。④

麦吉尼斯认为当前进行的哲学探究活动多数是将其概念或思维方式应用在指定的科目(如数学、科学、地理)，在大纲科目内拓展儿童哲学思维，或是采用大纲之外的独立课程，单纯探究其对儿童能力培养的作用。对于前者，儿童哲学讨论课程并不适

---

① Haynes J, *Children as Philosophers*: *Learning through Enquiry and Dialogue in the Primary Classroom*, London: Routledge, 2008, p. 72.

② Alexander R, Towards Dialogic Teaching: Rethinking Classroom Talk, Cambridge: Dialogos, 2006, p. 3.

③ Fisher R, Dialogic teaching: Developing thinking and metacognition through philosophical discussion, *Early Child Development and Care*, 2007, 177(6/7), p. 625.

④ McGuinness C, Ireland N, ACTS: A methodology for enhancing thinking skills across-the-curriculum, The First TLRF Conferance, 2011.

用于大纲中的所有科目，这从某种层面上说，存在一定的局限性。对于后者，脱离大纲的哲学探究活动可以在一些学校中进行短期实验，然而这样的课程却难以长期发展。如此看来，英国教育管理部门制定的国家教学大纲与儿童哲学探究课程之间存在着一定的矛盾，而在儿童哲学研究的实际操作上，课堂实践与教学大纲之间的冲突确实也一直存在。

针对这一问题，英国教育学者做出了一定的努力。刘易斯(L. Lewis)与钱德利(N. Chandley)在麦吉尼斯观点的基础上提出相应建议，建议在大纲中的某些学科中使用哲学探究的方式拓展儿童思维，让儿童掌握"透过表面看本质"的本领。①

英国教育投资基金会(Education Endowment Foundation，EEF)与 SAPERE 合作进行的儿童哲学探究实验，证实了儿童哲学教育对学生的数学、阅读及理解能力具有显著促进作用，这从侧面印证了刘易斯与钱德利观点的可行性，将儿童哲学课程与大纲相结合，开创出具有儿童哲学教学特色的新课堂。

(三)哲学教育的评价方法缺乏权威性及系统性

儿童哲学课堂的不断发展对传统的教学思维与课堂模式有很大挑战，其中，儿童哲学课程的评价体系就是一个非常值得关注的问题。

费希尔(R. Fisher)的研究证明哲学课堂的探究活动能提高学生的各项能力，包括逻辑推理能力、语言表达能力、人际交往能力、批判性和创造性思维能力等。然而经过一定的研究与实践，他发现，正是因为儿童哲学探究活动带给儿童的益处涉及太多领域，因此也很难有一个全面且适当的检测工具来对儿童各项能力进行系统评估。②

与此同时，针对不同年龄阶段的儿童使用的评估方法也应区分开。如高年级学生的语言表达能力已经形成，此时直接对话，或者采用笔试、问卷的方法均可检测其哲学探究与思考的能力。但是对于低年级的学生，其头脑中抽象的哲学思维很难通过语言表达出来，因此更加适用直接观察的方法。

目前英国尚未开发出一套针对不同年龄儿童，全面系统评价其能力的测量工具，这些细化的工作仅依赖授课教师的观察是远远不够的。然而英国实验中涉及的不同测量工具针对自身研究目标及被测者有着多种维度，能够极为准确地测量出被测者多种指标的相关变化，这种做法很值得借鉴。

综上所述，随着儿童哲学理念的传播，英国的儿童哲学研究中对儿童哲学概念本身或其理论基础探讨不再是研究的主流，越来越多的研究者开始注重儿童哲学的实践

---

① Lewis L，Chandley N(eds.)，*Philosophy for Children through the Secondary Curriculum*，London：A&C Black，2012，p. xii.

② Fisher R，*Teaching Thinking：Philosophical Enquiry in the Classroom*，London：A&C Black，2013，p. 197.

转化和课程教学转化。当前，英国儿童哲学的实践转化，主要有两种方式：一是独立设置和开发，设立专门的儿童哲学课程；二是与现有的国家课程相结合，在各个学科中渗透儿童哲学的理念和教学方式，以达到儿童哲学教育的目标。英国儿童哲学从"移植"美国儿童哲学的理念和模式，到结合英国国情和教育实际，走出了一条独具特色的儿童哲学实践道路，即儿童哲学"浸入式"渗透到国家课程当中，与国家课程紧密结合，形成了同国家课程融合共生发展的实践态势，值得进一步探索及借鉴。

五、其他国家儿童哲学的现状

(一)丹麦

丹麦是欧洲的儿童哲学发源地。欧洲的儿童哲学更加注重形而上学与世界观，是 philosophy with chidren(PwC)，与盛行于美国学界的 philosophy for children(P4C)之间有着互通之处：第一，PwC 也认为儿童对哲学的接触有助于个人思维与智慧的深度发展；第二，PwC 也以富有哲学思维的故事作为主要教材；第三，PwC 也认为儿童哲学的进行方式是团体讨论。

丹麦儿童哲学的创始人珀·贾斯珀森(Per Jespersen)是小学一线教师，贾斯珀森按照自己的方式与学生探讨哲学问题并共同撰写了哲学故事集《困惑的面团》(*The Wonder Dough*)，于 1987 年在丹麦出版。

尽管丹麦的儿童哲学与美国以李普曼为代表的儿童哲学有着相似的理念，但二者存在许多不同之处。

第一，P4C 认为哲学的核心是逻辑与语言，PwC 认为哲学的核心是形而上学与世界观。贾斯珀森认为，P4C 过分强调逻辑训练的重要性，使得教材内容过于浅显，丧失了哲学应有的深度与内涵。在他看来，固守传统的 P4C 早已在世界思潮发展中过时，并不是适当的教材。第二，P4C 认为儿童哲学有助于思维，也有助于其他学科的学习发展，PwC 鼓励学生专注于对智慧的喜爱、精神的成长，以及对同伴的尊重。第三，P4C 的手册十分详细，提供各种实践方法、讨论的问题以及与之相关的活动设计，PwC 的手册只有简短的建议。第四，P4C 的推行主要是儿童哲学促进会(IAPC)由上往下统筹，先说服学校的领导接受理念，再进一步安排相关的老师训练课程，PwC 则是以老师个人的理念为主，特别是贾斯珀森领导的丹麦儿童哲学，是直接与授课老师接触的，让老师独立决定并使用相应的儿童哲学教材，而不需要接触教育界的"上级"。[①]

贾斯珀森认为，尽管不少美国儿童哲学的教材已翻译成丹麦语，但没有涉及丹麦

---

① 梁瑞祥、傅皓政、蒲世豪等：《儿童哲学：基础理论教学方法之思辨与实证》，27～28 页，台北，五南图书出版股份有限公司，2012。

本土的儿童，因此哲学教育的目的很难达成。李普曼的首部儿童哲学小说《聪聪的发现》的初始设计与愿望很好，但却与丹麦文化存在一定差异，应用效果并不理想。在李普曼看来，他所创造的方法是儿童哲学唯一正确的方式，逻辑仍然是哲学的基础。但贾斯珀森认为哲学应当划分为美学、伦理学、逻辑学和形而上学四部分，他坚信形而上学是哲学最深厚的基础，因此丹麦儿童哲学教育中运用的许多哲学故事均以形而上学的沉思为结尾。这些故事涵盖了从小学到高中各个年龄阶段，并且其中的许多主人公是相同的，这充分展现了儿童成长的历程。

贾斯珀森认为，丹麦的教师并不习惯对儿童哲学的教育进行测验或评估，但教师可以看到孩子们在精神方面的成长，他们彼此尊重和关怀，并且热爱生命中遇到的种种问题，尽管这些问题并不会有确切的答案。[①]

(二)法国

儿童文学是法国儿童哲学教育的重要载体。法国儿童出版物为儿童哲学教育提供了丰富的材料，且在面向不同年龄读者的时候有更加细致的考量。在艺术实践领域，法国儿童哲学教育也有创新性的实践。例如，小光芒儿童哲学工坊主张的儿童哲学教育方法是"整体性教学法"，包括口头表达和艺术创作的方式。比如，在关于"什么是情绪"的主题讨论中，培训师会先让儿童听两段完全不一样的音乐，并邀请他们随着音乐舞动身体，然后通过绘画的方式表达他们的感觉和情绪，最后通过对话进行抽象思考：我们的感觉和情绪何时何地出现？身体和头脑在这个过程中的作用是什么？法国教育学家认为，艺术实践是智力和感知、思想与身体共同参与的过程，它能唤醒身体和感知在哲学中的作用，我们应回到对这些相关概念和事物的探索。

整体看来，法国儿童哲学教育覆盖了从幼儿园、小学到中学不同年龄段的学生群体，课外实践项目也十分丰富，能够满足学生的个性化需求。

近年来，针对儿童哲学教学模式的本土化改造，法国应用哲学院主席、联合国教科文组织哲学顾问奥斯卡·博尼菲提出了儿童哲学教师在教学时所应遵循的四项基本原则。

第一，"无知"原则。博尼菲认为，教师总是期望学生在短时间内学到更多的知识，期盼他们掌握"正确答案"，希望他们"没有问题"，但儿童哲学的教师应扮演苏格拉底一般的"无知者"角色，引导孩子自己发现、提出并解答问题，而不应阻挡儿童的思考。这一点本质上是由哲学问题的特性所决定的，因为与学校教育现有学科拥有固定知识和标准答案不同，哲学的任何问题都没有确定性的答案，每一个回答(即便是专业哲学

---

① Naji S，"Interview with Per Jespersen"，https：//platoatloyno.wordpress.com/2014/10/15/interview-with-per-jespersen/，2015-03-28.

家的回答）都只能反映问题的某个方面，或只有部分的真理性，因此教师绝无资质（无论具备多少哲学素养）宣称自己是哲学"真理"的占有者。

第二，耐心原则。博尼菲非常强调这个原则，他指出教师应提供给孩子提出并思考问题的时间，增加对孩子的"等待"时间，同时应享受问题本身，即便孩子们思路受阻或者没有得出问题的最终解决方案，也不应以追求效率为名，代替他们思考乃至直接给出答案。

第三，信任原则。博尼菲在谈及新教师应如何实施儿童哲学时指出，教师首先应放弃对儿童的"偏见"，信任孩子，信任孩子的理性，信任整个探究群体，信任探究的过程。他指出在传统课堂中，教师不愿意赋权给孩子，不愿意进行思维冒险，他们害怕孩子们犯错误，而这种焦虑感会对学生们的探究产生严重的影响，使他们不敢"越雷池一步"，不敢进行独立自主的探究，不敢提出自己的有别于教师或教科书的想法。博尼菲认为教师这种害怕学生犯错误的心态是需要坚决避免的。他建议教师们可以"放轻松"一些，并意识到教育和生活中的其他事务一样，归根结底都不是确定的，每个人参与其中都是在"冒险"。

第四，平等原则。在课堂上不能体现出师生之间的平等对话，只是让儿童去怀疑，而教师却丝毫不能表达自己的观点，那么这也是一种缺失和缺位，应更强调由学生提出问题。博尼菲指出，教师所提出的这些问题必须是"真问题"，才可以缔造出精彩的哲学对话，即没有固定答案，不是那种儿童闭着眼睛、在白日梦状态之中就能回答是与否的简单问题，而是开放的、不稳定的、具有唤醒功能和启发性的问题。正是这样的问题才能激励儿童聚焦于思考的过程之中，而不是去反复猜测教师想要的"唯一"答案。

与此同时，针对不同社会经济背景或不同思维阶段的孩子，教师应采取不同的提问策略。博尼菲认为，在面对那些从来没有接受过自由讨论训练的孩子时，教师首先要创造一个相对自由的环境，鼓励孩子发表自己的看法。同样教师也得提出开放性的问题，比如"上周末发生了什么"。但是这个过程并非让儿童随意发表观点，乃至于争先恐后、不顾他人地抢答，否则教学就只能停留在简单的观点分享阶段，因此也需要适当的限制，比如按顺序回答，轮到谁就由谁来讲等。而对于那些已经有自由对话经验的孩子来说，这种限制就要加强。博尼菲认为每个人都像"刺猬"，很容易表达那些未经加工的、会"刺"到他人的意见，而且这些"刺"会随着被鼓励的氛围而自动生长，因此儿童哲学的教师必须让孩子们学会安静、倾听和理解。

(三) 澳大利亚

受美国和欧洲的影响，澳大利亚的儿童哲学课程不仅强调儿童分析与推理方面的训练，也重视儿童的学习兴趣和社会性发展，同时关注儿童人格特质和道德品质的形成。

20世纪80年代，澳大利亚第一个儿童哲学组织即"澳大利亚儿童哲学研究所"（后并入澳大利亚教育研究委员会，并更名为"澳大利亚儿童青少年哲学中心"）成立，并在此后通过发布论文集、工作坊、论坛等方式，不断推动儿童哲学向澳大利亚各大州和中心城市传播。20世纪90年代，澳大利亚各州相继成立了儿童哲学的地区组织，并最终促成了联合各地力量协同推进儿童哲学事业的全国性组织。随着澳大利亚儿童哲学教育模式逐渐形成，2002年澳大利亚不再使用李普曼模式中的儿童哲学概念，而改用"哲学在学校"这个词，以反映澳大利亚儿童哲学教育教学材料及教学策略多样化的特点。

在澳大利亚开展的一系列儿童哲学活动中，最有特色的是一种名叫"哲学松"（Philosothon）的竞赛活动。"哲学松"会将每次活动的参赛选手划分为数个讨论小组，每个小组规模一般是7～8人，竞赛时抽取3～4个哲学主题进行讨论，主要是在伦理学、形而上学、知识论、社会和政治哲学、美学等分支范畴内。每个主题的讨论持续15～20分钟。由学校哲学教师和大学哲学专家所组成的评议委员会根据学生个体和学校团体的表现进行打分，其评分标准围绕批判性思维、创造性思维和协作性思维三大能力展开。

自2007年开始，澳大利亚每年举办一次"哲学松"竞赛，这项活动被列为儿童哲学的年度盛事，被推广至澳大利亚16个中心城市及新西兰、英国等国，对儿童哲学教育产生巨大影响。该活动的要旨是通过围绕某些哲学议题的对话，发展学生探究学习、道德推理、高阶层反省思维和寻找意义等能力。随着"哲学松"的普及，2011年，第一届全澳哲学竞赛活动召开，每个州各派三个团队参加，赛事由澳大利亚哲学协会提供奖金，ABC全澳广播电视台进行全程报道。

近年来，澳大利亚墨尔本理工大学的珍妮特·普尔顿（Janette Poulton）着重从三个方面梳理澳大利亚多元情境中的儿童哲学教学经验。一是从儿童哲学教育面临的挑战出发，指出教师培训必须以团体探究的方式进行，主要包括基于课程的团体探究和哲学团体探究两类；二是认为李普曼等人所研发的儿童哲学教材过于美国化，澳大利亚需要积极开发本土教师手册，从而为教师提供更多支持；三是从李普曼和霍华德·加德纳的观点引申出开展教师发展评估的重要意义，并提出了相应建议。

随着各国儿童哲学教育的实践发展与交流融通，越来越多的国家认识到儿童哲学教育的重大价值，逐渐将其纳入国家教育体制，在制度与机构层面给予支持，以促进哲学教育的系统发展。同时，越来越多的社会力量也参与进来，让儿童哲学教育落入生活，让思辨与探究成为儿童基本的思维方式与态度。

第二节
国际视野下儿童哲学研究范式的转换

1969 年，李普曼创作了哲学小说《聪聪的发现》，宣告儿童哲学的诞生。如今，儿童哲学无论是在理论还是在实践方面都进入了新的发展时期，尤其是在研究范式方面发生了明显的变化。

儿童哲学的研究范式可以理解为其研究共同体在理论与实践研究进程中体现出来的世界观、方法论，为从事研究所共享的价值原则、理论基础与实践规范等。本节以儿童哲学研究的价值范式、理论范式和实践范式为对象，分析其理论进展。

一、李普曼之后的儿童哲学

1999 年，美国研究者里德（R. Reed）和约翰（T. John）将儿童哲学运动的历史划分为第一代和第二代。他们认为，"第一代研究者李普曼和马修斯的特点是强调策略统一的方法，在公立教育中占有一席之地，而第二代打破了这种思维模式，并将差异作为增长原则"[①]。追随李普曼和马修斯研究与实践的第二代人包括李普曼的助手夏普、蒙特克莱尔州立大学的肯尼迪（D. Kennedy），还有在世界各地推动儿童哲学的代表，如巴西里约热内卢联邦大学的柯翰（W. O. Kohan）、澳大利亚新南威尔士大学的凯姆（P. Cam）、加拿大魁北克拉瓦尔大学的萨瑟韦尔（M. Sasseville）、英国的儿童哲学推动者苏特克利夫（R. Sutcliffe）、南非金山大学的穆里斯（K. Murris）、日本立教大学的四叶野等。[②]

（一）儿童哲学名称的变化

李普曼的儿童哲学（P4C）是为儿童设计的哲学教育计划，或针对儿童的哲学训练，包括编撰哲学思考故事、哲学小说与教师指导手册等。儿童哲学有 4 个 C 的培养目标，其中李普曼提出来 3C，即批判性思考（critical thinking）、创造性思考（creative thinking）和关怀性思考（caring thinking）。在李普曼的基础上，苏特克利夫又提出了协作性

---

① Vansieleghem N，Kennedy D，"What is philosophy for children，What is philosophy with children：After Matthew Lipman？"，*Journal of Philosophy of Education*，2011，45(2)，p. 2.

② Naji S，Hashim R，"Names of contributors and affiliations"，in Naji S，Hashim R，*History，Theory and Practice of Philosophy for Children*，New York：Routledge，2017，pp. XVI-XXI.

思考（collaborative thinking）。①儿童哲学的 4C 目标与现代社会人的思考能力是相互贯通的。

　　李普曼之后的研究者在儿童哲学的英文名称上产生了一些变化，例如欧洲的儿童哲学英文是 Philosophy with Children，PwC，意指成年人与儿童共同地、平等地"做哲学"。②美国夏威夷州还创立了夏威夷儿童哲学（philosophy for children Hawaii，p4cHI）。③儿童哲学的研究成果中也包括如何从哲学的视角认识儿童和童年，对应的英文是 philosophy of childhood 或 philosophy about childhood。④"儿童哲学"英文名称上的变化体现了儿童哲学的发展，特别是研究范式的演变。

（二）儿童哲学组织的建立

　　1974 年，在李普曼的推动下，成立了儿童哲学促进协会（The Institute for the Advancement of Philosophy for Children，IAPC）。协会致力于三项事业：出版"儿童哲学"系列课程教材和教师参考材料，为学校开展儿童哲学课程提供咨询与帮助；宣传儿童哲学事业，进行媒体推广，促进国际交流；促进儿童哲学研究，鼓励理论学习与实证研究。李普曼编写了适合各个学段儿童阅读的哲学小说，帮助低年级儿童学习如何进行对比分析，帮助中年级儿童学习推理的技巧，帮助高年级儿童探讨伦理和美学，帮助高中的学生探讨政治和社会。另外，儿童哲学探究国际委员会（The International Council of Philosophical Inquiry with Children，ICPIC）于 1985 年成立，目标是加强世界各地的儿童哲学探究，培训师资，鼓励儿童哲学项目的管理人员进行交流。在李普曼时代，儿童哲学的理论研究和实践推广就已经实现了组织化。这一时期，各类资源得以出版，各类师资培训项目得以展开。

　　随着儿童哲学的深入展开，许多国家成立了各自的儿童哲学组织。在英国，儿童哲学爱好者成立了"教育中的哲学探究与反思促进协会"（The Society for the Advancement of Philosophical Enquiry and Reflection in Education，SAPERE），协会致力于把美国儿童哲学基于英国国情进行改造。1990 年，纪录片《苏格拉底与六岁孩童》的广泛传播进一步促进了儿童哲学的发展。在美国，华盛顿大学于 2011 年成立了哲学学习与教学组织（Philosophy Learning and Teaching Organization，PLTO），其成员包括专业哲学家、K-12［Kindergarten to 12th grade，从幼儿园到 12 年级（幼儿园、小学、初

---

①　Sutcliffe R，"The difference between P4C and PwC"，in Naji S，Hashim R，*History，Theory and Practice of Philosophy for Children*，New York：Routledge，2017，p. 59.

②　Gregory M，"Pre-college philosophy education"，in Goering S，Shudak N，Wartenberg T，*Philosophy in Schools：An Introduction for Philosophers and Teachers*，New York：Routledge，2013，p. 70.

③　冷璐：《夏威夷儿童哲学的实践模式》，载《陕西学前师范学院学报》，2018（10）。

④　刘晓东：《儿童哲学：外延和内涵》，载《浙江师范大学学报（社会科学版）》，2008(3)。

中、高中）〕教师、研究生和本科生、学校行政人员及其他各种类型的教育工作者，他们努力将哲学的益处和严谨性引入年轻人的教育经历中。除李普曼的哲学小说外，越来越多的资源被开发出来，践行者出版各类图书资料，提供各类儿童哲学实践案例，并不断地对相关理论资源进行深入挖掘。[①]

践行儿童哲学的国家大都基于本土特点建立了多样的儿童哲学组织，通过开展儿童哲学研究、各类出版和推广、相应的师资培训等，促进了儿童哲学的发展。

（三）儿童哲学的实证研究与实践推广

为了证明儿童哲学的效果，必要的实证研究不可或缺。在李普曼的号召下，儿童哲学组织招募了许多哲学专业毕业的硕士和博士，经过相应培训到学校去践行儿童哲学，希望通过实证研究证明每周 1 至 2 次、每次 1 至 2 小时的哲学探究有助于提高儿童学业表现。之后，大多数实证研究开始关注儿童理智性思考能力的提升给儿童学业成绩带来的改善，各类推理能力测验应运而生，例如新泽西推理能力测验（NJTRS）、托兰斯（E. P. Torrance）创造思考测验（TTCT）等。[②]

李普曼之后的研究者则突破了以提升学业成绩为目标的取向。他们认为，"K-12 教室的哲学也可以促进儿童和青少年的社会情感成长、独立思考能力等"[③]。1987 年，生命定向问卷（orientation to life questionnaire）被开发出来，在此基础上编制出测量心理一致感的量表并获得广泛使用。[④]除了量化测试的量表外，还有质性评价用以描述儿童经历哲学探究后在能力、情感、态度、行为等方面的变化。通过这些量化与质性的评价，儿童哲学积极地证明了自己的实践效果，获得了更大的合法性。

另外美国学者露恩（J. M. Lone）与柏洛兹（M. D. Burroughs）认为，当今美国大学哲学专业处于萎缩状态，把哲学教育从大学拓展到 K-12 教育以促使年轻一代从哲学思考中受益，能促进哲学学科发展，这也是一些欧美国家践行儿童哲学的原因。[⑤]

二、儿童哲学价值范式的转换

不同时代的儿童哲学，所针对的问题不同，其价值诉求不同，所论证的合法性亦不同。儿童哲学必然要思考儿童、哲学及其与教育的关系，对三者关系的不同判断决

---

① Shapiro D A, *Plato Was Wrong：Footnotes on Philosophy with Young People*, Maryland：the Rowman& Littlefield, 2012, p. 1.

② 古秀荣、冷璐：《儿童哲学探究活动的教育评价研究》，载《上海教育科研》，2018(1)。

③ "The benefits of philosophy in schools", https：//www.plato-philosophy.org/why-plato, 2018-03-08.

④ 古秀荣、冷璐：《儿童哲学探究活动的教育评价研究》，载《上海教育科研》，2018(1)。

⑤ Lone J M, Burroughs M D, *Philosophy in Education：Questioning and Dialogue in School*, Maryland：Rowman and Littlefield Publishing Group, 2016：p. 6, p. 13.

定了儿童哲学在价值范式上的不同。

以李普曼为代表的儿童哲学价值范式的核心体现是，在对教育实践的哲学批判与反思基础上，通过设置儿童哲学课程、培养儿童理智性思考能力，实现对学校教育的重构。

李普曼之后的研究者更为关注儿童哲学实践本身存在的问题，关注如何做高质量的儿童哲学。研究者认为，"当儿童从事自己的学习时，他们的学业表现更好，并且认为这是有个人价值的"。儿童哲学不应是儿童对哲学知识的单纯学习，而应帮助儿童完成对自我认知、人生意义、社会发展等诸多问题的思考与表达。①赛博（J. Sebo）要求儿童哲学的教师应具备哲学敏感性（philosophical sensitivity），这样可以从学生们的讨论中敏感地发现值得讨论的哲学问题，而非日常生活中的经验问题。哲学敏感性意味着我们能够识别和考量人类生存的基本条件，具备了哲学敏感性的教师才能对认识论、形而上学、道德哲学等领域中的哲学问题保持敏感，才能引导儿童进入较为深入和丰富的哲学讨论中。②在儿童哲学资源使用方面，学界也存在这样的讨论，即如果放弃了专门为儿童编写的哲学教材，采用其他学科教材，能否维持儿童哲学的哲学性？如果通过文学与儿童做哲学，那么未受哲学训练的语文老师是否能挖掘文学作品中的哲学意蕴？

此外，李普曼之后的研究者倾向于把儿童哲学当成生活方式，致力于儿童与成人的共成长。儿童生活在经验世界中，不代表儿童不能对非经验世界问题发表看法，儿童哲学就是要给予儿童这样的机会。"人生的每一个阶段都有其自身价值，不应该为了准备下一阶段而减少其价值。当我们成年的时候，许多童年视野就消失了，当我们倾听儿童时，童年视野能被再次接近。"③

三、儿童哲学理论范式的转换

与儿童一起学习讨论哲学这一实践做法，涉及教育的哲学基础问题。李普曼把儿童哲学建在实用主义哲学、语言哲学基础上，李普曼之后的研究者在形成自己的儿童哲学主张时，其认识论与知识论基础与李普曼不同，继而构成理论范式也不同。

研究者把儿童哲学建立在更广阔的哲学基础上。一方面，他们继续钻研杜威哲学思想，把杜威关于想象力的论述融入儿童哲学的理论基础中，认为想象力同样属于理

① "The benefits of philosophy in schools"，https：//www. plato-philosophy. org/why-plato，2018-03-08.

② Sebo J，"Philosophical sensitivity"，in Lone J M，Israeloff R，*Philosophy and Education：Introducing Philosophy to Young People*，Tyne：Cambridge Scholars Publishing，2012，pp. 23-24.

③ Lone J M，Burroughs M D，*Philosophy in Education：Questioning and Dialogue in School*，Maryland：Rowman and Littlefield Publishing Group，2016，p. 6.

性世界①；另一方面，他们拓展儿童哲学在生命哲学和政治哲学方面的意蕴，与后现代哲学联系日益密切，这类研究主要分为两种。

1. 以福柯、阿甘本等的生命政治学为理论基础

李普曼之后的研究者把与儿童的哲学对话当作对教师声音统治的悬置，当作交流、反思、对忙碌生活的暂停，回归人的"幼态"。在资本主义进入生命政治治理术的时代，面对无处不在的微观权力，福柯（M. Foucault）苦苦思索如何打破生命权力，在研究古典哲学时分析了作为直言者的苏格拉底，提出了"直言"与"关心自己"的精神操练和实践。儿童哲学研究者认为，只有儿童才能"直言"，"童言无忌"是对生命最本真的追求，是对无处不在的权力的克服。从福柯哲学出发，儿童哲学不仅能够使自我接近真理，它更是一种关心自我的实践，做儿童哲学不是传播知识，而是当下的实践行为。面对无孔不入的生命政治权力，意大利哲学家阿甘本（G. Agamben）从"政治非行动主义者"角度出发，提出让所有的历史的与当下的社会工程都闲置起来，进入"一种特殊的休假"②。那么，在和儿童做哲学时，教师应抵制工具主义，既不能把儿童当作实现目的的特定手段，也不能把儿童哲学当作"朝向结果的评价和评估运动"③。在儿童哲学的探究共同体中，教师不应以自己的声音推动儿童的探究向预定的共同目标运动，应拒绝因循"目的—手段"的逻辑，而是应悬置自己的声音，以自己的沉默帮助儿童"回到幼年的经验去，允许学生从事研究性游戏（既不是仪式也不是游戏）活动"④。阿甘本高度肯定了人类幼年的价值，提出人类的幼态是充满潜能的状态，幼年是颠倒的引擎。对成人来说，回到幼态，就是回到充满潜能的状态，与儿童讨论哲学在一定意义上能促使成人回到充满潜能的幼态，促使成人"成为永远的孩子"。

2. 以认识论上反对线性思维、反对二元对立的后现代主义哲学为理论基础

德勒兹（G. L. R. Deleuze）提出的"哲学是造概念和块茎思维"的思想受到研究者的重点关注。研究者认为，认识论取向的教学由于知识的确定性，很有可能被教师牵引，导致高控的学习，而探究共同体打破了传统的线性思维方式，儿童讨论的过程体现了块茎思维。在探究共同体中，儿童"通过为了我们自己和其他人的思考到达了知识的身边"，而不是依靠教师生拉硬拽地把儿童带到知识的身边。作为认知和心理交流活动形式的探究共同体，是"开放的、紧急的、自我组织的系统，它是生态的，非线性的和不可逆转的，仅在部分上是可预测的，在混乱和停滞之间通过驱动一节课的平衡过程实

---

① Bleazby J B, "Dewey's Notion of Imagination in Philosophy for Children", *Education and Culture*，2012，28(2)，pp. 95-111.

② 吴冠军：《生命权力的两张面孔——透析阿甘本的生命政治论》，载《哲学研究》，2014 (8)。

③ Jasinski I，Lewis T E, "Community of infancy: Suspending the sovereignty of the teacher's voice", *Journal of Philosophy of Education*，2016，50(4)，pp. 538-553.

④ Jasinski I，Lewis T E, "The educational community as in-tentional community", *Studies in Philosophy and Education*，2016，35(4)，pp. 371-383.

现发展"①。这样在认识论上，教师的权威被否定了，更多、质量更高的主体性得以实现。

四、儿童哲学实践范式的转换

几乎所有的儿童哲学研究者都肯定苏格拉底式对话，支持通过探究共同体的方式帮助儿童深度反思与体验。但儿童哲学背后的不同教育哲学主张使得他们的实践重心有所不同，这也决定了他们实践范式的不同。

李普曼力图通过独立设置儿童哲学课程来重构学校教育实践，但怀特（J. White）等研究者质疑李普曼改善思维的儿童哲学目标："在基础教育领域，儿童哲学的目标被整合进普通教育目标，但为什么是哲学而不是其他课程活动被当成追求这些目标实现的媒介呢？"②

因此，李普曼之后的研究者拓展了儿童哲学目标，重新思考了哲学与教育的关系，以解决李普曼留下的问题。一些研究者继承了李普曼的立场，认为哲学问题与经验世界的科学问题不同，科学问题解决过程中虽然存在与哲学相一致的假设推理、演绎归纳等思维方式，但终点是确定性的。而哲学问题由于无法预先建立确定的唯一答案，充满了开放性和不确定性。所以，与儿童一起讨论哲学问题不仅是帮助儿童发展，更是一种成人与儿童共同反思当下、找寻意义的生活方式，儿童哲学有必要独立存在。也有研究者通过把哲学融入其他学科展开实践，充分挖掘文学、历史、数学等科目中的哲学问题，通过学科教学践行儿童哲学，促进儿童的哲学思考。在实践进程中，美国以外的研究者大多坚持本土化路线。他们认为，由于文化壁垒，李普曼的哲学小说适合美国儿童，但不适合美国以外国家的儿童。一些研究者突破李普曼儿童哲学小说的限制，如澳大利亚学者凯姆提出哲学讨论中的材料应该包括四方面的特征：第一，必须包含哲学前提和哲学主题；第二，必须有关于生活的开放视野，鼓励孩子们进行怀疑、质疑、假设和探究；第三，必须包含大量探究性对话，包含能引人深思，能促进人们共同思考的内容；第四，如果故事包含图片，图片必须富有想象力，尽可能多地表达思想，有启发性，有令人困惑的东西。③还有一些践行者在图书馆和博物馆等机构展开活动，充分利用儿童的图画书、绘画、电影、故事等为儿童哲学的展开提供资

---

① Kennedy N，Kennedy D，"Community of philosophical inquiry as a discursive structure and its role in school curriculum design"，*Journal of Philosophy of Education*，2011，45(2)，pp，265-283.

② White J，"Philosophy in primary schools?"，*Journal of Philosophy of Education*，2012，46(3)，pp. 449-460.

③ Cam P，"P4C stories，Different approaches and similar application?" in Naji S，Hashim R，*History，Theory and Practice of Philosophy for Children*，New York：Routledge，2017，p. 59.

源支持。

　　儿童哲学的实践生命力在于采取多样化的、适合地区环境的实践方式与实践资源。例如在夏威夷发展成为更具文化特色与操作性的"夏威夷小 p 儿童哲学"，在法国则与实践哲学相呼应，在丹麦则利用丰富的自身童话资源，在英国和澳大利亚等地也都呈现出适应当地教育文化特征的儿童哲学。①

　　儿童哲学实践一直受到一种质疑，即就算儿童经历了哲学讨论，也难以像哲学家一样系统化、理论化地思考。由此看出，儿童哲学要解决的问题不是哲学问题，一直都是儿童的生活与教育问题。

小　结

　　通过李普曼、马修斯等先行者与之后研究者的诸多努力，儿童哲学的理论与实践均有了长足的发展，但也面临许多问题。一些研究者主张走专业化哲学路线，致力于让儿童走进哲学思考的世界而非在经验的世界里徘徊。这样的实践目标有时被窄化为孤立的学术目标，因此遭到一些研究者的批判。这些研究者主张，儿童哲学应回归哲学一开始"为了人的美好生活"的目标，儿童哲学的宗旨是为了儿童的美好生活。或许，在这种张力中，儿童哲学才能有着多样化的表现。虽然在很多国家和地区的学校系统中，儿童哲学并不处在核心位置，我们依然可从儿童哲学的范式转换中获得启示。

　　1. 儿童哲学的发展当有实践取向

　　儿童哲学的生命力在于解决儿童生活与教育的困境，这属于实践取向。儿童哲学不是形而上学而是实践哲学。②这意味着，无论在形而上学中提出什么样的儿童观和教育观，都需要在实际生活中通过与儿童真实的互动方式去践行。儿童哲学以未有确切答案的方式促使儿童从不同角度思考世界的丰富性。儿童"有了不同的观点交流，他们不再以自己的'是'去论断他人的'非'，发现人的世界不只有是与非的对立，还有更多未知的惊奇以及多元视野的交融与包含"③。哲学帮助儿童发现和体验意义，而非教儿童学习意义。儿童哲学不是科目学习、知识学习，而是充满了德育意蕴的，让儿童有机会表达自己、活在当下。

①　古秀荣、冷璐：《儿童哲学探究活动的教育评价研究》，载《上海教育科研》，2018(1)。
②　高伟：《浪漫主义儿童哲学批判：儿童哲学的法权分析》，载《全球教育展望》，2017(12)。
③　王清思：《儿童哲学探究团体中的德育意蕴》，载《教育发展研究》，2018(Z2)。

2. 关注儿童哲学理论范式带来的观念变革

哲学的原初含义是热爱智慧和追求智慧，因此，越来越多的儿童哲学探究者都在动词意义上使用哲学这一概念。哲学问题答案的不确定性使得学习的过程不是一个向某个确定方向运动的过程，不是一个根据学习产出结果必须倒推的训练过程，而是充满了探究的过程，这就带来了学习观念的改变。从阿甘本的思想来看，"幼态的概念允许我们把人类的行为当成永远不成熟的状态"①，人类的学习能力不仅意味着遇到困难能够克服，更是面对未知能够持续探索、拥有无限潜能的状态。从儿童哲学的特点看，探究学习与深度体验并不是朝向固定目标运用的过程，恰恰是在未知领域中可持续的探索。对新时代创新性人才培养来说，对未知答案问题的持续探究比朝向已知答案的运动更有价值。

3. 儿童哲学实践方式应多样化

李普曼的理想是以独立设置儿童哲学课程重构学校教育，无论是现在还是未来这一理想都面临重重困难，儿童哲学的实践生命力在于采取多样化的、适合地区环境的各种各样的恰当方式。每个国家、每个地区都得选择适合本土环境的实践方式与实践资源。"P4C 在夏威夷可以发展成更具文化特色与操作性的 p4cHI，在法国与实践哲学相呼应，在丹麦利用丰富的自身童话资源，在英国和澳大利亚等地都呈现出适应当地教育文化特征的 P4C。"②

章后思考

一、名词解释

儿童哲学　P4C　PwC　p4cHI　形而上学　道德哲学　语言哲学

二、简答题

1. 简述奥斯卡·博尼菲提出的儿童哲学教师在教学时所应遵循的四项基本原则。

2. 简述李普曼构建的可供儿童学习的学校课程——"儿童哲学"（Philosophy for Children）的四个方面特点。

3. 简述夏威夷儿童哲学的实践模式。

---

① Storme T, Vlieghe J, "The experience of childhood and the learning society: Allowing the child to be philosophical and philosophy to be childish", *Journal of Philosophy of Education*, 2011, 45(2), pp. 183-198.

② 古秀荣、冷璐：《儿童哲学探究活动的教育评价研究》，载《上海教育科研》，2018（1）。

三、论述题

1. 怎么理解"儿童哲学"和"童年哲学"？

2. 怎么理解李普曼之后的儿童哲学？

四、材料分析题

"提起哲学给人的印象，用一个字形容是'玄'，两个字形容是'深奥'，三个字形容是'高大上'。"杭州凯旋教育集团景华小学教师王红霞的一句看似玩笑的话，引来大家的深思，哲学真的这么高不可攀吗？其实不然，在专家们眼中，哲学尤其是儿童哲学，内容丰富有趣，体现形式多元，完全称得上是一门有趣的学科。

复旦大学教授徐冬青说："儿童哲学，没有一种固定的模式。"儿童哲学，不是给孩子灌输知识或结论，而是让孩子学会在不同学科中培养情怀、探索问题。他说："未来儿童哲学教育模式将越来越多元，可以渗透在学生社团活动、班队活动中，也可以融合进其他学科。"

春芽实验学校有个儿童哲学社团，儿童哲学组组长陈霞在社团课堂中巧妙地引入了绘本教学，当学生看绘本、听故事的时候，设置一连串问题，引发他们的思考与争论。陈霞说："基于绘本的儿童哲学，不是传递哲学知识，而是以问题探究的方式，推动哲学思维。"教师在课堂中，通过不断改变情境，制造出梯度递进的问题群，引发学生思维碰撞和讨论。学生在此过程中，探究力被激起，最初的好奇心也就顺势变成了后来的深层次思考。[①]

根据材料，思考儿童哲学的目的，反思怎样培养儿童的哲学意识。

拓展阅读

1. 刘晓东. 儿童精神哲学[M]. 南京：南京师范大学出版社，1999.

2. 高振宇. 儿童哲学论[M]. 济南：山东教育出版社，2011.

3. 詹栋梁. 儿童哲学[M]. 广州：广东教育出版社，2005.

4. 加雷斯·B. 马修斯. 童年哲学[M]. 刘晓东，译. 北京：生活·读书·新知三联书店，2015.

---

① 叶青云：《儿童哲学：让孩子以自己的眼睛看世界》，载《浙江教育报》，2018-04-09。

第三篇
实践篇

第五章

儿童哲学教育实践

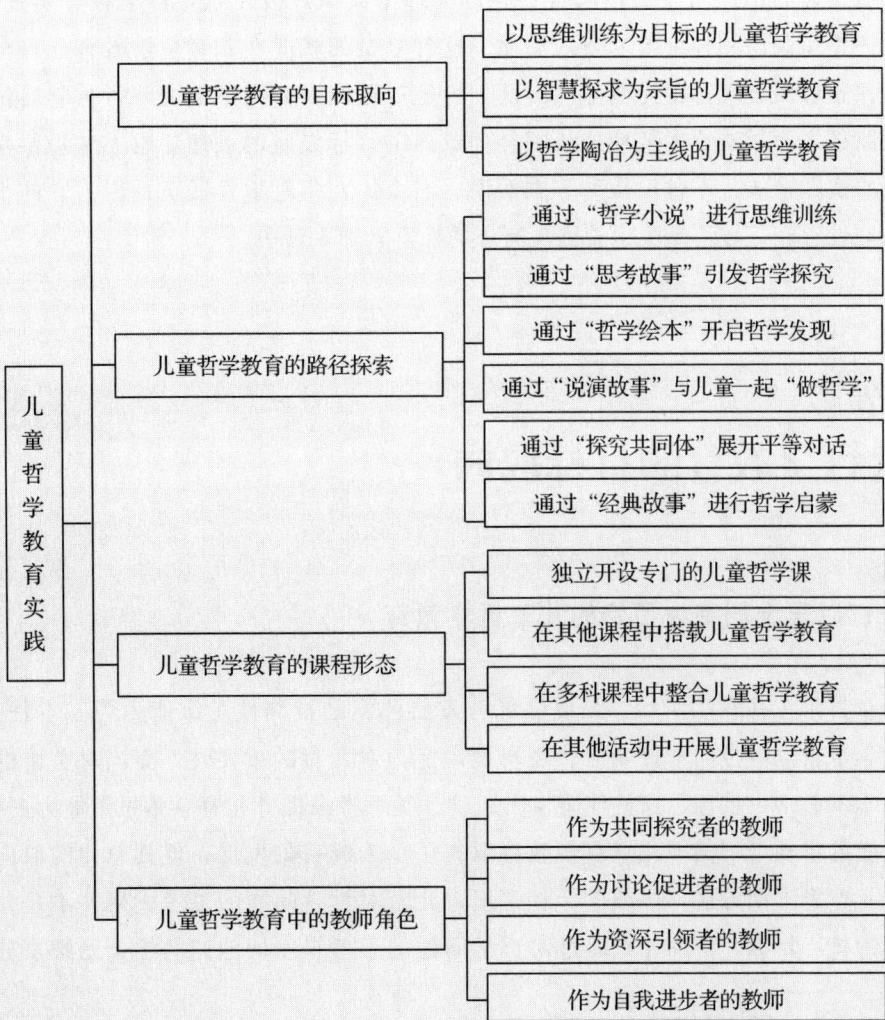

儿童哲学教育实践
├─ 儿童哲学教育的目标取向
│   ├─ 以思维训练为目标的儿童哲学教育
│   ├─ 以智慧探求为宗旨的儿童哲学教育
│   └─ 以哲学陶冶为主线的儿童哲学教育
├─ 儿童哲学教育的路径探索
│   ├─ 通过"哲学小说"进行思维训练
│   ├─ 通过"思考故事"引发哲学探究
│   ├─ 通过"哲学绘本"开启哲学发现
│   ├─ 通过"说演故事"与儿童一起"做哲学"
│   ├─ 通过"探究共同体"展开平等对话
│   └─ 通过"经典故事"进行哲学启蒙
├─ 儿童哲学教育的课程形态
│   ├─ 独立开设专门的儿童哲学课
│   ├─ 在其他课程中搭载儿童哲学教育
│   ├─ 在多科课程中整合儿童哲学教育
│   └─ 在其他活动中开展儿童哲学教育
└─ 儿童哲学教育中的教师角色
    ├─ 作为共同探究者的教师
    ├─ 作为讨论促进者的教师
    ├─ 作为资深引领者的教师
    └─ 作为自我进步者的教师

章前导语

儿童哲学课程首创之时，借助成人为其编写的哲学故事，达到儿童哲学思维和逻辑推理能力的训练。今天的儿童哲学实践正逐步超越成人预先设计的哲学文本，以求在教师、文本、儿童之外寻求更大的哲学空间。作为一名教育工作者，我们如何发挥自身在哲学教育中的角色，建设儿童哲学教育课程，开发儿童哲学教育教材？这些将是本章讨论的问题。

儿童哲学教育至今仍处于不成熟的探索发展时期。虽然世界范围内的儿童哲学研究得到较快速的推广与发展，取得了一定的理论共识，但在儿童哲学教育实践领域，更多地还是呈现出一种纷繁复杂的局面。这种复杂的状况在儿童哲学教育的目标取向和路径探索层面表现得尤为明显。因此，这里尽可能地介绍不同的儿童哲学目标取向及实践路径，而无法给出某种公认的合理成熟的目标设定的表述，也无法提供某种成熟稳定的实践模式。不过，从另一方面说，当今的儿童哲学发展正是因为它的很多方面的未知性存在，才不断吸引着更多有志的探索者加入其中。

第一节
儿童哲学教育的目标取向①

一、以思维训练为目标的儿童哲学教育

儿童哲学在其发端伊始，是以训练与发展儿童的批判性思维能力为基本任务的。作为大学逻辑学教授的李普曼深感逻辑推理能力对儿童的重要性，而当时美国的中小学里根本不教学生推理，这使他萌生出通过哲学思考来提升儿童总体思考能力的想法。在李普曼的带领下，美国儿童哲学教育取得了令人瞩目的发展，但其总体的取向始终是沿着儿童思维训练这一主线的。在这里，儿童对哲学问题的思考成果并不是儿童哲学教育的核心目标，帮助儿童通过对哲学问题的思考来发展他们的综合思维素养才是

---

① 这部分内容在刘晓东教授的《论儿童哲学启蒙》一文里有所详述，详细请参见刘晓东：《论儿童哲学启蒙》，载《上海教育科研》，1998(09)。

其主要目标。

　　美国儿童哲学所要培育的综合思维素养体现在认知和非认知领域的多个方面，但就其最核心的目标而言，主要体现在批判性思考力（critical thinking）、创造性思考力（creative thinking）、关怀思考力（caring thinking）这三个方面。① ①批判性思考主要包括对话性思考和辩证性思考。对话性思考是指面对一个问题或事物，能够容纳他人的不同意见、观点或参照架构，彼此对谈沟通、交换和辩白而不盲目坚持己见；而辩证性思考则是指当面对两个或两个以上不同争论观点时，能客观地找出他们的有利或不利，具有支持性或不具支持性的论据，进而考验、测试、评价他们各自的优点和局限性。批判性思考力是儿童哲学自创立以来最受关注、最受重视的目标，它包含4个基本特征即自我校准、敏于情境、受标准指引、以判断为结果。②创造性思考力是与批判性思考力相辅相成、共同促进的。李普曼等人以原创性、助推性、生产性、想象性、发明性、试验性、独特性、独立性、新奇性、自我超越性等来诠释何为创造性思考力，但同时也强调创造性思考力受情境性价值的指引。③关怀思考力是高层次的思考力，关怀思考是批判性思考和创造性思考的联合体，但是李普曼和夏普等人都指出，关怀思考也应是高层次思考的内核。如前所述，关怀思考不仅仅属于情境和倾向范畴，也包括一系列认知行动，如寻找另一种方案、发现或制造关系、线上或评估等。因此在李普曼眼中，关怀思考力具有欣赏力、情感性、行动力、规范性、同理心这五个方面的基本特征。

　　另外，在这种取向的儿童哲学教育活动中，交往沟通能力也被视为一项重要能力。因为儿童哲学的主要活动形式为师生和生生之间的对话，这种对话不仅有助于发展儿童的言语交流能力，而且能促进儿童对彼此性格、兴趣、价值观、信念和偏好等的了解，这一点构成了儿童人际交往的先决条件。与此同时，基于哲学探究的本质，儿童不得不清楚阐明并论证自己的看法，批判性地处理大量与自己意见相左的观点，甚至在必要时据此修正自身意见，达成共识，因此对儿童的反馈能力、沟通的强度和深度都有较高要求。还有，团体合作的哲学对话不仅关注探究的过程，同时也追求真理的获得和共识的达成，但这种获得和达成仅凭一己之力往往是无法实现的，而且从社会建构主义的角度来看，个体与个体之间的对话能够更好地促进思维的发展，因此作为探究共同体成员的儿童必须学会保障他人发表声明和做出决定的权利。相互合作的有效机制，使大家能够在情境不确定和观点冲突的情况下，通过对话、协商、分享等多种形式来寻求哲学问题的解决方案。因此，交往沟通能力作为批判性思维能力的外围支持，也是以思维发展为目标的儿童哲学教育的重要追求。

　　李普曼提出的儿童哲学实质上是儿童的逻辑学，他非常注重儿童思想过程中的形

---

① 高振宇：《基于核心素养的儿童哲学课程体系建构》，载《上海教育科研》，2018（01）。

式推理，而不太关注儿童思维过程中产生的具体内容这一面。然而形式与内容无法在现实中彻底分离。美国的儿童哲学研究对儿童哲学性质的定位只是儿童的思想技巧还有儿童的推理方面的研究。美国儿童哲学教育的性质，以建立推理的规则为重，使每个人都能够改善这些推理技巧。总之，美国的儿童哲学教育的基本取向，是提升儿童的哲学思考能力和推理能力，而并不注重儿童对特定哲学问题的回答内容。换言之，对某一特定哲学问题的认识本身并不是这种取向的儿童哲学教育的核心目的。

二、以智慧探求为宗旨的儿童哲学教育

欧洲的儿童哲学研究虽然是从美国引进而来的，但由于受古希腊哲学"爱智慧"的影响，强调儿童哲学就是教导儿童"爱智慧"。他们认为儿童不仅喜欢形式的推理，而且喜欢智慧的探求。[①]

儿童对智慧的探求常常表现在他们对周围环境中成人习以为常的事物产生怀疑、感到困惑。儿童对智慧的探求不仅表现在困惑和发问方面，而且还表现在试图解决问题方面。儿童对智慧的探求充分表现在他们的各种稚嫩却意味深长的"天问"之中。所谓"天问"，一定不是现实之问，而是超越于个体现实生存之需的天马行空之"问"。一个"天"字道尽了这种追问与现实生活的遥远距离。这一距离同样存在于人类的"哲学之问"中，人类的哲学大多也是无关琐细现实的超越之问。就"哲学"这门学科而言，"提出问题"的价值远远超过"回答问题"的价值。"哲学是爱智慧，而不是智慧本身"这一箴言早已深切表明，哲学的真正魅力在于对根本性问题（智慧）的趋近，而不是对"问题答案"的期求。从这层意思上说，"永远在路上"或许就是哲学无法免除的存在样态。以此审视，幼童的"天问"与成人哲学的相通以及对于成人哲学的意义不言自明：自人类的幼年期，哲学问题就已"在路上"，它们以"天问"的形态存在于幼童的天然之心中。换言之，这些哲学问题，绝不是在儿童长大之后，成人哲学家或哲学老师"抛给"他们的。在远未长大成人之时，一些重大的哲学问题就自动来到了他们的心间，也可以说他们已经开始面向这些问题。幼童的"天问"绝非无稽胡闹之问，而是具有值得深察的意蕴的。某些幼童的某些"天问"，本身就已构成了严肃的哲学问题。例如，一位 5 岁的女孩曾多次追问一个问题："宇宙之外还有什么？"在被告知"所有的东西合在一起才可以被称为宇宙，没有什么能在宇宙之外"之后，接着问"不对，就是有宇宙之外，你不懂，我问的是所有的东西的外面还有什么？"。三年后，这一问题被再次提起并重新表述："我那时候就是想问你，除了人能知道的所有的东西（宇宙）之外，还会有别的世界存在吗？"这是一个经典的"形而上"问题的幼童表达，这是一个不折不扣的哲学之问。这里

---

①　成尚荣：《当教室里飞来哲学鸟的时候——儿童哲学几个问题的厘清》，载《人民教育》，2012(22)。

儿童关注的不仅仅是我们应如何思考这个问题，而是对这个问题的答案到底是什么。对智慧的寻求，占据了儿童的主要渴望。

只要我们与儿童有些交往，我们就会听到大量与此相似的问题与认识。与儿童共同探究这些问题，彼此交流看法，这会促进儿童的哲学素质的发展，同时成人自己面对儿童的问题和认识，也能从中有所收获。活生生的哲学思考活动是无法传授的，它必须有主体才能充分自由地完成，一旦哲学浓缩成有系统的教学，就意味着哲学活动的终结。当然哲学并不反对各种哲学内容方面的学习。只有当这些学习来的东西作为准备性材料被主体用于探求智慧时，哲学思考才算开始。换言之，思维训练和技巧、规则虽然是儿童哲学的重要工具，但止于此是远远不够的。对儿童哲学教育的价值取向与目标定位应以思维训练为工具和手段，贯穿全过程，让儿童学会提问，学会思考，寻找意义，最终达成对智慧的追寻。这样才能使儿童的思维得到提升，思想与精神得到丰富，从而使童年生活愈加丰满幸福。鉴于此种认识，欧洲儿童哲学的主要旨趣在于聆听儿童的观点，与儿童一起平等探究一些哲学问题，与儿童一起进行对智慧的寻求，而不是"指导"儿童如何进行哲学思考。

三、以哲学陶冶为主线的儿童哲学教育

我国儿童哲学教育的发展既具有明显的国际借鉴性，也呈现出一定的本土特色。在对儿童哲学教育本土化的尝试过程中，一些学者提出了儿童哲学教育与中国传统文化教育相结合的问题。如邓迪认为[①]：儿童哲学只有与中国传统文化结合，才可使广大民众更好地接受。张建鲲、庞学光认为[②]：儿童哲学须立足于中国文化的历史传统。黄彬、魏桂军指出[③]：儿童哲学须引领儿童对中国传统思想进行探究，以便使中华民族的文化精神深入人心。江卫社提出[④]：儿童哲学的关爱思维是与中国传统文化所强调的仁爱思想直接相通的。这些学者虽然并没有指出儿童哲学中国化的具体路径，但这些倡议无疑为儿童哲学中国化奠定了基本的底色，也具有重要的本土意义。

但是，哲学只是文化的一部分，文化显然并不全是哲学。换言之，尽管我国的一些宝贵的哲学思想多方位地体现于我们的传统文化之中，但用传统文化熏陶来代替儿童哲学教育，则多少具有哲学被泛化的风险，甚至会使儿童哲学丧失其本有的初心。哲学活动之根本意义在于人类在这种活动中所迸发出的创造性思考，而不是被动性熏习。如果把文化熏陶即便是文化中的哲学熏陶，作为儿童哲学活动的主要形式，也有

① 邓迪：《李普曼的儿童哲学计划在中国小学课程中的应用》，载《河南教育（高教版）》，2009(4)。
② 张建鲲、庞学光：《儿童哲学课在中国的普及》，载《全球教育展望》，2009(1)。
③ 黄彬、魏桂军：《儿童哲学教育中国化进程的思考》，载《科教文汇（上半月）》，2006(09)。
④ 江卫社：《在儿童哲学启蒙教育中弘扬中华民族文化精神》，载《四川教育学院学报》，2004(08)。

可能会使儿童哲学活动的开展偏离儿童哲学被发现之初的本真意义。刘晓东教授早在1998 年就指出①：哲学在中国文化中占有重要地位。在旧时，一个人只要受教育，就要用哲学发蒙。但遗憾的是，当时的许多教书先生缺少自觉的哲学意识，他们往往手持一把很长的戒尺，十分严肃地要求学生将哲理格言反复吟诵、烂熟于心。这种具有强制性的教育，其实是不能算作哲学陶冶的。哲学陶冶活动应类似于游戏，它应完全出自自愿，没有强制性质。

　　儿童哲学与传统文化相结合的问题，既不是一个简单发扬也不是一个武断否定的问题。它是一个需要高度审慎的问题。学者高振宇认为②：西方的儿童哲学教育是以强调逻辑思维为主要特点的，所反映的是一种追问到底的哲学精神，意在养成批判分析的态度，这与中国传统哲学的思维风格是截然不同的。虽然如此，中国哲学还是有诸多元素可以引入儿童哲学课堂之中的，关键看教师如何借用。他提出三点建议：一是儒家哲学注重个人的道德和人生观，可作为儿童伦理探究、人生哲学探究的重要材料，特别是人性的本质及由来、性与理、知与行、仁义礼智信等问题尤其有价值；二是儒家哲学尤其是宋明理学，以及道家关于天或宇宙的思考，可作为儿童形而上探究的重要材料；三是除了儒家，其他学派的学说皆可成为儿童哲学探究的材料：其中名家与儿童哲学最为契合，诸如"白马非马""离坚白"等命题对提升儿童的逻辑思考能力极有帮助；借助法家关于法术势的思想，可引导儿童作社会政治哲学的探究，思考法律与权力、政府与人民之间的关系等问题；墨家的"非攻"思想有助于引导儿童探讨与战争有关的问题；等等。

　　综上所述，以文化陶冶和经典熏习为取向的儿童哲学教育，尚需要更多的审慎研究。中国的儿童哲学教育需要在中国文化的坐标中开展研究，但中国传统文化传承并不是儿童哲学教育的首要目标。儿童哲学教育的首要目标，是对儿童的发现，对儿童生活、儿童声音、儿童思想的发现、重视、倾听、发展，也就是说，儿童哲学教育需要坚守儿童本位的根本原则。

---

① 刘晓东：《论儿童哲学启蒙》，载《上海教育科研》，1998(09)。
② 高振宇：《儿童哲学的中国化：问题与路径》，载《全球教育展望》，2009(08)。

第二节
儿童哲学教育的路径探索

一、通过"哲学小说"进行思维训练

为了对儿童进行有效的思维训练而又不必直接教授儿童枯燥的思维方法，李普曼采取了"哲学小说"这一形式来开展活动。李普曼把思想的正式规则或不正式规则运用在小说中，作为故事中的一些隐含性线索，通过小说主人翁按规则思考后的一连串发现，来为阅读者提供思想上的改进，讨论一些哲学观念上的问题。美国儿童哲学促进会（IAPC）在创办之初通常采用李普曼或其他学者所撰写的儿童哲学小说，这些哲学小说按照一种逻辑的顺序将要推理的内容编排出来，将它变成一个有情节的故事，并穿插不同的角色，且赋予各种角色不同的理性思考的特质。儿童哲学小说通常的主题则是那些具有普遍意义的或有争议的概念，这些概念构成我们人类自身经验和各个学科的基础，如正义、权利、爱、友谊、规则、责任、时间、自我、无限、灵魂等。

李普曼所开发的第一本哲学小说是《聪聪的发现》。① 书中用极浅显的文字叙述，来告诉中小学生如何去推理。小说的主人翁聪聪是一个中学生，喜欢幻想及做白日梦。在某一日的自然科学课堂上，老师在向大家解释太阳系行星运行的情形，并描述了大而发光的太阳，以及其他的小行星都围绕着太阳转。老师突然问了聪聪一个问题："什么星带着长长的尾巴，也围着太阳转，并且每 77 年出现一次？"聪聪不知道答案，他只知道围绕太阳转的都是行星，那么拖着长尾巴围绕太阳转的也是行星。聪聪将自己的答案告诉老师，引起哄堂大笑，他不知道错在哪里，也想不出所以然来。班上的女生丽莎并没有嘲笑聪聪，而是告诉他：并不是所有的句子都可以翻转使用的。于是聪聪有了新的发现：所有行星都围绕着太阳而运行，但不是所有围绕太阳转的都是行星。这一发现使他非常高兴，回家告诉母亲他所发现的道理，即那些无法克制酗酒的人到酒吧去喝酒，但不是到酒吧去的人，都是无法克制酗酒的人。

用小说的形式来启发儿童进行思考，其实质是把儿童思维的规则包裹上一些真实有趣的生活情境，使这些规则与儿童的真实生活有所关联，同时赋予儿童想象空间。李普曼在创作儿童哲学小说时，尽量赋予儿童最大的想象空间和思考空间。为此，他

---

① 　詹栋梁：《儿童哲学》，3 页，广州，广东教育出版社，2005。

在创作儿童哲学故事时，从不加插图，他认为如果为故事加上插图，儿童就会更多地注意到插图从而限制了儿童的幻想和思考的空间。他认为，这会使得想象力局限在那张图上。在这一点上，李普曼的观点与一般的儿童心理学家的观点明显不同。一般的儿童心理学家认为儿童读物应有插图，如此可以引起儿童的兴趣，可以激发儿童的想象空间，因此，儿童读物往往有大量的插图。但李普曼认为在儿童哲学课程中，应当让儿童有更多的表达空间，成人应尽量听儿童说故事讲故事，而不是由成人来表达更多的故事内容，这样才能使儿童的创造力得到发展，否则，成人就只是在通过儿童来锻炼自己的创造力。总之，李普曼认为，儿童哲学小说是教授儿童批判性思考的好方法，通过哲学小说我们才能够给予儿童所需要的推理经验，这种经验比任何具体学科的有限知识都更能武装他们的头脑。批判思考力不会自然而然地产生，也不会从个体封闭的意识世界中突然诞生。教师只有在沟通和对话的状态下才能逐渐融入学生的生活世界。儿童哲学小说正是以小说的形式使哲学思考与儿童的生活发生关联，并使儿童通过书中的具有亲切感的同龄人角色而产生某种思想与思考方面的共鸣。

二、通过"思考故事"引发哲学探究

如同小说和故事作为文学体裁有所区别一样，哲学小说与思考故事也存在一定的区别。小说往往具有鲜明的人物角色以及特定的生活背景，具有丰富乃至较长的情节，而故事则比较简短。但是，对于能够引发的哲学问题而言，简短故事的作用却并不弱于小说，简短故事更容易突出主题。思考故事（thinking story）是一类以激发儿童进行哲学思考为目的的新型儿童哲学文本，不管在儿童文学领域还是在儿童哲学领域，它均具有独特的地位。思考故事可视为 IAPC 传统教材——哲学小说的重要补充。因为 IAPC 哲学小说大多是刻画了北美背景下的学校及家庭生活，加上其情节平淡、缺乏插图等特点，导致很多儿童哲学实践工作者大多对其视而不见，代之而起的是各校自行研发的教材，然而这些校本教材虽然增加了娱乐性却明显缺乏必要的哲学元素，加上教师自身哲学素养的不足，导致启动哲学探究的困难，从而将儿童哲学课降格为一般的头脑风暴课。而思考故事的兴起，无疑很好地克服了这一困难，因为故事不必具有特定的生活与文化背景。比如，一则以政治哲学中的"公平"主题为基本内容的思考故事如下。①

两只小泰迪熊去野餐。他们找到一块有树荫的草地，就铺开桌布，放好盘子，

---

① ［英］贝里斯·高特、莫拉格·高特：《学哲学的孩子更聪明》，刘笑非译，23～24 页，北京，人民邮电出版社，2019。

把蛋糕摆在中间。一只泰迪熊问："我们应该怎么分这块蛋糕呢？"另一只回答说："咱们来公平地分吧。"为了公平，小泰迪熊们做出决定，平均分蛋糕。这时候，走来一只块头很大的泰迪熊，他看到野餐说："嗨，看起来真是一块美味的蛋糕。让我加入你们的野餐吧，也分我一块蛋糕，好吗？""当然可以。"一只小泰迪熊说。大泰迪熊坐下来，他说："分给我的那块蛋糕应该比你俩的蛋糕都大，因为我的个头比较大，所以我需要大点儿的蛋糕。"请问，大泰迪熊得到大点儿的蛋糕是公平的吗？

通过以上内容可以看出，这则故事具有鲜明的哲学主题——公平，故事人物却只是一些小动物，故事情节也非常简明，这就使得儿童在听故事的过程中，更容易将思维的重心集中在问题而非人物及情节上，不再被小说角色所处的文化地域背景差异所限制。

思考故事的主题可充分涉及各个不同的哲学领域。① 比如，《逃家小兔》这则故事所涉及的哲学主题为物体同一性、成人与小孩的同异、我是谁等。《阿尔伯特不可能牙疼》这则故事则涉及可能与不可能、信任、想象与真实、知识与信念等。《本杰明的噩梦》则涉及真实与梦、身体与心灵、冒险与勇敢等。另外，大多数思考故事所涉及的主题并非按照某个哲学门类有意设计，他们并非紧密围绕某个话题而展开，而是在同一故事中同时关注几个不同领域的哲学议题，比如在《我的朋友是怪物》中，其话题覆盖形而上学、道德哲学、政治哲学、心灵哲学等众多哲学分支。这增强了文本本身的吸引力与问题张力，即同一文本可引发不同儿童进行不同层面的哲学探究，同时也增加了单一文本的使用寿命。

总之，作为对哲学小说教材的补充，思考故事更符合儿童的阅读要求，而为大批儿童哲学实践工作者所采纳，从而逐渐形成一股世界潮流，目前在美国、英国、澳大利亚等，已有大批儿童哲学专家及儿童文学专家去合作开发思考故事，特别是美国蒙特霍利约克学院的托马斯·沃特伯格（Thomas Wartenberg）及其学生共同设计了数十本思考故事，产生了广泛的影响。相比于常见的儿童文学作品，思考故事有其自身独特的要素，它的目的不在于引发儿童的情感共鸣，而在于教导和激励儿童进行哲学探究，因此在主题叙事结构及角色上都表现出截然不同的品质。而且思考故事继承了IAPC哲学小说教材的传统，在每一篇的末尾，常伴有大量的参考问题，不仅可供儿童独自阅读，更可拿到课堂上供师生深入讨论。此外，思考故事添加了精妙的图片以吸引儿童，因此能广为传播，其影响力已经逐渐超过 IAPC 哲学小说的传统教材。

---

① 参见高振宇：《开辟儿童哲学的新天地：思考故事之内容分析》，载《中国儿童文化》，2000(00)。

三、通过"哲学绘本"开启哲学发现

"哲学绘本"对早期儿童的思维发展与情感培养相当重要。①"绘本"顾名思义就是带有图画的书，有时也称图画书。绘本构建的世界是一个可能的世界，它并不一定是真正发生过的事情，但这丝毫不妨碍孩子们借此进行哲学探究。通过绘本，孩子以他们能够接受的方式进入这个可能的世界。绘本作为讲故事的一种特殊方式，它尤其适用于低龄儿童的哲学教育。绘本优越于其他叙事材料的地方表现在以下方面。一是智力水平层面的适宜性。绘本的直观性和较强的故事性能够更好地符合幼童智力发展的水平和需求。二是文学层面的适宜性。哲学小说对于幼童来说过于冗长枯燥，绘本故事和扣人心弦的情境则使得孩子们很容易产生兴趣和乐趣。三是心理层面的适宜性。绘本设计的主题很多都与幼童的生活经历密切相关，不少都可以当作生活话题进行讨论。总之，从绘本的叙事性特点来看，它非常适合对低龄儿童（幼儿）的哲学教育。

在利用绘本开展儿童哲学课程时，最关键的问题是如何保持绘本内容的开放性、绘本呈现方式的趣味性以及绘本引发问题的适宜性。也就是说，教育者应尽量避免对绘本进行一些标签化的处理与评论，因为这些评论往往会把绘本的主题内涵限制在某一个水平上或某一个问题上，从而破坏了绘本在呈现给儿童时的开放性。绘本作品中的哲学问题应是开放的，无标准答案的。教师的提问是为了促进儿童思考，而不是为了传递知识和价值观，这也是儿童哲学课有别于其他课堂的地方。在用绘本进行哲学活动时，在设计问题的时候教师应首先考虑儿童的生活经历，考虑绘本中的哪些细节会唤起学生的共鸣。教师无需设计太多的问题，因为学生在讨论中自己也会引发出很多问题，并且在设计问题的时候绝不能去设想学生们会怎么回答，毕竟学生们不会按照老师的思路去回答而是会有自己的想法，因而在具体引导上老师必须时刻紧跟学生的步伐。

同时还应注意，基于绘本的儿童哲学课不同于一般的绘本阅读课。一般的绘本阅读课上老师可以直接呈现作品，然后为学生讲解，但在儿童哲学课上这样的导入方式则是极不适宜的。哲学绘本的主要功能是为我们提供一个开启哲学思考的情境，借助它我们将儿童带入哲学讨论之中。② 例如《我的床下有鬼吗？》这本绘本的推荐语是："黑暗与未知总是会让想象力丰富的孩子们浮想联翩，带来困扰，在该绘本中爸爸用耐心与爱心温柔地陪伴孩子。温柔的父爱就是孩子成长中的安全感，让孩子克服恐惧，茁壮成长。"诚然，孩子在面对未知事物时需要陪伴与温暖，但是如果按照这个思路，老

---

① 高振宇：《基于绘本的儿童哲学对话：回顾与展望》，载《教育实践与研究》，2014(09)。
② 杨妍璐：《哲学文本绘本及在儿童哲学课中的应用》，载《上海教育科研》，2018(01)。

师们就极容易把焦点聚集在父爱上，而忽视对于这本书中的哲学主题"鬼"的探索。这本书的真正价值在于邀请孩子与神秘事物对话，并且孩子们真正感兴趣的也是鬼的问题，如果老师受到推荐标语的干扰，可想而知，他关注的重点很有可能仅仅停留在温暖的父爱上，而无法深入绘本所蕴含的哲学内核。总之，在利用哲学绘本开展儿童哲学教育时，教师应注意充分聚焦绘本的哲学性。

运用绘本上哲学课有别于一般的读绘本活动，还体现在课程实施的流程上。[①] 儿童哲学课程有其完整的流程体系。以绘本作品为中介材料的儿童哲学课程实施的基本流程如下。第一是创造一个思考的环境氛围。这里不仅包括进行哲学活动的环境，也包括具体的座位安排，理想的座位安排应该是围成一圈，这样可以建立鼓励参与的团队观，孩子们彼此之间能够进行眼神交流。另外，活动环境必须是适宜沉思的比较安静的地方。第二是开场陈述环节。陈述的目的是激发学生的创造性、批判性以及想象力，提供一个可以进行思考的挑战性情境。这个环节会呈现教学中的中介材料——绘本。在呈现绘本的内容时，尽可能不要中途停下来讨论，因为绘本作为一个审美性作品，我们有必要保持它的完整性和连贯性。第三是提问及确立问题环节。绘本阅读后，学生通过自己对绘本的思考提出疑问，他们可以写在纸上或者写在题板上，让所有人都能看见。选出讨论问题的方法有很多，比如学生投票或者把问题编号，然后抽签等。第四是引导讨论环节。在问题选出来之后，教师首先应该关注提问者提出此问题的原因，明确他的问题以及他的问题背后所关心的东西是什么。在问题清晰明了之后，请其他同学来帮助提问者，这个时候在其他同学的回答中，可能产生一定的分歧，教师要用洞察力抓住这个分歧促成讨论。在讨论时尽可能把学生的想法以关键词的方式记录在黑板上，以便之后进行回顾。第五是回顾和总结环节。教师可先根据黑板内容对总体讨论的内容做一个总结，然后邀请学生对自己之前在探究团体中的表现进行一个自我反思，比如有没有认真倾听别人给出的观点，给出的想法是有理由的还是凭空想的，哪些同学让我有新的收获，等等。最后教师也可以请当时没有机会发言的孩子进行一些补充，也可以适当邀请他们谈谈感想。总之，用绘本进行儿童哲学教育比一般的绘本教学任务更为艰巨，但只要教师能够充分理解作为哲学文本的绘本，并在实践中能够体会到它在儿童哲学课的设计和实施中的独特之处，我们就能够学会用绘本与孩子一起做哲学。

---

① 杨妍璐：《哲学文本绘本及在儿童哲学课中的应用》，载《上海教育科研》，2018(01)。

四、通过"说演故事"与儿童一起"做哲学"

通过"说演故事"与儿童一起"做哲学"的实施有如下一些具体环节。①"说演故事"即儿童叙说和表演故事，是开展儿童哲学教育的一种重要的方式。儿童是极具创造性的个体。儿童常常以他最自然的感知去表达对世界原始的惊奇，他们不断说故事，不断叙述他们的经验，以叙述的方式呈现他们的思考和智慧。儿童的智慧要成长，光听故事是不够的。每个人都有属于自己的故事，那是他组织自身经验的方式。认真倾听别人说故事是对别人最大的尊重，认真说自己的故事，是自己经验和智慧的最好表达方式。儿童不能只学习成人的知识去获得意义，他们需要学习为自己思考。儿童哲学是做哲学引导，陪伴儿童去做体验探究思考的历程，甚至是向儿童学习其创意的思维方式。

美国资深幼儿教师维薇安·嘉辛·裴利（Vivian Gussin Paley），带领儿童以"做"故事——故事说演（story telling）或故事表演（story acting）的方式"做"哲学，尝试使用孩子们的故事，作为儿童哲学教学的方式。裴利让儿童说自己的故事，然后让他们在教室里表演出他们的诠释。在说演故事的过程中，儿童有机会和别人讨论自己的故事，看见自己的故事，思考自己的故事，从而促进儿童的社会性发展、情绪发展、语言发展及思考技巧的发展等。在教学活动中孩子们利用故事表达自己，利用故事组织自己，又透过戏剧来呈现儿童的故事，进行团体的合作思考，从而探寻自我，将自己和生活世界进行连接。说演故事是一种更为开放的儿童哲学教育方式。裴利在《陶灵老师的教室：一所幼儿园的故事》中提到，两岁孩子的故事总是离不开"妈妈"，其实对于幼儿来说，仅仅"妈妈"两个字就可代表一个故事，这好像在表明孩子是跟妈妈在一起的，"这就是我，我不孤单"。儿童的语言尽管简短，但却是"强有力"的，这种强有力的表现不完全是语言原本的意思所带来的，恰恰是儿童在思考的活动中对语言的使用使得语言变得强而有力。因此，故事不仅是一种思考模式，也是讲述生命的方法，是连接我们和世界的方式。说演故事活动最神奇的地方，还在于一个故事能够牵引着团体中其他的孩子。当我们接纳了别人的故事，故事中共同的情节与想象或是角色共同的情绪就能自然地引发下一个故事、下一场演出。那些故事像一面镜子，当我们围成圈面对面坐下来，相互照映时，我们都在彼此的故事里面。

关于说演故事活动如何开展，裴利并没有专门完整地提到，她也强调并没有一定的步骤。但通过对许多说演故事活动进行总结之后，我们仍可发现一定的规律。第一

---

① 详细请参见孙丽丽：《在故事中看见孩子：说演故事在儿童哲学中的运用》，载《教育发展研究》，2019（Z2）。

步是制订计划。关于活动频率，理想的状况是每天都可进行，只要儿童有兴趣，有机会就可以说演。在材料准备方面，老师手边应经常备有记录故事的工具。关于地点，老师应考虑一个能看见教室每个角落的位置，以保留足够的空间给听故事的人，演出的地点则通常是教室中的集合区。第二步是说故事。教师将孩子口述的故事书写于黑板上，应让孩子站在可以看清书写的位置。说故事开始前，教师应先写孩子的姓名与日期，然后大声地念出来。故事题材的限制应越少越好。在必要的时候教师可以与孩子对话，以协助孩子拓展他们的想法。当儿童说完故事，教师应让儿童确认是否都写对了，并且依据孩子的要求予以修正。让说故事的孩子从志愿演出者当中挑选角色以进行接下来的表演故事。第三步是演故事。故事表演时简单为上策，不需要排练及道具。选择确定演出名单后，当旁白再一次重读故事时，演员根据故事叙说的内容进行演出。在戏剧演出中间，老师可以随时询问或指示，以便让演出顺利深入地进行下去。第四步是讨论故事。在孩子们把故事演出来之后，还要对孩子们的故事以及整个说演过程进行讨论。这样的历程提供了一个很好的检验机会，让孩子们看到自己的思考，并且提供机会去修正，让故事更合理。说演故事的儿童哲学模式，透过一连串的活动使儿童通过多元的渠道来分享与思考自己的经验，在这一历程中，儿童渐渐成长为一个很好的思考者。

如果将开展儿童哲学的四种基本方式（哲学小说、思考故事、绘本故事、说演故事）进行比较，我们会发现：李普曼的哲学小说提供的是推理、阅读与语言艺术的课程，故事中的主角其实是在做思维的示范。儿童在阅读这些小说时，会对思维本身做系统的反思。思考故事和绘本故事的提问讨论，则更多地展现了儿童的思维方式和儿童思考的特质，是孩子比较喜欢做的有意味的儿童哲学讨论方式，具有趣味性，但讨论仍然具有较明显的结构性。而儿童说演故事的过程，是从儿童的观点出发，谈有意思的问题，强调的是大人与儿童的互动方式，结构性比较弱。与儿童哲学小说和绘本故事相比，说演故事的优点在于：儿童哲学的探索除了发生在教室里，还会延伸到学校外生活的诸事件中，它是一种统整性的学习，有助于思考技巧的学习迁移与连接。随着说演故事剧情的展开，除了将角色演活了之外，孩子们同时也把自己彰显了出来。他们在"做故事"的过程中，将许多的事件整合起来，孩子的故事常常呈现出他们的一些思维和孩子小小世界的秘密，甚至一些他们所在乎所渴望的大人生活世界的一些内容。因此，说演故事是一种与儿童生活世界紧密关联的，具有更大开放性和更高创造性的儿童哲学活动方式。

五、通过"探究共同体"展开平等对话

严格说来，以"探究共同体"方式开展儿童哲学活动并不算一种独立形态的儿童哲

学活动方式。它常常是贯穿或存在于其他儿童哲学活动方式之中的。比如，哲学小说、思考故事、绘本故事、说演故事这四种方式的儿童哲学活动，都需要创建一个小小的哲学探究共同体，以共同体的形式开展哲学对话与讨论。当然也不是所有的儿童哲学活动都会采用探究共同体这种形式开展活动。鉴于探究共同体对哲学讨论乃至哲学辩论的特殊重要性，这里仍把它作为一种重要的儿童哲学活动路径予以专门介绍。

一个探究共同体（community of inquiry），通常由 1 名教师与 20 名左右的学生组成，教师与学生在探究共同体中处于平等的地位，教师是以一个协同者而非指导者的角色参与儿童的哲学探究活动的。探究活动开始时，可由全体参加者轮流朗读或述说一段哲学文本，然后开始分组讨论，或个人就文本提出自己感兴趣的问题，再从中选出若干大家都感兴趣的问题，由全体成员展开讨论。活动中教师要运用苏格拉底谈话术，启发引导学生参与讨论，认真倾听他人的观点，清楚表达自己的思想，努力做高层次的思考。共同体的探究是开放性的，这首先表现在参与者的开放性上，作为探究共同体的成员应能容纳不同的意见，同时也乐于将自己的独特想法说出来与大家共享。对同伴的批评意见，能认真考虑，勇于修正自己的观点。

探究共同体对儿童哲学思维发展的最大意义在于它提供了一个开放性对话的哲思空间。"对话"对哲学探讨的意义常常高于它对其他活动的意义。在一定程度上说，人类的哲学是基于先哲们的思维对话而产生的。对话乃思维碰撞的外化。[①] 李普曼曾说：教室中的良好思维首先意味着在语言上的良好思维。李普曼并不否认其他类型思维的存在，但他认为在学校中，言语活动最适合儿童思维发展。在各种语言活动形式中，对话是在课堂中传授思维技能的最佳工具。他主张促进优质思维的最好方法就是去促成最优质的对话，因为优质的对话中涵盖了大量的思维技巧和智力行为。对话能使我们集思广益，而不再仅仅局限于我们自己的思维模式。如果我们采用独思或独白的形式，我们的思维将仅仅停留在单一的思维方式上，我们得出的思考结果也是单向度的。对话与思维成为"显"与"隐"的关系，我们能通过对话这个外显的玻璃进入思维这个内隐的容器。思维是内化的对话。思维是在单个个体身上发生的内化的对话，这时，单一个体与虚拟的一个人或一群人发生对话。而对话性探究活动则使这虚拟的一个人或一群人从虚拟状态中走出来，变成现实的人，从而使思维成为发生在一群人身上的共同内化的对话，对话代表整个群体的思维，思维被一群人集体地大声说出来。这里需要注意的是，哲学对话与科学对话具有内在的区别：哲学对话探讨事物的意义，科学对话阐明事物的原因。科学讨论中所提出的问题原则上都是可以通过某种途径得到答案的，而哲学对话则虽然会深化对某一问题的看法，却几乎不可能得到问题的终极正确答案。换言之，哲学对话是开放的，科学对话则因为其必须建立在实证基础之上而

---

① 邵燕楠、张芝亚：《在对话中学习——儿童哲学对话学习法浅见》，载《辽宁教育学院学报》，2002(01)。

具有某种聚合性。也就是说，哲学对话的开放程度与科学对话的开放程度是有差异的。

虽然探究共同体中的哲学对话具有很大的开放性和创造性，但仍然可以借助一定的指标框架予以评价，从而使探究共同体的哲学活动具有更好的质量。探究共同体可以用下列评估问题来评判某次探究的质量①，教师可以在探究开始和结束时告诉学生们这些评估的标准。评估主要分为两大部分。第一部分：作为探究共同体，我们做得怎么样？第二部分：我们探究得如何？第一部分的问题"作为探究共同体，我们做得怎么样"又可以通过以下分支问题进行评价。①倾听：我认真听其他人讲话了吗？其他人认真听我讲话了吗？我们是如何倾听的？②参与：大多数人（并非只有几个人主导）参加了探究吗？我对探究的贡献有哪些？③安全感：我们的探究让我感到安全吗？第二部分的问题"我们探究得如何"则可以通过以下方面进行反思。①集中：我关注的是什么？我们的讨论围绕着探究主题了吗？②深度：我们的探究有深度吗？我们的探究有广度吗？③思考：我是否用优秀思考者工具来进行思考和推理了？我挑战我的想法了吗？④有趣：今天的探究有意思吗？我们是否正在探索我们真正关心的主题和问题？⑤进步：我有新想法出现吗？我们是否变得更困惑（我们看到主题或问题的复杂性了吗）？有答案浮现出来吗？

另外，教师还可以引导学生写小反思，总结每节课的探究成果。下面三个问题可以用来引导学生的反思：我今天学到的东西与我的生活和我生存的世界有什么联系？我是否学习到了不同的观点？我有新的问题吗？

六、通过"经典故事"进行哲学启蒙

作为文化陶冶的哲学启蒙如何实施呢？② 刘晓东认为，中国传统哲学主要有儒释道几家，它们都是中华民族智慧的结晶。每一家哲学都有其基本的哲学范畴、价值取向、思维方法，代表人物的思想往往又表现在他们的个性和生活中。但是，把这些东西展现给儿童还要注意到儿童精神发展的水平。这些哲学在发展过程中出现过生动的故事，这些故事涵括着丰富的哲学思想。例如，道家哲学尤其是庄子哲学往往是以生动有趣的寓言故事承载表达的，如庄周梦蝶、庖丁解牛、螳臂当车、伯乐治马、盗亦有道、邯郸学步、鼓盆而歌、津人操舟、竖子杀雁、庄子将死等。我们可以让儿童听故事，动脑筋。只要哲学故事编排得当，儿童对其中的哲学内容的认识必然会由浅入深、循序渐进，这种渐进过程是儿童接受文化熏陶，挖掘自身精神潜能，逐渐占有历史文化的过程。

① 冷璐：《夏威夷儿童哲学的实践模式》，载《陕西学前师范学院学报》，2018(10)。

② 刘晓东：《论儿童哲学启蒙》，载《上海教育科研》，1998(09)。

中国文化以及中国哲学中有无数优良的经典故事，这些故事为孩子们喜闻乐道，但其中蕴含的哲学道理则尚未得到充分挖掘。下面以"孙悟空为什么会被吸进宝葫芦"这则故事为例，分析、介绍一下如何借助经典故事来开展儿童哲学活动。[①]

教师首先播放《西游记》第三十四回——魔王巧算困心猿，大圣腾那骗宝贝：孙悟空被银角大王吸进了宝葫芦。学生观看视频后，教师提问："宝葫芦有什么魔力？"有一位学生说："只要把瓶口打开，喊一声名字，比如'张老师'，只要你答应一声，就会被吸进去。"

接着，教师又播放了第二段视频，在这段视频里，孙悟空逃脱后化名为"者行孙"前来挑战，再次被吸进宝葫芦。教师提问："者行孙并不是孙悟空真正的名字，也就是说，孙悟空并不是真的叫'者行孙'，为什么银角大王喊'者行孙'却能把孙悟空吸进宝葫芦呢？"一位学生回答："因为葫芦口对着孙悟空，虽然喊的是假名字，可是孙悟空答应了，所以就被装进去了。"教师问："孙悟空回答的是什么呢？"学生说："你外公在此。"另一位学生说："银角大王叫的'者行孙'只是一个代号，他心里想装的是孙悟空本人。但是孙悟空却答应了一声，所以才会被吸进去。"教师说："看来无论是孙行者、者行孙、行者孙，能不能装进去，和妖怪心里想装谁并没有关系。"学生说："宝葫芦认为他是谁就是谁。"学生问："那么妖怪自己答应一声也会被装进去吗？"教师说："是的。孙悟空叫了一声'银角大王'，然后银角大王以为是他哥哥叫他，答应了一声，就给吸进去了。看来这个宝葫芦并不管叫的名字是否正确，只要答应一声，就会被吸进去。"

教师："如果我们把宝葫芦想象为一个人的话，看来，对宝葫芦而言，这个人对孙悟空叫什么名字毫不关心，只要我喊一个名字，而你答应了，就意味着咱俩都同意了你是这个名字，我就可以把你吸进来。所以，名字是什么呢？一个事物被叫什么名字，意味着什么呢？"学生："名字就是一个代号，沙发也可以被叫作鼠标，如果我们大家事先同意的话。"

就这样，一个纯粹基于虚构的文学故事中的深刻哲理就被开发了出来，而这样被开发出的哲学思考，既具有深刻性又具有鲜活的文化背景。

总之，利用经典故事或经典文学作品来开展儿童哲学教育并非不可能，关键在于教师能否开放学生的思维，并引导学生触及其中所含的哲学问题。需要特别注意的是，这类哲学课程的开展绝不能流于经典文本的阅读和理解，它与成人学习经典有很大不同。

---

① 俞鸿瑛：《孙悟空为什么会被吸进宝葫芦？——儿童哲学课听课记录》，载《当代教育家》，2020(07)。

第三节
儿童哲学教育的课程形态

儿童哲学教育离不开课程，儿童哲学教育的有效落实必须依托儿童哲学的课程化。[1] 事实上，无论是李普曼的哲学教室还是教室里的哲学，都是要让儿童哲学走进课堂，走进教室。儿童哲学的课程化是指儿童哲学应当具备课程的规定性，具有课程意义。所谓课程规定性与课程意义包括了课程目标、课程理念、课程内容、课程实施、课时安排、课程评价、课程资源、课程管理等。总之，儿童哲学课需要具有一定的系统性，需要有一种通盘的考虑，这样才能防止和克服儿童哲学教育的随意化和碎片化。目前而言，我国儿童哲学课程大致具有以下几种形态。

一、独立开设专门的儿童哲学课

儿童哲学教育课程化的最直接的办法，就是在学校原有课程的基础上，增设独立的儿童哲学课。同其他课程一样，儿童哲学课程也需要特定的教材，具有一定的活动模式、活动原则、活动评价等。但儿童哲学课又与中小学的其他课程有很大的区别。儿童哲学课不同于中小学其他课程的根本之处在于：儿童哲学课不同于任何知识传授类课程，它不以哲学知识的传授为要务，而是以启迪儿童的哲学思考为己任。儿童哲学课需要教师在课堂环境之内，通过提问、追问、对话、讨论等方法，组织儿童以"探究共同体"的形式对儿童哲学教材中具有模糊性和开放性的思考性话题开展有效的哲学探究。在儿童哲学课上教师需要把单个个体以及松散的课堂整合成一个具有内在关联，兴趣和目标相对一致的共同体，发散并聚合儿童的新鲜思想，指导学生运用一定的思考规则开展哲学探讨，从而培养儿童思维能力并开启儿童的哲学智慧，让儿童在开放性思考过程中学习运用具有思辨性以及多元性的方法来思考问题、解决问题，让儿童哲学的课堂成为具有儿童哲学特质的"问学"课堂。儿童哲学课堂应遵循以下原则。①启智性原则。儿童哲学课不同于面向大学生开设的哲学课，对哲学知识及哲学观点的掌握不应成为其基本教学任务，而应始终把启迪儿童的智慧与启发儿童的思考作为课堂活动的主线。②开放性原则。儿童哲学课堂应把对哲学问题的开放探究作为课堂活动的进程，不应把追求哲学问题的具体答案作为活动目标。③体验性原则。儿童的

---

[1]　成尚荣：《当教室里飞来哲学鸟的时候——儿童哲学几个问题的厘清》，载《人民教育》，2012(22)。

思考与真实体验应成为儿童哲学课程评价的基本要素与核心要素。④哲学性原则。儿童哲学课堂应具有基本的哲学味，不能流于一般的生活故事的对话与讨论。⑤儿童性原则。儿童哲学课应始终注重儿童的表达和儿童的思考，切实保障儿童哲学课的儿童性。教师应注意倾听儿童的观点，与儿童平等交流讨论，不要以权威自居。在课堂组织形式上，儿童哲学课可借鉴以下活动策略①：①教学组织形式上，学生可围成圆形或方形；②探究活动的开展须拟定相应的规则并予以详细说明，且在讨论过程中不断强调；③面对突发性问题能灵活采用教学应对策略，如及时反馈、经常性评价、保持中立及"期望"策略等；④善用提问与对话方法推动哲学讨论。总之，独立开设的儿童哲学课程是一门全新的基础教育课程，它的诸多方面尚需要进一步探索。

二、在其他课程中搭载儿童哲学教育②

独立的儿童哲学课程固然具有重要价值，与其他学科课程联合开展的儿童哲学教育也不容忽视。目前，在其他课程中搭载儿童哲学教育的做法在国内外中小学的儿童哲学实践中均有所显现。

儿童哲学教育的搭载媒介首选语文课。③ 小学语文教材中有许多课文蕴含着丰富的哲学思想，可以通过挖掘语文课文中的哲学元素帮助学生提高思维能力。小学语文教学与儿童哲学教育思想在文本资源和培养目标上也具有契合点，因此借助语文课来开展儿童哲学教育是一种有益的尝试。另外，将儿童哲学教育理念融入语文教学还可以转变教师观念，优化教学结构，提高教学质量，其意义和价值主要表现在有利于培养学生推理、假设、归纳、反思等思维方式，以及有利于通过哲学思考为教师提供教学创新点，促进语文教学改革和提升语文教学品质。

在数学学科上搭载儿童哲学教育，更是具有深远的意义。这不仅有助于儿童哲学活动的开展，更有利于学生深入领会数学概念背后的思想魅力。比如，七年级数学"负数与负数相乘，结果为正数"这个知识点，如果只聚焦于数学运算方面，那么这应该是每一个学生都比较容易掌握或记住的规律。但如果在这里问上一个"为什么"，也就是"为什么负数乘负数结果为正数"，这个问题则会令学生甚至教师都很难回答清楚了。因为这里实际上涉及数学哲学层面的一些思想。这样的问题，将会极大地激发学生的创造性思维、想象性思维，使他们超越数学计算这一低阶技能，开始窥见更为深广的数学思想领域。在一定程度上可以说，数学学科其实是自带哲学味的。当然，儿童哲

---

① 高飞：《儿童哲学课堂教学模式研究》，硕士学位论文，杭州师范大学，2018。
② 高振宇：《儿童哲学与学科课程的整合及实施策略》，载《教育科学研究》，2020(10)。
③ 郑宇晴：《在小学语文教学中融入儿童哲学教育的行动研究 —— 以人教版小学语文四年级下册〈生命生命〉为例》，硕士学位论文，东北师范大学，2018。

学与数学学科的结合，不仅是从数学中挖掘哲学思维，还可以直接从哲学问题出发，通过数学路径来尝试思考哲学问题。比如，很多儿童会执迷于"宇宙到底有多大"或"宇宙外面有什么"这类哲学性问题。这类问题其实是没有确切答案的。当儿童思考这类问题时，其实也并不是想要一个具体的答案，而是意味着"无限"这个概念开始在儿童的头脑中隐约浮现，并带给他强烈的困惑。其实，"无限"是一个基本的数学概念。有没有最大的数？最大的数是什么？数轴为什么没有尽头？在数学中，我们其实很容易理解"无限"这个概念。借助数学中的"无限"来理解"宇宙的无限"，这种数学与哲学的学科相通，并不是偶然的。在数学课程中搭载哲学思考不仅是可能、是必要的，甚至是具有重大意义的。

除语文课、数学课之外，美术课、音乐课中也出现了一些搭载儿童哲学教育的实践。比如，福建省泉州市丰泽区第二实验小学在全国教育科学"十三五"规划课题"小学多学科渗透儿童哲学教育的行动研究"的统领下，在四个不同学科(语文、数学、美术、音乐)中渗透儿童哲学教育。儿童哲学融入小学音乐教育，可以让学生有机会搭建自己的音乐理念，在音乐教学中使学生有更大的创造性，使学生在音乐课堂上做自由的思考，使创造性的感知与创造性的思考相携而行。目前，在其他课程中渗透与搭载儿童哲学教育的尝试越来越多，但总体而言因为任课教师对哲学及儿童哲学的了解不够深入，教育效果还不够深入有效。儿童哲学在融入学科课程时，必须重视儿童批判思维、创造思维、关怀思维和协作思维的发展，并贯彻团体、思维、探究和哲学四大基石。

三、在多科课程中整合儿童哲学教育

在多学科中整合儿童哲学教育，既不同于单独开设一门崭新的儿童哲学课，也不同于在特定适宜的学科教学基础之上搭载一定的儿童哲学思维训练，而是以儿童哲学研究中的另一条路——马修斯所提出的"儿童有自己的哲学"为基础性理念，将其拓展至一种更广阔的崭新的教育理念——重视儿童的思想、儿童的观点、儿童的声音，最大程度开启儿童的智慧，并把这一理念贯穿到现有的各门学科的教学中去。严格说来，这是一种基于儿童观转变之上的全面的教育转型。东北师范大学附属小学校长于伟教授领导的儿童哲学教育实践，正是具有这种内在品质的独特的儿童哲学教育实践。于伟教授指出："2014 年以来，东北师范大学附属小学开始尝试在小学所有学科内进行'儿童之问、之思、之学'的教学研究，期盼能开辟出儿童哲学教育的'第三条道路'，以求更好地促进儿童基本思维能力尤其是哲学思维的发展。""对于附小来说，要培养儿童的基本思维能力，未来最主要的方式还是要采用在全学科进行渗透式的教育路径。附小各个学科未来都要进行集中探索的课题是：儿童如何问问题？儿童如何思考问题？儿童如何进行学习？这些问题的回答对教师的教育教学意味着什么？总之，无论哪个

学科，在教学实践中都要采用'渗透'的方式去研究儿童之问、儿童之思，并不断贯彻落实'尊重儿童倾听儿童'的态度。"①多学科渗透儿童哲学教育实践的创新之处，在于它不仅将儿童哲学与小学多学科课堂教学相结合，学校全员参与，全学科渗透，而且还把儿童哲学教育研究延伸到校园文化建设的各个领域中，取长补短，借助学校少年宫活动平台开设特色活动，深入开发儿童哲学教育校本课程，珍视与培养学生的创新精神。总之，基于多学科整合的儿童哲学教育，其内涵已经远远超越了"儿童哲学教育仅仅是对儿童进行哲学教育"这一固有内核，而是从"儿童也有自己的哲学智慧"这一命题出发，掀起一场从所有学科层面来高扬儿童的主体性与创造性的教育风潮。它所引领的，将不仅是儿童哲学教育的未来方向，很可能也是未来儿童教育的大方向。

四、在其他活动中开展儿童哲学教育

儿童哲学教育不仅仅存在于课程形态之中，还以各种非课程的形态生动地存在于其他活动中。首先，对于幼儿教育而言，儿童哲学教育既没有具体的学科课程可以搭载，也完全不必去开设独立的儿童哲学课，但这并不意味着学前儿童不必或不可进行哲学教育。在一定程度上可以说，学前儿童的哲学思考更加具有创造性，因为他们是最具有好奇精神、探究精神、创造精神、想象精神、遐思精神的孩子，他们与哲学的相通才真正有力地证明儿童哲学这一学术议题发展的深远意义。在学前阶段，儿童哲学活动课可与幼儿游戏活动相结合，可与绘本阅读活动相结合，也可与一日生活相结合。这些都是幼儿水平的哲学教育活动的可能存在形态。其次，中小学的儿童哲学教育，除了课堂形态之外，也需要众多的其他形式来补充。高振宇呼吁开辟更多的课程开发途径②：一是校内兴趣组，现在有不少学校都设立了哲学兴趣小组，还可以在学校内部设立哲学俱乐部或哲学咖啡馆兴趣小组，招募一些有兴趣的儿童参与并配以指导教师；二是选修课，选修课的设置与实验是新一轮高中课程改革的重要组成部分，儿童哲学可以作为学校自主设置的选修课，放置在学术性选修课之中，供有兴趣的同学自愿选择，这是儿童哲学从小学扩展到中学的极好途径；三是研究性学习，研究性学习是综合实践活动的核心元素，此处的研究具有跨学科的性质，但在实践中往往是科学探究占据强势地位，若能将哲学引入其中，引导学生从哲学的视角思考问题，便有助于学生的全面发展，也能使学生较多地关注一些抽象的问题；四是民间机构或专业研究所开设的课程，在全球许多地方都有专门的儿童哲学机构，或驻扎在大学之内，

---

① 于伟：《儿童哲学走"第三条道路"的可能与尝试——东北师范大学附小探索的历程与研究》，载《湖南师范大学教育科学学报》，2017(01)。

② 高振宇：《儿童哲学的中国化：问题与路径》，载《全球教育展望》，2009(08)。

或散落于民间，致力于持续推动儿童哲学在本地的普及，其最主要的途径之一便是招募专家在学校开设儿童哲学课程，最典型的便是台湾毛毛虫儿童哲学基金会，通过开设形式多样的儿童哲学课程，以吸引更多的社会成员。总之，儿童哲学教育的开展应不拘形式，创造性地探索各种可能的适宜形式，只要能充分开启儿童独特的思考，生成儿童独特智慧认识，即便是随机性的生活谈话，也不失为好的儿童哲学教育。

第四节
儿童哲学教育中的教师角色[①]

一、作为共同探究者的教师

儿童哲学教育的根本目的是开启与发掘儿童的智慧，团体式的探究性思考是其最主要的实现路径和活动方法。在这种探究性思考活动中，教师首先是儿童哲学探究共同体中的普通一员，而不是凌驾于探究共同体之上的。在儿童哲学课程的教学过程中，探究共同体的教学模式凸显了集体理性的价值，凸显了多人参与讨论可能带来的不同思考视角，凸显了对话的思想碰撞和思想激发功能，这必然要促进教师角色的重塑。教师应从传统教育理念下的权威人物转变为面对未知问题时的共同探究者。作为共同探究者的教师在儿童哲学活动中，需要以一种真诚"在场"的态度来面向儿童提出与讨论的哲学问题，而不能作为一个问题的局外人来旁观儿童的对话，也不能以一种指导者的身份疏离于儿童的讨论，更不能从答案已知者的高度来俯视儿童。

其实，任何哲学问题都是没有终极答案的，对答案的求索也并不是哲学思考的真正价值所在，因为哲学只是"爱智慧"，是对智慧之爱，是对智慧的求索，而不是对固定答案的求索。因此，在儿童哲学实践中，哲学问题的答案并不是最重要的，教师应与儿童一道一遍遍地重新审思那些古老的哲学问题，并在审思的过程中虚心倾听儿童的意见，从中发现新鲜生动的想法并丰富自己对哲学问题的多维理解。在这样的哲学实践中，教师扮演的不再是思想权威或知识权威，而是一个学习和经验的体验者，是一场成长学习的冒险者。在这一过程中教师的求知欲与儿童的求知欲应是等量齐观的，这样才能使探究以一种新鲜和开放的态度进行。因为儿童哲学探究对话中的思想含义

[①]　该部分观点参考了杨懿：《儿童哲学课程中的教师：角色与任务》，载《陕西学前师范学院学报》，2019(04)。

和内在联系，需要教师自身具有真切的求知欲才能得以呈现。否则，儿童在对话中产生的细微的有创造性的想法，很有可能被教师的无动于衷所遮蔽，这样就不能使儿童的有价值的想法及时地得到保存和拓展。教师必须敞开心灵，真诚地与儿童一起探究，教师所采取的这种新鲜开放的态度将会使儿童的探究更加自然、生动和深入。对于教师来说，这种真诚的平等探究态度意味着放下手中权力，在探究群体中从成人主义中走出来，重拾自己的好奇心和求知欲。

二、作为讨论促进者的教师

在儿童的哲学讨论中，教师应首先作为探究的"局内人"而存在，但教师毕竟不同于探究共同体中的儿童，而是作为儿童哲学探究活动的组织者而存在的。因此，引导儿童的哲学对话不断走向深入是教师不同于探究共同体之普通成员的任务所在。

首先，教师除了参与儿童的共同讨论之外，还应随时留心把握儿童哲学讨论的总体进程。比如，教师应关注以下问题：目前学生们的讨论已经涉及哪些概念和问题？还有哪些内容是需要讨论的？在讨论过程中学生是否遵循逻辑法则？学生是否反思了自己的前提假设？当教师认识到这些后，才能更有效地通过提问的方式帮助学生了解讨论进程，促进学生进一步思考。

其次，在儿童哲学实践中，虽然哲学对话主题是由学生选择的，但有教师加入其中的谈论与仅仅由学生构成的讨论还是具有一定区别的。因为儿童与儿童观点的碰撞和儿童与成人观点的碰撞，这两者之间是不同的。儿童与儿童之间年龄相仿、认知水平相仿，生活经验相似，思考视点也往往具有更大相似性，而一个成人则会与儿童的思考视点具有更大的差异，这种来自成人的思维差异对儿童的思考来说，可能具有潜在的启发价值，因而教师参与下的哲学讨论与碰撞比仅有儿童参与的讨论内容会更丰富，程度会更深入。然而，由于教师在学生心中固有的权威形象，当教师加入儿童的哲学对话时必须小心谨慎。教师要向学生表明自己并不是帮助他们解决问题的人，而是和他们一起讨论问题的伙伴。在表达意见时，教师的观点也并不比学生的观点更重要，学生可以反驳、质疑和追问教师观点的合理性。在参与的过程中，教师尤其需要时时进行自我检查，防止自己表现出强势和控制的行为。

最后，教师在儿童哲学课程中还肩负着促进儿童之间沟通的任务。教师应注意为儿童提供引发思考的动力源，建设促进儿童之间沟通交流的桥梁与环境。具体而言，教师一方面要以自身的人文素养为整个教学过程提供动力源，另一方面又要发挥沟通桥梁的作用。在儿童沟通不畅的时候，教师应注意引导鼓励儿童，从自己的经验出发，在故事中寻找与自己经验相关的问题。教师应引导儿童表达自己的观点，听取不同的观点，给予学生质疑和挑战他人观点的机会，同时也启发儿童进行反思。在讨论结束后，教师还应就讨论探究中儿童表达的观点进行归纳总结，这个过程中教师不应给予否定和肯定的答案，而是留下更开放的问题供学生思考。总之，教师在儿童哲学探究活动中应起到穿针引线般地促进讨论和沟通的作用。

三、作为资深引领者的教师

在不同的儿童哲学教育取向下，教师的角色定位自然也是不同的，甚至存在较大的区别。在以思维训练为目标的儿童哲学教育中，教师对儿童的哲学思考活动起着资深引领者的作用。作为资深引领者的教师在儿童哲学实践中担负着多重任务。比如儿童哲学的开创者李普曼提出，教师在儿童哲学实践中需要承担 7 项核心任务。[①] 教师的第一个任务是诱发学生的观点。教师需要激发儿童思考的兴趣，并开始一场讨论，这个时候，教师可以询问学生阅读某一读物的感受，比如这让你想到了什么，你觉得这个有趣吗，你生活中遇到过类似的情况吗，如果你面对这样的情况会怎么做。第二个任务是帮助学生表达思想，明确要点。当学生因为表达能力欠佳或害羞恐惧而无法清晰表达自己的观点时，教师需要帮助学生。此时教师可以使用的问题有：当你说这些的时候，你想表达什么意思？你的意思是指……吗？我可以这样理解吗？这是一个有趣的观点，你能解释一下你是怎么想的吗？第三个任务是解释意义，即探察学生已表达观点背后隐含的观点和可能产生的推论。教师可使用的问题有：基于你的观点，那是不是可以说……？如果你刚才说的是正确的，那……是正确的吗？第四个任务是确保学生讨论时所涉及的概念是一致的，对同一个概念的不同理解容易造成讨论的混乱和难以推进，教师一旦发现有类似的情况应及时指出，让学生在某一概念上达成一致后再进行讨论。第五个任务是指出学生的观点犯下的逻辑错误和未经考虑的前提假设。比如：你是不是说过撒谎永远是错误的，又说过如果是帮助朋友的话，说谎是可以被接受的，你这样说是不是假设了……？如果情况改变了，你这个观点还成立吗？第六个任务是引导学生反思自己的认识过程，教师一方面要帮助儿童明确提出观点的理由，另一方面要追问儿童是如何得出观点的，可使用的问题有：你这样说的原因是什么呢？第七个任务是提出各种观点，教师应该让学生知道许多问题并非只有唯一正确的答案，而是存在很多可能性。可使用的问题有：你认为这个问题还有其他解释吗？假如某人认为……情况，又会怎么样？总之，作为资深引领者的教师的工作是帮助学生表达观点，寻找对话中涌现的哲学话题，并引导学生围绕哲学话题一步步深入思考，这样的工作需要教师具有三种基本素质：一是正确理解儿童哲学的核心精神，只有认识到儿童哲学的初衷和想要达到的目的，教师才能开展真正的儿童哲学活动；二是教师应具

---

① 参见于伟：《儿童哲学课程中的教师角色》，载《中国教师报》，2018-10-10。

备一定的哲学素养，以便及时发现对话中出现的哲学话题和哲学观点；三是教师需要掌握提出问题的时机、各种问题适用的情境、问题提出的顺序、哪些发言可以引申开展，等等。这些素质的养成绝非一日之功，作为资深引领者的儿童哲学教师需要切实提高自己的多重能力。

四、作为自我进步者的教师

儿童哲学实践作为一种新型课程实践，对教师提出了具有挑战性的要求。哲学作为众学科之母，具有博大精深的内涵。教师如果不具备深厚的哲学素养，即便习得了儿童哲学活动指导的各种经验，仍然是无法胜任千变万化的儿童哲学实践的。从整个儿童哲学课程的模式中不难窥见，教师在其中起着举足轻重的作用。随着探究活动的纵向发展和不断深入，教师的角色在其中也不断发生着转变。教师在活动之初发挥桥梁作用，随着探究活动的进行而逐渐进入探究学习的群体之中，成为这个探究群体中的重要一员，并且以其更为专业的知识和素养，推动着探究学习的拓展和延伸。因此，哲学课程对教师提出了更高的职业素质要求和哲学专业素养要求。在职业素养，尤其在人文素养方面，需要教师关注人的生存和发展的理念。哲学素养则要求教师有将哲学问题与教育问题联系起来并让二者互相转化的能力，掌握哲学探究思维的方法和技巧，也要具备基本的民主、进步、平等的思想意识等。正因为如此，儿童哲学课程的推动者们都认为，教师要想胜任儿童哲学课程，成为合格的儿童哲学课程的教师，需要进行专业的培训，学习相关的课堂对话和探究学习的方法，提升自己的哲学修养，进行持之以恒的教学实践练习。另外，在儿童哲学活动中"作为自我进步者的教师"还意味着，教师应充分体认教学相长的思想，在与儿童的共同探究过程中，能够切实倾听儿童的观点，善于从儿童身上感受美好，领悟智慧，从而开阔自己的认识，丰富自己的体验，深化自己对儿童、对教育的认识，实现自我生命的不断充实和不断进步，通过在探究群体中和孩子一起探究，来开启自己对哲学、对人生的探究之旅，让儿童哲学实践不仅仅对于儿童具有意义，同时也为教师带来全新的职业视野。

综上所述，教师在儿童哲学实践中扮演着十分重要的作用，他们虽然并非哲学课堂中的主角，但其行为却直接关联着儿童哲学对话的质量以及儿童哲学实践的最终效果，他们在儿童哲学活动中的角色定位是一个值得深入探讨的重要问题。

小　结

本章对儿童哲学教育实践所涉及的五个方面做了较为系统的介绍和讨论。首先是对儿童哲学教育的目标取向进行了梳理，着重分析了当前儿童哲学活动开展的三种目标取向：以思维训练为目标的取向，以智慧探求为宗旨的取向，以哲学陶冶为主线的取向。在此基础上详细介绍了儿童哲学教育的六条实施路径和四种课程形态。最后对教师在儿童哲学活动中的角色定位问题进行了较为深入的探讨。值得说明的是，由于儿童哲学教育实践到目前为止仍处于初级发展阶段，很多问题即使在研究领域也还没有取得充分的共识，因而本教材所介绍的一些内容、观点，并不意味着成熟的结论，而更是一种引领读者思考的尝试。希望通过本章的学习，读者可掌握一些开展儿童哲学活动的方法，形成一些开展儿童哲学活动所需的素养。

章后思考

一、名词解释

批判性思考　辩证性思考　思考故事　哲学绘本　探究共同体　儿童哲学课程

二、简答题

1. 儿童哲学教育的目标取向有哪些？

2. 简述一下儿童哲学教育的主要路径。

3. 在儿童哲学教育中教师应该扮演哪些角色？

4. 儿童哲学教育有哪几种课程形态？

三、讨论题

联系生活实际以及本章所学内容，谈谈"哲学绘本"存在的优势以及不足之处。

四、案例分析

儿童哲学活动课案例：关于"事物名称"的哲学探讨

老师请孩子们做一个游戏：看着屏幕上出现的字，一口气念完。屏幕上出现了大概 50 个"沙发"。学生们乱哄哄念了一阵，老师请学生们说感觉。

学生 1："我快断气了。"

学生 2："念到最后已经不知道念的是什么了，好像已经念成'发沙'了。"

学生 3："念到一半看不清字了，有点晕了，看到这么长串的字，想一会儿才能想起来这两个字指的是沙发这样的东西。"

学生 4："好像不认识这两个字了，很累。"

学生 5："感觉字在跳舞似的。"

学生 6："舌头在打架。"

老师："根据各位的发言，你们的感觉可以分为两类：一是身体的反应——舌头打结、口干舌燥之类的；二是心理、大脑的反应——不认识这两个字了，好奇怪呀，这两个字是什么意思。有谁产生了这种感觉？"

大多数学生都举起了手。

老师："身体的感觉我们暂且不讨论。我们要讨论一下心理的反应——不认识这两个字了。各位想一想，你觉得为什么会有这种感觉？"

学生1："读得次数太多了，就不认识这两个字了。"

老师："如果你的说法成立，你学生字时，就不能读得次数太多，不然最后会导致本来认识的字也不认识了。但是我们要追问：为什么会这样？"

学生2："顺口读下去，头脑混乱了。"

老师追问："头脑是怎么混乱的？顺口读下去为什么会导致头脑混乱？"

学生2："看多了就感觉那两个字越来越怪，就不认识了。"

老师："当你想到这一点时，还要像哲学家一样想一想：为什么字看多了就会变怪？"

学生3："因为人有惯性思维。"

老师："还是没有解答这个问题。为什么人有惯性思维，就会导致读得次数多了，字就变怪了，就不认识这两个字了。"

学生4："因为读这两个字的人一直想一直想，刹不住车，就不认识字了。"

老师："如果你的说法成立的话，那哲学家就是最傻的人了，因为他就是一直想一直想，刹不住车。但事实上好像不是这样……"①

请结合本章第四节——儿童哲学教育中的教师角色之相关内容，分析上述案例中老师对学生发言所给予的回应中的得与失。

拓展阅读

1. 吉萍. 儿童哲学课程实施个案研究[D]. 桂林：广西师范大学，2015.

2. 刘晓东. 儿童哲学：外延和内涵[J]. 浙江师范大学学报：社会科学版，2008(3)：48-51.

3. 米歇尔·托齐. 教儿童思考哲学——观察、热点、结果和建议[J]. 马胜利译. 第欧根尼，2010(02)：45-58，162-163.

---

① 本案例更多内容见俞鸿瑛：《孙悟空为什么会被吸进宝葫芦？——儿童哲学课听课记录》，载《当代教育家》，2020(07)。

4. Daniel M F. Teacher training in physical education: Towards a rationale for a social-constructionist approach [J]. The Journal of Analytic Teaching and Philosophical Praxis, 1966, 16(2): 90-101.

5. Marashi S M. Teaching philosophy to children: A new experience in Iran[J]. The Journal of Analytic Teaching And Philosophical Praxis, 2007, 27(1): 12-15.

6. UNESCO. Philosophy for children[C]. Meeting of Experts on Philosophy for Children, Paris, 1998.

7. Matthews G B. Creativity in the philosophical thinking of children[J]. Thinking: The Journal of Philosophy for Children, 2000, 15(1): 14-19.

8. Vansieleghem N, Kennedy D. What is philosophy for children, What is philosophy with children—After Matthew Lipman? [J]. Journal of Philosophy of Education, 2011, 45(2): 171-182.

9. Fisher R. Philosophical intelligence: What is it and how do we develop it? [J] . Thinking: The Journal of Philosophy for Children, 2008, 19 (1): 12-19.

10. Kohan W. What can philosophy and children offer each other? [J]. Thinking: The Journal of Philosophy for Children, 1999, 14(4): 2-8.

11. Murris K. Can children do philosophy? [J]. Journal of Philosophy of Education, 2000, 34(2): 261-279.

12. Gopnik A. The Philosophical Baby: What Children's Minds Tell Us about Truth, Love & the Meaning of Life [M]. Farrar: Straus and Giroux, 2010.

第六章

家庭与社会中的
儿童哲学

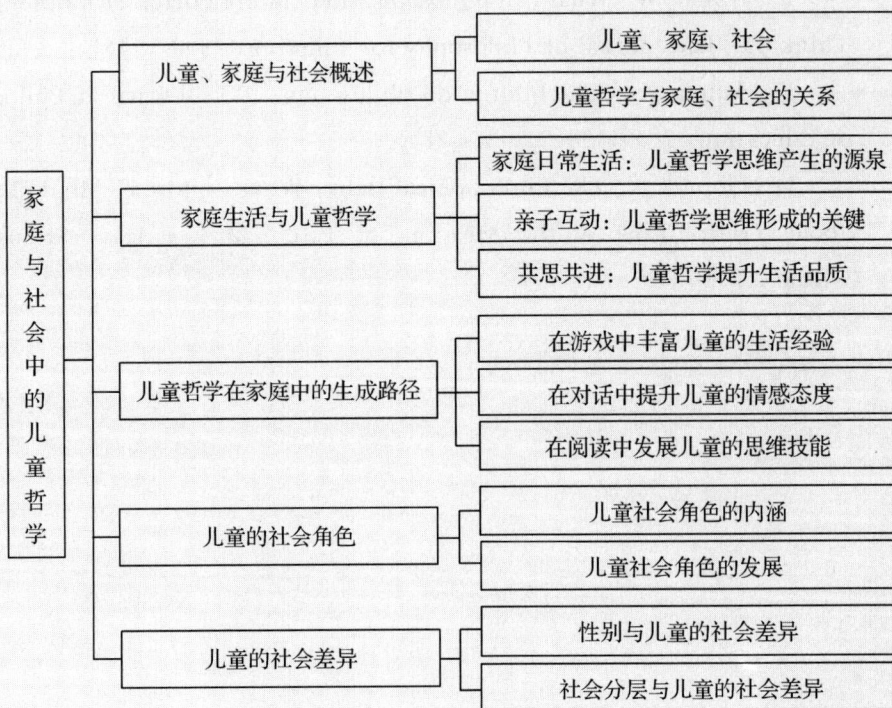

```
                                    ┌─────────────────────────────┐
                         ┌──────────┤    儿童、家庭、社会           │
              ┌──────────┤          ├─────────────────────────────┤
              │  儿童、家庭与社会概述 │    儿童哲学与家庭、社会的关系  │
              │          └──────────┴─────────────────────────────┘
              │                     ┌─────────────────────────────┐
              │          ┌──────────┤家庭日常生活：儿童哲学思维产生的源泉│
              │          │          ├─────────────────────────────┤
    ┌─────────┤家庭生活与儿童哲学     ├ 亲子互动：儿童哲学思维形成的关键 │
    │         │          │          ├─────────────────────────────┤
    │         │          └──────────┤共思共进：儿童哲学提升生活品质   │
 家 │         │                     └─────────────────────────────┘
 庭 │         │                     ┌─────────────────────────────┐
 与 │         │          ┌──────────┤  在游戏中丰富儿童的生活经验    │
 社 │         │          │          ├─────────────────────────────┤
 会 ├─────────┤儿童哲学在家庭中的生成路径├ 在对话中提升儿童的情感态度    │
 中 │         │          │          ├─────────────────────────────┤
 的 │         │          └──────────┤  在阅读中发展儿童的思维技能    │
 儿 │         │                     └─────────────────────────────┘
 童 │         │                     ┌─────────────────────────────┐
 哲 │         │          ┌──────────┤    儿童社会角色的内涵         │
 学 ├─────────┤儿童的社会角色          ├─────────────────────────────┤
    │         │          └──────────┤    儿童社会角色的发展         │
    │         │                     └─────────────────────────────┘
    │         │                     ┌─────────────────────────────┐
    │         │          ┌──────────┤    性别与儿童的社会差异       │
    └─────────┤儿童的社会差异          ├─────────────────────────────┤
              │          └──────────┤  社会分层与儿童的社会差异     │
              └─────────────────────└─────────────────────────────┘
```

章前导语

　　儿童哲学可以培养儿童的思维与思考能力，儿童哲学思维的发展受外在因素影响，尤·布朗芬布伦纳(Urie Bronfenbrenner)的人类发展生态学理论表明，主要的影响因素为家庭环境、学校环境及社会环境。本章以儿童哲学思维的初始场域与最终发展方向为考量，着重讨论了家庭与社会中的儿童哲学。作为教育工作者，我们该如何考量儿童哲学思维的影响因素，在教育工作中如何利用影响因素发展儿童哲学思维，又该使用什么样的教育方式与方法使儿童哲学的思维发展获得最大的发展优势，读完本章应该有所思考。

第一节
儿童、家庭与社会概述

一、儿童、家庭、社会

(一)儿童

　　《联合国儿童公约》将 18 周岁以下的孩子都视为儿童。考虑到 8 周岁以下的儿童与家庭联系紧密，本节的家庭中的儿童哲学针对 8 周岁以下的儿童。这个时期的儿童具有以下特点。

　　1. 好奇好问

　　儿童成长的过程是一个经历未知、体验新事物的过程，对自己不熟悉不了解的事物觉得新奇而感兴趣是人的天性，儿童对周围的一切都充满好奇，并有强烈的探究愿望，因此他们不断地发出"为什么"的信号，"我是从哪里来的""人会死吗""人死了以后去哪里""世界从哪里来的""时间有起点吗"，这些涉及世界本质的问题历经数千年一直被先哲们争论不止。好奇和惊讶是打开周围世界的钥匙，柏拉图视惊讶为哲学家的一种情绪，认为惊讶是哲学的决定性的起点。亚里士多德也认为，"古今来人们开始哲理探索，都应起于对自然万物的惊异"[①]，正是强烈的好奇心，让儿童哲学成为可能。好

---

　　①　[古希腊]亚里士多德：《形而上学》，吴寿彭译，5 页，北京，商务印书馆，1959。

奇心被马修斯和李普曼视为儿童哲学最重要的依据，马修斯在其《哲学与幼童》一书中论证了这样一个观点：哲学是人与生俱来的能力。天真烂漫的幼童对宇宙、人生、周围的一切发出种种疑问，都具有探索真理的意味，哲学便产生了。[①]

2. 活泼好动

活泼好动是和好奇好问紧密相连的，好奇心促使儿童去接触自己感兴趣的事物，因此身体和感官成了儿童（尤其是早期婴幼儿阶段）探索外部世界的主要通道，用嘴咬、用手摸、用脚踩、用眼看、用鼻闻、用耳听是儿童获取知识的最基本途径。儿童没法脱离身体的接触去理解一个抽象的概念，"在儿童进入学校之前，他用手、眼、耳来学习，因为手眼耳是儿童做事过程的器官，他从做事中理解意义"[②]，活泼好动是儿童的天性也是儿童借助身体探索世界的方式。因此对儿童来说身体即心灵，心灵即身体，儿童哲学也是"身体哲学"。

3. 纯真善良

儿童作为个体社会化的初始阶段，没有受到社会各种知识和思想的束缚，对任何一个新接触的人或事都保持着最本真的感性直觉，简单又纯粹。这让他们能够更加专注地做自己感兴趣的事情，按照事物本来的样子去看待它。这意味着儿童有能力摒弃一切权威和功利的目的或手段，直达事物的本质和核心。我们会看到孩子在跳了100次之后还会说每一次跳跃都是新的，一个玩具的好坏与价格没有任何关系。马修斯认为，哲学家最重要的特质就是能够重视儿童的纯真，他们将"那个会质疑，充满好奇心的儿童，置于心灵的前台，并返回那些儿童经常会提的幼稚却深刻的问题中"[③]。明代学者李贽认为童心便是童真："夫童心者，绝假纯真，最初一念之心本也。若失却童心，便失却真心；失却真心，便失却真人。人而非真，全不复有初矣。"[④]儿童因为没有受到社会的规训所以保持了纯真的天性，"真"正是做人和做学问的初衷。与纯真紧密相连的是儿童的善良。善良是指对别人充满真挚的情感并有着同情之心、恻隐之心和慈善之心。孟子认为人生来具有"四端"即恻隐之心、羞恶之心、恭敬之心、是非之心，恻隐之心排在"四端"之首，"人之初，性本善"也是因此而来的论断。"真善美"乃哲学追求的首要价值，"儿童是哲学家"的论断便具有了天性的基础。

儿童的好奇好问、活泼好动、纯真善良使儿童具备了成为哲学家的天性基础，天性基础能否茁壮成长面临很多不确定因素的挑战。布朗芬布伦纳的生态模型理论指出了家庭环境、学校环境及社会环境等诸因素对人的发展的影响，而家庭作为微观系统和中介系统中最重要的因素直接决定了儿童哲学思维发展的状况。

---

① [美]加雷斯·B. 马修斯：《幼儿与哲学》，陈国容译，154页，北京，生活·读书·新知三联书店，2020。
② [美]杜威：《民主主义与教育》，王承绪译，156页，北京，人民教育出版社，2001。
③ 高振宇：《儿童哲学导论》，46页，桂林，广西师范大学出版社，2020。
④ 《李贽文集：焚书、续焚书》，126页，北京，北京燕山出版社，1998。

(二)家庭

每一个人都出生于一个家庭，成年后可能组建自己的家庭，并在家庭中承担相应的权利和义务。关于家庭的含义，有着许多不同的说法。社会学家孙本文说："家庭两字，始见于梁王僧孺文，'事显家庭'句。今即以译'family'字义。通常所谓家庭，是指夫妇子女等亲属所结合之团体而言。故家庭成立的条件有三：第一，亲属的结合；第二，包括两代或两代以上的亲属；第三，有比较永久共同的生活。"①《中国大百科全书：社会学》对家庭的定义是："家庭是由婚姻、血缘或收养关系所组成的社会生活的基本单位。"②上述对家庭的定义揭示了家庭中的共同要素：

(1)家庭是男女两性以婚姻关系形成的社会组织；

(2)家庭是亲子两代(也可以超过两代)以血缘关系或收养形成的社会组织；

(3)家庭是人，特别是未成年人精神和物质生活的寄托；

(4)家庭是个人最初加入的群体，是个人与社会联系的桥梁。

从家庭的这些要素可以看出，每个人从出生到死亡都离不开家庭，家庭是人身体和心灵寓居的场所，个体在这个场所中身体和心智都得到成长。夫妻关系是家庭的首要关系，它决定着亲子关系的质量，而亲子关系又是个体成长中遭遇的第一种关系，亲子关系的质量又相应地影响个体社会化过程中的其他关系，诸如同学关系、师生关系、朋友关系、同事关系等。家庭是走向社会的桥梁和中介，对个体影响最直接、最深刻、最持久。因此，家庭是儿童哲学思维萌芽的发生地，儿童产生的第一个困惑，问出的第一个为什么都是在家里或者与家人的互动中发出的，儿童哲学家马修斯，正是以父亲的身份，在陪伴孩子成长的过程中，提出了"儿童天生是哲学家"的命题。

(三)社会

《中国百科大辞典》对"社会"的定义是："以共同的物质生产活动为基础而相互联系的人类生活共同体。"③社会是人们共同生活的结果，马克思告诉我们："社会——不管其形式如何——究竟是什么呢？是人们交互作用的产物。"④"社会"在本质上是个人"交互活动"的产物，也就是说因为人与人之间的交互活动才有了社会。"人的本质不是单个人所固有的抽象物，在其现实性上，它是一切社会关系的总和"⑤，这不仅揭示了人

---

① 孙本文：《社会学原理》，441 页，上海，商务印书馆，1948。

② 中国大百科全书总编辑委员会《社会学》编辑委员会：《中国大百科全书：社会学》，102 页，北京，中国大百科全书出版社，1991。

③ 中国百科大辞典编委会：《中国百科大辞典》，271 页，北京，华夏出版社，1990。

④ 《马克思恩格斯全集》第 27 卷，477 页，北京，人民出版社，1972。

⑤ 《马克思恩格斯选集》第 1 卷，135 页，北京，人民出版社，2012。

的本质，也指出社会的本质是人和人之间在一定的历史条件下形成的"关系"。

人类最主要的社会关系包括家庭关系、共同文化及传统习俗。家庭是社会最基本的细胞，是最重要、最基本、最核心的经济组织、社会组织和精神家园。家庭的健康和可持续发展，是社会稳定健康发展的基石。

二、儿童哲学与家庭、社会的关系

将儿童哲学视为一种培养孩子思维或者思考能力的教育在学术界已达成共识，比如张诗亚认为"儿童哲学是以发展思维为契机，把认识世界、获取知识有机结合为一个和谐的整体，通过认识世界的整体性和一致性来发展思维的全面性和一致性的高度统一"[①]。胡也指出"儿童哲学主要是提高儿童思维素质"，"是一种在活动中学习的哲学"，是"开拓儿童智慧天性，发展儿童的思考技能，激发儿童思维活动的一门课程"[②]。那思维是如何产生的呢？在杜威看来，思维起源于某种困惑、疑惑、迷惑或者怀疑，正是基于解决困惑的需要，人们通过行动去寻找问题的答案，如请教、查阅资料、实验等。换言之，思维就是有意识地去发现所做的事和所造成的结果之间的特定联系从而使两者连接起来。"所做的事"是思维产生的原点，所以杜威指出"思维的开始阶段就是经验"[③]，由此我们可以界定，儿童的哲学思维产生于儿童的经验。

从儿童哲学思维产生和发展的角度来看，它不可避免地受环境各种因素的影响，尤·布朗芬布伦纳的儿童发展生态模型为我们提供了一个适切的分析框架。布朗芬布伦纳认为人的发展受家庭环境、学校环境及社会环境的影响并在此基础上提出了四个系统(见图 6-1)：微观系统、中间系统、外在系统和宏观系统。

微观系统是指儿童亲身接触并参与体验的与幼儿有紧密联系的环境，如直系家庭、幼儿园、同辈群体等，其所包含的每一个要素都会对幼儿的发展造成积极或消极的影响。

中间系统是指儿童所处的两个或两个以上的系统之间的关系，如家庭与幼儿园之间的关系，家庭与社区、邻里等之间的关系。当儿童从一个新的情境进入中间系统中的某个小系统时，这个小系统就会和其他小系统发生相互作用。当然，儿童在中间系统中受到各个小系统相互作用的同时，也会受到儿童在小系统自身内部作用的影响。

外在系统是指对儿童不直接起作用，而间接起作用的环境，如父母工作单位、父

---

① 张诗亚：《李普曼的儿童哲学观概说》，载《教育评论》，1989(5)。

② 胡也：《儿童哲学教育在素质教育中的作用和意义》，载《学术研究》，2002(12)。

③ [美]杜威：《民主主义与教育》，王承绪译，168 页，北京，人民教育出版社，2001。

时间

宏观系统

价值观　文化

外在系统

家庭网络　拓展家庭

中间系统

幼儿园　家庭

微观系统

校董会　学校　直系家庭　儿童　幼儿园　宗教　宗教

游乐场　教师

地方企业　宗教组织　大众传媒

法律　地方政府　大众传媒

社会福利　工作场所　风俗习惯

意识形态

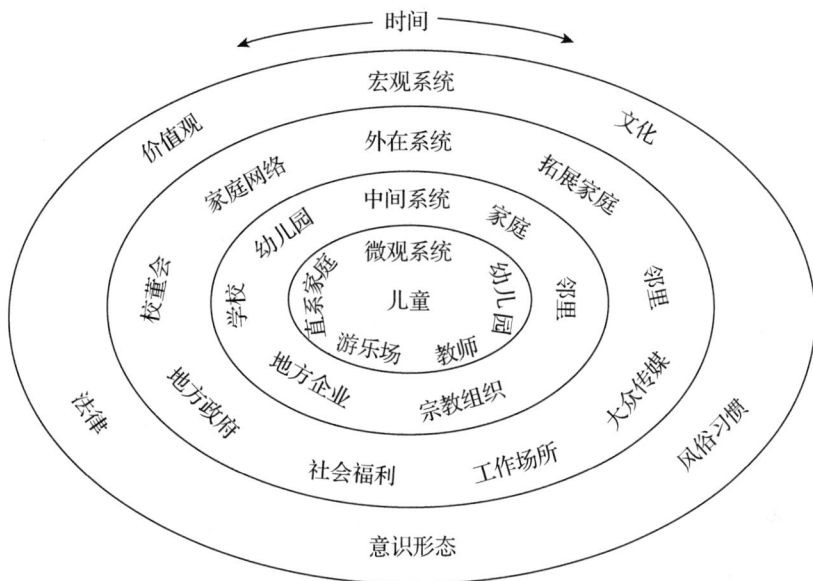

图 6-1　布朗芬布伦纳的儿童发展生态模型①

母的朋友、幼儿园领导机构、地方教育行政部门等。这些因素虽然不会对儿童的发展起直接作用，但会对儿童的发展产生积极或消极的影响，如父母单位规章制度及福利政策、地方教育部门颁布的政策法规等。

宏观系统是指儿童所处的大的社会环境、价值观念、意识形态、道德观念等，它们都会对儿童的发展产生积极或消极的影响。同时，儿童所处的微观系统、中间系统和外在系统三者之间是相互联系、相互作用的，三者都处在宏观系统之中，且都会受到宏观系统的影响。

从这个儿童发展生态模型中我们看到，儿童成长的过程就是其社会化的过程，成长本身就是儿童与社会各个系统中要素的互动，社会直接参与了儿童生命的建构。在微观系统中，家庭是最基本的社会组织，在这个组织中形成的亲子关系是个体社会化过程中的第一个关系。儿童在走出家庭后第一个正式场所就是正规的教育机构，包括幼儿园、小学、中学、大学，幼儿园在微观系统中处于非常关键的位置，它是中间系统的一部分，是儿童走出家庭接触的第一个组织。在这个组织里，儿童接触了父母之外的他人——和他们一起玩耍、学习、游戏的小朋友和老师。社会学家库利认为，人没有办法在无人的环境中认识自我，在家庭里儿童开始把自己与父母区分开来，获得了自己与父母关系的认识；在幼儿园里儿童开始理解自己与父母之外的他人的关系，

①　Gonzalez-Mena J，*The Young Child in the Family the Community*，*Instructor's Marual 4ᵗʰ Edition*，Upper Saddle River：Pearson Education，Inc.

从而逐步解决"我是谁"的问题。

随着成长，儿童会经历更多的环境，如邻居家、学校、企业；在外在系统中还要受到大众传媒、政府、社会福利等的影响。儿童由一个知之甚少的人，逐步获得人类积累的知识，并由此习得社会规范、文化及独立生存的基本技能。此外在与同学老师的互动中，开始懂得规则、权威、合作、关爱、同情、理解等。杜威认为"儿童的社会生活是他的一切训练或生长的集中或相互联系的基础"①，这是因为儿童从一个生态系统迈入另一个生态系统都会产生困惑，遇到问题，着手探究。所以儿童社会化的过程也为哲学思维的产生提供可能。

儿童并不总是被动地受社会的影响和制约，他们的参与性实践活动会以某种形式对社会产生一定的作用。为了说明儿童社会化对社会的影响，美国学者威廉·A. 科萨罗提出了"阐释性再构：儿童集体参与社会建构"②的理论。该理论认为，我们不能将儿童的社会性发展仅仅看作儿童个体对成人世界所需技巧和知识的个体性内化过程，它更是对社会进行规约、革新以及再构的过程。这个观点的核心内容是：充分领会集体性、群组活动的重要性，理解儿童与成人及儿童之间协商、分享和创造文化的过程。"阐释性"强调儿童参与社会活动过程中表现出来的创新性和创造性特征，儿童通过创造性地吸收、整合成人世界的信息来解决同龄人自身的问题，在这一过程中，儿童得以创建他们独特的同伴文化，并参与其中。术语"再构"的核心思想是，儿童不仅内化社会和文化特征，同时积极地为文化生产和转型贡献力量。在阐释性再构过程中，儿童的同伴文化是核心要素。儿童同伴文化是指儿童在与同伴互动时，自主创设并共享的一组稳定的日常活动、价值观念和顾虑。这一观点充分体现在儿童的游戏和儿童的秘密上。

美国社会学家，结构功能主义的代表人物塔尔科特·帕森斯（Talcott Parsons）将儿童比作"投出之石"，儿童在家庭中出生后终究要投向社会"池塘"。家庭是社会系统的入口点，家庭首先感受到这块"石子"的影响力，随着孩子渐渐长大，他产生的效应就像逐渐蔓延开的水波，从微观系统、中间系统辐射到外在系统。从家庭进入社会的过程就是儿童成长和发展的过程，也是儿童哲学思维产生和发展的过程。在这个过程中，儿童觉醒自我、反思自我，从而批判性地建构自我并从中领悟生活的意义。

---

① ［美］杜威：《我的教育信条》，《杜威教育论著选》，赵祥麟、王承绪编译，6 页，北京，人民教育出版社，2001。

② ［美］威廉·A. 科萨罗：《童年社会学》，张蓝予译，15～16 页，哈尔滨：黑龙江教育出版社，2014。

第二节
家庭生活与儿童哲学

一、家庭日常生活：儿童哲学思维产生的源泉

11 月的一个周六的下午，外面的风很大，有些干冷，但是阳光很好，坐在阳台上非常温暖。我陪 5 周岁 3 个月大的儿子顺顺在阳台上玩乐高，他在搭建一艘战舰，我在旁边看手机。

他有点不开心："妈妈，你能不看手机，陪我玩乐高吗？"

"妈妈在工作呢。"我回答他。

"妈妈，你能帮我找到这个颗粒吗？"他指着图纸上的一个颗粒问我。

很快我帮他找到了那个颗粒。

忽然，他把所有的颗粒都倒了出来，然后把它们掺和在一起，对我说："妈妈，你能把这些颗粒按照颜色分成一堆一堆的吗，我要哪个你就帮我找哪个？"

我立刻明白了，他是想让我给他当助手，这样我就可以专注地陪他了。

我马上扔下了手机，按照他的要求，把颗粒的颜色分类，然后，他要哪个让我给他递哪个。这是一个"巨大"的工程，五百多个颗粒呢。不得不说，这确实是一个不错的主意，我很快投入他的游戏中。他越搭越快，我配合得越来越好，娘俩玩得不亦乐乎。

他忽然抬起头来，很认真地说："妈妈，我觉得我是世界上最幸福的孩子。"

"为什么呢？"我问。

他说："你看啊，阳光暖暖的，我有最亲爱的妈妈陪我玩最喜欢的乐高，我觉得我就是世界上最幸福的孩子。"

—— 王翠：《一起长大》(育儿手记)

在下午茶时，丹尼斯(3 周岁 10 个月)说："面包已经涂上黄油了是不是？要是我们不想要涂黄油的面包已经是不可能的了，对吗？除非我们用刀子把黄油刮掉……要是我们不愿意用刀子把黄油刮掉，我们就只能吃有黄油的面包了，是不是？"

——加雷斯·B. 马修斯：《哲学与幼童》

5 周岁的顺顺界定的幸福、3 周岁的丹尼斯探索的必要性和可能性，这些具有哲学性质的思维趣事无不发生在儿童的日常生活中。"不论什么人都是从日常生活开始活动的，我们实际生活中有各种存在形式，这些存在形式之间的关系是第一位的，而人的心理是第二位的"①，夫妻关系、亲子关系是家庭中最重要的关系，陪伴、玩耍、游戏、对话、阅读之类的亲子互动，这些家庭日常生活不可或缺的部分，是发展儿童哲学思维的关键，应该被家庭所重视。

1. 成人日常生活的特点

"儿童哲学乃是针对儿童日常生活中遇到的问题，引导儿童逻辑地、有条理地分析问题，最后合乎情理地解决问题。"②日常生活在人类的发展中具有重大的意义，马克思、恩格斯指出："我们首先应当确定一切人类生存的第一个前提，也就是一切历史的第一个前提，这个前提是：人们为了能够'创造历史'，必须能够生活。但是为了生活，首先就需要吃喝住穿以及其他一些东西。因此第一个历史活动就是生产满足这些需要的资料，即生产物质生活本身"③，"社会结构和国家总是从一定的个人的生活过程中产生的"④。日常生活是社会、国家的发源地，不仅如此，人们的意识、思想、观念也是在日常生活中诞生的，"不是意识决定生活，而是生活决定意识"⑤，意识最初是与人们的物质生成活动和现实生活的语言交织在一起的，人们的精神交往也是人们物质生成的直接产物。没有衣食住行，没有日常生活的再生成，就不可能有道德、科学、艺术和宗教。在传统社会的日常生活中，物质生活和精神生活紧密交织在一起。

但是启蒙运动以来，日常生活并没有被西方思想史研究者足够重视，而是被贴上了微不足道、无关紧要、单调繁琐，具有重复性、单调性的标签。尤其是机器大工业产生以来，随着科学理性、技术理性、现代官僚制度对日常生活的大肆入侵，人们的日常生活开始全面异化，生活被割裂成日常和非日常两个领域。人们一方面要应付日常生活的确定性、重复性、单调性，又要应付非日常生活的制度性、规范性、不确定性、创新性和挑战性，生活世界的意义和价值被割裂得支离破碎。如同马尔库塞在《单向度的人》中所批判的那样，由于科技理性的单向度性、工具性、功利性以及对现实的顺从性、肯定性等特征使它自身成为统治者的工具。科学技术的目的性及功利性还剥夺了真、善、美的普遍有效性，人们失去了对周围世界进行判断的能力，只剩下了服从，人成为单向度的人。列斐伏尔把这种异化了的日常生活称为"被那些独特的、高级

---

① ［匈］卢卡奇：《审美特性》第 1 卷，徐恒醇译，5 页，北京，中国社会科学出版社，1986。
② 邓鹏：《把哲学的金钥匙交给孩子——李普曼及儿童哲学》，载《教育发展研究》，1999(12)。
③ 《马克思恩格斯选集》第 1 卷，158 页，北京，人民出版社，2012。
④ 《马克思恩格斯选集》第 1 卷，151 页，北京，人民出版社，2012。
⑤ 《马克思恩格斯选集》第 1 卷，152 页，北京，人民出版社，2012。

的、专业化的结构性活动挑选出来的鸡零狗碎"①。以霍克海默、阿多诺、列斐伏尔、赫勒、吉登斯等为代表的哲学家和社会学家认识到日常生活蕴藏着丰富的创造性和救赎性，有超常的惊人的活力与瞬间式无限创造的能量，是人类精神生活的家园，于是他们走向了对日常生活的批判之路。"日常生活是各种各样的社会活动和社会关系得以萌生和成长的土壤和滥觞，也是一切活动的汇聚地、纽带与共同的基础，只有在日常生活中造成人类的和每个人的存在的社会关系总和，才能以完整的形态或方式体现出来。"②哲学家们试图提醒成人，我们应该努力让日常生活重返本真。

2. 儿童日常生活对儿童哲学思维的支持

成人的日常生活重返本真是一条荆棘丛生的道路，与成人日常生活被功利主义、理性主义、消费主义所异化相比，儿童的生活尤其是低龄儿童的生活蕴藏着大量的丰富性、多样性、生动性和创造性，儿童所经历的童年期与成人的日常生活是两个不同的阶段，这个阶段激发了儿童哲学思维的产生。

第一，儿童的日常生活具有完整性和丰富性。成人的生活世界被分割成日常生活和非日常生活两个不同领域，与此不同的是，儿童的生活世界保持了日常生活的纯粹，吃喝拉撒游戏玩耍可以支配其整个生活。这是一个非常单纯的生活世界，没有受到专业化、技术化、组织化的非日常生活世界的支配，这是一个熟悉的，充满安全感、亲近感的，温暖舒适的生存环境。只要吃饱喝足，儿童就可以不畏权威、毫无顾忌、毫无功利地追问"是什么""为什么"之类的问题。人归根到底不是经济人、不是技术人、不是政治人、不是理性人，而是日常生活中的"凡夫俗子"。某种程度上，儿童生活代表着完整的日常生活，是本真的生活世界，是人的"精神家园"。

第二，儿童对日常生活充满了新鲜感和好奇感。这一方面与儿童好奇好问的天性有关，也和儿童认识这个世界的方式有关。在很多成人眼里日常生活是平凡琐碎的，如同英国学者戴维·英格利斯在其《文化与日常生活》中开篇所描述的那样："没有什么比我们日复一日的生活更清楚明了的了，所有人把每一天都过得如此程序化和平庸世俗，以至于这样的生活似乎根本不值一提，起床、刷牙、洗澡、泡杯茶或咖啡、遛狗、送孩子上学……上床睡觉。所有这些，再加上其他不计其数的平凡琐碎的事情，构成了我们日常生活的内容。"③成人之所以认为日常生活具有重复性、单调、程序化，平凡又琐碎，是因为成人在社会中掌握了大量的生活经验，凭借经验和常识就可以漫不经心地处理好生活中的大多数事情。但是儿童不一样，儿童每一天遇到的都是他们没有碰到过的事情，都是新鲜的经历，即使是同一张餐桌、同样的家人，他们也能发现今

① Lefebvre H, *Critique of Everyday Life*, volume 1, London and New York: Verso, 1991, p. 97.

② Lefebvre H, *Critique of Everyday Life*, volume 1, London and New York: Verso, 1991, p. 97.

③ ［英］戴维·英格利斯：《文化与日常生活》，周书亚译，1页，北京，中央编译出版社，2010。

天早上吃涂了黄油的面包和昨天早上吃的没有黄油的面包不一样，能够体会到妈妈专注地陪玩和妈妈漫不经心地陪玩是不一样的。有限的经验和常识不足以让他们应对生活中的种种事情，他们得去问、去触摸。新鲜感、好奇心让他们的日常生活有意义。

当然儿童的生活世界很多时候是被成人所支配的，随着工具理性、科学理性、消费主义的攻城略地，儿童的日常生活也在被蚕食，正在发生的"消逝的童年"是对儿童哲学和哲学思维的侵犯，这是需要警惕的事情。

二、亲子互动：儿童哲学思维形成的关键

亲子关系是家庭环境中的核心要素，亲子互动的模式直接决定了亲子关系的质量，他们共同影响着儿童哲学思维品质的发展。

1. 亲子关系与亲子互动

"人生最重要的关系是父母和子女的关系，任何一种人生哲学如果不讲求这个根本的关系便不能说是适当的哲学，甚至于不能说是哲学。"[①]父母与子女之间的关系被称为亲子关系。亲子关系是儿童人生中形成的第一种人际关系，也是最基本、最重要的一种关系。父母作为儿童的抚养者、监护人，对儿童身心健康、社会认知、情感认知和社会行为的发展具有重要的影响。积极的亲子关系与民主教养方式有助于子女的认知能力、创造能力及创造行为的发展，消极的亲子关系及干扰式的管教则不利于其发展。有研究者指出，积极温暖、支持性的亲子关系，如爱与鼓励，与创造力正相关；压力、焦虑的环境可能抑制创造力的发展。所以一般而言，正常家庭孩子的创造力高于混乱及分离型家庭孩子的创造力。[②]

亲子关系的好坏是"互动"的结果，并非单向的决定关系。因此，父母与儿童之间的互动，成为发展心理学研究的热门课题。研究表明父母与子女间良好的互动与沟通，有助于孩子的创造力的发展。父母常主动与小孩讲话，且子女常向父母提出问题，儿童的语言则趋于精密性(精密性是创造力的一种)。想象力丰富的儿童，其父母较能耐心地与子女沟通。父母可以鼓励孩子说故事，以此增加孩子的想象力，透过亲子间的语言互动，提高其创造力与亲子关系。幽默的对谈可以减少父母与子女间的代沟，让家中充满轻松愉快的笑声。有趣的，高度支持的，自由、开放、幽默、舒适的家庭环境有利于创造力的发展，相对而言，混乱的家庭环境、情绪的冲突、父母的冲突、压

---

① 林语堂：《人生的盛宴》，见《古今中外伟人智者名言精萃(论艺术)》，168 页，北京，中国国际广播出版社，1993。

② Snowden P L, Christian L G, "Parenting the young gifted child: Supportive behaviors", *Roeper Review*, 1999, 21(3), pp. 215-221.

力、焦虑、敌对，与建立标准行为和创造力是负相关的。[1] 日本学者的研究也表明，那些既尊重儿童的独立性，又坚持自己合理要求的民主型父母，有助于儿童形成自信、知足、独立、爱探索、自我肯定、喜欢交往的性格特点；滥用父母职权的专制型父母容易导致儿童的不安全感，导致儿童压抑、忧虑、退缩、怀疑、无主动性，不喜欢与同伴交往，且在能力、自信、自我控制方面表现一般。对儿童没有明确要求、奖惩不明的放任型父母容易导致儿童不成熟、依赖、胆小，遇到新奇或紧张的事物会退缩。[2]

由此我们可以得出结论，亲子互动不仅影响亲子关系，而且影响儿童的创造性思维的发展。培养儿童的哲学思维，需要高质量的亲子互动。

2. 生活中的亲子互动

> 4 周岁的克里斯汀在使用水彩画画，画的时候，她开始思考颜色的问题，她跟爸爸说："爸爸，全世界是用颜色做的。"
>
> 爸爸问："那玻璃呢？"
>
> 克里斯汀想了一会儿，然后坚定地说："世界是由颜色和玻璃一起构成的。"
>
> ——加雷斯·B. 马修斯：《童年哲学》

> 5 周岁的克里斯汀在学阅读，她坐在床上跟父亲聊天。她评论说："我真高兴我们有字母。"
>
> 爸爸对她表现出来的欣喜有些吃惊问："为什么呢？"
>
> "因为没有字母，就不会有声音，如果没有声音就不会有单词，如果没有单词我们就不会思考，如果我们不能思考，也就不会有这个世界了。"
>
> ——加雷斯·B. 马修斯：《童年哲学》

> 3 周岁的埃米利奥已经跳跃过上百次了。
>
> "爸爸、爸爸，看！你喜不喜欢我这样跳？看！"他每次都这样说。
>
> "这次是新的！"他对自己的跳跃非常自豪。
>
> 前三四次我还兴致勃勃，但是过了一会儿，我就厌烦了。我站在游乐场当中，心思跑到了别的地方。
>
> 埃米利奥拽拽我的袖子，说："看，你喜欢我跳吗？看我！"他的声音带着一点生气，"一次新的跳跃！"
>
> 在埃米利奥身边，我甚至连读报纸都不可能。他把这看成是对他的漠视。

---

[1]　李金珍、王文忠、施建农：《积极心理学：一种新的研究方向》，载《心理科学进展》，2003(03)。

[2]　[日]堀内敏：《儿童心理学》，谢艾群译，126 页，长沙，湖南人民出版社，1980。

我看着他，终于明白了第一百次跳跃和第一次跳跃同样重要，应该得到相同的关注。

——皮耶罗·费鲁奇：《孩子是个哲学家》

以上是儿童哲学经典作家们在书中的经典片段，他们或者发生在陪伴孩子游戏玩耍的时候，或者发生在子女与父母的对话之间。4周岁的克里斯汀在爸爸的追问下，立刻把反例合并到假说里，解决了难题。这很像古希腊米利都学派想知道万物是由什么构成的而提出的"水说""气说""火说"。而5周岁时的克里斯汀又是在爸爸的追问下得到了一个令人震惊的结论："没有字母就不会有世界"，和巴门尼德的"思想和存在是同一的"思想具有异曲同工之妙。在3周岁的埃米利奥眼里，每一次跳跃都是新的，是对赫拉克利特"人不能两次踏进同一条河流"的诠释，如果不是埃米利奥迫切地希望爸爸关注，费鲁奇就不可能发现孩子的眼里藏着真理，互动在这之中发挥了关键的作用。

陪伴、游戏、对话、阅读是日常生活中常见的亲子互动方式。亲子互动的基本特征包括互动的频次、时间、互动对象、内容、主动性等，一个只顾玩手机而对孩子的问题漫不经心的父亲会失去培养孩子理性思维的关键时机，并使孩子丧失对问题的探究欲。好奇好问是儿童的天性，"问答"是儿童获取知识的途径，是儿童哲学思维形成的关键，高质量的问答需要父母的理解、接纳、关注、回应。家庭是孩子的第一所学校，父母是孩子的第一任教师，父母对儿童的理解能力、关爱程度、养育方式、陪伴深度，对孩子好奇心、活泼好动以及纯真善良等秉性的培育或削弱，影响了孩子的哲学思维能力，如审辨思考力、创造思考力、关怀思考力、交往沟通力等。

由此可见家庭及家庭中的亲子关系对于儿童哲学思维发展的重要性，马修斯甚至假设："一旦儿童适应学校，他们便知道学校只期待提'有用'的问题。于是哲学要么走入地下——或许这些孩子会隐秘地继续在内心思索而不与他人分享，要么便处于完全的休眠状态。"[1]

三、共思共进：儿童哲学提升生活品质

乔纳森2周岁的时候非常留意不同的声音，包括最微弱的声音。他会突然停下来聆听远处救护车的鸣笛声、邻居关窗户的声音、过路人的咳嗽声、吸尘器的呼吸声。然后，他举起一根细小的手指，看着我说："那个响声？"起初我不明白什么意思，后来我努力想象那对他来说意味着什么：他的宇宙中充满了新鲜的、无法解释的声响。

——皮耶罗·费鲁奇：《孩子是个哲学家》

---

[1] [美]马修斯：《童年哲学》，刘晓东译，6页，北京，生活·读书·新知三联书店，2015。

女儿："妈妈，我的腿为什么会移动？"

妈妈："你的大脑给你的腿发出了指令"

女儿："那是谁给我的大脑发出的指令？"

妈妈："你的需要，你需要移动你的腿。"

女儿："我的需要在我身体里吗？它会说话吗？它是怎么给我的大脑发出指令的？"

——王翠：《一起长大》（育儿手记）

家庭中的儿童哲学提醒我们，儿童不是一个完全被动的接受者，儿童作为一个天生的哲学家不仅会对父母的养育方式产生巨大的影响，也会改变自我，重新建构自己，正如同玛丽亚·蒙台梭利所揭示的"童年的秘密"——"儿童乃成人之父"，成人不应忘却自己曾有过童年，应该重新解读童年，陪伴儿童共思共长。

首先，父母通过陪伴孩子反思自己。孩子是谁？为人父母到底意味着什么？这是为人父母者都会不由自主地思考的问题。孩子不仅是个体基因的延续，更为成人提供了一面镜子。这面镜子既反映了成人的影像，又映照了成人世界的缺失。第一个案例是意大利心理学家费鲁奇在陪伴自己2周岁儿子时的思考。作为两个孩子的父亲，他的每一天都经历着紧张与新奇，从初为人父陪伴孩子时被那些平庸无聊的琐事困扰得几近发狂，到意识到为人父母，每时每刻不管多么烦人或琐碎，其中都包含着巨大的惊喜和改变的契机，费鲁奇实现了人生的重大转变，他得出了一个结论：重新发现孩子，就是重新发现自己，于是有了《孩子是个哲学家》这本书的诞生。孩子们的世界，是一个完全有别于大人世界的"新世界"，他们对一切充满好奇、热情、纯真。陪伴孩子，有机会回到童年，重新经历重要的人生体验，将会对生活和生命有更深刻的理解力和更敏锐的注意力。

其次，父母通过与孩子的对话，重新审视一些哲学命题。陪伴孩子成长的过程，也是一个亲子互动的对话过程。儿童不同于成人的地方在于，他们的世界充满了直觉和想象，没有成人世界的功利和理性。恰恰凭着感性直觉，孩子往往能够直接把握概念的本质。比如，前面的案例中，儿童关于幸福的理解，是在一个温暖的环境里与最喜欢的人一起做最喜欢的事情，他让成人重新审视幸福的含义进而审视自己的生活。在陪伴孩子成长的过程中，费鲁奇重新审视了"关注""空间""过去""真相""伴侣""感激""耐心""智慧""游戏""纯真""意志""爱"等日常生活中既是常识又关涉人生意义的重大命题，不由感慨："和孩子们在一起，改变了我们，美、爱、纯真、游戏、痛苦以及死亡，一切都呈现出全新的景象。"[①]同样地，马修斯通过对儿童的关注，在《哲学与幼童》这本书中讨论了孩子眼中的"困惑""游戏""推理""故事""幻想""焦虑""淳朴""对话"

---

① ［意］皮耶罗·费鲁奇：《孩子是个哲学家》，张晶译，3页，上海，上海社会科学出版社，2016。

等核心概念，并赋予它们以新的理解和价值。所以马修斯说，成人只有提升自我的哲学修养，才能了解孩子、引导孩子，成为孩子够格的哲学玩伴，保持孩子的天真烂漫。在哲学修养上，儿童是成人当之无愧的导师。

最后，父母通过回答孩子，实现终身学习。陪伴孩子成长的过程也是回答孩子提问的过程。上面案例中被女儿问得哑口无言的妈妈在生活中比比皆是。这个是为什么，那个该怎么办，生活中的父母常常被孩子这样的问题问得张口结舌。如何解决孩子们提出的这些问题呢？负责的父母会通过学习去寻求答案。这是父母带着孩子进行的探究性学习的过程，能不能解决问题不重要，重要的是面对孩子的问题，成人能展现出正确的态度。蒙台梭利的《童年的秘密》详尽地告诉父母，儿童的成长有着其内在的精神驱动和规律，儿童的成长需要依靠他们自身自主的、持续的、有意识的积极探究来获得。父母需要给孩子示范获得答案的路径，这其实是一个用无条件的爱去陪伴孩子终身成长的过程。

儿童哲学让父母重新打量育儿活动，以儿童为师，重新体验成长、感激、纯真与爱，可以帮助成人建构充满意义的世界，过上高品质的生活。

第三节
儿童哲学在家庭中的生成路径

儿童哲学的目标在于发展儿童的思维品质，其中批判性思维是国内外学者最为关注的。作为儿童哲学的"祖师爷"[1]，李普曼在其设计的第一本儿童哲学著作《聪聪的发现》以及之后的《教育中的思维》《教室里的哲学》等都把批判性思维放在优先讨论的位置。国内学者认为："儿童哲学就是引导发挥思考的力量，借由生活中的事件进行思考和探究，其目的在于培养儿童成为一个能独立、有思想的社会公民"[2]；"儿童哲学的教学目标在于培养儿童的独立思考能力，激发儿童的创新情感和意志"[3]。高振宇在国内外研究的基础上，从课程的视角指出，儿童哲学的目标应该是学生核心素养的发展，并从三个方面进行了界定：一是从概念的理解上来说，儿童哲学期望在儿童已有经验的基础上，通过探究团体的努力，合理地推进他们对某些哲学概念的理解，而不是简单地进行观念的分享；二是从思维技能的发展来说，儿童哲学着力发展儿童在审辩思考、创造思考、关怀思考、团队合作、交往沟通五个方面的核心素养；三是从情意态

① 本刊编辑部：《访儿童哲学祖师爷——李普曼》，载《哲学与文化》，1990(7)。

② 徐淑委：《儿童哲学进教室——以〈灵灵〉进行思考讨论教学之研究》，硕士学位论文，台湾台东大学，2008。

③ 于忠海：《知性缺失与儿童哲学教育反思》，载《幼儿教育（教育科学版）》，2008(4)。

度的提升来说，儿童哲学旨在呵护和发展儿童的好奇、探究、尊重、宽容、同情、开放等关键的思维态度与意识。[①] 家庭中的儿童哲学教育也可以以这三个目标为导向，通过游戏、阅读和对话培养儿童的哲学思维。

一、在游戏中丰富儿童的生活经验

"有孩子就有游戏；有游戏就有故事。所有游戏，所有故事，都乘着想象的翅膀，幻化出每一个人的童年"[②]，游戏是儿童的一种存在方式，可以说儿童不是在游戏就是在准备游戏中，从婴儿期的吮吸手指，到幼儿期的过家家、搭积木，再到稍大些的捉迷藏、躲猫猫、老鹰捉小鸡，游戏无时不在。任何日常用品到了儿童，尤其是幼儿的手中，都可以立即开始一场别开生面的表演，一块积木可以当作卡车在路上跑，一支笔是被施了魔法的公主，在幼儿的世界里，没有什么东西是不能拿来玩游戏的，游戏无处不在。儿童的生活时时有游戏，处处有游戏。

1. 游戏的含义

古希腊哲学家柏拉图对游戏的定义为：游戏是一切幼子（动物的和人的）的生活和能力跳跃需要所产生的有意识的模拟活动。而亚里士多德则认为，游戏是劳作后的休息和消遣，是本身不带有任何目的性的一种行为活动。拉夫·科斯特（索尼在线娱乐的首席创意官）认为，游戏就是在快乐中学会某种本领的活动。[③]《辞海》（第七版）中对游戏的定义是："以直接获得快感为主要目的，且必须有主体参与互动的活动。"鲁宾（K. Rubin）等人认为，游戏通常具有以下五个特征：内在动机（出于自身原因而自发地从事）、积极情感（积极的情感体验和表达）、自由选择、过程导向（强调过程甚于结果）、非真实性（模拟或者假定一个针对现实的装扮场景）。[④]

这些定义说明了游戏的最基本的特性就是以直接获得快感（包括生理和心理的愉悦）为主要目的。因此，游戏是一种能让人获得快感的哲学活动。对于儿童来说，游戏与他们的生活密切相关，游戏就是他们进行交往的过程。当然，他们不仅能获得快感，还能从中获取许多有效的技能，比如，逻辑推理技能、批判思考技能、创造思考技能、关怀思考技能等。一方面，游戏是儿童获得快乐的源泉；另一方面，游戏还能促进儿童身心发展，健康成长。

2. 游戏与儿童哲学思维的发展

第一，游戏帮助儿童积累生活经验，形成概念。儿童哲学的一个目标是合理推进

---

① 高振宇：《儿童哲学导论》，31页，桂林，广西师范大学出版社，2020。

② ［美］薇薇安·嘉辛·佩利：《坏人没有生日》，查敏、马志娟译，15页，昆明，晨光出版社，2019。

③ 转引自王重力：《中学生物游戏教学概论》，3页，北京，人民教育出版社，2015。

④ Rubin K, Fein G, Vandenberg B, "Play", in Hetherington E（Ed.）, *Handbook of Child Psychology*: *Vol. 4. Socialization*, *Personality*, *and Social Development*, New York：Wiley, 1983, pp. 693-774.

儿童对哲学概念的理解，概念（idea、notion、concept）是人类在认识过程中，从感性认识上升到理性认识，把所感知的事物的共同本质特点抽象出来，加以概括的思维惯性。它是人类所认知的思维体系中最基本的构筑单位。在哲学中，概念是哲学体系和哲学观点的基本单元，很多概念和个体的生活经验有关，它能够帮我们更好地理解世界、把握世界，"概念赋予经验以形式，并使明确表达成为可能"①。

儿童对概念的把握离不开生活经验的积累。比如儿童在和父母日常生活的互动中知道了"爸爸妈妈"是谁，并在日积月累的观察中明白了"爸爸妈妈"的身份意味着什么，然后通过"过家家"的游戏进行角色扮演从而更好地理解这一角色，最终形成关于父母的概念。儿童借助在经验中获得的概念把世界分成了可以认知的各个部分，学会了怎样与之打交道，发展了谈论、理解和解释它的能力。家庭教育中的儿童哲学不是教给儿童具体的哲学概念和关于哲学的知识，而是丰富儿童的生活体验，引导儿童将这种生活体验上升为哲学概念。父母在家庭教育中的职责好比种下一颗哲学的种子，与浇水施肥阳光雨露等各种外在因素（学校教育和社会教育）结合，让思维的种子得以茁壮成长。

第二，游戏帮助儿童发展综合思维，建构自我。儿童游戏的痴迷与忘我、自由与自信，就好像美国心理学家詹姆斯·希尔曼所述："似乎迟早会有某个东西把我们召唤到一条独特的道路上。你可能会把这个'某个东西'记作童年的一个标志性时刻，在那一时刻，一股莫名的冲动，一种迷恋，或事态发展的独特转变，就像一种号召一样震响在你耳畔：这就是我必须做的，这就是我必须拥有的，这就是'我'。"②顿悟，它能够让人对事物的认识透辟明彻，抓住本质结论，令人心旷神怡、豁然开朗。对于孩子而言，其对生活最朴素、最丰富的经验来源于孩子本身的游戏。而在游戏中建立的丰富又持久的经验是顿悟产生的根基，游戏活动的自由空间与形式也是顿悟生成的有利条件。顿悟在促进人的综合性思维能力趋于完备的同时，使人的智慧爆发能量随时处于"箭在弦上""引弓待发"的状态，一旦有准备的头脑被需要思考的问题所触动，其智慧爆发力就会以顿悟的形式自然迸发出来，这无疑是哲学探究最令人兴奋的状态之一。

古往今来，在我们绝大部分人的认知中，游戏会使儿童玩物丧志，因此家长会尽量控制儿童玩游戏的时间，但是，事实上儿童的生活与游戏是不可分割的，儿童在游戏中生活，在游戏中成长，"因其与儿童的身心发展特点相适应，并最能满足儿童发展的需要，而成为儿童的主要生活方式"③。游戏就是生活，生活就是游戏，教育渗透在游戏和生活之中。无论是孩提时期充满游戏的童年，还是成年人忙忙碌碌中的各种休闲娱乐生活和活动动态，皆可发现我们的生活到处充满着游戏，游戏是人类掌握各种

---

① ［美］罗伯特·所罗门：《大问题：简明哲学导论（第9版）》，17页，张卜天译，桂林，广西师范大学出版社，2014。

② ［美］詹姆斯·希尔曼：《破译心灵》，蒋书丽、赵琨译，1页，海口，海南出版社，2001。

③ 吴航：《游戏与教育——兼论教育的游戏性》，69页，博士学位论文，华中师范大学，2001。

生存技能和知识经验的有效途径。游戏与教育的联姻更加突出地体现在儿童期的生活阶段，游戏是儿童成长过程中不可或缺的精神营养。①

第三，游戏提升儿童的"玩智"，为其快乐成长打下生命的底色。"游戏的目的不为别的，只为快乐。"②随着儿童哲学成为儿童教育的一部分，教育者越来越意识到游戏对儿童成长的深远影响。《如何让孩子自觉又主动》③一书中介绍了一些正被用于儿童计划的哲学游戏，认为玩耍是人类的一个特征，是人类的一种仪式，它是用来娱乐的，是有趣的，也是为了学习的。④ 根据国外有关游戏理论的研究⑤，我们也可以知道，游戏非常值得发展，因为它是"做中学""玩中学"的重要典范。"玩智"（玩的智慧和能力）作为一个概念开始出现在儿童哲学的视野中，加拿大儿童哲学协会会长贾诺塔基斯（G. A. Ghanotakis）在讲座《应 21 世纪学习者之所需：审辩式思维与基于游戏的儿童哲学研究》中介绍了适应 21 世纪人才发展的核心素养，包括审辩式思维、创造性思维、协作性探究和良好的判断能力等，进而分析了游戏式儿童哲学活动的相关理论背景、儿童观、游戏观以及实施儿童哲学之后的效果评价方法，倡导通过使用儿童哲学游戏——"玩智"，进行哲学思考与哲学对话。

综上所述，教育家们和哲学家们已经充分认识到了游戏的价值，主张发展游戏，推广游戏，但是儿童哲学的思维萌芽不能靠教育家、哲学家来解决，更应该被家长重视并践行。在家庭教育中，充分认知到游戏的作用，支持孩子游戏、陪伴孩子游戏就变得非常重要。

3. 通过游戏有效促进儿童发展的策略

不管是对孩子的哲学思维还是对孩子身心健康成长，游戏都至关重要。但是游戏在儿童的生活中却面临着被边缘化的危险。美国学者尼尔·波兹曼提醒我们："我们过去认为儿童游戏不需要教练、裁判或观众，只要有空间和器材，儿童就可以玩了。游戏的目的不为别的，只为快乐。然而，今天十二三岁的小选手组成的棒球联合会，不仅由成人来监督，而且以一切可能的方式来效仿成人运动的模式。他们需要裁判、需要器材、需要加油和呐喊。球员们寻求的不是快乐，而是名誉。——儿童游戏，言简意赅地说，已经成为濒临灭绝的事物。"⑥

去除功利性目的是家长对待游戏的首要态度。游戏的目的是为孩子的生命成长打下快乐的底色，在快乐的玩耍中发展孩子的沟通能力、合作能力以及批判性、审辩性、

---

① 参阅苏德主编：《蒙古族传统家庭教育与文化传承》，144 页，北京，中央民族大学出版社，2014。

② ［美］尼尔·波兹曼：《童年的消逝》，吴燕莛译，8 页，北京，中信出版社，2015。

③ ［美］丹尼尔·西格尔、蒂娜·佩恩·布赖森：《如何让孩子自觉又主动》，黄珏苹译，杭州，浙江教育出版社，2020。

④ ［美］丹尼尔·西格尔、蒂娜·佩恩·布赖森：《"玩耍是孩子的工作"——自由玩耍发展孩子的平衡力》，黄珏苹译，http://m.jyb.cn/rmtzcg/xwy/wzxw/202009/t20200907_356381_wap.html，2020-09-07。

⑤ 柳阳辉主编：《新编学前儿童游戏》，20～31 页，上海，复旦大学出版社，2017。

⑥ 转引自戴金花：《现代童年的消逝及原因》，载《现代教育论丛》，2010(2)。

综合思维能力，并由此培养孩子的核心素养，而不是分数和荣誉。

另外，可以有针对性地设计游戏，重视儿童的个性发展。在保证不磨灭儿童个性的基础上对其进行针对性的游戏活动，促进思维创新能力，塑造儿童敢于创造、勇于创造的精神风貌。比如玩泥巴，每个孩子对于通过泥巴塑造什么形象、怎么玩都有自己独特的认知，家长应该在尊重这种独特性的前提下，引导孩子有所创新和创造。这样不仅能促进儿童思维能力的发展和提升，还能让儿童在现有基础上对个人所学内容做出创新和发展，并构建一个符合自己学习规律与认知能力的全新学习法则。

二、在对话中提升儿童的情感态度

对话在提升儿童的情感态度方面有非常重要的帮助。对话是儿童哲学的研究者们关注的焦点，以对话的方式探讨哲学也是古希腊哲学的传统。马修斯在其哲学三部曲中充分彰显了对话在儿童哲学思维培养中的价值，并专门写了《与儿童对话》一书。情感在思维中可以发挥重要的作用，如认知功能、提供参考框架、有助于聚焦等，儿童的思维带有明显的情感色彩。对话是亲子互动的重要方式，父母与儿童对话的情感态度会直接影响儿童哲学思维的发展。

1. 对话的形式

哲学探究推崇苏格拉底式对话，因为这种对话的目的在于"明理"，而不是辩论和驳斥对方的观点，将对方击败。美国教育家内尔·诺丁斯关于对话的分类可以为我们的家庭教育提供参考。诺丁斯将对话分为三类：正式对话，即话题严肃、规则严格、富有哲学意味的对话；终极对话，这类对话与重大的生存问题密切相关；日常对话，主要发生在家人、朋友、熟人之间，主要是针对日常生活需要发生的对话。当然，诺丁斯也指出，这三种对话并没有严格的区分，它们常常你中有我，我中有你。家庭中的父母和子女的对话以日常对话为主。下面这则案例是一个发生在日常生活中的对话。

> 12月是征订期刊的时间，家长群里正在统计孩子们订期刊杂志的种类和数量，家长们也讨论得热烈。
>
> 一个家长说："我家孩子要订12种期刊，说喜欢这12本期刊送的玩具。"
>
> 另一个家长说："我们要订5种，也是因为孩子喜欢这5种期刊送的玩具。"
>
> 几乎所有孩子订期刊都是为了玩具。
>
> 订期刊送玩具是期刊针对低龄儿童的营销手段，几乎所有的低龄儿童都中招。顺顺去年(7周岁)也是这个问题，非要订3种期刊，结果期刊和玩具一起到了，拿了玩具就把期刊丢了，根本不读。为了避免类似的情况再出现，我准备晚上泡脚的时候跟他谈谈。
>
> 每天晚上一起泡脚的时间，我们不是亲子读书，就是亲子聊天。

把脚放进盆里，我就提出了一个话题："妈妈有一个问题想问问你的意见。"

"什么问题？"每当这个时候，他就像个大人一样一本正经。

"我记得你去年读《成语故事》这本书的时候读到一个故事，大意是一个人买了装珍珠的盒子，把珍珠还给了卖主，这个成语是什么来着？"

他想了一下说："买椟还珠，就是说那个人把重要的东西还给人家了，自己留下个不值钱的，取舍不当，因小失大，笨。"

这个故事当时他给我讲过，应该印象特别深刻。

我问："听说你们班有同学订期刊都订 12 种，就是为了要这些期刊送的玩具，这事你怎么看？"

"这就是买椟还珠啊，因小失大不好。我们订的是书，又不是玩具，再说了，那些玩具并不好玩。"他脱口而出。

接着他说："妈妈，我知道您的意思了，放心吧，我只订自己需要的。"

——王翠：《一起长大》(育儿手记)

这是很多低龄儿童家长都会面临的问题，解决这个问题可以依靠家长的强制性手段：就不给你订。通常的结果是引发不愉快的亲子关系，甚至亲子冲突。也有的放任型家长对此并不干涉：想订什么就订什么，看不看无所谓。这类处理方式长此以往可能助长孩子不负责任、为所欲为的生活态度。这个案例中，家长通过民主的对话，将孩子已有的知识进行情境迁移，既巩固了孩子的已有知识，也培养了孩子的理性精神，在对期刊的价值判断与自己的需要以及期刊与玩具的关系进行批判性思考的过程中，孩子自己得出了正确的结论。毫无疑问，对话也促进了和谐亲子关系的建构。

2. 家庭对话注意事项

首先，有效的日常对话需要宽松和谐的氛围。在哪里说、怎么说都会直接影响孩子的情绪情感从而直接影响对话的效果。一般认为，积极的情绪情感体验能够引起对话的兴趣、推进对话的顺利进行，餐桌、客厅、卧室都是令人放松的地方，上面案例的对话则是母子在一起泡脚时进行的。

其次，有效的对话建立在尊重的基础之上。尊重他人一直被认为是一项重要的品格，但在很多父母那里，孩子是未成年人，未成年意味着知识的欠缺、经验的不足，是需要教育、教导甚至是教训的，因而在对话中难免居高临下地发号施令，对孩子缺少必要的尊重，引起孩子的排斥，导致对话难以顺利进行。

最后，有效的对话需要对孩子有足够的信任。信任被认为是一种双向依赖关系，儿童依赖父母，对父母充满信任，儿童同样需要父母信任，爱的最好证明就是信任。信任是相信子女能够理解自己的对话目的，并有能力通过对话做出正确的价值判断和行为选择。与对话相似的一个活动是"唠叨"：

妈妈："你要多喝水，喝水了吗？再来一杯吧。"

孩子："知道了，知道了，你已经说很多遍了。"

妈妈："你说水对我们的身体有什么作用？"

孩子："作用可大了，人体有70%是水组成的，没水就没法活。"

妈妈："嗯，真是这样，看来咱们得好好喝水。"

——王翠：《一起长大》(育儿手记)

前面是基于对子女生活能力不信任的唠叨，后面是建立在理解、尊重基础的信任。一场充满信任的谈话能够给儿童的生活留下美好的回忆。

三、在阅读中发展儿童的思维技能

朱永新教授反复强调，一个人的精神发育史就是他的阅读史。"阅读是一种从书面语言中获得意义的心理过程，也是一种基本的智力技能，它是由一系列的过程和行为构成的总和"，这是《中国大百科全书：教育》对阅读的概念界定。阅读是一个典型的智力加工过程，它不仅需要各种智力因素，比如观察、记忆、思维、想象等积极参与，而且各种非智力因素如动机、兴趣、意志、性格等，在阅读中也起着十分重要的作用。

1. 儿童哲学阅读的现状

在儿童哲学教学方法中有一种被称为核心的方法叫作"团体探究"，这种探究在程序上包括"启动—刺激物呈现—提问—讨论—总结"，启动的关键是通过呈现刺激物，激发学生的好奇以及对主题的关注和思考，阅读被视为最常用的刺激物。[1] 目前在我国的儿童哲学教育实践中最常见的刺激物是绘本阅读以及其他的文本型材料的阅读，如民间故事、寓言、童话、新闻故事。高振宇梳理了国际流行的 IAPC 版教材和国内教材，指出思考故事类的绘本是目前儿童哲学教学最为常见的读物。[2] 通过筛选的 50 个最具有代表性的绘本故事，我们可以看出这些故事的主题涵盖了形而上学、认识论/知识论、道德哲学/伦理学、社会政治哲学、心灵哲学和美学等哲学的各个领域。

国内外的研究都证明了以绘本作为儿童哲学探究起点的优势。但是用于问题思考的经典绘本都源于国外，并不是所有的外来绘本都适合国内儿童阅读，因此绘本开始走向了本土化研发的阶段，目前比较有代表性的儿童哲学绘本有"酷思熊"绘本系列、"思考拉"绘本系列等。

2. 通过哲学阅读发展儿童思维技能的策略

第一，重视孩子阅读中提出的问题，与孩子一起进行探究性学习。阅读是一个积

---

① 高振宇：《儿童哲学导论》，5 页，桂林，广西师范大学出版社，2020。

② 高振宇：《儿童哲学导论》，193～200 页，桂林，广西师范大学出版社，2020。

累知识、开拓视野的过程。在阅读中会遇到许多未知的事情，孩子会问这样那样的问题，这些问题既是孩子的兴趣所在，也是孩子的知识盲点，家长可以和孩子一起进行探究性学习。比如在读民间故事《盘古开天地》时，有的孩子会问：盘古开天地的斧子是从哪里来的啊，那时候还没有人，怎么会有斧子呢？在大人的世界里，神话故事本来就是虚构的，孩子的此类问题不值一顾。但是父母如果此时重视孩子的问题，和孩子一起去查资料，真能找到这个问题的答案。神话也有神话的逻辑，和孩子一起进行探究性学习不仅能提升儿童对神话的兴趣，建构父母和子女的知识结构，也能够增强孩子对优秀传统文化的认同感。

第二，通过角色扮演，体会故事蕴含的主题。角色扮演是儿童社会化的一种方式，通过角色扮演，可以深化儿童对角色的理解，使儿童获得充分的感受，进而发展儿童的理性思维。以《猜猜我有多爱你》为例，这本由英国教师山姆·麦克布雷尼创造的绘本讲述了一个几乎每个儿童都会和父母讨论的话题：你爱我吗？你有多爱我？通过这个话题，孩子希望从父母那里获得确定的答案，以此获得安全感和信任感。如果在孩子问起这个问题的时候仅仅回答"爱，非常爱"并不能让孩子满意。"非常"是一个抽象的概念，"非常"是多少，儿童尤其是幼儿很难理解，所以比较是儿童惯用的方法，我比你大，你比我多，儿童通过比较来确认事物，明确是非。《猜猜我有多爱你》就是设置了大小两只兔子，比较谁的爱更大、谁的爱更多，来让儿童获得爱的认知。如何把故事中兔子父子之间的爱转移到自己的身上呢？角色扮演就是一个不错的方法。以绘本为剧本，父母和孩子一起阅读，一起扮演角色，可以让孩子在愉悦的氛围中获得美好的情感体验，书本上关于爱的讨论就化为自己生活的一部分了。

儿童的任何思维技能都离不开问题、兴趣，如何将孩子的生活情感和探究欲望激发出来是儿童哲学探究的一个重点，儿童阅读为积累知识、开拓视野、培养积极情感和理智精神提供了一个有效的路径。

儿童哲学在中国已经有了30多年的旅程，它最大的效应在学校教育领域，"教育者们将儿童哲学的教育理念与现有的学习领域或学科课程统整起来，使学校教育更加注重研究童年的本质、尊重儿童的思想与活动、遵循儿童的天性、回归儿童自身的世界，并创造条件激励和发展儿童的各项本能"[①]。儿童本位论的教育教学理念得到了重视，由此，基于课程、教材、教学三个维度的儿童哲学本土化路径拉开了帷幕，但是发端于家庭的儿童哲学思维并未引起家庭教育的足够重视。"儿童哲学即儿童精神"[②]在理念上主张尊重儿童探究的天性，倾听并发展儿童的声音，同样也应该成为家庭教育的一部分，引起家长的足够重视，它可以引发家长的思考，从而与孩子共生共长、共思共进，提高家庭生活的品质。

---

① 高振宇：《中国儿童哲学研究三十年：回顾与展望》，载《教育发展研究》，2019(22)。
② 高振宇：《儿童哲学导论》，18页，桂林，广西师范大学出版社，2020。

第四节
儿童的社会角色

在一个小区的公园里，傍晚时分，吃过晚饭的大人们在散步聊天，几个小孩子围在花坛旁边做游戏。一个叫花花的小女孩对另一个小女孩毛毛说："宝贝，妈妈去做饭了，你在房间里要乖乖的，好好看你的画册。"显然，这几个孩子正在玩"过家家"的游戏，而且玩得不亦乐乎。就这样玩了一会儿，一个叫强强的小男孩突然说："孩子她妈，咱们的宝贝额头好烫，她发烧了，我们赶紧把她送到医院去。"于是几个孩子七手八脚地把"生病"的小孩送到医生面前。扮演医生的孩子亮亮一本正经地问道："咳嗽吗？肚子疼不？有没有吃什么坏东西？被风吹着了吧？要想好得快，就得先打针。"在假装给毛毛打完针以后，亮亮说："药给你开好了，回去记得按时吃药，多喝水。""爸爸"和"妈妈"忙不迭地对"医生"表示感谢，然后开心地对宝贝说："听医生的话，发烧肯定能好，我们又可以回去看动画片啦。"同样内容的游戏，几个孩子轮流扮演，玩得乐此不疲，直到大人们喊他们回家，孩子们才依依不舍地告别。①

一、儿童社会角色的内涵

角色是来源于戏剧表演领域的一个概念。在上面的案例中，几个儿童玩的就是典型的角色扮演游戏，某种意义上也可以说是一种戏剧表演。孩子们分别饰演爸爸、妈妈和医生，虽然他们的年龄小，但只要扮演起角色，就会自觉地表现出与父母、医生的角色要求相符合的话语和行为。正是通过诸如此类的游戏，儿童在成长的过程中逐渐了解到，社会中各种不同的角色都有其应有的角色表现和要求。20 世纪 20 年代，美国社会学家米德对儿童的角色意识进行了深入研究，他认为儿童的角色成长一般要经过三个阶段，即模仿阶段、嬉戏阶段和群体游戏阶段，在这个过程中，儿童逐渐发展出了通过他人角度看待自我和世界的能力，即实践他人角色态度和行为的能力。正是米德把角色的概念引入对社会互动模式的研究中。在社会学家的观念中，社会就像一个大舞台，每个人都已经被写好了剧本，都是这个舞台中的演员，我们来看这一段形象的描述。

---

① 孙立平主编：《社会学导论》，118 页，北京，首都经济贸易大学出版社，2004。

演员在舞台上有明确的角色，社会中的行动者也占据明确的地位；演员必须按照写好的剧本去演戏，行动者在社会中要遵守规范；演员必须听从导演的命令，行动者也必须服从大人物；演员在台上必须对彼此的演出做出相应的反应，社会成员也必须调整各自的反应以适应对方；演员必须与观众呼应，行动者也必须扮演各种不同的观众或'一般他人'和概念化的角色；技能不同的演员赋予角色以独特的解释意义，行动者也由于各自不同的自我概念和角色扮演技巧而拥有独特的互动方式。[①]

虽然现在角色理论已经成为分析社会互动的重要工具，但对于社会角色，仍然没有一个统一的、具体的定义。通常来说，社会角色被认为是与一定的社会地位和身份相契合的行为期待和行为方式。我们要深入研究这一概念，就要从以下两个方面来把握它的内涵。

其一，社会角色是社会地位的重要表征。每个人在社会的关系结构中都占据一定的位置，不同的位置体现了社会成员拥有的权力大小和获取资源的能力，这个位置就是社会地位。然而社会地位本身只是一个抽象的存在，人们虽然知道它存在，但却并没有某一个具体的存在被称为社会地位，所以社会地位需要借助某种表征来体现。社会角色就是社会地位的具体化，即社会地位的外在表征。在社会关系网络中，每占据一个位置，就要扮演相应的社会角色。不同的角色有不同的地位差异。例如，父母和子女、教师和学生、老板和雇员、干部和群众等，它们都是社会中的某种角色类型，但人们总是认为，作为子女就应该听父母的话，作为学生就应该服从教师的权威，作为雇员就应该听从老板的指令，作为群众就应该服从干部的管理。可见，人们一般认同每一种社会角色都应该做出与其地位相称的行为。所以，在社会互动中，我们习惯从一个人的社会角色来判断其社会地位。成年人和儿童就是两种社会角色，在传统的成人和儿童的关系里，成人显然是地位较高的一方，负有指导的义务，而儿童总是地位较低的一方，通常被认为是身心不成熟的，需要依附于成年人才能够生存。

其二，社会角色反映了一定的社会期待。对处于某种地位的社会角色，人们对其行为表现通常有一定的心理预期。例如，对于教师而言，人们期待教师应当能够为人师表，做学生的道德楷模；对于学生而言，一般的期待则是学生要好好学习，行为端正；对儿童而言，传统的中国父母的心理期待是，孩子要懂事听话，尊敬长辈。所以，社会个体成为某个角色，社会便对这个角色的行为加以要求，使之符合一般的社会期待。这种社会期待也被称为角色期待，是指社会成员对自己和他人应有的行为规范和行为方式的一种共识，换言之，也就是社会公认的一个角色应有的扮演方式。

总而言之，儿童的社会角色是一定社会群体的成员对儿童应有的行为规范和行为

---

① ［美］乔纳森·特纳：《社会学理论的结构》，吴曲辉等译，430页，杭州，浙江人民出版社，1987。

方式的一种共识，是处于儿童位置上的个体应有的表现。长期的社会生活使人们对儿童应有的表现方式有一种共同的角色期待，这就要求儿童的行为模式要符合这种期望，否则人们就会产生角色困惑。

二、儿童社会角色的发展

今天，我们已经习惯了儿童的概念，无数的诗人、作家以各种最美好的词汇来赞美童年。然而作为社会角色的儿童并不是一开始就存在的。社会学家认为，儿童以及包括作为人生早期阶段的童年都是被发明的概念。尼尔·波兹曼指出，童年不同于婴儿期，它是一种社会产物，不属于生物学的范畴，至于谁是或不是儿童，我们的基因里并不包括明确的指令，人类的生存法则也不要求对成人世界和儿童世界进行区分。那么，古往今来，传统和现代社会的人们究竟是如何看待儿童的呢？

(一)传统社会中儿童的社会角色

中国传统社会是以儒家伦理为主导的社会，同样，中国古代的儿童观也深受儒家学说的影响。例如，当齐景公向孔子请教治国之道的时候，孔子回答说："君君、臣臣、父父、子子。"这里的"子子"也就是说，作为子女要有子女的样子。然而，子女应该怎样才有子女的样子呢？在传统文化里有"父要子亡，子不得不亡"的说法，显然长辈相对于晚辈拥有无上的权威。儿童在家庭中没有独立的地位。成年人往往忽视儿童自身的发展需要，压制了儿童的生长空间。

在古代西方，热爱自然、文学、艺术的古希腊人留下了许多杰出的艺术作品，然而考古学家发现，在众多的古希腊雕塑中，竟没有一尊是关于儿童的。可能的原因是，古希腊人并不认为儿童有任何值得赞美和书写的地方。这与他们对儿童的教育观念也是一致的。柏拉图在《普罗泰戈拉篇》中提到，对付那些不听话的孩子，就要用恐吓和棍棒，像对付弯曲的树木一样，将他们扳直。我们知道，柏拉图生活在相对开明和民主的雅典城邦，但他的教育理念却不那么开明。阿利埃斯在《儿童的世纪》一书中指出，在14~15世纪的欧洲，儿童(enfant)一词与下列这些词同义：男仆、侍从、服务生、儿子、女婿等，这足以说明当时的人们无法意识到儿童可以与成人甚至青年人区隔开来的特殊性质。在中世纪的文学作品和绘画中，儿童的形象只是大人的缩小版，而儿童的写实形象在中世纪后才逐渐出现。这些都充分说明，在中世纪，儿童只不过是个"小大人"，他们混入成人中间，穿着与大人相仿的衣服，与其一起劳动、竞争、社交、玩耍。

(二)近代社会中儿童的社会角色

西欧自中世纪末期以来，父母逐渐开始鼓励小孩与成人分离，以儿童及对儿童的保护和教育为中心的新的家庭观发展起来了。将童年时期视为一个最特殊的人生阶段，这个观念自此扎根于现代西方思想之中，并席卷了整个现代世界，成为无可动摇的价值观。中世纪的经院教育中，典型的场景是，儿童在教师的鞭策下捧着经书，逐字逐句，高声背诵，然而他们却并不考虑文字背后的含义。这种完全以成人为中心的教育方式在启蒙时代被否定。卢梭在《爱弥儿》中的开篇第一句——"凡是出自造物主之手的都是好的，一交到人的手里就变坏了"，今天读来仍然振聋发聩。卢梭反对不顾儿童的认识能力和接受能力，强行灌输成年人所认为的知识，他甚至说道："阅读是童年的祸害，因为书本教我们谈论那些我们一无所知的东西。"[①]为什么阅读是童年的祸害？因为正是阅读强迫儿童必须像成年人一样思考，阅读使得人进入了一个抽象的、理性的世界。没有阅读、没有书本的时候，儿童并没有与成年人进行显著区分的需要，口头交流对儿童和大人来说都只需要一个较低的心智准备程度。在卢梭看来，包含了各种各样符号化知识的书本，是超出了儿童接受能力的。中世纪时，人们大都不清楚教育为何物，到了启蒙时代，儿童发展的观念产生了。卢梭以及后来的教育家使人们深信，儿童不是小大人，儿童是脆弱和需要悉心呵护的。在今天，"天真的孩子"和"幸福的童年"这样的观念已经深入人心，人们十分注意要使孩子免受各种物质和精神伤害的威胁。这是一项了不起的成就，在近代社会，儿童终于被发现了，人类由此进入了一个更加文明和温柔的时代。

第五节
儿童的社会差异

从古至今，人类社会不存在没有差异的历史，儿童也不例外，儿童之间也存在着种种社会差异。儿童的社会差异也制约了儿童的教育表现。

一、性别与儿童的社会差异

(一)儿童的性别角色

让我们来设想这样的一个场景，一个 5 岁的小男孩站在商店的橱窗外面，看着琳琅满目的、漂亮的洋娃娃，眼神里满是喜欢和不舍，这时候，男孩的父亲走了过来，拽住男孩的胳膊不屑地说道："这是女孩子才会玩的东西，男孩玩这个就是娘娘腔，赶

---

① 转引自康永久：《教育学原理五讲》，247 页，北京，人民教育出版社，2016。

紧走吧。"在个体成长的过程中，人们从小就被灌输了一种性别差异的观念，它不仅仅是基于生理因素的差别，人们更多地是在文化上习得哪些是男性应有的表现，哪些是女性应该有的特质。社会文化通常将女孩与"温柔""可爱""清纯"这样的词语联系在一起，而将男孩与"勇敢""坚强""担当"这样的词语绑定。在儿童社会化的过程中，从走路、说话、穿衣、姿态，父母和长辈会要求男孩要有男孩的样子，女孩要有女孩的样子。实际上，这就是社会对于男孩和女孩应该如何的一种角色期待。著名作家贾平凹在《怀念狼》一书中曾有一段这样的描述：

> 清晨对着镜子梳理，一张苍白松弛的脸，下巴上稀稀的几根胡须，照照，我就讨厌了我自己！遗传研究所的报告中讲，在城市里生活了三代以上的男人，将再不长出胡须。看着坐在床上已经是三个小时一声不吭玩着积木的儿子，想象着他将来便是个向来被我讥笑的那种奶油小生，心里顿时生出些许悲哀。[①]

书中的主人公认为外在的形象与人的内在个性紧密地联系在一起，没有胡须即意味着是"奶油小生"，而"奶油小生"也就不能和男人等同。没有胡须的事实使主人公感到泄气，使他无法占有自己所崇尚的男性气质，进而影响了自我认同。所以，什么是男性，什么是女性，不仅是由生理区别所决定的，更与一定的社会期望联系在一起。男性和女性就是基于性别差异而形成的角色。一般来说，性别角色是社会所期望的男性与女性适当的行为表现、态度和行动。

性别差异是生物性的，因为性别是一种解剖学的事实，男女生理的差异决定了一个婴儿的性别应该如何认定。而性别角色差异则是社会性的，它并非自然的分类，而是人为建构的产物。

其一，性别角色差异是个体社会化的结果。传统观念、家庭结构和大众传媒所塑造的女性形象通常是温柔、无力及需要被保护的。在传统观念里，女性一般都被要求要顺从自己的丈夫，成为一个慈爱的母亲，忠于自己的婚姻。实际上，在不同的国家，由于习俗和文化的不同，对于性别角色的期待也有不同的认知。例如，在东亚国家，社会文化要求女性应当是被动和柔顺的，东亚国家的女性气质就是这样被建构起来的。与之相反，西方在女权主义兴起后，追求性别平等的人群坚持与男权、父权思想作斗争，社会的性别平等意识取得了巨大进步，一个结果就是温柔、顺从的女性形象在西方社会逐渐式微。与女性角色一样，男性角色的建构也是受社会期望决定的。在男孩成长的环境中，家庭、社区、学校、媒体都在影响男孩如何看待自己的男性角色，以及应该如何表现出与性别角色要求相适应的行为。西方社会学家通过归纳发现，男性角色气质一般包括以下五种元素：①反女性元素——不会表现任何女性行为，包括任

---

① 贾平凹：《怀念狼》，2 页，北京，作家出版社，2000。

何脆弱的表现；②成功元素——在工作和运动中表现男子气概；③侵略性元素——用武力处理与他人的关系；④性元素——接受并控制各种性关系；⑤自主元素——随时保持冷静、微笑。①

　　其二，性别角色差异是一种社会制度。围绕性别角色，社会发展和形成了一系列的制度和文化规范。例如，对于男童和女童的服装选择、公共厕所的性别区隔、性别隔离的学校等。持功能论观点的社会学家认为，性别制度的形成源于男女的两性分工。以家庭为例，帕森斯认为，为了最大程度地发挥家庭的社会功能，家庭需要在某些角色上有特别的分工，传统的性别角色安排就是夫妻间劳动分工的一种表现。在家庭分工中，女性一般扮演情感支持和表达的角色，而男性则扮演实用性的物质供给角色。根据功能主义理论，女性对情感事物的关注和处理有利于男性更加专注于工具性任务，女性在母亲和妻子的角色上越称职，就越有利于男性取得事业上的成功。所以说，男女性别分工的家庭制度在某种程度上是实用主义的体现。与功能论者从实用的角度看待性别制度相反，冲突论社会学家指出，性别制度是一个群体（男性）对另一个群体（女性）施加控制的反映。在农业社会，男性的身材、体力对从事农业劳动至关重要，同时由于男性可以免于孕育孩子的负担，这使他们在身体上被解放出来，进一步有利于男性控制女性。进入工业社会以后，社会分工越来越发达，体力劳动职业的比重逐渐减少，男性的生理优势不再明显。然而，关于性别角色的文化规范和制度已经长久地存在了，这些标准和信条继续维持着男性角色占主导地位的权力关系和社会结构。

（二）儿童性别差异与学校教育

　　由于性别角色差异造就了对男女两性不同的社会期待，在学校教育中也不难发现这样的现象，尽管教师认为他们已经公平地对待每一位学生，但是在与学生的日常交流中，有的教师仍然不经意地流露出了各种不平等。例如，在学习中，如果男生表现较好，有的教师会给予更多的鼓励和赞赏；在文理分科时，教师通常会认为男生更适合理科，而女生更适合文科，尽管这种基于性别的文理区分至今都没有显著的生理学支持。这些依然存在的社会事实在学校教育中强化了一种性别刻板印象，驱使男生和女生不断加速性别社会化，在这个过程里，男生不断强化对自己能力的认可，而女生总是倾向于对自己的能力产生一次又一次的怀疑。

　　法国社会学家布迪厄说道："被学校制度传输的文化，无论是哲学、文学、医学、法学，直到最近还一直不停地输送陈旧的思想方法和模式，如使男人成为积极成分、使女人成为消极因素的亚里士多德传统。"②学校教育并不能独立于社会系统，因此不能

---

① ［美］理查德·谢弗：《社会学与生活（精要插图第11版）》，赵旭东等译，165页，北京，世界图书出版公司，2011。

② ［法］皮埃尔·布尔迪厄：《男性统治》，刘晖译，127页，深圳，海天出版社，2002。

免于社会性别文化的影响，实际上，学校教育以一种更加隐蔽的方式来建构与维持性别不平等。

第一，学校的课程设置传递性别不平等的观念。从课程的存在形式来看，学校课程包括显性课程和隐性课程。学校的显性课程是正式设置的各门学科，如数学、语文、外语等。隐性课程主要体现在学校的日常生活和校园文化当中。在显性课程中，不同的学科存在权力地位的差别，学科偏见与性别偏见存在显著的对应关系。例如，在课程学习上，一种认为女生抽象思维和逻辑思维能力弱于男生的观念大有市场，因此男生更适合数理化等学科的学习，而女生更适合人文学科等主要依赖记忆能力的课程。这种学科上的性别偏见会影响女生的学习信心，当女生选择理科方向时，她们总是需要比男生鼓起更大的勇气，当她们遭遇学业挫折时，也比男生更容易怀疑自己的学习能力。另外，关于中小学课本和课外读物的研究发现，在阅读材料中男性形象的出现次数要远大于女性形象。儿童正处于形成性别角色认同的关键阶段，这个时期，男孩能够从学校课程中获得更多的男性榜样来帮助自己形成男性角色认同，而女孩较为缺乏女性榜样的支持。所以，在两性角色的发展上，学校课程存在显著的不平等。在隐性课程方面，如学校的领导者往往是男性，而一线教师又以女性居多，这对儿童认知男女两性的权力差异产生一种心理暗示作用；在学校的同伴交往中，不少贬低女性地位的言语并没有得到有效纠正。

第二，教师的教育行为存在性别不平等。教师是生活在社会系统中的行动者，自然受到社会文化的影响，社会中的性别偏见也会对教师的教学行为产生无意识的导向作用。美国学者伍德通过研究发现，一些教师对于男女生的重视程度存在差异，一些常见的行为反复出现。例如，教师对男生的名字比对女生的名字更清楚；与男生谈话时，教师有更多的眼神接触和关注的表情；教师向男生提出更有挑战性的问题；教师对于男生的发言给予更长时间的回应，以及更重要的言语和非言语上的回应；教师在课堂上叫男生的次数更多；教师更愿意花时间与男生讨论问题；教师对女生的贡献更容易忽视或不屑一顾；教师经常会接着男生的话说或者鼓励男生发表评论；等等。[①] 我国研究者吴康宁等人通过对多个地区的学校课堂进行观察研究发现，这些地区的教师的课堂互动的确存在性别差异，教师与男生互动次数要多于女生。[②] 在中小学课堂里，教师对男生的关注更多，提问男生的频率更高，这已不断得到研究者的证实。也有研究者发现，在语言领域的教学活动中，教师对女生关注较多，在科学领域的教学活动中，教师对男生关注较多。[③] 这种基于学科差异的教学行为差异，也恰恰说明了在教师中存在着广泛的性别刻板印象。

---

① ［美］朱丽亚·T.伍德：《性别化的人生——传播性别与文化》，徐俊、尚文鹏译，广州，暨南大学出版社，2005。

② 程晓樵、吴康宁、吴永军等：《教师课堂交往行为的对象差异研究》，载《教育评论》，1995(2)。

③ 王琪、熊莲君、谢华静：《教师对男女幼儿的区别对待调查研究》，载《大庆师范学院学报》，2017(01)。

男女两性的身心发展固然有基于生理因素的差异，然而这种差异并非支持性别刻板印象的有力证据，相反，流行的性别刻板印象更多是社会建构的结果。因此，教师和家长需要树立恰当的性别观念，改变儿童教育中一些不公平对待男童和女童的做法，帮助儿童形成正确、积极的性别角色意识。具体来说应当做到如下几个方面。

其一，家长应当实施科学的性别启蒙。家庭是儿童成长的首要环境，父母是儿童的第一位老师，儿童从家庭教育中获得的性别知识对于其性别角色形成具有至关重要的影响。在社会的发展中，家长应当围绕时代诉求为儿童的性别发展营造良好的氛围。虽然生理差异确实构成了两性诸多职业分工的基础，但是男女的性格特征并非如此泾渭分明。要改变性别刻板观念，不过于强调儿童两性的差别，为儿童的性别角色体验提供选择空间。同时，父母均应主动承担教育责任。母亲的呵护、父亲的陪伴对儿童社会性人格的养成必不可少。来自父母的多样化的性别期待将有助于儿童形成完善的人格品质。

其二，学校教育应当注意性别因素的影响作用。教育实践表明，学龄儿童具有显著的向师性，儿童会模仿教师的言行和习惯，并努力做出符合教师期待的行为。所以，教师对男女两性的态度同样会直接影响儿童的性别社会化。教师应科学认识男女的性别差异，抵制将性格特征和智力特征标签化的错误观念，客观、公平地对儿童实施教育。学校教育机构应当注意合理配置男女教师的比例，使儿童在性别发展的过程中能够找到具体而多样的参照，减少性别期待单一的不利影响。

其三，大众媒介应当传播合理的性别认识。除了家庭和学校教育环境，儿童获得性别认知的重要来源便是大众媒介，如动画片、绘本、童话等深深影响了儿童性别认知的形成。在传统媒介的叙事内容中，男性多与阳刚、智慧、勇敢等优秀的气质相联系，而女性气质则更可能与阴柔、无力等负面气质联系在一起。大众媒介应当紧密贴合新时代的要求，宣传合理的性别价值观，破除性别偏见，引导儿童树立正面、完善的性别形象。

【案例】　单亲家庭的儿童性别角色教育案例——以小 Z 个案为例①

1. 个案基本情况

小 Z，女，12 周岁，汉族，广州本地人。

个人形象：身高 1.56 米，身材匀称，短发，喜欢穿黑色上衣和运动裤，打扮较为男性化。平时喜欢讲脏话，行为有暴力倾向。

健康状况：因小 Z 在四年级左右的时候容易发脾气，经常与人发生冲突，或者自我封闭，不与人说话，母亲曾经带小 Z 到医院诊治，被医生诊断为"双相情感障碍"，

---

① 君临：《单亲家庭的儿童性别角色教育案例——以 Z 个案为例》，https://www.sohu.com/a/371808778_100005178，2021-10-10。

服药一段时间后，小 Z 母亲认为服药对小 Z 的大脑发育或身体影响较大，自行断药，小 Z 现在也十分排斥再去医院或看心理医生，认为"医生只是骗钱的"。

学习情况：广州某小学六年级学生，学习成绩差，厌倦学习，经常逃学旷课，学习动力低。

家庭情况：小 Z 目前与母亲居住在一起，父亲在她 6 周岁的时候因病去世。小 Z 与母亲关系紧张，经常发生言语冲突。

小 Z 和她的小姨关系较好，因为小姨会经常送她礼物和请她吃东西。小 Z 母亲从事家政工作，是家庭经济收入的主要来源，其他亲戚偶尔也会给予小 Z 一家经济帮助，以缓解生活压力。

人际关系：小 Z 在学校与同学关系较差，由于性格较为暴躁、冲动，班上的女生较少与其交往，她经常与班上男生发生冲突，甚至有打架行为。

小 Z 喜欢与比她年纪大且社会经验较丰富的社会人士交往，用小 Z 的话来讲就是"跟大佬，比较好玩刺激"。

虽然小 Z 几乎没有要好的朋友，但是对社工站的一位女社工 F 非常上心，也很听这位女社工的话，甚至下班后会跟随这位女社工回家。

2. 案例基本情况简介

由于小 Z 的家在社工站附近，因此小 Z 经常会到社工站玩、打发时间，但小 Z 在社工站也会经常与其他小朋友、青少年发生冲突（言语、肢体上的冲突）。

当社工对其行为进行制止或干预时，小 Z 会直接与社工发生冲突，大声谩骂社工，对社工进行口头威胁甚至发生肢体冲突，社工站里的大部分社工对小 Z 比较防备，害怕她会突然袭击，因此也不太希望小 Z 出现在社工站。

鉴于小 Z 在认知行为方面存在较为严重的偏差，甚至有暴力倾向，社工通过为小 Z 开展个案服务，以期促成小 Z 的改变，降低小 Z 不良行为的发生，改善小 Z 的人际关系，避免更严重的危机发生。

3. 小 Z 的需求评估及分析

（1）需求评估

通过对小 Z 的个人、家庭及人际关系等方面的信息收集及综合分析，并与小 Z、小 Z 母亲及其亲人进行沟通，明确了小 Z 的服务需求如下。

第一，小 Z 存在性别角色建立以及自我认同的需要。

第二，小 Z 存在家庭关系修复与改善的需要。

第三，重塑小 Z 的认知行为，减少小 Z 不良行为的发生。

（2）个案分析

小 Z 在童年早期丧父，母亲没有再嫁，因此小 Z 在一个单亲家庭中成长。据小 Z 母亲表述，小 Z 父亲健在时，一家三口过得比较开心快乐。

自从小 Z 父亲离世后，自己要担负起赚钱养家和照顾家庭的责任，自己的文化水平不高，只能从事家政一类的工作，长期下来对小 Z 的照顾难免有所疏忽，随着小 Z 年龄的增长，她也变得越来越叛逆，更加难以管教，现在也懒得管了。

小 Z 不愿与他人谈及有关父亲的任何事情，总是一副外表冷酷的模样，偏男性的打扮(短发、黑色上衣、运动裤、球鞋)及粗鲁的言行让人感觉她就像一个"男孩子"。

社工分析，小 Z 父亲的离世可能对小 Z 造成了一定的心理创伤，但长期压抑在心里无法抒解，而"母兼父职"的母亲为了生计，对小 Z 的照顾难免有疏忽，尤其是在心理支持方面。

社工在家访时观察到小 Z 在家中与母亲的交流方式，发现小 Z 母亲在家中也经常"讲脏话"，甚至会与小 Z "对骂"，因此，不难将小 Z 日常喜欢讲脏话的行为表现与母亲的家庭教育联系起来。

通过与小 Z 及其母亲接触，社工认为小 Z 的不良行为与原生家庭存在较大的关联，因此，需要介入小 Z 的家庭才能推动小 Z 做出持续的正向改变。

理论分析：

小 Z 的性别角色建立与母亲的性别角色形象及观念有较大的关系。

一方面，小 Z 母亲认为"女孩子就应该有女孩子的样子"，用传统的女性刻板印象对小 Z 进行规束，当小 Z 在外貌和言行方面不符合母亲的期待(传统性别角色期待)时，母亲就会对小 Z 进行批评，但小 Z 母亲的性别气质上也存在一些特质，如讲脏话、大声说话、对小 Z 的管教较为粗暴简单等，小 Z 母亲性别角色的混乱，容易导致小 Z 在性别角色认知上发生偏差。

根据社会性别角色理论，小 Z 的生理性别是女性，但出于对自我的保护以及从母亲身上习得的相关性别角色特质，小 Z 自身的性别角色形象逐渐被塑造。小 Z 认为自己不比男生差，追求与男生一样的刺激——暴力、色情以及权力等，喜欢看 WWE 频道(美国职业摔跤)，但又喜欢女生身上的温柔、善良等特质，并且认为自己的母亲身上几乎没有这些特质，反而对社工站某位女社工 F 非常依恋。

4. 工作方案

(1)关系建立阶段

第一，与小 Z 建立关系。从小 Z 的兴趣、关心的事情入手，以尊重、接纳、同理的技巧尝试与小 Z 建立关系，从而降低小 Z 对社工的抗拒心理，增强小 Z 对社工的信任感。

第二，与小 Z 母亲建立关系。通过电访、家访等方式与小 Z 母亲取得联系，并向小 Z 母亲介绍个案服务的计划，获得小 Z 母亲的支持及参与，共同促进小 Z 改变。

(2)性别角色的建立及自我认同

第一，协助小 Z 对自身性别角色进行认识与探索，增强小 Z 对自我的认同感及价值感，促进小 Z 行为的改变。

第二，介入小 Z 家庭性别角色教育的议题，增强小 Z 母亲在小 Z 性别角色建立方面的正向教育，以协助小 Z 更好地认同自身的性别角色及发展。

（3）重塑小 Z 的认知行为，增强小 Z 的正向改变

第一，引导小 Z 思考自身行为背后的后果，增强小 Z 的责任意识，让其学会为自身的行为负责，减少小 Z 的偏差行为，降低其违法犯罪的风险。

第二，提升小 Z 的人际交往技巧，改善人际关系，增强人际支持。

第三，巩固小 Z 与母亲之间的关系，增强小 Z 的家庭支持功能。

（4）巩固个案服务成效及结案

与小 Z 及其母亲一同检视小 Z 的成长与改变，巩固个案成效，商讨结案事宜。

5. 介入效果评估

（1）小 Z 自身层面

经过长达半年的跟进，小 Z 的穿着打扮没有任何变化，但对于自身的性别角色有了更多的认同，也更加接纳自己的性别角色，情绪控制有了较大的提升，虽然依然会讲脏话，但是懂得分场合、分时机，而不再像以前那样冲动、易怒。

（2）小 Z 家庭层面

小 Z 与母亲的关系有了较大的缓和，母亲不再用粗暴的方式对小 Z 进行教育，而是尝试平等地与小 Z 进行对话，并且尝试接纳小 Z 的兴趣爱好、言行特点，用欣赏的角度看待自己的女儿，小 Z 对母亲的态度也有所转变，她的情绪和行为也得到了较大的改善。

（3）小 Z 人际交往层面

小 Z 依然非常依恋 F 社工，但是学会了尊重 F 社工的隐私并保持一定的交往距离，也尝试开始与同龄女生交往，正确表达自己的情绪和需求，朋辈交往有了一定的改善，很少再出现打架行为，也很少与社会上的不良青年有所接触。曾经想小学六年级毕业就辍学的她，顺利入读了辖区内的某所中学。

6. 个案反思

"人在情境中"的视角让我们学会用系统的视角看待问题，不割裂地看待个人问题。小 Z 这个案例乍看是个人行为问题，但个人行为问题背后其实是家庭的问题。小 Z 成长在一个单亲家庭，更加需要社工的支持与帮助，这样才能推动小 Z 的真正转变。

此案例另外一个值得探讨的问题是，当我们用传统的性别观念看待小 Z 的时候，性别的刻板印象会让我们觉得小 Z 不像个"女生"，而是一个奇怪的人，正如小 Z 母亲一开始不接纳小 Z 的性别形象一样。

但社会性别理论视角让我们跳出刻板的性别印象，从社会建构的角度看待性别观念的问题以及影响社会性别建立的因素，并以此为介入点推动小 Z 及其母亲对小 Z 性别角色建立的理解和认同，最后小 Z 欣然接纳现在的自己，小 Z 母亲也尝试接纳这样的女儿，最终达到一种平衡的状态。

二、社会分层与儿童的社会差异

（一）社会分层的内涵及标准

"分层"最初是来源于地质学的概念，是指由于不同时期的地表变化而形成的地质分层。社会学家把分层引入对社会的研究，并发现在社会生活领域，人与人之间、群体与群体之间也如同地质构造一样，形成了若干明显的群体分层。所以，社会分层就成了社会研究领域的一个重要主题和范畴。简单来说，社会分层就是根据一定的标准，将社会中的人群分为不同层次、有高低差别的等级序列。

社会分层不像地质分层那样肉眼可见，要对人群进行分层，就需要一定的标准。在马克思主义看来，阶层区分的主要标准是资产的占有状况，因此，马克思将社会群体分为资产阶级和无产阶级两大阶级。西方学者一般认为，衡量社会分层的主要标准包括：经济标准、权力标准、教育标准、声望标准、职业标准等。但这样的划分标准较适合西方社会，对于我国的社会主义社会是不适合的。中国社会的结构可按照户籍所在地、职业种类等进行划分。

（二）社会分层对儿童教育的影响

国内外的相关研究已经证明，社会分层与儿童的教育成就存在显著关联。长久以来，西欧国家的教育双轨制饱受人们的诟病。由于西欧社会贵族与平民分立的社会传统，贵族的子女接受博雅教育，学习与社会生产关系较远的高雅文化，完成教育后进入社会的管理岗位；而平民子女则接受职业教育，学习实用的生产知识和技能，从事劳动。在当代社会，由于受教育时间的普遍延长，双轨制的教育格局已趋于瓦解。

当今，国外对于社会分层和教育系统的关系存在两种理论流派的解释。一是功能论，认为教育是社会系统中不可或缺的一个要素，是满足社会有机体需要的一个组成部分。由于各种职业地位的获得有赖于教育训练，因此，教育具有社会选择的功能，能够选拔和分配社会角色，把不同天资的社会成员甄选到合适的社会岗位中去。以英国为例，儿童在小学毕业后就会接受统一的学业水平测试，以区分他们到底适合进一步接受学术型的教育还是职业教育。二是冲突论，认为学校教育是社会不同阶层文化冲突的场所，社会优势阶层的文化主导了学校课程，他们的子女从小习得了社会主流文化，因而在学校教育中相对于劳动阶层子女享有优势地位。美国社会学家柯林斯认为，社会出身对个体的职业成功有着直接的影响，即使对于受过教育的个体也是如此。[1]

---

① 张人杰主编：《国外教育社会学基本文选（修订版）》，35～54 页，上海，华东师范大学出版社，2009。

一般来说，社会分层对儿童教育的影响表现在三个方面。

一是影响儿童受教育的机会。在经济学中，价值越高的商品越是处于稀缺的状态，教育资源也不例外，越是优质的教育资源越难以获得。在西方，如英国的哈罗公学、伊顿公学均是私立的精英中学，是社会统治阶层的摇篮，普通阶层的子女几乎没有可能进入，只有条件较差的公办学校才无差别地面向全体国民。因此，社会分层造成社会成员入学机会的不均等。

二是影响儿童受教育的取向。不同阶层的父母对儿童的教育期望有所不同，他们会根据自己的阶层地位和经济状况为子女设定相应的教育目标。如前所述，《科尔曼报告》指出，富裕家庭的子女能够更多地得到来自家庭的帮助。

三是社会分层影响儿童的教育成就。研究发现，儿童的教育表现与家庭的社会阶层文化背景高度相关。劳动阶层子女被认为在学校教育里表现"较差"，原因是他们的阶层文化与学校的主流文化存在显著差别。

外国的社会分层对儿童教育的影响为我们提供了教训，为反思儿童哲学提供了更具批判性的视角。社会分层很可能会造成教育分化，让家境优越的儿童拥有更多的社会资源来发展认知能力、社交技巧和文化素质，反之，弱势家庭的儿童则处于相对不利的地位。同时，在家长群体中存在的普遍的教育焦虑加剧了教育竞争。在这种情况下，究竟何为儿童发展的真正目的？如何回归本真的教育？对这些具有本质意义问题的追寻，将有助于我们更好地理解当今时代的教育困境。

小　结

通过本章的学习，我们知道哲学是人与生俱来的能力，儿童的好奇好问、活泼好动、纯真善良使儿童具备了成为哲学家的天性基础，但这并不意味着儿童会成长为哲学家，后天成长的环境对儿童的哲学思维的发展会产生重大的影响。其中，家庭是儿童思维产生的源泉，社会在影响儿童哲学思维的深度和广度。重视儿童在家庭中的日常生活、亲子对话、父母与儿童共思共进对培养儿童的哲学思维具有本原性的价值和意义，但是由于儿童哲学作为一门尚在发展中的学问，并未引起家庭教育的足够重视，它更多地是作为一门课程存在于学校教育中，而且处于起步阶段。同样，在社会领域，受传统和现代多种因素的影响，儿童哲学思维成长的土壤也比较贫瘠，在一定程度上削弱了儿童在走出家庭、走向社会的过程中哲学思维发展的质量。重新认识并因此重视家庭和社会这两个领域的儿童哲学是本章最主要的目的。

章后思考

一、名词解释

家庭　社会　游戏　社会角色　性别角色　社会分层

二、简答题

1. 简述"儿童"的特点。

2. 简述家庭与儿童哲学的联系。

3. 简述游戏对儿童哲学的发展。

4. 如何理解儿童的社会角色？

三、论述题

1. 请详细阐述儿童、家庭与社会的关系。

2. 请详细说明亲子互动为什么是儿童哲学思维形成的关键。

四、材料分析题

"为什么会有人类？

"为什么人类和其他动物不一样？"

"既然人类会死亡，那么生活的意义是什么呢？或许，人类的存在并没有什么意义。"

"长大是件好事吗？为什么我们会变老？"

"什么是勇气？为什么我会害怕？"

"什么是自由？我们可以畅所欲言吗？还是应该言听计从？"

——阿内-索菲·希拉尔、格温尼拉·布莱：《思考儿童的世界》

你会回答上面的问题吗？你可以给儿童回答上面的问题吗？你认为父母需要学习儿童哲学吗？在家庭与社会中的儿童，他们的儿童哲学思维是如何发展的呢？

拓展阅读

1. 方建移，何伟强. 家庭教育与儿童社会性发展[M]. 杭州：浙江教育出版社，2005.

2. 吴国平. 课程中的儿童哲学[M]. 上海：上海教育出版社，2018.

3. 李幼穗. 儿童社会性发展及其培养[M]. 上海：华东师范大学出版社，2004.

4. 高田幸子. 论儿童哲学中社会领域的自然表达[J]. 焦晨，译. 新西部，2019(18)：161-162.

5. 罗伯特·帕特南. 我们的孩子[M]. 田蕾，宋昕，译. 北京：中国政法大学出版社，2017.

6. Lam C-M. Philosophy for Children in Confucian Societies：In Theory and Practice [M]. New York：Routledge，2020.

第七章

法律法规中的儿童哲学

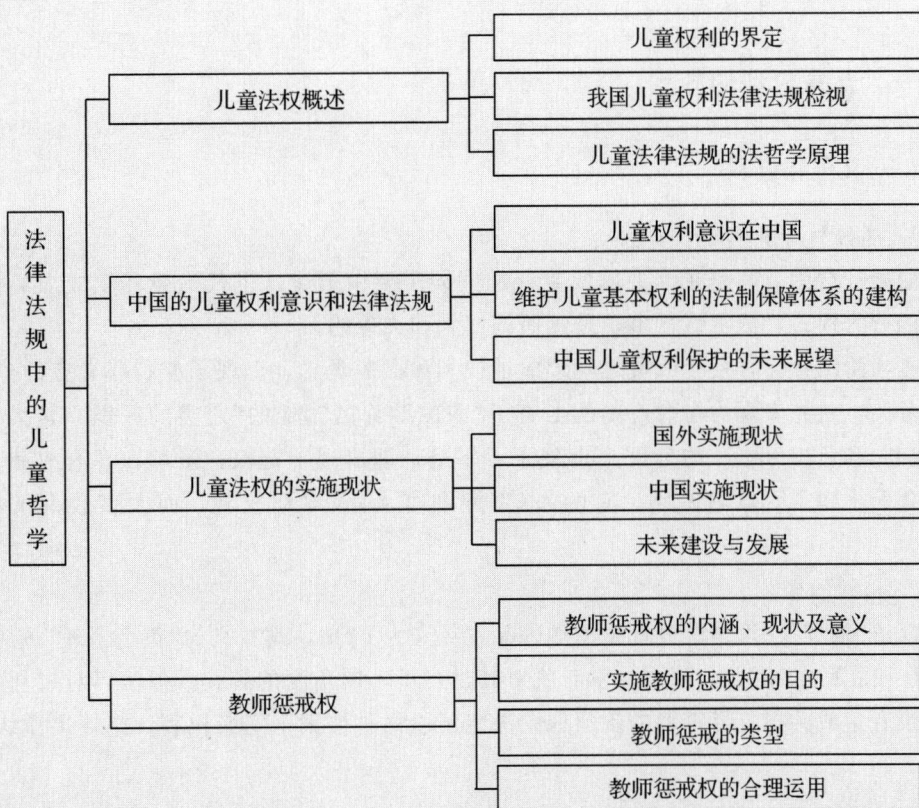

```
                                    ┌──────────────────────────┐
                              ┌─────┤    儿童权利的界定         │
                              │     └──────────────────────────┘
              ┌──────────────┐│     ┌──────────────────────────┐
          ┌───┤ 儿童法权概述 ├┼─────┤ 我国儿童权利法律法规检视 │
          │   └──────────────┘│     └──────────────────────────┘
          │                   │     ┌──────────────────────────┐
          │                   └─────┤ 儿童法律法规的法哲学原理 │
          │                         └──────────────────────────┘
          │                         ┌──────────────────────────────┐
          │                   ┌─────┤    儿童权利意识在中国         │
          │                   │     └──────────────────────────────┘
      ┌───────────────────────┐     ┌──────────────────────────────────┐
 法   │ 中国的儿童权利意识和法律法规├─────┤ 维护儿童基本权利的法制保障体系的建构│
 律   └───────────────────────┘     └──────────────────────────────────┘
 法 ┌─┤                   │     ┌──────────────────────────────┐
 规 │                     └─────┤ 中国儿童权利保护的未来展望     │
 中 │                           └──────────────────────────────┘
 的 │                           ┌──────────────────────────┐
 儿─┤                     ┌─────┤    国外实施现状           │
 童 │   ┌──────────────┐  │     └──────────────────────────┘
 哲 ├───┤儿童法权的实施现状├─────┤    中国实施现状           │
 学 │   └──────────────┘  │     └──────────────────────────┘
    │                     └─────┤    未来建设与发展         │
    │                           └──────────────────────────┘
    │                           ┌──────────────────────────────┐
    │                     ┌─────┤ 教师惩戒权的内涵、现状及意义  │
    │   ┌──────────────┐  │     └──────────────────────────────┘
    └───┤  教师惩戒权   ├──┼─────┤ 实施教师惩戒权的目的          │
        └──────────────┘  │     └──────────────────────────────┘
                          ├─────┤    教师惩戒的类型             │
                          │     └──────────────────────────────┘
                          └─────┤ 教师惩戒权的合理运用          │
                                └──────────────────────────────┘
```

章前导语

　　本章主要谈论的是儿童法权的问题，从黑格尔与科耶夫的法哲学视角来看，儿童法权就是儿童是否能成为他自己的主人的问题。本章以儿童成为自己的主人为中心思想，以界定儿童的法权为开端，详细介绍了国内外儿童法律法规，并叙述了中国儿童法律法规的发展及教育状态，最终将法权意识与教育相结合解读了教师惩戒权。作为一名教育工作者，我们该如何从法律法规的角度研究教育问题，又该如何用法权的眼光来保障儿童的合法权益，促进儿童的成长，教师如何使用教师惩戒权既能合理得体又能最大限度促进儿童的成长，这都是作为一名教育工作者需要思考的问题。

第一节
儿童法权概述

一、儿童权利的界定

（一）义务和权利

1. 权利和义务观念的形成

　　原始社会的习惯是在维护氏族生存的共同需要中形成、世代沿袭并变成人们内在需要的行为模式。依习惯行事，是无所谓权利和义务的。

　　进入阶级社会，社会成员之间形成了权利和义务观念，出现了权利和义务的分离。这种分离，首先表现为在财产归属上有了"我的""你的""他的"之类的区别；其次在利益（权利）和负担（义务）的分配上出现了不平等，即出现了特权；最后在享有权利、履行义务上出现了明显的差别，有的人（贵族和富人）仅享受权利，而大多数人仅承担义务。

2. 权利的含义

　　汉语"权利"一词是西方社会的舶来品，英文为 right，其本义为"正当合理"。从"权利"这一概念产生时起，国内外学者就对其进行了不同角度的解读。但学界对权利的概念并没有达成共识，界定者的价值取向决定了以何种要素来定义权利。如舒国滢认为，权利是集合国家法律认可与反映多方利益的自主行为。[①] 周永坤在其著作《法理学：全球视野》中认为，应当从保障利益、自主行为、社会或法律承认和支持三个方面来认识权利。权利人可以要求他人作为，也可以要求他人不作为。[②] 张文显则认为，若从权利最为根本的特征看，其本质应当是一种"要求"或"主张"，他对权利作了如下释义："权利是法律上有效的、正当的、可强制执行的主张。"[③]

3. 义务的含义

义务是"权利"的对称，指的是在政治上、法律上、道义上应尽的责任。[④] 康有为《大同书》中写道："若夫应兵点籍，则凡有国之世，视为义务。"[⑤]法律上的义务是指法律关系主体依法承担的某种必须履行的责任；是设定或隐含在法律规范中、实现于法律关系中的，主体以相对抑制的作为或不作为的方式保障权利主体获得利益的一种约束手段；是指法律关系的主体依据法律规范必须为一定行为或不为一定行为，以保证权利人的权利得以实现，当负有义务的主体不履行或不适当履行自己的义务时，要受到国家的制裁，承担相应的责任。[⑥]

4. 权利与义务的关系

权利与义务的关系可以从两方面来进行界定。一方面，权利和义务相互依存。义务的存在是权利存在的前提，公民在享有宪法和法律规定的权利时，同时也需要平等履行宪法和法律规定的义务。不允许任何公民享有权利而不履行义务，也不能出现只尽义务而不享有权利的情况。另一方面，权利和义务相互独立。权利和义务有各自的范围和限度，超出了这个限度，就不为法律所保护，甚至是违反法律的。总的来说，权利和义务在一定条件下互为对应，权利以其特有的利益导向和激励机制作用于人的行为，义务以其特有的约束机制和强制机制作用于人的行为，最终达到不同的社会主体对自身权利义务的准确理解与行使。[⑦]

(二)科耶夫对法权的解读

科耶夫从阶级斗争的角度解读黑格尔的"承认"理论，化用黑格尔的主奴辩证法，对法权的概念与起源做出透彻分析。他认为，法权的源泉是作为正义理念之源泉的、关乎人类起源的对承认的欲望。主奴之间为了承认而进行的生死斗争才是历史实现的可靠途径。奴隶之所以为主人工作，乃是出于对死亡的恐惧和对主人的恐惧。因为这

---

① 舒国滢：《权利的法哲学思考》，载《政法论坛》，1995(3)。

② 周永坤：《法理学：全球视野(第4版)》，北京，法律出版社，2016。

③ 张文显：《法学基本范畴研究》，73页，北京，中国政法大学出版社，1993。

④ 陈胜昌等编：《常用经济学名词解释》，165页，郑州，河南人民出版社，1981。

⑤ (清)康有为：《大同书》，46页，长春，吉林出版集团股份有限公司，2017。

⑥ 王方、张红梅、单守金等编著：《教育法律基础》，22页，合肥，安徽大学出版社，2012。

⑦ 王海明：《公正论》上，见《公共治理研究》编委会编：《公共治理研究》第1辑，224～242页，北京，商务印书馆，2018。

种恐惧，奴隶的工作实现了对自身欲望的压抑，而对欲望的压抑在某种程度上就实现了对自然本能的超越。在生死斗争中失败的奴隶受主人的支配进行劳动，奴隶在劳动中对自然物加以改造，从而达到了对自然的控制，使自身从自然必然性中解放出来，实现了自由。奴隶通过劳动改变了外部的自然世界，从而推动着人类历史的发展。而主人仅仅支配着战争，在生死斗争结束之时，便失去了其赖以存在的依据。历史是由为了承认的斗争和劳动创造的，当斗争结束，主人与奴隶之间在现实生活中实现了统一，历史也就终结了，人最终也自然地实现了自己。

科耶夫所说的"法权"不同于黑格尔《法哲学原理》中的法权，黑格尔的"法权"的基础是市民社会和宪政国家，而科耶夫的"法权"却是普遍同质的国家。科耶夫试图以集平等原则与对等原则于一身的公正原则来建立普遍同质化国家中的法权体系。

科耶夫认为，法权是某种正义理念向特定社会作用的适用。它的内容既取决于作为其基础的正义理念的性质，又取决于作为这一理念适用对象的相互作用的性质。因此，研究法权的起源与进化，也就是研究社会相互作用本身的起源与进化，以及研究历史的产生和作为整体的历史过程。①

(三)儿童权利的含义

1. 儿童内涵的演进

不同时代、不同文化背景下儿童的内涵有所不同，而对儿童内涵的不同理解，直接决定着人们对儿童权利的不同认识。因此，充分了解历史上儿童内涵的演进，是考察儿童权利内涵的一个重要前提。

回顾历史，可以看到，在人类社会发展进程当中，几乎所有时期都有关于儿童权利的内容存在。但由于人类的发展是循序渐进的，所以有关儿童权利保护的认知也是一个由浅入深、随着人类文明的进步而不断发展和完善的过程。在现代社会，儿童作为人类未来的主宰和权利的拥有者，享有与成人同样的人格与尊严。然而，儿童的这种定位不是自古就有的，儿童和儿童权利是历史发展和社会建构的产物，在不同的历史时期、不同的文化与不同的社会群体中，儿童曾被以不同的方式看待，也以不同的方式看待自己。

在古典时代，儿童并未获得权利个体的地位。这时并没有形成儿童的概念。在中世纪，同样未产生儿童的概念，人们并没有对儿童与成人进行严格区分。到了文艺复兴时期，人的价值和主体地位得到充分肯定。这一时期，开始出现儿童意识。而在启蒙时代，儿童的价值被教育界普遍认可，逐步确立了现代的儿童观。现代的儿童观逐渐成熟，20世纪成为儿童的世纪，儿童受到成人社会的普遍关注，儿童作为独立个体的深入研究、儿童存在意义的重新发现、儿童教育方式的研究等开启了现代儿童观的

---

① 阳育芳：《追问欲望之人：科耶夫的哲学人类学研究》，18页，硕士学位论文，清华大学，2016。

根本变革。

从现有的研究成果来看，人类社会对儿童权利概念的探讨最早可以追溯至 18 世纪末，1799 年英国伦理学家汉娜·摩尔（Hannah More）曾对儿童权利的概念做了初步研究。她认为，"儿童权利是指儿童拥有一种性质截然不同的法律身份，以及不同于其父母的利益和需要。作为一个广义且有些朦胧的概念，儿童权利包括受保护的权利和依赖的权利，以及公民权、自由权或自治权。受保护权是指为儿童的福利与健康提供保护。这些权利包括拥有一个稳定的家庭、充足的生活以及受教育的权利。公民权或自由权是指儿童的自由免受政府或其他机构的限制。公民权包括正当程序的权利和表达自由"①。吴鹏飞在《儿童权利一般理论研究》中综合了中外学者的已有研究成果，他认为，"所谓儿童权利是指儿童基于其特殊身心需求所拥有的一种有别于成人的权利，这种权利为道德、法律或习俗所认可且为正当的，其范围包括受保护权和自主权两个相互依存的方面。受保护权与自主权共同构筑了一项完整的儿童权利，两者缺一不可"②。但是，对于教育工作者来说，这种界定仍没有凸显出儿童权利的重要方面在哪里。因而，我们应考虑联合国《儿童权利公约》的提法，把"儿童优先特殊保护原则"作为儿童权利的首要方面来对待，其中提到："儿童优先特殊保护原则的基本含义是：对儿童的权利，对他们的生存、保护和发展给予高度优先，无论任何机构、任何情况下，都应把儿童放在最优先考虑的地位。"③综合起来，可以对"儿童权利"作如下界定：儿童权利是指儿童基于其有别于成人的特殊身心特点而所需的特殊优先保护，这种保护是为社会、法律或道德所认可和支持的，表现为积极的自主行为或消极地受社会各方所保护（自主权与受保护权）。

2. 中国古代的儿童法权

首先，中国古代确立了长幼尊卑有序的身份等级秩序，不容僭越。

其次，中国古代立法确认了家长主权原则。如《汉书·食货志》载，汉高祖颁布诏令："民得卖子。"《大清律例》亦规定："父母控子，即照所控办理，不必审讯。"

再次，我国古代立法规定了儿童犯罪的刑事减免，中国古代《礼记·曲礼上》载："八十、九十曰耄，七年曰悼。悼与耄，虽有罪不加刑焉。"《唐律》规定：凡年在七十以上、十五以下及废疾，犯"反逆"杀人等死罪，可以上请减免，而"九十以上、七岁以下，虽有死罪不加刑"。《大清律例》亦规定"十五以下，犯流罪以下，收赎；十岁以下，犯杀人应死者，议拟奏闻，取自上裁；盗及伤人者亦收赎"。

最后，中国古代立法有保护幼童的条款。如《大清律例》中有言："凡收留人家迷失子女不送官司而卖为奴婢者，杖一百、徒三年；为妻妾子孙者，杖九十、徒二年半。"

---

① Mintz S, "Placing children's rights in historical perspective", *Crim Law Bulletin*，2008，44(3)，P. 35.
② 吴鹏飞：《儿童权利一般理论研究》，19 页，北京，中国政法大学出版社，2013。
③ 本书编写组编：《未成年人保护法学习导读》，16 页，北京，中国妇女出版社，2008。

"凡鳏寡孤独及笃废之人，贫穷无亲属依倚不能自存，所在官司应收养而不收养者，杖六十，若应给衣粮而官吏剋减者，以监守自盗论。"

3. 我国儿童法权的发展历史

中国的立宪过程可分为四个阶段，相应地，宪法文本中的儿童权利也逐步产生并发展。

（1）清朝末年预备立宪时期

1908 年的《钦定宪法大纲》是中国第一部宪法文件。1911 年，清政府迫于危机与压力颁布了《宪法重大信条十九条》。两部文件都是以皇权为中心的体现封建性质的文本，因此很容易忽视公民的权利，更不用说还未取得权利主体地位的儿童了。

（2）中华民国时期

早期的民国宪法一方面坚持形式平等的原则，另一方面仍然以自由权为本位。首先，《中华民国临时约法》（1912 年）作为民国第一部宪法性文件，其第 5 条规定了中华民国人民一律平等，但是这种平等仅强调形式上的平等。其次，《中华民国约法》（1914 年）第 5 条规定了人民享有各项自由权。这个时期宪法文本所赋予的权利仅适用特定范围的人，而没有普及至全体国民，儿童也没有被考虑在内。

民国中后期，魏玛宪法传入中国，对学术界的研究和官方的制宪活动均产生了影响。在此时期，宪法文本有两个转变。首先，权利主体范围扩大。在《中华民国训政时期约法》中，首先对"国民"一词进行了定义。[①] 人民享有的权利与承担的义务在第二章"人民之权利义务"中详细规定。之后订立的《中华民国宪法草案》（1936 年）和《中华民国宪法》（1946 年）沿用此立法体例。其次，权利内涵范围扩大。在《中华民国训政时期约法》中，就有对儿童特殊保护的规定[②]；与此同时，开始加强对社会权尤其是受教育权的特别关注，如已达学龄之儿童应一律受义务教育，其详以法律定之（第 50 条）。《中华民国训政时期约法》第 41 条在《中华民国宪法草案》中得到沿用和具体化：6 岁至 12 岁之学龄儿童，一律受基本教育，免纳学费（《中华民国宪法草案》第 134 条）。《中华民国宪法》（1946 年）在此基础之上，又进行了补充，如第 21 条、第 160 条、第 161 条有关受教育权的规定，第 153 条关于儿童的特别保护，第 156 条关于妇女儿童福利政策的规定。由此可见，在民国中后期的宪法文本中，随着权利主体与权利内涵范围的扩大，儿童的权利主体地位逐渐获得国家的认可。

（3）中华人民共和国时期

1949 年，中华人民共和国成立，到目前为止，除了作为临时宪法的《共同纲领》之外，我国共制定过四部宪法。

[①] 《中华民国训政时期约法》第 2 条："中华民国之主权属于国民全体。凡依法律享有中华民国国籍者为中华民国国民。"

[②] 《中华民国训政时期约法》第 41 条："妇女儿童从事劳动者，应按其年龄及身体状态施以特别之保护。"

　　1949 年制定的《共同纲领》在第五章第 47 条、第 48 条的规定涉及儿童的受教育权与健康权。随后我国制定的第一部宪法——1954 年宪法规定了儿童的受教育权与受保护权,分别体现在第 94 条、第 96 条,并由此奠定了之后所颁布的宪法文本对儿童权利进行保护的基础。

　　1975 年宪法依旧规定儿童受国家的保护,1978 年宪法则在文本中恢复了 1975 年宪法删掉的受教育权,从整体上恢复了 1954 年宪法中对儿童权利保护的基本内容。由此可见,尊重儿童的权利主体地位,保护儿童宪法权利已基本成为我国立法者制宪修宪的考量。

　　1982 年宪法从两个角度规范了儿童的宪法权利。一方面,从一般条款来看,宪法文本中规定了公民应享有基本权利,而这同样也适用于同作为公民的儿童;另一方面,从专门条款来看,儿童享有如下专门权利:第 46 条规定儿童享有受教育的基本权利,第 48 条对女童享有的平等权利做了明确规定,第 49 条规定了儿童享有受保护的权利、受抚养的权利及免受虐待的权利。除此之外,我国专门性儿童法律有三部,即《未成年人保护法》《预防未成年人犯罪法》和《义务教育法》。

二、我国儿童权利法律法规检视

　　我国于 1989 年签署了《儿童权利公约》(以下简称《公约》),自《公约》实施以来,儿童权利得到了更多关注,国家开始意识到儿童保护的重要性,并逐渐将儿童权利保护理念在社会、民众中进行普及,将儿童的生存权、受保护权等写入法律以加强对儿童权利的保护。可以说,自 1989 年之后,"儿童权利法律保护"理念的深入,逐步带动了儿童法权制度的建立与发展。

(一)我国宪法中的儿童法权

　　作为根本法,《中华人民共和国宪法》(以下简称《宪法》)规定了公民的基本权利。儿童作为公民,是《宪法》当然的权利主体,享有《宪法》所规定的各项基本权利。

　　《宪法》的儿童权利保护分为一般条款保护与特别条款保护两种形式。一方面,《宪法》第 33 条是规定公民基本权利的核心条款,在此条款的统领下,作为公民的儿童必然也享有《宪法》所规定的一般的基本权利。此外,《宪法》关于儿童的专门条款见第 46 条和第 49 条。

　　第 46 条第 1 款明确指出,受教育既是公民的一项权利,也是一项义务,这是《宪法》关于受教育权的条款。第 46 条第 2 款则体现了国家对青少年成长问题的关心,指明了儿童主体在文化教育中的发展方向。

　　第 49 条是规范婚姻、家庭制度的,而儿童作为家庭成员当然要受到国家保护。我国宪法并未对儿童作出专门规范,而是强调婚姻、家庭、母亲和儿童均受国家的保护。

该条虽然被置于公民基本权利部分，但却没有体现出明显的权利特征。而针对此种特殊的宪法条文，笔者认为可以先将其纳入一定的理论框架下进行学理解释，在此基础之上，再进行相关的分析。

(二)我国儿童法权体系的周延性分析

我国法治建设不断进步，涉及儿童权利保护的立法数量也随之不断增加。我国目前已初步形成以《宪法》为统领，以《未成年人保护法》《预防未成年人犯罪法》《义务教育法》三部专门性儿童权利保护法律为核心，以《民法典》《侵权责任法》《刑法》《反家庭暴力法》等法律为补充的儿童法权体系，这些法律均在各自领域对儿童权利予以保护，使得儿童生命权、发展权等基本权利得到法律保障。

三、儿童法律法规的法哲学原理

儿童的法权问题，本质上是儿童是否能成为自己的主人，也就是儿童的"天性自由"是否能得到保证的问题。儿童生而为人即拥有人格的独立权。而黑格尔则看到拥有人格自由和理性本质的人，只有在现实中与主观的道德意识、客观的社会伦理规范和国家制度相统一，才能成为获得定在和具体自由的现实的人，这是合理的。而儿童的主观道德意志与客观的社会伦理都尚未成熟，且儿童出生于"国家"，那么儿童的政治独立就需要法律法规来"约束"。儿童为人的"自由"与受到国家"约束"的关系，即如何在强制中培养自由这一点，包含两个方面：一是在国家法律法规的制约下儿童做儿童的事；二是儿童在法律保护下可以做儿童做的事，不受他人侵犯与剥夺。黑格尔在《法哲学原理》中指出，"人的自由"是教育与学习过后的"真实自由"。亚里士多德在《形而上学》中说哲学是"在人生的必需品以及使人快乐安适的种种事物几乎全部获得以后"[①]才能谈论的，同样，儿童的"法权"应该也是在所有必需品满足以后，即儿童的健康、营养、安全都满足之后，才能真实地谈论。

(一)未成年人保护法的本位观是保障未成年人的合法权利

权利是法学的核心概念，在很多哲学家那里权利和法的混用是非常普遍的。黑格尔的法哲学也经常被翻译成权利哲学，在他眼里，"权利就是法，即原来是自在的法，现在被制定为法律"[②]。在黑格尔的哲学体系中，权利是自由实现的本质形态，是客观存在的，对于每一个自然人来说，这里的自由实现不是"有自由的现实性"，而是"是自由的现实性"。依据黑格尔的法哲学原理，未成年人受保护的权利本身就是存在的，是

---

① [德]黑格尔：《法哲学原理》，范扬、张企泰译，227页，北京，商务印书馆，1961。
② [古希腊]亚里士多德：《形而上学》，吴寿彭译，5页，北京，商务印书馆，1959。

个人的自由意志和精神的统一。

（二）未成年人保护法的利益观是维护社会整体利益

黑格尔在《法哲学原理》中将市民社会界定为三个环节。第一个环节是通过个人的劳动以及通过其他一切人的劳动对需要的满足，使需要得到中介，个人得到满足——需要的体系。这也正是未成年人受保护符合人类发展需要的观点，将个人需要和社会需要有机统一起来。第二个环节是包含在上列体系中的自由这一普遍物的现实性——通过司法对所有权的保护。保障未成年人权利是未成年人保护法的基本原则，法律是权利保护的最高层次，即未成年人保护法对未成年人权利的保护成为必然。第三个环节是通过警察和同业公会，来预防遗留在上两个环节中的偶然性，并把特殊利益作为共同利益予以关怀。未成年人作为社会弱势群体，必须由国家和政府出面管理，这也就是未成年人保护法所要求的既要保护未成年人的个人利益，又要维护社会的整体利益。这也保障了全体社会的公共利益的实现。

（三）未成年人保护法的价值观是实现公平

法的价值实际上就是法的本质和目的的问题，法不仅是实现目的的手段，同时它本身也有特定的价值。研究法的价值主要是研究特殊性与普遍性的辩证统一关系，我们不仅要关注未成年人保护法的特殊性意义，更应该看到它的普遍性价值。普遍性价值为正义价值、自由价值和秩序价值。自由代表了最本质的人性需要，是法的价值的顶端；正义是自由的价值外化，是自由之下制约其他价值的法律标准；秩序表现为自由、正义的社会状态，人和社会必须接受自由正义标准的约束。秩序是法的直接追求，没有秩序价值的存在，就没有法的其他价值。这是未成年人保护法应该具备的普遍性原则，而未成年人保护法的特殊性表现为：未成年人保护法是维护未成年人和社会组织应享有的权利，使未成年人的合法愿望、尊严、公平得以实现。

第二节
中国的儿童权利意识和法律法规

一、儿童权利意识在中国

中国素有爱护儿童的良好传统。孟子曰："老吾老以及人之老，幼吾幼以及人之幼。"但中国传统固有的小农经济和专制政治的模式，重义尚德轻利的非主体意识的价值观一直占据主流，对儿童的关爱始终仅仅是从德和仁的角度出发的。由于父权至上的价值观一直占据主流，儿童不享有个人权利，他们的地位和处境并不比妇女好。在中国古代社会，所谓"君君臣臣""父父子子""棍棒底下出孝子"，一定程度上都是对儿童权利的忽视。传统的儿童观往往从社会和家庭的整体利益出发认识儿童的价值，儿童的价值似乎主要在于承载成人对于家庭和社会的期望。因此，在成人的眼中儿童必须依附大人，需要被雕琢，他们的自我意识和独立人格被忽视，更谈不上作为独立主体而应享有相应的权利了。直到 20 世纪 20 年代，一些先进的知识分子才开始以非传统的眼光看待儿童问题。邹韬奋在《小孩子倒霉》一文里曾明确遣责动辄训斥幼儿的行为①，还希望不要把儿童束缚成小大人②，父母不要糟蹋、摧残、抑制儿童本来的活泼的精神③。

确认和保护儿童权利是现代中国社会的法制发展和进步的重要内容。早在第二次国内革命战争时期，中华苏维埃共和国政府颁布的《宪法大纲》《劳动法》《婚姻法》等法律文件，就有保护儿童生存、学习和劳动等权益的规定。到了抗日战争时期，各个抗日根据地政府颁布的保护儿童权益的规定就比较多了。如 1940 年颁布的《晋察冀边区目前施政纲领》明确规定"禁止使用……童工从事妨害身体健康之劳动"。1941 年颁布的《陕甘宁边区施政纲领》明确规定"保护女工、产妇、儿童"。1942 年中共中央晋绥分局颁布的《对于巩固与建设晋西北的施政纲领》规定"实行孕妇及儿童之保健与教育"。1944 年颁布的《山东省战时施政纲领》规定"保护儿童，禁止溺婴"。1945 年苏皖边区颁布的《苏皖边区临时行政委员会施政纲领》规定"实施儿童保育……严禁蓄婢、纳妾、溺婴"。

中华人民共和国成立后，保护儿童权益的立法虽然比之前有所增加，但儿童权利意识在中国真正增强还是近二十几年的事情。自 20 世纪 90 年代初加入《儿童权利公约》以及颁布《中华人民共和国未成年人保护法》以来，经过几十年的努力，我国公众的儿童权利意识已得到普遍增强。据统计，绝大多数人认为，儿童无论是在社会、学校还是在家庭中，都应是有权利的。专家学者也普遍认为，应使尊重和保护儿童权利成为普遍的公民意识；儿童不仅是保护的对象，也应该是积极主动的权利主体，要尊重相信儿童的潜力和创造力。儿童最大利益原则不仅是《儿童权利公约》的四条基本原则之一，而且是最重要的具有统领作用的原则。然而，要使该原则和中国传统相结合，

————————————

① 邹韬奋：《小孩子倒霉》，见中国韬奋基金会韬奋著作编辑部：《韬奋全集》(2)，268 页，上海，上海人民出版社，1995。

② 邹韬奋：《改良家庭教育丛谈》，见中国韬奋基金会韬奋著作编辑部：《韬奋全集》(2)，211～212 页，上海，上海人民出版社，1995。

③ 邹韬奋：《改良家庭教育丛谈》，见中国韬奋基金会韬奋著作编辑部：《韬奋全集》(2)，212～213 页，上海，上海人民出版社，1995。

还有许多工作要做，其中，尽快树立儿童是权利主体的信念或意识，是重要前提。总之，只有随着权利意识的增长，最大利益原则才能在中国保护儿童的相关立法和司法中得以体现和适用，并具体化为"儿童优先"原则。

中国政府自 1990 年加入《儿童权利公约》以来，始终遵循"四项原则"，积极履行各项规定和义务，重视通过多种途径支持儿童事业改革，在维护儿童权利和改善儿童福祉方面取得巨大进展，已然形成了独具特色的"中国经验"。

二、维护儿童基本权利的法制保障体系的建构

法律体现国家意志，系全体国民行动的准绳。立足儿童健康成长，观照其生存和发展的多方面需要，不断建构和完善法制体系乃是我国儿童保护事业的突出特色。

1990 年我国签署联合国《儿童权利公约》后，通过科学立法和专业司法，着手创建儿童权利保护法律体系。以《中华人民共和国宪法》为基础，第七届、第八届、第九届全国人民代表大会紧紧围绕儿童生存权、发展权、受保护权、参与权等厘定各类法律。《中华人民共和国残疾人保障法》《中华人民共和国未成年人保护法》《中华人民共和国收养法》《中华人民共和国母婴保健法》《中华人民共和国预防未成年人犯罪法》等一系列法律，使我国儿童权利保护事业有法可依、有法必依，并真正走上了国际化轨道。与立法工作相适应，国家还设立了全国人民代表大会内务司法委员会妇女儿童专门小组、国务院妇女儿童工作委员会等专门性机构，负责监督、实施和促进儿童权利保护事业的健康发展。[1]

2000 年到 2010 年，我国注重修订和新增相关法律文本，不断改进儿童权利保护法律体系。第十届全国人民代表大会在修订《中华人民共和国宪法》时增加了"国家尊重和保障人权"的内容；《中华人民共和国未成年人保护法》《中华人民共和国母婴保健法》《中华人民共和国义务教育法》《中华人民共和国残疾人保障法》的修订，进一步明确了未成年人的健康和受教育权利及其保护原则。国务院发布《禁止使用童工的规定》，关注未满 16 周岁未成年人群体的权益保护。其间，中国政府签署了《〈儿童权利公约〉关于买卖儿童、儿童卖淫和儿童色情制品问题的任择议定书》《跨国收养方面保护儿童及合作公约》《〈儿童权利公约〉关于儿童卷入武装冲突问题的任择议定书》等。我国儿童权利保护法制工作的国际视野进一步开阔，整体水平呈现稳步提升、和谐推进态势。2011 年以来，我国继续修整和补充法律条款，进一步完善儿童权利保护法律体系。全国人民代表大会对《中华人民共和国未成年人保护法》《中华人民共和国义务教育法》《中华人民共和国母婴保健法》等进行二次修订，突出保障未成年人受教育权，强调实施素

---

[1] 《关于深化教育教学改革全面提高义务教育质量的意见》，http://www.gov.cn/zhengce/2019-07/08/content_5407361.htm，2021-10-26。

质教育并努力为学生减负，发展母婴保健事业，以全方位司法保护彰显人文关怀。2016 年，最高人民法院发布《最高人民法院关于审理拐卖妇女儿童犯罪案件具体应用法律若干问题的解释》，2020 年 5 月，全国人民代表大会通过《中华人民共和国民法典》，其中多个条款都对此前的法律做了补充，涉及规范和保障儿童权利相关内容，为遏制拐卖妇女儿童的犯罪及构建覆盖城乡的公共法律服务体系提供了有力保障。迄今，我国儿童权利保护法律体系已基本建成。同时，我国政府把儿童权利保护法律宣传视为全民普法教育的重要部分，组织开展了诸多科普宣传教育活动，全面提升了社会成员对儿童权利保护的重视程度，儿童权利保护的国际化意识和法制化水平显著提高。

三、中国儿童权利保护的未来展望

(一)研究中国经验，着力提高儿童权利保护工作质量

我们必须通过加强儿童权利保护研究，传承并拓展我国的相关经验，丰富理论研究成果，为实践提供强大的智力支撑，以便弘扬既有良策，推动工作创新。

1. 坚持实践与学术结合，构建我国儿童权利保护的特色模式

一直以来，中国政府以联合国《儿童权利公约》为杠杆，有力地撬动了儿童权利保护工作。一方面，在实践领域，我国儿童保护法制体系建设逐步完善，儿童生命健康与教育发展水平显著提高，儿童享有的基本公共服务设施总体向好。另一方面，在学术领域，我们也已积累了部分有价值的成果。尽管既有研究工作尚存在视野比较狭窄、内容相对笼统、方法近乎单一、行动稍显滞后等局限，但以此为基础，我们完全有信心通过大力培养教育、医疗和司法等相关领域的公共服务专业人才，倾心开展超前的实践探索和深入的理论研究，成就儿童权利保护的中国模式。

2. 坚持正统与时尚结合，确保儿童优先发展理念传承到位

"再穷不能穷教育，再苦不能苦孩子。"作为优秀传统美德，中华民族在任何历史时期，都始终把孩子的事情作为头等大事予以优先谋划并落实。面对眼前工作的部分不足，我们更应以儿童需求为导向，从国家政策层面引导普惠性学前教育发展，积极将义务教育向学前教育阶段拓展；着力消除数字鸿沟带来的社会不公，增强儿童的信息安全意识和信息技术素养；继续开发有效手段保护和治理生态环境，确保儿童生存质量和心理健康；同时在管、办、评分离的体制中，增进对不同儿童群体权利保护的专业化程度，加强机构协调、能力建设和财政投入，建构覆盖面更宽、专业度更高的儿童权利保护网络系统。

3. 坚持正面与反面结合，推动儿童权利保护机制更富成效

在从正面着手开展保护工作的同时，重视从反面采取部分行动措施。正视儿童侵害发现和举报机制的缺失，建立健全儿童保护的强制报告制度、全社会参与的儿童监

督和儿童保护发现机制；探索儿童保护的公众意识，倡导、鼓励全社会关注和报告儿童安全隐患。沿着政府支持、家庭尽责、社会参与的儿童福利与保护理念脉络，强化法律制度保障。[①] 同时，采取市场介入的方式，倡导由第三方评估政府、学校、专业机构及社会团体开展儿童工作的实效，出台儿童权利保护不力问责与惩戒机制，对工作态度敷衍、工作过程无序、工作效能低下、工作有负面影响的机构负责人予以严肃查处，切实攻克包括随迁子女犯罪、留守儿童受侵害等种种儿童权利保护难题。这样，才能高水平保障儿童健康成长。

(二)发挥中国优势，全面促进儿童权利保护走向公平

新时代我国社会主要矛盾转化为人民日益增长的美好生活需要和不平衡不充分的发展之间的矛盾，儿童权利保护也面临发展不平衡不充分的挑战，推进儿童权利平等将成为儿童权利保护工作的重点。

1. 追求儿童权利保护的区域均等化

如前所述，我国经济发展不均衡映射于儿童权利保护工作中，家庭条件、区域发展的差异性影响着儿童权利保护公平性的实现。对此，需要党和政府在施行倾斜性财政举措及发展政策的基础上，增强对农村地区、偏远民族地区的支持，进一步缩小家庭收入差距和区域发展差距。同时，发挥社会资本的集约优势和效益，通过群防与群治联动，更好地展现多元主体的力量，形成以政府为主导、民间组织为主力共同促进儿童保护区域均等化的格局。

2. 倡导儿童权利保护的对象均等化

在我国，儿童权利保护的需求差异较大、情况悬殊。当下，进城务工人员随迁子女和农村留守儿童群体是一个庞大而棘手的管理模块。截至 2018 年年底，我国义务教育阶段约有进城务工人员随迁子女 1424.0 万人，农村留守儿童 1474.4 万人。[②] 除此之外，还有许多陷入残疾、心理障碍的儿童群体，他们在教育条件、医疗保障、法律援助及社会福利争取等方面的需求比其他儿童更为强烈。儿童权利保护与福利均等化的一个关键就在于保护此类群体的权利。要保障随迁子女、留守儿童的入学率与巩固率，降低其犯罪率；发展特殊教育，提高残疾儿童专业康复服务能力；强化对各类困难儿童的心理、经济和法律援助等。从这几方面入手，立体地改善其成长环境，提高其生存和生活质量。

3. 实现儿童权利保护的阶段均等化

面对不少家庭"入园难、入园贵"的焦虑，根据社会对公共托幼服务和优质学前教

---

① 联合国儿童基金会：《中国儿童福利与保护政策报告（2019）》，https://www.unicef.cn/re-ports/professional-and-universal-child-welfare-and-protection-system，2019-12-30。

② 国家统计局：《中国统计年鉴》，http://www.stats.gov.cn/tjsj/ndsj/2019/indexch.htm，2019-12-30。

育资源的需求，发展针对 0~6 周岁儿童的托幼和学前教育服务，积极倡导义务教育向学前段和高中段两端延伸，在财政投资、教师资源、办学设施、教育质量等方面，逐步保障学前教育与小学教育、初中教育、普通高中教育均衡发展，特别是利用数字化、网络化技术满足不同发展阶段儿童的个性化教育需求。促进儿童权利均等化并实现其保护上的公平，是我国儿童福利改善行动由补缺型向普惠型转变的必由之路。其有效路径在于从解决区域差异、对象差异、发展阶段差异发力，将儿童福利向全域化、全员化、全程化方向拓展，形成立体化的现代儿童福利与保护体系。

(三)彰显中国担当，竭诚助推国际儿童权利保护事业向纵深发展

《中国的和平发展》白皮书指出："不同制度、不同类型、不同发展阶段的国家相互依存、利益交融，形成'你中有我、我中有你'的命运共同体。要以'命运共同体'的新视角，去寻求人类共同利益和共同价值的新内涵。"基于儿童权利保护的现实，中国须勇担大国责任，为推进国际儿童权利保护事业进行更多创新性尝试。

1. 提高站位、拓展视野，正视儿童权利保护工作的各类国际化难题

众所周知，眼界决定境界，格局决定结局。看待儿童权利保护工作，理当有高瞻远瞩、顶天立地的国际眼光和气魄。相对于中国，国际社会的儿童问题更加突出。联合国儿童基金会发布的《世界儿童状况》报告显示，2019 年全世界 5 周岁以下儿童中有三分之一营养不良，2800 万名儿童因战乱和不安全局势离开家园，7500 万名儿童和年轻人因冲突或自然灾害失学，还有成千上万的儿童因各种原因无法进行出生登记，因没有国籍而无法获得相应的权利保护。[①] 这些问题尽管复杂，但国际人道主义信仰又提醒我们万万不可等待和漠视。世界需要中国，国际儿童权利保护需要中国声音和中国行动。

2. 建树"中国经验、世界共享"意识，促进儿童权利保护工作的国际化发展

受"人类命运共同体"思想的指引，我国无疑将在追求本国利益时兼顾他国的合理关切，以和平发展心态担当责任，开展更多的国际合作与援助，如在南南合作框架下，加大对非洲儿童智力援助的力度，帮助培养符合经济社会发展所急需的人才；在"一带一路"倡议中，为尼泊尔提供基础教育运营管理技术援助，支持其北部地区适龄儿童入学；主动邀请新西兰、马来西亚、波兰、西班牙、塞尔维亚等国家的中小学校长共同召开圆桌会议，共同策划教育改进、学生保护与合作发展行动。面对世界儿童权利保护工作推进中的诸多新课题，中国正在积极寻求与联合国儿童基金会的成员开展更宽视野、更深层次的协作，并继续从全球战略出发支持国际儿童权利保护工作阔步向前。

总之，研究中国经验、发挥中国优势、彰显中国担当，乃是我们义不容辞的责任。

---

① UNICEF，"The state of the world's children"，https：//www.unicef.org/reports/state-of-worlds-children-2019，2019-12-30。

只有以世界眼光看中国，尊重和共享中国经验，才能让中国更多地参与和促进世界范围的儿童权利保护工作。当然，儿童权利保护本身不是目的，关键在于通过发展教育、医疗和卫生等事业服务儿童，帮助其实现全面而有个性的发展。尝试给孩子一些权利，让他自己去选择；给孩子一个机会，让他自己去体验；给孩子一点困难，让他自己去解决；给孩子一种条件，让他自己去锻炼；给孩子一片空间，让他自己去发挥。这始终是我们行动的愿望。为此，我国正从加大教育投资、推动教育改革和促进教育公平等方面进行富有成效的努力。我们坚信，中国的儿童权利保护工作必将朝更强更好的方向迈进，中国也必将为世界儿童教育和福利发展事业作出更大的贡献。

第三节
儿童法权的实施现状

一、国外实施现状

在儿童法权方面，西方具有相对发达的理论根据与实践经验，对儿童法权的研究成果颇多。我们主要选取英国、美国、日本三个国家说明国外儿童法权现状。

1. 英国

英国是儿童法权实施历史悠久的国家，也是世界上最早制定儿童权利保护法律的国家。英国的儿童权利保护法律条文细致缜密，结构完整，可操作性强。英国儿童保护的法律法规主要包括《儿童法》（1989、2004）、《儿童保育法》（2006）、《儿童与社会工作法》（2017）、《儿童与家庭法》（2014）、《弱势群体保护法》（2006）、《数据保护法》（2018）、《地方儿童保护委员会条例》（2006）、《儿童保护实践审查与相关机构（英格兰）条例》（2018）、《信息共享：给从业人员的建议》（2018）等，这些法律法规以"儿童利益最大化"为基本价值取向。[1]

1989年的《儿童法》是英国整合了当时所有关于儿童保护的法律形成的，也成为英国最重要的儿童保护立法。英国的《儿童法》极其重视父母的责任，以及家庭伤害中的儿童保护。儿童接触最亲近的人就是父母，最安全的地方就是家庭，如果父母与家庭无法带给儿童庇护，儿童在法权上的自由就无法实现。19世纪英国儿童遭受家庭虐待的现象广泛出现，因此，英国在1884年7月8日成立防止虐待儿童协会。这些家庭虐童事件，主要表现为忽视儿童生存权利，儿童因缺少食物被迫流浪乞讨，少数儿童还

---

[1]　仵桂荣：《英国幼儿园虐童治理机制研究》，载《陕西学前师范学院学报》，2020（10）。

遭受家庭残害。自然法认为"家庭神圣不可侵犯"。因此在家庭这一团体下，家长是绝对的掌权人，对儿童有着统治般的掌控权，儿童只是家庭单位中无足轻重的人。[①] 在这种观点下的儿童天性被父母束缚，教育的权利被父母掌控，因此儿童的自然天性以及实行儿童真实自由的教育都被剥夺。同时没有相关明确的法律条文可以保护儿童。儿童的法权自由因家庭的原因很难实现。

从《儿童法》中的某些法条，我们可以看出对儿童的法权保护。

（1）紧急保护令。地方当局社会服务机构或警察局在调查过程中，如果发现儿童存在生命危险或即将可能遭受重大伤害，应当立即采取措施以保护儿童的安全，主要途径是向法院申请紧急保护令（Emergency Protection Order，EPO），将儿童从家中或受虐待环境中带走。

（2）看护令。经地方当局或授权个人的申请并由法院签发的将申请保护的儿童安置于指定的地方当局设立的福利院的指令。

（3）监督令。是指将申请保护的儿童纳入地方当局监督保护的范围之内。监督令不要求儿童离开家庭，儿童仍与父母生活在一起，但父母的照管行为受到监督。

从《儿童法》的这三条法令，我们可以看出英国对儿童法权的重视。紧急保护令、看护令保证儿童最基本的"存活"自由，监督令对父母的监督是对儿童"天性自由"的保护。整个《儿童法》从法律法规角度保护儿童"自由"不受侵犯与剥夺。

英国还有很多的法律法规来保护儿童的法权，如英国家事司法理事会先后发布了《法官会见家事诉讼涉案儿童准则》《家事诉讼中儿童作证准则》《1988年教育改革法》等，维护儿童作为公民的话语权和受教育权。近些年，英国政府部门颁布了一系列儿童权益保护的政策文件，包括《保护儿童在教育中的安全》（2018年）、《共同保护儿童：跨机构保护和促进儿童福利指南》（2018年）、《共同参与：过渡期指南》（2018年）、《信息共享：给从业人员的建议》（2018年）、《早期基础阶段法定框架》（2017年）、《儿童虐待：怀疑儿童被虐待时》（2017年）、《担心孩子被虐待，该怎么办》（2017年）等，这些政策文件详细规定了虐童的内涵、识别特征、处理流程、具体措施、注意事项等，较好地贯彻和落实了儿童权益保护的法律法规，具有较强的针对性和可操作性。[②]

2. 美国

美国同样将家庭看作首要责任主体，强调儿童的养育和保护的首要责任主体是父母和家庭。美国父母对孩子的照护权及监护权弹性浮动，一切以孩子的最高利益为原则。美国法律规定，12周岁以下的儿童必须24小时都处在直接监护下，否则监护人就有可能犯"忽视儿童罪"。任何人见到儿童被忽视而不举报也要承担法律责任。

---

① 余真：《如何完善对虐待儿童行为的司法干预机制——以英国1989年儿童法为例》，载《法制与经济》，2009(10)。

② 仵桂荣：《英国幼儿园虐童治理机制研究》，载《陕西学前师范学院学报》，2020(10)。

1974 年通过的《儿童虐待预防和处理法案》建立了国家虐待与忽视儿童中心，同时也资助有关儿童虐待预防、儿童伤害鉴定与处理的项目，也会向一些州的相关项目提供资金。该法案修订后，规定了虐待与忽视的最低定义，同时，还对收养资助的相关法律提供资助与指导准则。

在 1980 年，《收养资助和儿童福利法》通过。因为人们对寄养制度普遍不满意，当时很多被寄养的孩子不能享受稳定的家庭环境，被反复转移到不同的家庭。该法的目标是减少在寄养家庭中的儿童的数量，减少他们在寄养家庭中所待的时间。该法要求各州应采取"合理努力"将儿童送还家庭；当这种措施是为了儿童的最大利益时，该法鼓励各州采取收养的方式为儿童寻找长久处所，以及要求各州基于养父母和养子女的具体情况给出收养资助。

1997 年的《收养和安全家庭法案》进一步推动各州为儿童发现长久处所探索更多措施。该法案提供了收养的激励机制，并限制各州可能用来拒绝收养的理由范围。这些措施有利于帮助儿童发现长久安置的住所。

在刑事领域，2000 年通过《2000 儿童虐待预防与执行法案》，授权联邦法律执行基金为儿童福利部门提供刑事背景信息。该法也允许使用联邦基金来执行与儿童虐待预防有关的其他法律，并推动旨在为执行有关儿童虐待与忽视预防而设计的项目的发展。

2006 年的《亚当·沃尔什儿童保护和安全法案》旨在通过实施更加全面的全国性的性犯罪者登记制度，保护儿童免受性犯罪者的侵害。《2013 年合并与进一步持续拨款法案》提出了基于社区的预防虐待和忽视儿童的补助金计划。此外，《儿童虐待报告和清算所的改进法案》《儿童虐待责任法案》《家庭优先预防服务法》《儿童保护和家庭安全法案》等与儿童保护相关的法律，形成了美国守护儿童安全的全方位法律体系，在动员和协调社会服务、精神卫生、医疗、教育、法律、社区和执法资源应对虐童问题方面作出了重要贡献。[①]

从防止儿童受虐待的立法到为儿童的收养立法，可以看出美国的法律对儿童天性自由发展的权利进行了保护。

3. 日本

在日本宪法精神的引领下，日本制定了大量的儿童权利保护的专门法律，建立了相对完整的儿童权利保护的法律体系。

日本政府十分重视对儿童权利保护的立法，日本于 1946 年颁布了《日本国宪法》，该法开篇就规定："日本国民通过正式选出的国会代表而行动，为了我们及我们的子孙，确保各国人民合作之成果及我全国获得自由之惠泽，决心根除因政府行为而再度酿成战祸，兹宣布主权归属于国民，并确定本宪法。"由此条文可以明确知道日本宪法的制定目的是"为了子孙后代"，这里子孙后代包括儿童。该法规定"义务教育为免费教

---

① 苗学杰、刘振芳、闫琰：《美国幼教虐童的预防、干预与惩戒机制探析》，载《外国教育研究》，2021(5)。

育""不得虐待儿童"。作为日本的最高法律，该法极大地体现出日本对儿童的保护与尊重。①

日本有关儿童权利的专门性立法也是值得注意的，其中包含有《儿童福利法》《日本少年法》《教育基本法》等内容宽泛的法律，也包含有《学校营养午餐法》《禁止针对儿童的买春和色情法》《禁止未成年人吸烟法》等内容具体的法律。

日本儿童权利保护的专门立法有三个特征。第一，日本有关儿童权利的专门性立法数量极为丰富，各专门法之间虽各有侧重，分工明确，但又相互配套，彼此协调，具有较强的可操作性。第二，日本儿童权利保护的立法工作既注重保持法的相对稳定性，又不因循守旧，做到了与时俱进，对伴随着社会发展而出现的新情况、新问题做出迅速的反应和调整，使之更趋完善。例如，随着互联网上儿童色情制品的泛滥，日本于 1999 年出台了《对嫖雏妓、儿童色情行为的惩罚及儿童保护法》，该法及时对向儿童宣传色情行为以及嫖雏妓等行为进行了规定，并加大了此类行为的处罚力度，加强了对儿童权利的保护。第三，日本儿童权利保护的专门法保护与惩罚并存。以《禁止针对儿童的买春和色情法》为例，2014 年，日本参议院通过了该法的修正案。修正案加大了对儿童色情案件的打击力度，明令禁止个人因兴趣而持有儿童色情图片和视频的"单纯持有"行为。新法亦规定，基于自身意愿为满足好奇心持有未满 18 周岁儿童的色情图片将被判处 1 年以下有期徒刑或 100 万日元(约合人民币 6 万元)以下罚金。② 第四，日本有关儿童权利保护的专门立法具有较强的实践操作性。例如，日本《少年法》既包括实体法，又包括程序法的规定，这是一部刑事特别法，他充分展示了普通刑法的例外法的地位和作用，而不是仅简单地套用刑法本身。

日本为强化儿童保护机构之间的合作，根据 2019 年的《儿童福利法》及相关法律的部分修改，在受到虐待的儿童搬迁住所等情况下，管辖转移前住所的儿童咨询所长将迅速向转移目的地的儿童咨询所长提供相关信息，接受信息的儿童咨询所长应采取必要的通知措施，使"要保护儿童对策地区协会"能够迅速进行信息交换。③ 日本对儿童保护的法律法规为儿童法权的保护提供了各个方面的保证，并且与时俱进，体系完整。

二、中国实施现状

(一)现实中儿童法权存在的问题

儿童法权问题，本质上是儿童是否能成为自己的"主人"，也就是儿童的"无性自由"是否能得到保证的问题。因儿童年龄尚小，心智尚未成熟，需要家长的引导与教育

---

① ［日］宫泽俊义：《日本国宪法精解》，董璠舆译，24 页，北京，中国民主法制出版社，1990。
② 刘建利：《日本性侵未成年人犯罪的法律规制及其对我国的启示》，载《青少年犯罪问题》，2014 (1)。
③ ［日］小西晓和：《日本儿童福利制度与儿童福利设施》，载《社会治理》，2021(9)。

的启智来真实实现儿童的"自由"。然而现实生活中，有些家长是阻碍儿童自由发展的"绊脚石"。

这些家长眼中的儿童是没有感受的，不需要关注与考虑儿童的感觉。这些家长认为儿童的思维和意识都处于发育的"模糊阶段"，所以需要自己认为的正确决策来规划他们的发展。但家长们认为正确的决策，可能并未考虑孩子的发展。比如为了赢在起跑线上，父母让孩子同时参加多个补习班。这时候可能会导致孩子与父母之间的关系发生微妙的变化，冲突和矛盾在这时候也会埋下种子，种子会静悄悄地发芽。而父母武断地认为孩子没有感觉，其实这时候孩子的感受是强烈的。如果父母不加以关注，还是全权掌握孩子的各个方面，要求孩子按自己的理想成长，极有可能会适得其反，并造成家长与孩子之间的关系出现问题与隔阂。

中国自古讲究"严师出高徒""不打不成才"。许多家庭中的父母也是这样认为的，孩子打了就老实了，对其打骂、惩罚，并进行强制性改造。他们的出发点可能是好的，但是这样的方式不尊重儿童，不体恤儿童身心发展特点，不符合人性，更破坏儿童的法权，阻碍儿童"天性自由"。儿童在父母的责骂与侮辱中可能会逐渐自我怀疑，出现价值观的认知偏差。儿童的天性，也可能在打骂中封闭与丧失。蒙台梭利说过：我们常常在无意中阻碍了儿童的发展，因此，我们应该对他们的终身畸形负责。我们很难认识到自己是多么生硬和粗暴，所以我们必须时时刻刻尽可能温和地对待儿童，避免粗暴。

有的家长破坏儿童的"自由发展"，同时也有宠溺儿童的家长，答应儿童的任何要求，这也是不尊重儿童的法权。儿童的法权本质是儿童的天性自由，但需要教育。对家长来说这样的教育就是对儿童的引导，让其发展天性中好的一面，克制、抛弃天性中坏的一面。对孩子的要求不假思索地满足的家长，会让其盲目自信，过高地估计自己的认知水平，慢慢变得懒散和松懈。在这种"无微不至"的溺宠下，儿童的"天性自由"，好与坏的方面都会得到发展，这样的孩子，在未来的生活中，极有可能盲目颓废，以及自私自利。

因此，重点是家长的教育方式的改变以及家长要学会成为家长。儿童在成长的过程之中，最开始的老师就是家长，如果家长在孩子成长的前期都忽略忽视儿童的自由，给儿童套上枷锁，那在儿童的未来，谁又能将这样的枷锁取下，儿童的法权又如何能得到实现？

（二）未成年人犯罪

2019 年中国国家统计局公布的一份报告显示，2010 年至 2018 年，中国未成年人犯罪人数占比和青少年作案人员占比呈现持续降低趋势。中国成为世界上未成年人犯罪率最低的国家之一。然而，近年来中国未成年人犯罪呈现低龄化、暴力化，更有一些手段残忍、极其恶劣的未成年人犯罪。我们将从法哲学角度来分析未成年人犯罪。①

黑格尔《法哲学原理》一书中对人的自由问题进行了深刻的阐述。黑格尔认为人的自由不是人与生俱来的，这种自由需要后天的知识与训练的约束，即后天的学习与教育。在后天的教育与训练的过程中，人否定其"天生天性"而慢慢形成"第二天性"。"天生天性"是人自然的状态，"第二天性"则是人的自由真实的状态。人的自然性与人的自由性是一个生成的过程和扬弃的过程。这也表明后天的学习与教育，是这个扬弃过程的中介。而科耶夫在解读黑格尔的过程中，以人的理解作为全部理论开端。人不同于自然之物，人为天生否定的存在，科耶夫对黑格尔的解读，更能看出他对"人"的重视。同时科耶夫创造性地阐释黑格尔理论，将哲学的思考从"人"自身去考量。从黑格尔和科耶夫的思想中，未成年人犯罪可以从教育与未成年人自身来考量：教育可以实现人的真正自由，教育是人自由的中介，"人"意识的觉醒。

1. 未成年犯罪的本质："自由"的缺失

黑格尔在关于"自由"的论述中，强调了"自由"的原始观念是错误的、不存在的。只有在训练与知识填充下的自由，才是真实的自由。纵观近年来的未成年人犯罪，这种缺失的"自由"是人的理性与意志。这种理性与意志是人的目的，它们将个人的想法变成现实，依靠外在事物的改变，达成内心意志的实现，从而实现人的自由。但这种自由是从自在的自由向自为的自由的过渡，这种过渡需要约束与克制，同时也需要教育的中介。

2. 未成年人犯罪的预防：教育的作用

教育的解放作用可以从两方面体现。第一，教育可以将人从恣意妄为、非理性的无我状态中解放出来。人本身的纯粹意识是不完善的，而教育就是使这种野蛮、缺乏真正自我意识的不完善状态走向完善。第二，把人从纯主观性中解放出来，走向普遍性和特殊性的统一。在实现自由的过程中，自我需要先过渡到一个设定的存在，如果没有设定的存在，那么自由就是无内容的自由。然而如果主观仅仅停留在这种设定的存在，这样的自由也不是真正的自由。教育作为中介，可以解放人的非理性状态与纯主观性。从这来看，预防未成年人犯罪的重点是培养人的精神，发展和完善人的意志。

3. 未成年人犯罪的消失："人"的意识的确立

科耶夫并未逐字逐句解读黑格尔，而是创造性地给出了自己的哲学思考。从科耶夫创造性的解读中，未成年人犯罪的消失，是"人"自身的意识。科耶夫思考哲学更期望的不是从"我思"入手，而是从"我"入手。将人作为哲学问题的出发点，是自我对自我的意识，是自我对自我的反思。在他看来，未成年人犯罪的终极原因，是未成年人失去"我"的意识，即失去了区别于动物的"人"的意识。在未成年人还未意识到自己作

---

① 国家统计局：《2019 年〈中国儿童发展纲要（2011—2020 年）〉统计监测报告》，http://www.stats.gov.cn/tjsj/zxfb/202012/t20201218_1810128.html，2020-08-01。

为"人"时，他不能摆脱自己身上动物性的特征，即野蛮与原始。而当未成年人意识到自己为"人"，那么他会思考，会反思。近些年恶劣的未成年人犯罪案例，如弑母、弑父，强奸杀害同龄孩子，这些犯罪的未成年人并没有意识到自己为"人"。这些行为更像是动物。他们不能意识"我"时，更不可能意识到别人为"人"的存在。

三、未来建设与发展

（一）细化儿童权利的保护

细化儿童的权利保护应当从两个方面出发：一是细化儿童的立法保护；二是对家长的虐童行为进行有效的监管，对儿童进行保护。

关于细化儿童保护的立法，应当与时俱进，立足当下现实问题进行，更要展望未来，明确责任与义务，避免出现儿童因为父母或其他法定监护人履行义务不力而遭受伤害。中国于 2020 年第二次修订《未成年人保护法》，该法重点解决当下现实存在的突出问题，着力制定和完善相关制度和措施，以推动未成年人保护法治化走向更高水平。此次修订草案着力解决校园安全和学生受欺凌、未成年人性侵害、未成年人沉迷网络等现实存在的突出问题。[①]

在未来的儿童法律保护中还可以考虑以下几方面：家庭体罚与冷暴力、撤销父母监护权后的儿童安置、未成年的话语权与参与权的保护。

在我国，《义务教育法》中禁止教师体罚学生，但未对父母体罚孩子做出明确规定。2020 年修订的《未成年人保护法》中规定"禁止对未成年人实施家庭暴力"。我国有专门的《反家庭暴力法》以及与虐待相关的《刑法》，但体罚与冷暴力并未上升到法律层面，因而绝大多数儿童很少或根本没有免受暴力惩罚的法律保护。若不明令禁止上述行为，就会使儿童在社会中的低地位根深蒂固，并为其他形式的暴力和虐待铺平了道路。因而在未来的儿童法律保护中应增加家庭体罚与冷暴力相关的细则。[②]

国家关于困境儿童保护出台了一系列政策，但是困境儿童在撤销父母监护权之后的权益保证却稍显缺乏，其原因在于社会保护分类中，通常都把儿童保护和家庭保护放在一起，合成家庭和儿童保护。这种保护政策的理念源于儿童对家庭的主要归属性，相关的儿童政策也主要在于对其所属家庭的基本保障上，以此确保儿童获得基本的生存条件，而一旦撤销父母的监护权，儿童失去家庭归属之后，儿童的权益保障便无从下手。从我国目前撤销父母监护权后的儿童安置现状与运作模式来看，存在主体不明、

---

① 何毅亭：《关于〈中华人民共和国未成年人保护法（修订草案）〉的说明——2019 年 10 月 21 日在第十三届全国人民代表大会常务委员会第十四次会议上》，载《中华人民共和国全国人民代表大会常务委员会公报》，2020（1）。

② 胥兴春、刘雅丽：《家庭体罚立法：儿童权利保护的应有之义》，载《陕西学前师范学院学报》，2021（11）。

手段不清、处理迟缓、评估标准缺乏的问题，因而未来须对此进行规定。①

从《儿童权利公约》起，一系列的儿童福利政策将儿童视为弱势群体，过度强化了儿童的脆弱和依赖性，忽视了儿童自身的决策能力与话语权。成人观念上的"轻视"导致儿童未能真正参与决策，错失了参与的机会。参与权是儿童在任何涉及自身利益的事务中享有发表意见、受到尊重并被接受的权利，表现为能自由自愿地表达观点、进行决策或实施行动。但长期以来，儿童参与权的实现和保护存在着很大的问题。当与成人权利发生冲突时，儿童往往成为被忽视和牺牲的一方，合法权益无法得到保障。因而在未来的儿童法律保护中，可以对儿童话语与决策进行酌情的考量与关注，使儿童的权利真正得到保护。②

对家长的虐童行为进行有效的监管，应当是未来儿童安全保护中的重中之重。良好的家庭氛围与有责任心的父母是儿童健康成长的基础。而在中国式的家庭教育中，孩子自主权利向来由家长管控，这也就致使很多儿童在家庭中或多或少承受着精神虐待，更甚者是家长借管教之名对儿童进行严重的辱骂与殴打。因而，未来可以从以下三方面对父母的虐童行为加强监管：加大处罚力度、建立虐童档案、社区监督教育。

加大处罚力度是指，家长对孩子进行辱骂、殴打、虐待时，不仅法律会处罚这样的家长，家长所在工作单位也要对此行为有所处罚。建立虐童档案是指家长发生虐童行为时，社区可以建立档案，记录家长的虐童次数与伤害程度，当累积到一定程度，经由专家评估，可暂时剥夺家长的监护权。社区监督教育是指社区对虐童的家长进行定期访问监督，并对其实施教育，普及虐童法律。

（二）提高儿童法权落实质量

提高儿童法权的落实质量，需要从两方面实现：一是提高未成年人保护法律的落实质量，二是学校、家长对儿童天性的尊重。

我国对未成年人保护的法律繁多，但是落实的质量受到影响，有以下几点原因。①我国的儿童权利主体地位不明确。我国人民的法制意识与法权思想不断提高，但是我国的儿童本位的思想观念还在形成之中，儿童主体地位还不太明确。在儿童保护的法律法规实施中，依然受到传统观念影响，并未将儿童当作权利的主体来看待，还是将儿童看成成人的附属品，没有考虑儿童的意志意愿，因而让关于儿童法律的保护落实质量受到影响。②司法机关惩处侵犯儿童权利违法的力度不够。在我国的司法实践中，虐待被监护人、看护人罪的立案标准比较模糊，对虐童恶劣行为的界定没有具体细化。对于精神虐待、疏忽照顾等情形更没有明确的标准。这也影响到未成年人保护的法律法规落实的质量。因而要提高未成年人保护法律的落实质量，要明确儿童权利

---

① 颜湘颖：《儿童权利视角下撤销父母监护权儿童的安置》，载《预防青少年犯罪研究》，2021(5)。

② 韩悦、胥兴春：《权利保护视域下儿童参与的实践困境及推进路径》，载《青少年学刊》，2021(4)。

的主体地位，完善儿童保护法律体系，同时加大对侵犯未成年人的犯罪人员的处罚力度。

学校与家长对儿童天性的尊重，也是提高儿童法权落实质量的重要问题。儿童法权的本质就是儿童能否做自己的主人，而儿童接触最多的就是家长与学校。若是家长与学校可以尊重儿童法权，那么儿童的天性自由也可以得到解放。家长在与孩子的相处过程中，须从孩子的所思所想出发，站在孩子的角度与孩子对话。尊重儿童的天性自由，培养和引导儿童的天性。在儿童的天性中找到适合儿童的发展规律，使得儿童在自由中也可以得到充分的发展。

学校应当在校内活动规定中找到儿童自由发展的限度，最大程度地保证儿童的自由，又能引导儿童的发展。同时学校的教师是实现儿童自由的第一责任人。教师在日常与学生的交往中，应发现学生的特点，因材施教，实现儿童有个性有自由的成长。家长与学校对儿童做到天性自由的尊重，那么儿童做自己的主人才有可能实现，儿童法权的落实质量才能提高。

(三)解决好留守儿童问题

随着中国工业化与现代化的发展，同时也"发展"出一个群体——留守儿童。留守儿童是指父母双方外出务工或一方外出务工另一方无监护能力，无法与父母正常共同生活的不满 16 周岁农村户籍未成年人。[①] 截至 2018 年 8 月底，全国共有农村留守儿童 697 万人。从法权的四个维度来看，留守儿童的问题是中国儿童法权发展建设的重中之重，留守儿童关系着儿童法权落实的质量与品质。而留守儿童的问题主要包括以下几个方面。

1. 意外事故及其伤亡问题

农村留守儿童容易受到意外伤害，位于前五的意外伤害包括咬伤、跌伤、交通事故、锐器伤、触电伤害。有些案例触目惊心，如"七岁女童遭邻居杀害""水库溺亡"等。这些伤亡问题是关系留守儿童生存的重点问题。儿童法权其中一个维度就是保证儿童的存活自由。留守儿童或许在基本物质资料上可以被满足，但是有的却不能逃脱意外伤亡的魔爪。留守儿童因缺乏安全教育的指导，同时也没有父母的关照与告诫，在很多危险事物面前没有任何防备之心。即使遇到可逆的意外伤害，也不懂得如何正确处理与紧急救治。甚至有一些留守儿童因心理问题故意接触危险事物夺得别人的关注目光，最终发生不幸。而随着网络的发展，一些留守儿童接触了网络上的观点与做法，却无法分辨好坏与安全与否，以身涉险，不顾安全。

解决留守儿童意外伤害问题主要从社会新闻宣传、学校适时教育以及家长配合监

---

①　《国务院印发〈关于加强农村留守儿童关爱保护工作的意见〉》，http://www.gov.cn/xinwen/2016-02/14/content_5041100.htm,2020-08-31。

督三方面入手。社会新闻应当留意并报道留守儿童的意外伤害事件，从而引起学校、家长对留守儿童意外伤害事件的关注并采取相关应对措施。这也可以提醒交通部门、水利部门以及公共卫生部门等部门加强防范，避免意外伤害的发生。学校要不定期地给留守儿童进行意外伤害讲座与常见事故的急救措施教育，以保证留守儿童对意外伤害有基本认识，并能在发生意外伤害时有基本的应对能力。家长要重视留守儿童的意外伤害，在外出务工时尽量安排好家中亲人对儿童的照看，不定期回家照顾。在日常生活中，家长要定期联系儿童，了解儿童的日常生活习惯，一旦发现儿童的生活习惯有所改变，应立刻警觉并核实儿童的去向，防止意外发生。

2. 教育问题

留守儿童存在隔代教育问题，即爷爷、奶奶、姥姥、姥爷对其进行教育。在隔代教育的问题中，祖辈对儿童的溺爱是一大问题。他们往往顺着儿童的意愿，即使儿童出现了不良的学习理念与习惯，如不学习、逃课、辱骂老师，也不能正确引导，而是顺其发展。这会导致即使留守儿童接受了义务教育，也是形式上的教育、低质量的教育。同时祖辈与孙辈的代沟极大，儿童在教育上出现问题，出现疑惑，也不会和爷爷、奶奶、姥姥、姥爷诉说。祖辈也会按照自己所理解的"教育"进行培养。久而久之，不正确的教育方式与教育理念会影响儿童学习，造成他们对学习的兴趣不足，不完成作业，上课迟到，听不懂老师的课。

解决留守儿童的教育问题可以从教育立法、家校联合以及网络教学三个方面入手。教育立法是指根据留守儿童的教育特点在现有儿童教育的法律基础上进行细化，形成专门针对留守儿童受教育权利的法律保护体系，以保证留守儿童的受教育权利。家校联合是指加强家长与学校沟通，学校引导留守儿童家长改变不正确的教育理念，同时唤起家长对留守儿童教育问题的重视，从而使家长帮助儿童认识自己的问题以及协调儿童与教师之间的关系，避免留守儿童与教师之间的冲突。网络教学用于留守儿童的"课后补习"。留守儿童因为学习的特殊性，难免会出现对知识学习的不通之处。学校可以征求留守儿童意愿，在课后播放网络上教学名师的教学视频给留守儿童补习，保证教育公平的同时更能保证留守儿童的知识学习不会落下。

3. 心理健康问题

儿童成为自己的主人是儿童法权的核心，而儿童健康的心理是成为自己主人的前提。留守儿童多有以下几种心理问题。

(1)自卑心理

由于父母长期不在身边，缺少依靠与坚强的保护。留守儿童会有严重的自卑感。一旦这种负向的情绪体验存在，他们会非常容易感受到孤独，这会阻碍儿童成长与学习。

(2)情绪波动起伏

留守儿童因缺少心理倾诉与寻求帮助的对象，内心的烦恼与冲突无法倾诉也得不到引导。这会导致留守儿童封闭自我，孤僻冷漠。因为缺少父母的约束，留守儿童性格与行为都会出现问题，表现为性格易怒冲动、急躁不安，将小事化大，甚至出现违规违法问题。

（3）逆反心理

留守儿童因缺少父母的关爱，他们缺乏安全感，怀疑、不信任别人。这种意识会使他们封闭自我，不善交流。留守儿童看起来更独立坚强，但是他们心理脆弱，心态不平衡，容易受伤，也容易对社会产生逆反心理与仇视态度，走上犯罪道路。

解决留守儿童的心理问题主要从家长沟通、学校关爱、社区保护三方面入手。家长是留守儿童最为亲近之人，在解决留守儿童的心理问题上应当承担主要责任，因而家长要了解留守儿童的心理问题，与他们进行有效沟通，学会倾听留守儿童所遇到的困难，关注他们的所思所想并及时排解他们的不良情绪，在留守儿童出现思想错误以及不端行为时立刻引导制止。学校是留守儿童的第二个家，关爱留守儿童的心理健康也是学校的责任之一。学校可以设立心理咨询室，鼓励留守儿童去咨询心理问题。学校可以组织专门的心理人员给教师培训心理知识，保证教师可以合理解决学生的心理问题。社区保护是指社区及时关注留守儿童的心理问题，每个社区定期举办心理关爱活动，邀请留守儿童参加，引导留守儿童积极向上，同时帮助留守儿童在社区活动中找到自己的伙伴，形成自己的交际圈，避免留守儿童性格孤僻。

第四节
教师惩戒权

一、教师惩戒权的内涵、现状及意义

任何活动的开展必须要有秩序的保证。而教师惩戒权作为实现教育惩戒和教育秩序的保障，具有重要的价值和意义。

（一）教师惩戒权的内涵

在《汉语大词典》中，"惩戒"有"以前失为戒、惩罚之以示警戒"的含义。而在《辞海》中，"惩戒"就表示惩治过去，警戒未来。而且，"惩戒"中的"惩"表示惩处、惩罚，是手段；"戒"则是戒除、防止，是目的。总之，"惩戒"就是对不合规范的行为进行处罚来达到教育的目的，强调的是采用否定性制裁的教育效果，即最终能够使受惩戒的人戒除不良行为。教师是指学校中传递人类科学文化知识和技能，进行思想品德教育，把受教育者培养成社会需要的人才的专业人员。[①]

因此，教师惩戒权就是教师为了维护学校教育教学活动的正常秩序，保障教育教学活动的正常开展，以国家的法律法规为依据，针对学生做出的违反学生行为规范、破坏学校规章制度的行为而行使的一种教育管理权。[②] 而且，师生之间的教育关系决定了教师进行惩戒的目的在于教育学生、戒除学生的不良行为、促进学生的发展与成长。师生之间的管理关系表明，作为国家教育职能的直接执行者和家长管理权的委托者，对学生进行惩戒是教师的一种管理权力和权利。[③]

(二)教师惩戒权的发展现状

从国内现状来看，现阶段强调人的尊严、以人为本的思想广泛传播，其中的"赏识教育""学生本位"等思想对我国的惩戒教育带来不小的影响。根据调查，很多教师知道自己拥有教师惩戒权，但因为怕惹麻烦并不会使用。而且，因为教育惩戒权使用不当，教师不仅要遭受社会舆论的攻击，还要承受上级部门的惩处，如此巨大的精神压力也使得教师最终放弃了惩戒的权力。久而久之，也就出现了"教师不敢管、不愿管、不想管"的不良现象，使越来越多的"佛系"教师涌现。基于此，2017 年，青岛市政府发布的《青岛市中小学校管理办法》，首次明确提出"中小学校对影响教育教学秩序的学生，应当进行批评教育或者适当惩戒"[④]。2019 年 11 月，教育部发布《中小学教师实施教育惩戒规则(征求意见稿)》，为教师重拾惩戒权提供了法律依据。[⑤] 2020 年教育部颁布了《中小学教育惩戒规则(试行)》[⑥]，并于 2021 年 3 月 1 日起施行。

从国外现状来看，有的国家不论是教育惩戒法律的制定，还是教育惩戒权的实施，都比较健全与完善。譬如，英国在《2006 教育与督学法》中新增了教师惩戒权，2014 年又发布《学校中的行为与纪律：给校长和教师的建议》，提出了惩戒学生的官方建议。其中，授课教师可以使用合理武力来阻止学生实施侵犯、伤害自己或者他人，以及损坏财物的行为，维持教室里的良好秩序和纪律。[⑦] 而一向以"重惩"著称的新加坡，很大程度上保留了中国古代师道尊严的传统，其《处理学生纪律问题的指导原则》中对惩戒

① 顾明远：《教育大辞典(增订合编本)》，700 页，上海，上海教育出版社，1998。
② 赵明录、江雪梅：《中小学教师惩戒权的正当性分析》，载《江西教育科研》，2007(7)。
③ 赵明录、江雪梅：《中小学教师惩戒权的正当性分析》，载《江西教育科研》，2007(7)。
④ 青岛市人民政府：《青岛市中小学校管理办法》，http://www.qingdao.gov.cn/n172/n68422/n68424/n31280899/n31280909/170216151912598134.html，2020-08-31。
⑤ 王家源：《中小学教师实施教育惩戒规则向社会征求意见：教育惩戒是教师履责必要手段和法定职权》，http://www.moe.gov.cn/jyb_xwfb/s5147/201911/t20191125_409535.htm，2020-08-31。
⑥ 吴月：《教育部颁布〈中小学教育惩戒规则(试行)〉规定对学生实施教育惩戒的种类》，http://www.moe.gov.cn/jyb_xwfb/s5147/202012/t20201230_508093.html?authkey=boxdr3，2020-08-31。
⑦ 谭晓玉：《教育惩戒权的法理学思考——兼评〈青岛市中小学校管理办法〉》，载《复旦教育论坛》，2017(2)。

的对象、种类、流程等都有详细规定，让教育惩戒有章可循，其中最著名的当属"鞭笞"，但只对涉事男生进行。[①]　此外，日本、韩国等也有较完善的教师惩戒法律法规，为教师依法惩戒提供了保障。

（三）教师惩戒权实施的意义

其实，在教育教学过程中，实施惩戒权的作用不仅仅是保证良好的秩序，还具有其他多层面的意义：对于教育育人系统而言，教育惩戒是一种可以促进学生积极行为、抑制消极行为的激励系统，公正且有效的惩戒能够在维持纪律的刚性和保护学生个性自由发展之间达成平衡。[②]　对于教师而言，教育惩戒权的实施意味着教师必须要对学生进行必要的管理，从而限制其各种违规行为的发生以及潜在的混乱，最终可以让学生在一个有益于学习和发展的教育环境中成长。对于学生而言，教师惩戒权的实施不仅仅意味着对其不良行为的限制，更重要的是它本身所具备的教育性，是对学生掌握知识、培养性格的一种训练，可以培养学生形成自我控制以及良好的行为习惯。

二、实施教师惩戒权的目的

教师惩戒权的主体是教师和学生，教师是权利人，学生是义务人。而且，教师惩戒权中还存在多种关系，如教师与学生的管理关系、国家与学校的委托关系、家长与学校的关系、学生与学生之间的关系等。由此可见，教师惩戒权是中小学教师在接受国家、学校及学生家长委托基础上，对学生做出的不符合法律法规规定的行为进行约制、管理的一种权利。事实上，中小学生在接受教育的过程中，会因受到多重因素的干扰而不能达到教育的要求，甚至出现违规行为，这就需要教育者的引导或惩戒。值得说明的是，奖励与惩戒都是教育方式，前者是对学生积极行为的肯定，而后者是对学生消极行为的批评，最终目的都是促进学生的发展，只不过惩戒还意味着减弱或压制行为。学生受到惩戒后，在未来的类似情况下重复发生的可能性会减小，意识的觉醒以及行为减少的效果就是惩戒的目的。如此说来，惩戒与奖励的目的或功用是一致的，都是为了鼓励学生的合规范的行为、消减学生的不合规范的行为。

三、教师惩戒的类型

在行为主义心理学中，惩戒被划分为两种类型。①直接惩戒，是在要压制或减弱的行为出现之后运用的刺激。例如，学生违反了学校的规章制度或者课堂纪律的要求，

---

① 缪国富：《新加坡学校惩戒教育的现状及启示》，载《教育视界》，2019(1)。
② 赵明录、江雪梅：《中小学教师惩戒权的正当性分析》，载《江西教育科研》，2007(7)。

教师采取放学以后留校、布置额外作业或者给学生打低分的方式来惩罚学生，教师就是在运用直接惩戒。②剥夺式惩戒，是指因一种刺激被去除而导致惩罚的行为。例如，学生做出了不良行为，教师撤销学生的某种特权，如不允许学生参加课外体育小组的活动，就属于剥夺式惩戒。

从本质上来看，直接惩戒的目的是减缓或中止行为而增加某种东西，而剥夺式惩戒则是减少或减弱行为而减少或去除了某些东西，但最终目的都是消除学生的不合规范的行为。因此，教育惩戒仅仅是一种教育管理手段，目的就在于通过给予学生一些刺激，对学生施以一定的痛苦感受，从而抑制学生不合规范行为的再次出现，最终让学生养成良好的行为习惯。

四、教师惩戒权的合理运用

通观整个教育发展史我们发现，学校与教师采用合理的规则规章促进学生发展被公认是合理的。当学生进入学校那一刻起，学校与教师就有权力去指导学生，只不过是要根据具体情况去选择教育方式。事实上，人们从来没有怀疑过教师惩戒权的合理性，只是对于教师在实施惩戒权时应该注意的事项有所担心。例如，教师对于行为失范的学生施以的惩戒必须是合理的，而是否合理与惩戒实施的环境因素紧密相连；教师必须出于合法的教育目的，而不仅仅是因为失望、愤怒去实施惩戒，更不能基于教师的恶意而实施惩戒；惩戒必须与学生做出的失范行为的错误程度相关，不能过于严重；教师必须考虑学生的惩戒接受程度，从而确定惩戒的方式；等等。①

如上所述，我国现阶段的教师惩戒权在使用过程中面临着诸多困境，如"惩戒"与"体罚"混为一谈、惩戒目的不明确、惩戒手段运用不当、教育惩戒权滥用等。因此，教师惩戒权要想得到合理运用，就要遵循目的性、关怀性、个别差异性、正义性原则。首先，教师应遵循目的性原则，正确理解惩戒权的内涵，解决教师惩戒概念模糊的问题。教育作为一门艺术，教育惩戒的使用也是一门艺术。当前，我国普遍存在着"惩戒"与"体罚"概念认识不清的现象，很多人甚至直接把"惩戒"等同于"体罚"。而事实上，"惩戒"重在"戒"，而"体罚"重在"罚"，侧重点有着根本性的差别。正如《中小学教育惩戒规则（试行）》中指出的："本规则所称教育惩戒，是指学校、教师基于教育目的，对违规违纪学生进行管理、训导或者以规定方式予以矫治，促使学生引以为戒、认识和改正错误的教育行为。"②可见，"惩戒"和"体罚"是不一样的。因此，教师惩戒权的合理使用只有在正确理解教师惩戒权内涵的基础上才能实现。其次，教师应遵循关怀性

---

① 赵明录、江雪梅：《中小学教师惩戒权的正当性分析》，载《江西教育科研》，2007(7)。

② 《中小学教育惩戒规则（试行）》，http：//www.gov.cn/zhengce/zhengceku/2020-12/29/content.5574650.html，2020-08-31。

原则。教师实施的惩戒既不是操纵，也不是冷冰冰的规范，而是在引导学生关怀自己，教导学生与他人、群体之间形成良性的互动。[①] 再次，教师应遵循个体差异性原则。所谓个体差异性原则，是指教育惩戒要充分考虑到学生的性别、性格、家庭背景、成长环境等因素，在保障公平公正的前提下对不同学生、不同行为加以区分。[②] 最后，学校应遵循正义性原则，设置惩戒申诉程序，解决教师惩戒权滥用的问题。《中小学教育惩戒规则（试行）》指出："学生及其家长对学校依据本规则第十条实施的教育惩戒或者给予的纪律处分不服的，可以在教育惩戒或者纪律处分作出后 15 个工作日内向学校提起申诉。学校应当成立由学校相关负责人、教师、学生以及家长、法治副校长等校内外有关方面代表组成的学生申诉委员会，受理申诉申请，组织复查。学校应当明确学生申诉委员会的人员构成、受理范围及处理程序等并向学生及家长公布。学生申诉委员会应当对学生申诉的事实、理由等进行全面审查，作出维持、变更或者撤销原教育惩戒或者纪律处分的决定。"[③]这样一来，就形成了一整套制度，有助于教师惩戒权的合理使用。

总而言之，正如叶澜先生所言，"生命自觉是人的精神世界能量可达到的一种高级水平……它具有自我觉知、自我觉解、自我选择的意识和能力，这种能力特别体现在对人生意义有充分的觉知觉解，且能够将人生意义体现在具体的创造活动之中"。而教师惩戒权实施的目的恰恰在于让学生更合理地成人，惩戒权意味着教师拥有启发学生生命自觉的权力，同时也促进教师的自我觉醒。具体来说，以"生命自觉"为目的的惩戒过程是：教师通过某一手段对学生身心进行训诫，进行教育的对话，之后，一方面学生意识到自身行为的错误，认识到下次不能再做出同样的行为；另一方面教师在惩戒完学生后也会进行自我反思，通过反思也走向自省自觉，实现内涵的深度发展。

小　结

> 儿童法权是儿童"天性自由"的问题。儿童法权的保证需要从儿童的天性自由、儿童法律中的"自由"、儿童接受教育后的"真实自由"，以及儿童的存活"自由"四个方面来探讨。本章重点从儿童的法律法规中来探讨儿童自由。国外的儿童法律法规因发展较早有更多的理论经验与实践经验，中国因发展较迟，部分法律需要更深的考量。本章阐释了在教育方面保障儿童法权的法律，并且例举了教师惩戒权，通过对教师惩戒权的解读，详细地说明了法律法规对儿童法权的保障以及对教育的促进。

[①] 崔印：《教育惩戒中规则意识的消解与重构》，载《教育导刊》，2020(10)。
[②] 李汉学、刘宇佳：《中小学教育惩戒及其有效实施》，载《教学与管理（理论版）》，2019(7)。
[③] 《中小学教育惩戒规则（试行）》，http://www.gov.cn/zhengce/zhengceku/2020-12/29/content.5574650. html，2020-08-31。

章后思考

一、名词解释

义务　权利　儿童权利　教师惩戒权

二、简答题

1. 简述中国儿童法权与国外儿童法权的发展现状。

2. 简述科耶夫的法权思想。

3. 简述法权的起源。

4. 简述儿童法权的未来建设与发展方向。

5. 简述权利与义务的关系。

6. 简述"惩戒"与"体罚"之间的区别以及教师惩戒权实施的意义。

三、论述题

1. 结合中国儿童法权的发展，联系自身的成长经历，探讨中国儿童法权在现实生活中的应用以及中国的儿童法权在实际应用中有何不足。

2. 请根据当前现实，谈谈中国儿童权利保护的未来。

四、材料分析题

被告人于某某系某中学学生，先后持刀在大学校园内抢劫三名被害人，劫得价值共计 1241.46 元赃款。到案后，人民法院经审理认为，其行为已构成抢劫罪，应予惩处。在本案审理过程中，承办法官对于某某的一贯表现等背景情况进行了详细调查，于某某系未成年人，认罪态度良好，经调查，于某某在校成绩优异，此次犯罪与父母沟通障碍存在一定关系。法官积极帮助于某某与父母之间重新建立沟通渠道。通过工作，法官与于某某建立了良好的信任关系，于的性格与思想发生了很大转变。于某某在取保候审期间，参加高考，并以优异的成绩考入大学，在大学期间获得国家奖学金。缓刑考验期满后顺利出国留学，现已完成学业回国工作。[①]

结合儿童法权自由，试论如何预防未成年人犯罪行为，以及我国对儿童法权的保护应该如何加大力度。

拓展阅读

1. 加布里埃尔·帕切科. 儿童权利宣言[M]. 李沛姿，译. 乌鲁木齐：新

---

① 最高人民法院：《于某某抢劫案——贯彻教育为主、惩罚为辅原则，最大限度教育、感化、挽救未成年被告人》，https：//www.chinacourt.org/article/detail/2021/03/id/5828809.shtml，2021-10-08。

疆青少年出版社，2019.

　　2. 李双元，李娟 . 儿童权利的国际法律保护［M］. 武汉：武汉大学出版社，2016.

　　3. 柳华文 . 儿童权利与法律保护［M］. 上海：上海人民出版社，2009.

　　4. 吴鹏飞 . 儿童权利一般理论研究［M］. 北京：中国政法大学出版社，2013.

　　5. 王本余 . 教育与权利：儿童的教育权利及其优先性［M］. 福州：福建教育出版社，2012.

　　6. 郑净方 . 家庭法视域下儿童权利研究［M］. 北京：法律出版社，2020.

参考文献

《公共治理研究》编委会. 公共治理研究:第 1 辑[M].北京:商务印书馆,2018.

安东尼奥·达马西奥. 笛卡儿的错误——情绪、推理和人脑[M]. 毛彩凤,译. 北京：教育科学出版社,2007.

巴洪霞.英国救济受虐儿童的法令[EB/OL].[2010-11-08].https://bjgy.china-court.gov.cn/article/detail/2010/11/id/878610.shtml.

鲍梦玲.促进批判性思维的儿童哲学课程——基于 IAPC 文本的分析[D].上海:华东师范大学,2015.

贝里斯·高特,莫拉格·高特. 学哲学的孩子更聪明[M]. 刘笑非,译. 北京:人民邮电出版社,2019.

本书编写组编.未成年人保护法学习导读[M].北京:中国妇女出版社,2008.

博尔诺夫. 教育人类学[M]. 李其龙,等,译. 上海:华东师范大学出版社,1999.

陈胜昌,等.常用经济学名词解释[M].郑州:河南人民出版社,1981.

陈薇怡."85 后"大学生心理成熟度、归因方式与人格的相关研究[D].上海:华东师范大学,2011.

陈振桂. 幼儿文学阅读与指导[M]. 长春:东北师范大学出版社,2015.

成莉,刘云艳. 父母对幼儿情绪社会化的影响机制研究[J]. 教育导刊(幼儿教育),2008(07):27-29.

成尚荣. 当教室里飞来哲学鸟的时候——儿童哲学几个问题的厘清[J]. 人民教育,2012(22):26-31.

程晓樵,吴康宁,吴永军,等. 教师课堂交往行为的对象差异研究[J]. 教育评论,1995(2):11-13.

褚宸舸,柯德鑫."两法"修订背景下校园欺凌和暴力治理之完善[J].预防青少年犯罪研究,2020(5):19-24.

戴金花. 现代童年的消逝及原因[J].现代教育论丛,2010,(2):11-14.

戴维·英格利斯. 文化与日常生活[M]. 张秋月,周雷亚,译. 北京:中央编译出版社,2010.

丹尼尔·西格尔,蒂娜·佩恩·布赖森.如何让孩子自觉又主动:全球知名脑科学家揭示如何培养孩子的开放式大脑[M].黄珏苹,译.杭州:浙江教育出版社,2020.

邓迪.李普曼的儿童哲学计划在中国小学课程中的应用[J].河南教育(高校版),2009(4):59-60.

邓鹏.把哲学的金钥匙交给孩子——李普曼及儿童哲学[J].教育发展研究,1999

(12):15-18.

刁佳玺,杨雪.亲子游戏对0—6岁儿童智力发展的影响[J].教育教学论坛,2019(37):58-59.

丁海东.儿童精神———一种人文的表达[D].济南:山东师范大学,2005.

丁子江.思贯中西:丁子江哲学思考[M].北京:中国工人出版社,2003.

杜威.学校与社会·明日之学校[M].赵祥麟,等,译.北京:人民教育出版社,2005.

杜威.民主主义与教育[M].王承绪,译.北京:人民教育出版社,2001.

杜威.我的教育信条[M]//赵祥麟,王承绪.杜威教育论著选.北京:人民教育出版社,2001:1-12.

樊丰富.儿童经验与游戏关系的研究[J].金华职业技术学院学报,2008(5):78-80.

冯建军.主体间性与教育交往[J].高等教育研究,2001(6):26-31.

傅岩,吴义昌.教育学基础:第二版[M].南京:南京大学出版社,2019.

伽达默尔.真理与方法———哲学解释学的基本特征[M].王才勇,译.沈阳,辽宁人民出版社,1987.

高飞.儿童哲学课堂教学模式研究[D].杭州:杭州师范大学,2018.

高岚岚.教育游戏与教学研究教育游戏引导中小学生爱读书[M].厦门:厦门大学出版社,2010.

高伟.浪漫主义儿童哲学批判:儿童哲学的法权分析[J].全球教育展望,2017(12):12-23.

高振宇.儿童是天生的哲学家[J].上海教育,2019(02):22-25.

高振宇.儿童哲学 IAPC 版教材及多元文本的分析[J].浙江师范大学学报(社会科学版),2010(02):41-45.

高振宇.儿童哲学导论[M].桂林:广西师范大学出版社,2020.

高振宇.儿童哲学的中国化:问题与路径[J].全球教育展望,2009(08):25-29.

高振宇.儿童哲学与学科课程的整合及实施策略[J].教育科学研究,2020(10):10-16.

高振宇.基于核心素养的儿童哲学课程体系建构[J].上海教育科研,2018(01):20-23+19.

高振宇.基于绘本的儿童哲学对话:回顾与展望[J].教育实践与研究,2014(09):63-65.

高振宇.开辟儿童哲学的新天地:思考故事之内容分析[M]//方卫平.中国儿童文化:第6辑.杭州:浙江少年儿童出版社,2010:10-22.

宫泽俊义,芦部信喜.日本国宪法精解[M].董璠舆,译.北京:中国民主法制出版社,1990.

古秀荣,冷璐.儿童哲学探究活动的教育评价研究[J].上海教育科研,2018(1)：28-32.

顾英洁.李普曼的儿童哲学教育思想研究[D].曲阜:曲阜师范大学,2016.

郭秉文.中国教育制度沿革史[M].储朝晖,译.北京:商务印书馆,2014.

郭小艳,王振宏.积极情绪的概念、功能与意义[J].心理科学进展,2007(5)：810-815.

韩璐.国外小学语文教材选文的趋势特点及对我国的借鉴研究[J].职业技术.2017(11)：84-86.

郝卫江.尊重儿童的权利[M].天津:天津教育出版社,1999.

何玲,黎加厚.促进学生深度学习[J].现代教学,2005(5)：29-30.

何晓妍.我国儿童虐待防治的法律分析[J].牡丹江教育学院学报,2014(04)：119-120.

何毅亭.关于《中华人民共和国预防未成年人犯罪法(修订草案)》的说明——2019年10月21日在第十三届全国人民代表大会常务委员会第十四次会议上[J].中华人民共和国全国人民代表大会常务委员会公报,2021(1):94-96.

黑格尔.法哲学原理[M].范扬,张企泰,译.北京:商务印书馆,1961.

黑格尔.历史哲学[M].王造时,译.北京:生活·读书·新知三联书店,1963.

黑格尔.历史哲学[M].王造时,译.北京:生活·读书·新知三联书店,1956.

胡军.哲学是什么[M].北京:北京大学出版社,2002.

胡塞尔.共主观性的现象学:第1卷[M].王炳文,译.北京:商务印书馆,2018.

胡塞尔.共主观性的现象学:第2卷[M].王炳文,译.北京:商务印书馆,2018.

胡塞尔.共主观性的现象学:第3卷[M].王炳文,译.北京:商务印书馆,2018.

胡也.儿童哲学教育在素质教育中的作用和意义[J].学术研究,2002(12)：106-108.

黄彬,魏桂军.儿童哲学教育中国化进程的思考[J].科教文汇(上半月),2006(09)：35-36.

加雷斯·B.马修斯.童年哲学[M].刘晓东,译.北京:生活·读书·新知三联书店,2020.

加雷斯·B.马修斯.哲学与幼童[M].陈国容,译.北京:生活·读书·新知三联书店,2020.

贾晋华,黄晨曦.义务和权利:从礼制到古典儒学的义利观及其现代启示[J].孔子研究,2019(6)：28-36.

贾平凹.怀念狼[M].北京:作家出版社,2000.

江卫社.在儿童哲学启蒙教育中弘扬中华民族文化精神[J].四川教育学院学报,2004(08)：72-73.

掘内敏.儿童心理学[M].谢艾群,译.长沙:湖南人民出版社,1980.

康有为.大同书[M].长春:吉林出版集团股份有限公司,2017.

库库耶夫.神经系统的进化[J].范果仪,译.生物学通报,1957(2):39-43.

冷璐.夏威夷儿童哲学的实践模式[J].陕西学前师范学院学报,2018(10):29-34+47.

黎艳.儿童绘本中插画的趣味性设计研究[J].西部皮革,2020(22):34-35.

礼记[M].(元)陈澔,注,金晓东,校点.上海:上海古籍出版社,2016.

李保强,陈晓雨.中国儿童权利保护:成功经验、现实挑战与未来展望[J].教育科学研究,2020(6):5-12.

李川.视觉文化下儿童图像识读能力的培养[J].西部皮革,2020(14):131+133.

李革新.康德与舍勒伦理学的三大差异[J].浙江学刊,2005(6):52-58.

李弘祺.学以为己:传统中国的教育:下[M].上海:华东师范大学出版社,2017.

李金珍,王文忠,施建农.积极心理学:一种新的研究方向[J].心理科学进展,2003(03):321-327.

李普曼.教室里的哲学[M].张爱琳,张爱维,编译.太原:山西教育出版社,1997.

李双元,李娟.儿童权利的国际法律保护[M].武汉:武汉大学出版社,2016.

李学斌.儿童文学的游戏精神[D].上海:上海师范大学,2010.

李学勤.重写学术史[M].石家庄:河北教育出版社,2002.

李燕,张惠敏.学前儿童家庭与社区教育[M].北京:高等教育出版社,2017.

李贽.李贽文集(第一册):焚书·续焚书[M].北京:北京燕山出版社,1998.

林语堂.人生的盛宴[M].长沙:湖南文艺出版社,1988.

刘桂红.插图在初中语文教学中的运用研究[J].新教育时代电子杂志(教师版),2017(1):117.

刘国雄,方富熹,杨小冬.国外儿童情绪发展研究的新进展[J].南京师大学报(社会科学版),2003(06):98-104.

刘海峰.唐代的教育与选举制度[J].文献,1990(01):97-109.

刘建利.日本性侵未成年人犯罪的法律规制及其对我国的启示[J].青少年犯罪问题,2014(1):12-21.

刘金花.儿童发展心理学[M].上海:华东师范大学出版社,2013.

刘秋丰.谈对小学语文教材插图的认识及利用[J].华夏教师,2020(5):56-57.

刘晓东,卢乐珍,等.学前教育学(第3版)[M].南京:江苏教育出版社,2009.

刘晓东.儿童精神哲学[M].南京:南京师范大学出版社,1999.

刘晓东.儿童教育新论[M].南京:江苏教育出版社,1998.

刘晓东.儿童精神发生学对儿童教育、儿童文学的影响[J].上海师范大学学报(哲学社会科学版),2008(1):126-132.

刘晓东.儿童哲学:外延和内涵[J].浙江师范大学学报(社会科学版),2008(3):

48-51.

刘晓东. 论儿童哲学启蒙[J]. 上海教育科研,1998(09):9-11+8.

刘晓东. 先秦《学记》"禁于未发"章新诠[J]. 南京师大学报(社会科学版),2008(2):74-80.

刘昫,等. 旧唐书[M]. 北京:中华书局,1975.

刘焱. 儿童游戏通论[M]. 福州:福建人民出版社,2015.

刘艺琴,郭传菁. 平面广告设计与制作[M]. 武汉:武汉大学出版社,2002.

柳阳辉. 新编学前儿童游戏[M]. 上海:复旦大学出版社,2017.

卢卡契. 审美特性:第1卷[M]. 徐恒醇,译. 北京:中国社会科学出版社,1986.

卢杨. 初中语文教科书的形象助读系统——关于插图功能及其利用探讨[J]. 北京教育学院学报,2000(4):56-61.

吕琳. 唐律杀人罪的结构与特征:读《唐律"七杀"研究》[J]. 法律史评论,2020(02):147-158.

罗伯特·所罗门. 大问题:简明哲学导论[M]. 张卜天,译. 桂林:广西师范大学出版社,2014.

马克思. 1844年经济学哲学手稿[M]. 中共中央马克思恩格斯列宁斯大林著作编译局,编译. 北京:人民出版社,2000.

马克思恩格斯选集:第1卷[M]. 中共中央马克思恩格斯列宁斯大林著作编译局,编译. 北京:人民出版社,1995.

马琳. 儿童绘本与戏剧教育的融合、源流、方式和启发[J]. 出版广角,2020(18):74-76.

马修斯. 童年哲学[M]. 刘晓东,译. 北京:生活·读书·新知三联书店,2020.

马修斯. 与儿童对话[M]. 陈鸿铭,译. 北京:生活·读书·新知三联书店,2015.

马学强. 对初中语文教科书插图功能的若干思考[J]. 课外语文(上).2017(13):13.

马育良. 《论语》:一种可能的情感解读[J]. 孔子研究,2004(2):46-60+125.

蒙培元,任文利. 国学举要·儒卷[M]. 武汉:湖北教育出版社,2002.

蒙培元. 人是情感的存在——儒家哲学再阐释[J]. 社会科学战线,2003(2):1-8.

孟宪承,等. 中国古代教育史资料[M]. 上海:华东师范大学出版社,2010.

孟昭兰. 情绪心理学[M]. 北京:北京大学出版社,2005.

孟昭兰. 人类情绪[M]. 上海:上海人民出版社,1989.

莫兰,科恩. 胡塞尔词典[M]. 李幼蒸,译. 北京:中国人民大学出版社,2015.

南京师范大学教育系. 教育学[M]. 北京:人民教育出版社,1984.

尼尔·波兹曼. 童年的消逝[M]. 吴燕筵,译. 桂林:广西师范大学出版社,2004.

倪梁康. 胡塞尔现象学概念通释:增补版[M]. 北京:商务印书馆,2016.

诺尔曼·丹森. 情感论[M]. 魏中军,孙安迹,译. 沈阳:辽宁人民出版社,1989.

欧用生. 从综合活动课程谈台湾课程统整的趋势[J]. 全球教育展望,2002(4)：14-20.

皮埃尔·布尔迪厄. 男性统治[M]. 刘晖,译. 深圳:海天出版社,2002.

皮耶罗·费鲁奇. 孩子是个哲学家[M]. 张晶,译. 上海:上海社会科学院出版社,2016.

钱文忠. 钱文忠解读《三字经》[M]. 北京:中国民主法制出版社,2009.

乔建中. 情绪的社会建构理论[J]. 心理科学进展,2003(05)：541-544.

乔建中. 情绪研究:理论与方法[M]. 南京:南京师范大学出版社,2003.

乔纳森·特纳,简·斯戴兹. 情感社会学[M]. 孙俊才,文军,译. 上海:上海人民出版社,2007.

乔纳森·特纳. 社会学理论的结构[M]. 吴曲辉,等,译. 杭州:浙江人民出版社,1987.

丘星星. CG 时代视觉设计心理[M]. 福州:福建美术出版社,2005.

邱景源.浅谈现代设计艺术美学研究方法——评《设计美学》[J].中国教育学刊,2018 (6)：135.

阮元. 十三经注疏[M]. 北京:中华书局,1980.

萨特. 波德莱尔[M]. 施康强,译. 北京:北京燕山出版社,2006.

桑楚,主编.国学经典全知道[M].北京:北京联合出版公司,2015.

邵燕楠,张芝亚. 在对话中学习——儿童哲学对话学习法浅见[J]. 辽宁教育学院学报,2002(01)：37-39.

舍勒选集[M]. 刘小枫,选编. 上海:上海三联出版社,1999.

石玉,张文. 新中国教育的全景图——评《新中国中小学教科书图文史》[J]. 湖南师范大学教育科学学报,2016(2)：124-128.

石月姮.试论未成年人网络保护——以新修订《中华人民共和国未成年人保护法》为视角[J].教育研究,2020 (12):131-132.

时蓉华. 现代社会心理学[M]. 上海:华东师范大学出版社,2007.

舒国滢.权利的法哲学思考[J].政法论坛,1995(3):1-6,11.

宋祁,欧阳修. 新唐书[M]. 北京:中华书局,1975.

苏德.蒙古族传统家庭教育与文化传承[M].北京:中央民族大学出版社,2014.

孙本文. 社会学原理[M]. 上海:商务印书馆,1948.

孙俊才. 情绪的文化塑造与社会建构:情绪社会分离视角[D].上海:上海师范大学,2008.

孙丽丽. 在故事中看见孩子:说演故事在儿童哲学中的运用[J]. 教育探究 2020(01):94-102.

唐轩,姚永强.部编本小学语文教材插图的特点及教学应用[J].教学与管理(小学版),2018(14):54-56.

王才勇.真理与方法[M].沈阳:辽宁人民出版社,1987.

王春茅,田佳.比较军事教育成为独立分支学科的基本条件[J].比较教育研究,2011(06):52-54.

王丽.儿童的审美情感与儿童艺术教育[D].南京:南京师范大学,2003.

王丽娟,刘凤玲.儿童情绪表达规则认知能力研究述评[J].心理科学,2009(3):661-662+665.

王鹏,侯钧生.情感社会学:研究的现状与趋势[J].社会,2005(4):70-87.

王琪,熊莲君,谢华静.教师对男女幼儿的区别对待调查研究[J].大庆师范学院学报,2017(01):89-92.

王清思.儿童哲学探究团体中的德育意蕴[J].教育发展研究,2018(Z2):74-81.

王先谦.荀子集解[M].济南:山东友谊书社,1994.

王雪梅.儿童权利保护的最大利益原则研究(下)[J].载环球法律评论,2003(1):108-119.

王重力.中学生物游戏教学概论[M].北京:人民教育出版社,2015.

韦永琼.表达与儿童画——梅洛-庞蒂的儿童现象学管窥[J].内蒙古师范大学学报(教育科学版).2019(12):38-43.

韦永琼.奠基于时间哲学的教育理论之思[R].南京:南京师范大学博士后出站报告,2020.

魏明坤.儿童画理[M].上海:复旦大学出版社,2013.

吴冠军.生命权力的两张面孔——透析阿甘本的生命政治论[J].哲学研究,2014(8):77-85+129.

吴国平.课程中的儿童哲学[M].上海:上海教育出版社,2018.

吴航.游戏与教育——兼论教育的游戏性[D].武汉:华中师范大学,2001.

吴鹏飞.儿童权利一般理论研究[M].北京:中国政法大学出版社,2013.

吴也显,等.小学游戏教学论[M].南昌:江西教育出版社,1996.

吴宗宪.西方犯罪学[M].北京:法律出版社,1999.

奚麟睿.布朗肖《黑暗托马》中的"共通体"分析[J].当代外国文学,2020(01):81-88.

项飙,吴琦.把自己作为方法:与项飙谈话[M].上海:上海文艺出版社,2020.

项贤明.教育学原理[M].北京:高等教育出版社,2019.

谢林.艺术哲学(导言)[M].罗悌伦,译//刘小枫.德语美学文选:上.上海:华东师范大学出版社,2006:134-147.

熊进.论马克思的时间概念[M].武汉:武汉大学出版社,2014.

熊远航.论我国儿童权利保护的完善[D].大连:大连海事大学,2020.

徐淑委.儿童哲学进教室——以《灵灵》进行思考讨论教学之研究[D].台东：台湾台东大学,2008.

亚伯拉罕·马斯洛,爱德华·霍夫曼.寻找内在的自我:马斯洛谈幸福[M].张登浩,译.北京:机械工业出版社,2018.

亚伯拉罕·马斯洛.人性能达到的境界:第2版[M].曹晓慧,张向军,译.北京:世界图书出版公司,2019.

亚里士多德.形而上学[M].吴寿彭,译.北京:商务印书馆,1959.

颜之推.颜氏家训[M]颜敏翔,点校.上海:上海古籍出版社,2017.

阳育芳.追问欲望之人:科耶夫的哲学人类学研究[D].北京:清华大学,2016.

杨伯峻.论语译注[M].北京:中华书局,2012.

杨伯峻.孟子译注[M].北京:中华书局,2012.

杨宏祥.现代虚无主义的生存论批判[D].长春:东北师范大学,2017.

杨落娃,于伟.英国儿童哲学课程的发展及其现实启示[J].外国教育研究,2019(5):3-15.

杨妍璐.哲学文本绘本及在儿童哲学课中的应用[J].上海教育科研,2018(01):24-27.

杨懿.儿童哲学课程中的教师:角色与任务[J].陕西学前师范学院学报,2019(04):30-33+79.

姚玉琴,李应刚.基于儿童哲学的小学品德课堂教学[J].教学与管理,2016(5):47-49.

叶青云.儿童哲学:让孩子以自己的眼睛看世界[N].浙江教育报,2018-04-09(04).

尹琳.从未成年人法律体系看日本的儿童权利保护[J].青少年犯罪问题,2005(02):50-55.

于伟,刘丹,孙千卉,李维奇.儿童是天生的哲学家——以小学阶段儿童对"同一性"问题的对话为例[J].上海教育科研,2018(01):10-14.

于伟.儿童哲学课程中的教师角色[N].中国教师报,2018-10-10(006).

于伟.儿童哲学走"第三条道路"的可能与尝试——东北师范大学附小探索的历程与研究[J].湖南师范大学教育科学学报,2017(01):27-33.

于忠海.知性缺失与儿童哲学教育反思[J].幼儿教育(教育科学版),2008(04):7-10.

余真.如何完善对虐待儿童行为的司法干预机制:以英国1989年儿童法为例[J].法制与经济,2009(5):50-52.

俞鸿瑛.孙悟空为什么会被吸进宝葫芦?——儿童哲学课听课记录[J].当代教育家,2020(07):59-61.

喻长志.教育法律基础[M].合肥:安徽大学出版社,2012.

詹栋梁. 儿童哲学[M]. 广州：广东教育出版社,2005.

詹姆斯·希尔曼. 破译心灵[M]. 蒋书丽,赵琨,译. 海口:海南出版社,2001.

张博. 美国儿童保护法律[N]. 人民政协报,2009-07-27(B04).

张泓,高月梅. 幼儿心理学[M]. 杭州:浙江教育出版社,2015.

张丽锦,吴南,王玲. 幼儿心理学[M]. 杭州:浙江教育出版社,2015.

张梅. 从"儿童的发现"到"童年的消逝"——关于"儿童"的概念及其相关问题的考察[J]. 文艺争鸣,2016(3)：118-124.

张娜,蔡迎旗. 幼儿游戏与指导[M]. 武汉:武汉大学出版社,2015.

张人杰. 国外教育社会学基本文选[M]. 上海:华东师范大学出版社,1989.

张荣铮. 论大清律例[J]. 法治论丛,1992(01)：52-55.

张诗亚. 李普曼的儿童哲学观概说[J]. 教育评论,1989(5)：65-66.

张天雪,等. 基础教育改革论纲[M]. 重庆:重庆大学出版社,2008.

张天雪. 中国基础教育改革与发展实践[M]. 沈阳:辽宁教育出版社,2016.

张文显. 法学基本范畴研究[M]. 北京:中国政法大学出版社,1993.

张晓贤. 儿童内疚情绪与初级情绪的发展差异[D]. 上海:华东师范大学,2012.

张志平. 情感的本质与意义——舍勒的情感现象学概论[M]. 上海:上海人民出版社,2006.

赵汀阳. 论可能生活[M]. 北京:生活·读书·新知三联书店,1994.

郑名. 学前游戏论[M]. 兰州:甘肃人民出版社,2006.

郑宇晴. 在小学语文教学中融入儿童哲学教育的行动研究——以人教版小学语文四年级下册《生命生命》为例[D]. 长春:东北师范大学,2018.

中国大百科全书总编辑委员会《社会学》编辑委员会. 中国大百科全书:社会学[M]. 北京:中国大百科全书出版社,1991.

中国大百科全书总编辑委员会《心理学》编辑委员会. 中国大百科全书:心理学[M]. 北京:中国大百科全书出版社,1992.

周文彬. 理性的轨迹美之路[M]. 沈阳:辽宁教育出版社,1992.

周永坤. 法理学：全球视野(第4版)[M]. 北京:法律出版社,2016.

朱波. 打开低年级学生写话思路的钥匙[J]. 基础教育研究,2017(22)：77-78.

朱丽亚·T. 伍德. 性别化的人生——传播性别与文化[M]. 徐俊,尚文鹏,译. 广州:暨南大学出版社,2005.

朱宁波. 试析现象学视野中的回归儿童生活世界[J]. 教育科学,2006(5):43-45.

邹韬奋. 小孩子倒霉[M]// 中国韬奋基金会韬奋著作编辑部. 韬奋全集(2)[M]. 上海:上海人民出版社,1995:267-271.

K. T. 斯托曼. 情绪心理学[M]. 张燕云,译. 沈阳:辽宁人民出版社,1986.

Alexander R. Towards Dialogic Teaching：Rethinking Classroom Talk[M].

Cambridge: Dialogos, 2006.

Andrews G, Halford G S, Murphy K, Knox K. Integration of weight and distance information in young children: The role of relational complexity[J]. Cognitive Development, 2009, 24 (1):49-60.

Baillargeon R. The object concept revisited: New directions in the investigation of infants' physical knowledge[M]// Granrud C E (ed.). Visual Perception and Cognition in Infancy. Mahwah: Erlbaum,1993:265-315.

Berger K S. The Developing Person Through the Life Span (7th ed.). New York: Worth Publishers, 2008.

Bleazby J B. Dewey's notion of imagination in philosophy for children[J]. Education and Culture, 2012,28(2):95-111.

Cam P. P4C stories, different approaches and similar application? [M]// Naji S, Hashim R. History, Theory and Practice of Philosophy for Children. New York: Routledge, 2017:118-128.

Copple C,Bredekamp S. Developmentally Appropriate Practice in Early Childhood Programs Serving Children from Birth Through Age 8[M]. Markham:Pembroke Publishers,2010.

Dunn J, Hughes C. "I got some swords and you're dead!": Violent fantasy, antisocial behavior, friendship, and moral sensibility in young children[J]. Child Development, 2001, 72(2):491-505.

Fisher R. Philosophical Intelligence: What is it and how do we develop it? [J]. Thinking: The Journal of Philosophy for Children, 2008,19(1): 12-19.

Fisher R. Dialogic teaching: Developing thinking and metacognition through philosophical discussion[J]. Early Child Development and Care, 2007, 177(6/7): 615-631.

Fisher R. Teaching Thinking: Philosophical Enquiry in the Classroom[M]. London: A&C Black, 2013.

Gelman R. First principles organize attention to and learning about relevant data: Number and the animate-inanimate distinction as examples[J]. Cognitive Science, 1990, 14(1):79-106.

Goering S, Finding and fostering the philosophical impulse in young people: A tribute to the work of Gareth B. Matthews[J]. Metaphilosophy, 2008,39(1):39-50.

Goering S, Shudak N, Wartenberg T. Philosophy in Schools: An Introduction for Philosophers and Teachers[M]. New York: Routledge, 2013.

Goering S,Shudak N J,Wartenberg T E. Philosophy in Schools: An Introduction for Philosophers and Teachers? New York: Routledge,2013.

Gopnik A. The Philosophical Baby: What Children's Minds Tell Us about Truth, Love & The Meaning of Life [M]. New York: Farrar,Straus and Giroux,2009.

Gregory M. Precollege philosophy education, What can it be? The IAPC model [M]// Goering S, Shudak N, Wartenberg T. Philosophy in Schools: An Introduction for Philosophers and Teachers. New York: Routledge, 2013:69-85.

Haynes J. Children as Philosophers: Learning through Enquiry and Dialogue in the Primary Classroom[M]. London: Routledge, 2008.

Hsu C, Wu C P, Nguyen H L. The image and digital storytelling that reflects higher psychological functions: Learning with technologies on preschool children of foreign marriage families[J]. Ubiquitous Learning: An International Journal, 2011, 3 (4):127-136.

Jackson T E. P4C Hawaiian Style: We are not in a Rush[C]// American Philosophical Association's Annual Meeting, San Diego, California,2011.

Jackson T E. Philosophical rules of engagement[M]// Goering S, Shudak N, Wartenberg T. Philosophy in Schools: An Introduction for Philosophers and Teachers. New York: Routledge, 2013:99-119.

Jackson T E. Philosophy for Children Hawaiian Style—"On not being in a Rush…"[J]. Thinking: The Journal of Philosophy for Children, 2004,17(1):4-8.

Jackson T E. The art and craft of"gently Socratic"inquiry[M]// Costa AL(ed.). Developing Minds: A Resource Book for Teaching Thinking (3rd Edition). Alexandria: Association for Supervision and Curriculum Development, 2001:459-465.

Jasinski I, Tyson E. Lewis Community of Infancy:Suspending the Sovereignty of the Teacher's Voice[J]. Journal of Philosophy of Education, 2016,50(4):538-553.

Johnson T W,Reed R F. Philosophical Documents in Education (Second Education). New York: Longman, 2000.

Kennedy N, Kennedy D. Commuinty of philosophical inquiry as a discursive structure and its role in school curriculum design[J]. Journal of Philosophy of Education, 2011, 45(2):171-182.

Kohan W. What can philosophy and children offer each other? [J]. Thinking: The Journal of Philosophy for Children, 1999,14(4): 2-8.

Lefebvre H. Critique of Everyday Life, volume 1[M]. London and New York: Verso, 1991.

Leng L. The Role of Philosophical Inquiry in Helping High School Students Engage in Learning and Seeking Meaning in Lives[M]. Mānoa: University of Hawaii at

Mānoa，2015.

Lewis L，Chandley N（eds. ）. Philosophy for Children through the Secondary Curriculum[M]. London：A&C Black，2012.

Lipman M. Brave old subject，brave new world[M]// Naji S，Hashim R. History，Theory and Practice of Philosophy for Children. New York：Routledge，2017：12-17.

Lipman M. Do elementary school children need philosophy? [M]// Lipman M. Philosophy Goes to School[M]. Philadelphia：Temple University Press，1988.

Lipman M. Philosophy Goes to School[M]. Philadelphia：Temple University Press，1988.

Lipman M. The Institute for the Advancement of Philosophy for Children (IAPC) program[M]// Naji S，Hashim R. History，Theory and Practice of Philosophy for Children. New York：Routledge，2017：3-11.

Lipman M. Thinking in Education（Second Edition）[M]. Cambridge：Cambridge University Press，2003.

Lipman M. Thinking in education[J]. American Journal of Psychology，1993，106(4)：620.

Lipman M. Thinking in Education[M]. New York：Cambridge University Press，1991.

Lone J M，Burroughs M D. Philosophy in Education：Questioning and Dialogue in School[M]. Maryland：Rowman and Littlefield Publishing Group，2016.

Makaiau A S，Miller C. The philosopher's pedagogy[J]. Educational Perspectives，2012，44(1)：1-2.

Makaiau A S. Adolescent Identity Exploration in a Multicultural Community Context：An Educator's Approach to Rethinking Identity Interventions[M]. Mānoa：University of Hawaii at Mānoa，2010.

Marton F,Säljö R. On qualitative differences in learning：I-Outcome and process[J]. British Journal of Educational Psychology,1976,46(1)：4-11.

Mattews G B，Turner S M. The Philosopher's Child：Critical Perspectives in the Western Tradition[M]. New York：University of Rochester Press，1998.

Mattews G B. Children,irony and philosophy[J]. Theory and Research in Education,2005,3(1)：81-95.

Mattews G B. Conceiving childhood："Child animism"[J]. Noûs,1982, 16(1)：29.

Matthews G B. Creativity in the Philosophical Thinking of Children[J]. Thinking：The Journal of Philosophy for Children,2000,15(1)：14-19.

Merleau-Ponty M. Child Psychology and Pedagogy: The Sorbonne Lectures 1949—1952[M]. Welsh T(Trans.). Evanston:Northwestern University Press,2010.

Murris K. Can children do philosophy? [J]. Journal of Philosophy of Education, 2000, 34(2): 261-279.

Naji S, Hashim R. Names of contributors and affiliations[M]. Saeed Naji and Rosnani Hashim. History, Theory and Practice of Philosophy for Children. New York:Routledge, 2017.

Piaget J. The Construction of Reality in the Child[M]. New York: Basic Books, 1954.

Rogoff B. Apprenticeship in Thinking: Cognitive Development in Social Context[M]. New York: Oxford University Press, 1990.

Schulz L E, Bonawitz E B, Serious fun: Preschoolers engage in more exploratory play when evidence is confounded[J]. Development Psychology, 2007, 43(4):1045-1050.

Schutz A. Phenomenology of the Social World[M]. Evanston: Northwestern University Press, 1967.

Sebo J. Philosophical sensitivity[M]// Lone J M, Israeloff R. Philosophy and Education: Introducing Philosophy to Young People. Tyne: Cambridge Scholars Publishing, 2012:23-26.

Seefeldt C. Social Studies for the Preschool-primary Classroom (5th ed.) [M]. Columbus: Prentice-Hall, 1997.

Shapiro D A. Plato was Wrong:Footnotes on Philosophy with Young People[M]. Maryland: Rowman & Littlefield, 2012.

Snowden P L, Christian L G. Parenting the young gifted child:Supportive behaviors[J]. Roeper Review. 1999, 21(3): 215-221.

Spelke E S. Principles of object perception[J]. Cognitive Science, 1990,14(1): 29-56.

Storme T, Vlieghe J. The experience of childhood and the learning society: Allowing the child to be philosophical and philosophy to be childish[J]. Journal of Philosophy of education, 2011, 45(2):183-198.

Sutcliffe R. The difference between P4C and PwC[M]// Naji S, Hashim R. History, Theory and Practice of Philosophy for Children. New York: Routledge, 2017: 56-63.

Vansieleghem N, Kennedy D. What is Philosophy for Children, What is Philosophy with Children—After Matthew Lipman? [J]. Journal of Philosophy of Education,2011, 45(2): 171-182.

Vansieleghem N, Kennedy D. Philosophy for Children in Transition: Problems and Prospects [M]. Chicester: John Wiley and Sons Ltd, 2012.

Vansieleghem N, Kennedy. What is philosophy for children, What is philosophy with children: After Matthew Lipman? [J]. Journal of Philosophy of Education, 2011, 45(2):171-182.

Vygotsky L S. Mind in Society: The Development of Higher Psychological Processes[M]. Cole M(Trans.). Cambridge: Harvard University Press, 1980.

Wang C S. Fromlearning outcomes to educational possibilities: What happens when philosophical community inquiry works wonder with university students in Taiwan[J]. Analytical Teaching and Philosophical Praxis, 2016, 36.

Wartenberg T E. Introduction to symposium on Gareth B. Mattthews [J]. Metaphilosophy, 2008, 39(1):1-2.

White J. Philosophy in primary schools? [J]. Journal of Philosophy of Education, 2012,46(3):449-460.

附 录

《儿童哲学》附录说明

目前,很多人已经认识到在我国开设师范类哲学本科专业的必要性。我国的中小学开设有思想政治理论课,主要有小学和初中的"道德与法治"课,高中的"思想政治"课(其中含有一部分哲学内容)。事实上,哲学如果成为独立的中小幼课程,应该进行系统的整体设计。除了和思想政治教育、道德与社会生活教育等相联系外,很多人已认识到,一门独立的哲学课程在中小幼开设极为必要。因而,高等院校哲学系与教育系应该设置哲学本科师范类专业,培养能在中小幼等各级各类学校教授哲学的任课教师。鉴于目前我国学前教育阶段与基础教育阶段的"儿童哲学"刚刚起步,按照人的整体性成长与发展的指导理念,我们梳理出各学段的青少年儿童哲学参考书目,分别列出,供广大同行参考。

附录 1
学前教育阶段儿童哲学教育参考书目举隅

奇思妙想洞洞书(全 4 册)[0～3 周岁]

伊莎贝尔·平.跟我来小精灵[M].王晚蕾,译.合肥:安徽少年儿童出版社,2016.

伊莎贝尔·平.和我在一起的一天[M].张悦,译.合肥:安徽少年儿童出版社,2011.

伊莎贝尔·平.小洞的故事[M].张悦,译.合肥:安徽少年儿童出版社,2011.

伊莎贝尔·平.雨天的动物园[M].王晚蕾,译.合肥:安徽少年儿童出版社,2016.

布偶手指洞洞书(全 10 册)[0～3 周岁]

萨拉·吉林厄姆,洛雷纳·西米诺维奇.我的田野[M].曲江培豪,译.天津:天津人民美术出版社,2018.

萨拉·吉林厄姆,洛雷纳·西米诺维奇.我的大树[M].曲江培豪,译.天津:天津人民美术出版社,2018.

萨拉·吉林厄姆,洛雷纳·西米诺维奇. 我的鸟巢[M]. 曲江培豪,译. 天津:天津人民美术出版社,2018.

萨拉·吉林厄姆,洛雷纳·西米诺维奇. 我的丛林[M]. 曲江培豪,译. 天津:天津人民美术出版社,2018.

萨拉·吉林厄姆,洛雷纳·西米诺维奇. 我的森林[M]. 曲江培豪,译. 天津:天津人民美术出版社,2018.

萨拉·吉林厄姆,洛雷纳·西米诺维奇. 我的池塘[M]. 曲江培豪,译. 天津:天津人民美术出版社,2018.

萨拉·吉林厄姆,洛雷纳·西米诺维奇. 我的草地[M]. 曲江培豪,译. 天津:天津人民美术出版社,2018.

萨拉·吉林厄姆,洛雷纳·西米诺维奇. 我的海洋[M]. 曲江培豪,译. 天津:天津人民美术出版社,2018.

萨拉·吉林厄姆,洛雷纳·西米诺维奇. 我的洞穴[M]. 曲江培豪,译. 天津:天津人民美术出版社,2018.

萨拉·吉林厄姆,洛雷纳·西米诺维奇. 我的花丛[M]. 曲江培豪,译. 天津:天津人民美术出版社,2018.

给孩子的哲学绘本(全6册)[3~6周岁]

曼达娜·萨达. 另一个保罗[M]. 王筱青,译. 北京:中信出版社,2017.

埃纳尔·厄维尔恩,欧伊文·托尔塞特. 苏格拉底与父亲的对话[M]. 方琪,译. 北京:中信出版社,2017.

达妮埃莱·梅拉尼. 伟大的小丑[M]. 王筱青,译. 北京:中信出版社,2017.

里基·布兰科. 真假近视眼[M]. 王筱青,译. 北京:中信出版社,2017.

曼努埃拉·萨尔维,马乌里奇奥·夸勒罗. 孤独音乐家[M]. 王筱青,译. 北京:中信出版社,2017.

朱利奥·利瓦伊,路易吉·拉法埃利. 买卖时间[M]. 王筱青,译. 北京:中信出版社,2017.

怪味豆哲理图画书(全5册)[3~6周岁]

杰侯姆·胡里埃. 有色人种[M]. 谢逢蓓,译. 南宁:接力出版社,2011.

杰侯姆·胡里埃. 小方和小圆[M]. 谢逢蓓,译. 南宁:接力出版社,2011.

杰侯姆·胡里埃. 黑色的国王[M]. 谢逢蓓,译. 南宁:接力出版社,2011.

杰侯姆·胡里埃. 爸爸妈妈 哥哥和我[M]. 谢逢蓓,译. 南宁:接力出版社,2011.

伊莎贝尔·卡里尔. 安东尼的小平底锅[M]. 谢逢蓓,译. 南宁:接力出版社,2011.

孩子是天生的哲学家:大师经典哲学绘本系列(全5册)

埃娃·富尔纳里. 给世界写清单[M]. 郭俊宏,译. 北京:中信出版社,2019.

埃娃·富尔纳里. 练习女巫祖祖[M]. 陈光宇,译. 北京:中信出版社,2019.

埃娃·富尔纳里. 特鲁迪和琪琪[M]. 陈光宇,译. 北京:中信出版社,2019.

埃娃·富尔纳里. 万能原始人[M]. 陈光宇,译. 北京:中信出版社,2019.

埃娃·富尔纳里. 整整齐齐小镇[M]. 郭俊宏,译. 北京:中信出版社,2019.

李欧·李奥尼经典作品集(全14册)[3~6周岁]

李欧·李奥尼. 佩泽提诺[M]. 阿甲,译. 海口:南海出版公司,2011.

李欧·李奥尼. 鳄鱼哥尼流[M]. 阿甲,译. 海口:南海出版公司,2010.

李欧·李奥尼. 蒂莉和高墙[M]. 阿甲,译. 海口:南海出版公司,2011.

李欧·李奥尼. 玛修的梦[M]. 阿甲,译. 海口:南海出版公司,2010.

李欧·李奥尼. 世界上大的房子[M]. 阿甲,译. 海口:南海出版公司,2011.

李欧·李奥尼. 田鼠阿佛[M]. 阿甲,译. 海口:南海出版公司,2010.

李欧·李奥尼. 西奥多和会说话的蘑菇[M]. 阿甲,译. 海口:南海出版公司,2011.

李欧·李奥尼. 小黑鱼[M]. 彭懿,译. 海口:南海出版公司,2007.

李欧·李奥尼. 一只奇特的蛋[M]. 阿甲,译. 海口:南海出版公司,2017.

李欧·李奥尼. 鱼就是鱼[M]. 阿甲,译. 海口:南海出版公司,2011.

李欧·李奥尼. 亚历山大和发条老鼠[M]. 阿甲,译. 海口:南海出版公司,2010.

李欧·李奥尼. 自己的颜色[M]. 阿甲,译. 海口:南海出版公司,2011.

李欧·李奥尼. 这是我的![M]. 阿甲,译. 海口:南海出版公司,2010.

李欧·李奥尼. 字母树[M]. 阿甲,译. 海口:南海出版公司,2011.

西方必读的人文启蒙绘本(全7册)[3~6周岁]

多米尼克·马里翁,玛蒂娜·佩卢索. 罗密欧与朱丽叶[M]. 张楠,译. 北京:现代出版社,2016.

卡蒂·德朗赛. 海洋女神[M]. 张楠,译. 北京:现代出版社,2014.

凯昔·德兰塞. 巴拉莱卡琴[M]. 张楠,译. 北京:现代出版社,2016.

罗克珊·玛丽·加里耶,凯昔·德兰塞. 摘月亮的人[M]. 贺天骏,译. 北京:现代出版社,2016.

斯特凡·莱,吉莉亚娜·布尔东. 镜子里的朋友[M]. 张楠,译. 北京:现代出版社,2016.

朱丽叶·索芒德,埃里克·皮巴雷. 幸福在哪里[M]. 张楠,译. 北京:现代出版社,2016.

茱莉娅,赛莉娅·肖芙瑞. 国王西蒙[M]. 贺天骏,译. 北京:现代出版社,2016.

其他

朗伽·尤格施瓦,妮娜·杜莱克. 秘密花园[M]. 杰铄然,译. 北京:北京联合出版社,2015.

安娜·康,克里斯托弗·维昂特. 小不点与大块头[M]. 李慧雅,译. 北京:北京联合出版社,2016.

谢尔·希尔弗斯坦. 爱心树[M]. 傅惟慈,译. 北京:北京联合出版公司,2018.

谢尔·希尔弗斯坦. 失落的一角[M]. 陈明俊,译. 北京:北京联合出版公司,2018.

谢尔·希尔弗斯坦. 失落的一角遇到大圆满[M]. 陈明俊,译. 北京:北京联合出版公司,2018.

谢尔·希尔弗斯坦. 阁楼上的光[M]. 叶硕,译. 北京:北京联合出版公司,2018.

谢尔·希尔弗斯坦. 一只会开枪的狮子[M]. 任溶溶,译. 海口:南海出版公司,2013.

凯瑟琳·卡夫,克里斯·里德尔. 另类[M]. 何雪燕,译. 沈阳:辽宁少年儿童出版社,2018.

李普曼系列"儿童哲学"丛书[学前教育阶段儿童哲学教育参考用书]

李普曼. 聪聪的发现[M]. 廖伯琴,编译. 太原:山西教育出版社,1997.

李普曼. 冬冬和南南[M]. 冯维,编译. 太原:山西教育出版社,1997.

李普曼. 好奇世界[M]. 冯维,孙琳,编译. 太原:山西教育出版社,1997.

李普曼. 教室里的哲学[M]. 张爱琳,张爱维,编译. 太原:山西教育出版社,1997.

李普曼. 伦理探究[M]. 周庆行,郭敬谊,编译. 太原:山西教育出版社,1997.

李普曼. 李莎[M]. 周庆行,编译. 太原:山西教育出版社,1997.

李普曼. 马克[M]. 陈本益,编译. 太原:山西教育出版社,1997.

李普曼. 社会探究[M]. 陈本益,编译. 太原:山西教育出版社,1997.

李普曼. 苏琪[M]. 刘文哲,编译. 太原:山西教育出版社,1997.

李普曼. 思思[M]. 李尚武,编译. 太原:山西教育出版社,1997.

李普曼,夏波. 为什么写,怎样写[M]. 刘文哲,李杰,谢贵华,编译. 太原:山西教育出版社,1997.

李普曼. 哲学探究[M]. 廖伯琴,张诗德,编译. 太原:山西教育出版社,1997.

附录 2
小学阶段儿童哲学教育参考书目举隅

"小柏拉图"书系(全 10 册)

埃德维尔·诗卢特,马蒂亚斯·阿黑奇. 卢梭的歌剧[M]. 胡庆余,译. 杭州:浙江少年儿童出版社,2014.

弗雷德里克·莫罗,拉姆施泰因. 爱因斯坦的灵感[M]. 戴敏,译. 杭州:浙江少年儿童出版社,2014.

罗南·奥贾兰,多纳斯亚·玛丽. 马克思的誓言[M]. 胡庆余,译. 杭州:浙江少年儿童出版社,2014.

让-保罗·蒙欣,莫罗. 康德教授的梦幻一日[M]. 戴敏,译. 杭州:浙江少年儿童出版社,2014.

让-保罗·蒙欣,勒布哈丝. 神圣的苏格拉底之死[M]. 戴敏,译. 杭州:浙江少年儿童出版社,2014.

让-保罗·蒙欣,施韦贝尔. 笛卡儿先生的小精灵[M]. 戴敏,译. 杭州:浙江少年儿童出版社,2014.

让-保罗·蒙欣,茱莉娅·沃泰尔. 莱布尼茨的美好世界[M]. 戴敏,译. 杭州:浙江少年儿童出版社,2014.

严·马尔尚,马蒂亚斯·阿黑奇. 伊壁鸠鲁的笑[M]. 胡庆余,译. 杭州:浙江少年儿童出版社,2014.

严·马尔尚,马蒂亚斯·阿黑奇. 海德格尔的墓地之旅[M]. 胡庆余,译. 杭州:浙江少年儿童出版社,2014.

严·马尔尚,索莱尔. 第欧根尼的另类生活[M]. 戴敏,译. 杭州:浙江少年儿童出版社,2014.

儿童哲学智慧书全集(全 9 册)[6~10 周岁]

奥斯卡·柏尼菲,奥利安·德巴. 我,是什么? [M]. 李玮,译. 南宁:接力出版社,2009.

奥斯卡·柏尼菲,卡特琳娜·莫里斯. 幸福,是什么[M]. 李玮,译. 南宁:接力出版社,2009.

奥斯卡·柏尼菲,布洛克.情感,是什么?[M].刘明,译.南宁:接力出版社,2011.

奥斯卡·柏尼菲,弗雷德里克·贝纳格利亚.社会,是什么?[M].刘明,译.南宁:接力出版社,2011.

奥斯卡·柏尼菲,顾荣.艺术和美,是什么?[M].刘明,译.南宁:接力出版社,2011.

奥斯卡·柏尼菲,克雷蒙·德屋.好和坏,是什么?[M].李玮,译.南宁:接力出版社,2011.

奥斯卡·柏尼菲,卢里耶.生活,是什么?[M].刘明,译.南宁:接力出版社,2011.

柏尼菲等,帕斯卡·乐迈特.知识,是什么?[M].李玮,译.南宁:接力出版社,2009.

奥斯卡·柏尼菲,让贝娜.自由,是什么?[M].谢逢蓓,译.南宁:接力出版社,2011.

孩子都是哲学家系列[7～10周岁]

"加斯东"系列丛书

依娜·施密特,雷娜·艾勒曼.小哲学家的奇思妙想[M].南曦,译.北京:天天出版社,2019.

艺术家联盟.我就是我[M].黄晓晨,译.北京:天天出版社,2020.

马修·德·罗比耶,玛丽·欧碧楠,盖纳艾勒·布莱,卡特琳娜·普洛多.加斯东,问个不停的小孩:关于世界的哲学课[M].肖婷婷,译.北京:天天出版社,2016.

苏菲·弗洛,卡特琳娜·普罗多-祖贝尔.加斯东,问个不停的小孩:关于人生的哲学课[M].黄凌霞,译.北京:天天出版社,2016.

哲学鸟飞罗系列(全10册)

碧姬·拉贝,埃里克·加斯特.那你呢,你害怕什么[M].王恬,译.南宁:接力出版社,2012.

碧姬·拉贝,埃里克·加斯特.要是我不去上学[M].王恬,译.南宁:接力出版社,2012.

碧姬·拉贝,埃里克·加斯特.要是我不遵守规则[M].王恬,译.南宁:接力出版社,2012.

碧姬·拉贝,埃里克·加斯特.我可以撒谎吗[M].王恬,译.南宁:接力出版社,2012.

碧姬·拉贝,埃里克·加斯特.我可以打架吗[M].王恬,译.南宁:接力出版社,2012.

碧姬·拉贝,埃里克·加斯特. 为什么我没有钱[M]. 王恬,译. 南宁:接力出版社,2012.

碧姬·拉贝,埃里克·加斯特. 为什么这也不许、那也不行[M]. 王恬,译. 南宁:接力出版社,2012.

碧姬·拉贝,埃里克·加斯特. 我可以永远不死吗[M]. 王恬,译. 南宁:接力出版社,2012.

碧姬·拉贝,埃里克·加斯特. 我可以放弃一切吗[M]. 王恬,译. 南宁:接力出版社,2012.

碧姬·拉贝,埃里克·加斯特. 为什么我不能当头儿[M]. 王恬,译. 南宁:接力出版社,2012.

中文分级阅读 K1[6～7 周岁]

金波. 大树上的书[M]. 南京:江苏凤凰文艺出版社,2020.

冰波. 流星花[M]. 昆明:云南美术出版社,2020.

胡木仁. 小鸟念书[M]. 济南:山东文艺出版社,2020.

吕丽娜. 最会偷东西的大盗贼[M]. 昆明:云南人民出版社,2020.

亲近母语研究院. 节日的传说[M]. 济南:山东画报出版社,2020.

亲近母语研究院. 很久很久以前[M]. 昆明:云南美术出版社,2020.

亲近母语研究院. 哪吒闹海[M]. 济南:山东画报出版社,2020.

王一梅. 奔跑的圆[M]. 杭州:浙江文艺出版社,2020.

张秋生. 小巴掌童话[M]. 天津:天津人民出版社,2020.

让·德·布吕诺夫. 大象巴巴的故事[M]. 白睿,译. 济南:山东画报出版社,2020.

新美南吉. 小狐狸打灯油[M]. 周龙梅,彭懿,译. 南京:江苏凤凰文艺出版社,2020.

毕翠克丝·波特. 彼得兔的故事[M]. 顾湘,译. 成都:四川文艺出版社,2020.

中文分级阅读 K2[7～8 周岁]

陈诗哥. 我想养一只鸭子[M]. 济南:山东文艺出版社,2020.

吕伯攸,朱文叔. 中国神话故事和传说[M]. 济南:山东画报出版社,2020.

亲近母语研究院. 成语故事[M]. 济南:山东画报出版社,2020.

孙幼军. 小狗的小房子[M]. 天津:天津人民出版社,2020.

朱自强,左伟,甜果实. 属鼠蓝和属鼠灰[M]. 沈阳:春风文艺出版社,2020.

阿凡提的故事[M]. 赵世杰,编译. 昆明:云南美术出版社,2017.

阿钠托尔·法郎士. 蜜蜂公主[M]. 戚译引,译. 南京:江苏凤凰文艺出版社,2020.

黎达. 黎达动物故事[M]. 陈阳,译. 杭州:浙江文艺出版社,2020.

玛特·艾·季罗夫人.列那狐的故事[M].罗新璋,译.南京:江苏凤凰文艺出版社,
2018.

罗伯特·罗素.兔子坡[M].陆剑,译.昆明:云南人民出版社,2020.

艾伦·亚历山大·米尔恩.小熊维尼[M].钟姗,译.成都:四川文艺出版社,2020.

吉卜林.原来如此的故事[M].曹明伦,译.天津:天津人民出版社,2020.

中文分级阅读 K3[8～9 周岁]

冰波.月光下的肚肚狼[M].昆明:云南美术出版社,2020.

汤汤.门牙阿上小传[M].天津:天津人民出版社,2020.

王一梅.木偶的森林[M].杭州:浙江文艺出版社,2020.

叶圣陶.稻草人[M].上海:上海文艺出版社,2018.

张天翼.宝葫芦的秘密[M].昆明:云南人民出版社,2016.

米·普里什文.孩子们和野鸭子[M].韦苇,译.昆明:云南人民出版社,2020.

安徒生.安徒生童话[M].叶君健,译.北京:人民文学出版社,2005.

格林兄弟.格林童话[M].魏以新,译.昆明:云南人民出版社,2020.

伊索.伊索寓言[M].韦苇,译.济南:山东画报出版社,2020.

劳拉·英格尔斯·怀尔德.草原上的小木屋[M].杨筱艳,译.昆明:云南美术出版
社,2020.

约翰娜·斯比丽.海蒂[M].张羽佳,译.济南:山东画报出版社,2020.

卡洛·科洛迪.木偶奇遇记[M].任溶溶,译.成都:四川文艺出版社,2020.

中文分级阅读 K4[9～10 周岁]

陈丹燕.我的妈妈是精灵[M].福州:福建少年儿童出版社,2020.

梅子涵.童话[M].济南:山东画报出版社,2020.

汤素兰.小凯的稻草人[M].天津:天津人民出版社,2020.

易中天,胡永凯.易中天中华经典故事:庄子[M].上海:上海文艺出版社,2019.

章衣萍,牟悠然.中国古代人物故事[M].天津:天津人民出版社,2020.

费利克斯·萨尔腾.小鹿斑比[M].邹绛,译.济南:山东画报出版社,2020.

新美南吉.小狐狸买手套[M].周龙梅,彭懿,译.南京:江苏凤凰文艺出版
社,2020.

伊林.十万个为什么[M].叶红,译.昆明:云南人民出版社,2020.

安娜·塞维尔.黑骏马[M].姚莉莉,译.昆明:云南人民出版社,2010.

刘易斯.纳尼亚传奇:狮子、女巫和魔衣橱[M].邓嘉宛,译.昆明:云南美术出版
社,2020.

吉卜林.丛林之书[M].文美惠,任吉生,译.天津:天津人民出版社,2020.

依列娜·法吉恩. 万花筒[M]. 黄天怡，译. 天津：天津人民出版社，2020.

中文分级阅读 K5[10～11 周岁]

格日勒其木格·黑鹤. 在北方森林的深处[M]. 南京：江苏凤凰文艺出版社，2020.

罗贯中. 三国演义[M]. 昆明：云南美术出版社，2020.

林海音. 城南旧事[M]. 南京：江苏凤凰文艺出版社，2020.

亲近母语研究院. 中国民间故事[M]. 济南：山东画报出版社，2020.

汤芸畦. 中国历史故事[M]. 北京：中国华侨出版社，2020.

吴承恩. 西游记[M]. 昆明：云南美术出版社，2020.

西顿. 西顿动物故事[M]. 蒲隆，译. 济南：山东画报出版社，2020.

刘易斯·卡罗尔. 爱丽丝漫游奇境[M]. 马爱农，译. 昆明：云南美术出版社，2020.

肯尼斯·格雷厄姆. 柳林风声[M]. 梅静，译. 昆明：云南美术出版社，2017.

维·比安基. 雪地寻踪[M]. 韦苇，译. 昆明：云南美术出版社，2020.

伊迪丝·内斯比特. 铁路边的孩子们[M]. 张亦琦，译. 天津：天津人民出版社，2020.

詹姆斯·马修·巴利. 彼得·潘[M]. 靳锦，译. 昆明：云南人民出版社，2016.

中文分级阅读 K6[11～12 周岁]

曹文轩. 像鹰一样滑翔[M]. 昆明：云南美术出版社，2020.

萧红. 呼兰河传[M]. 南昌：江西人民出版社，2019.

莫里斯·梅特林克. 青鸟[M]. 刘颖，译. 济南：山东画报出版社，2020.

安托万·德·圣埃克苏佩里. 小王子[M]. 李继宏，译. 天津：天津人民出版社，2000.

儒勒·凡尔纳. 海底两万里[M]. 张竝，译. 天津：天津人民出版社，2016.

露西·莫德·蒙格玛利. 绿山墙的安妮[M]. 姚瑶，译. 昆明：云南人民出版社，2020.

马克·吐温. 汤姆·索亚历险记[M]. 雍毅，译. 昆明：云南人民出版社，2020.

伊丽莎白·恩赖特. 银顶针的夏天[M]. 谢芳群，译. 上海：上海文艺出版社，2020.

宫泽贤治. 银河铁道之夜[M]. 周龙梅，彭懿，译. 南京：江苏凤凰文艺出版社，2020.

赫伯特·乔治·威尔斯. 时间机器[M]. 顾忆青，译. 天津：天津人民出版社，2020.

马克·洛里. 查理和我的旅行[M]. 陈丽莎，译. 昆明：云南美术出版社，2019.

查尔斯·兰姆，玛丽·兰姆. 莎士比亚戏剧故事集[M]. 漪然，译. 昆明：云南美术出版社，2018.

其他

张润秀,孙如琨. 小学生不可不知的哲学家[M]. 杭州:浙江少年儿童出版社,2015.

迈克尔·西格蒙德. 你好小哲学家[M]. 杨妍璐,译. 北京:中国轻工业出版社,2020.

伊娃·佐勒·莫尔夫. 小哲学家的大问题——和孩子一起做哲学[M]. 杨妍璐,译. 北京:中国轻工业出版社,2019.

野矢茂树,等. 哲学家请回答:小孩子的哲学大问题[M]. 傅玉娟,译. 北京:中信出版集团,2018.

艾米莉阿诺·狄马可,朱西·卡皮齐. 给小哲学家的101个游戏[M]. 金璆,译. 长春:吉林出版集团有限责任公司,2016.

附录3
初中阶段青少年哲学教育参考书目举隅

说明:虽然本书定位于3~6周岁的幼儿与6~12周岁的儿童的哲学教育,但考虑到人的发展的顺序性与阶段性成长规律,我们也将初中阶段的青少年哲学教育可以使用到的参考书目列出,供广大教师同行参考。

艾思奇. 大众哲学[M]. 上海:上海教育出版社,2020.

华厦. 哲学家说些什么[M]. 上海:华东师范大学出版社,2018.

林欣浩. 哲学家们都干了些什么[M]. 北京:北京联合出版公司,2015.

田峰,田合禄,李红. 孔子:被遗忘的古代科学家——易传与古代科学[M]. 太原:山西科学技术出版社,2008.

王海峰. 现代物理学的哲学启示[M]. 北京:科学出版社,2015.

缘中源. 哲学家讲故事大全集[M]. 北京:新世界出版社,2011.

周国平. 周国平人文讲演录[M]. 上海:上海文艺出版社,2006.

爱克曼. 歌德谈话录[M]. 朱光潜,译. 南京:译林出版社,2020.

诺拉·K,维托里奥·赫斯勒. 哲学家的咖啡馆——少女与教授关于人生的书信[M]. 卫茂平,译. 上海:复旦大学出版社,2001.

埃米尔·苏威斯特. 屋顶间的哲学家[M]. 张亘,译. 重庆:重庆大学出版社,2013.

罗曼·罗兰. 名人传[M]. 傅雷,译. 南京:译林出版社,2001.

罗伯特·保罗·沃尔夫.哲学是什么[M].黄小洲,张云涛,译.重庆:重庆大学出版社,2011.

威尔·杜兰特.哲学的故事[M].蒋剑峰,张程程,译.杭州:浙江大学出版社,2015.

托马斯·内格尔.你的第一本哲学书[M].宝树,译.北京:中信出版社,2016.

乔伊·哈基姆.科学之源:自然哲学家的启示[M].仲新元,译.上海:上海教育出版社,2017.

乔斯坦·贾德.苏菲的世界[M].萧宝森,译.北京:作家出版社,2017.

乔斯坦·贾德.纸牌的秘密[M].李永平,译.北京:作家出版社,2017.

乔斯坦·贾德.西西莉亚的世界[M].林为正,译.南宁:接力出版社,2017.

乔斯坦·贾德.玛雅[M].江丽美,译.北京:作家出版社,2007.

乔斯坦·贾德.诺拉的2084[M].李士勋,译.南宁:接力出版社,2017.

乔斯坦·贾德.永恒的灵性[M].江丽美,译.北京:昆仑出版社,2001.

乔斯坦·贾德.生命的目录[M].管中琪,译.北京:昆仑出版社,2001.

卡洛·罗韦利.时间的秩序[M].杨光,译.长沙:湖南科学技术出版社,2019.

阿兰·德波顿.哲学的慰藉[M].资中筠,译.上海:上海译文出版社,2012.

艾伦·麦克法兰.给莉莉的信——关于世界之道[M].管可秾,严潇潇,译.北京:商务印书馆,2017.

康拉德·柯列弗,亚当·弗莱彻,卢卡斯·艾格.厕所里的哲学课[M].李贯峰,译.北京:北京联合出版公司,2020.

罗素.西方哲学史[M].张作成,译.北京:北京出版社,2012.

乔纳森·巴尔内斯,朱利安·巴尔内斯序.在咖啡馆遇见亚里士多德[M].袁琳,译.哈尔滨:黑龙江教育出版社,2013.

史蒂芬·霍金.时间简史[M].许明贤,吴忠超,译.长沙:湖南科学技术出版社,2002.

附录4
高中阶段青少年哲学教育参考书目举隅

说明:虽然本书定位于3~6周岁的幼儿与6~12周岁的儿童的哲学教育,但考虑到人的发展的顺序性与阶段性成长规律,我们也将高中阶段的青少年哲学教育可以使用的参考书目列出,供广大教师同行参考。

大学 中庸[M]. 傅佩荣,译解. 北京:东方出版社,2012.

费孝通. 乡土中国:价值典藏版[M]. 北京:商务印书馆,2018.

冯友兰. 中国哲学简史[M]. 赵复三,译. 北京:生活·读书·新知三联书店,2009.

黄宝国. 庄子选译[M]. 长春:吉林大学出版社,2010.

胡适. 胡适的声音(1919—1960):胡适演讲集[M]. 桂林:广西师范大学出版社,2005.

梁启超. 梁启超修身讲演录[M]. 彭树欣,选评. 上海:上海古籍出版社,2018.

李太仆. 四百年灯火阑珊[M]. 上海:复旦大学出版社,2019.

林语堂. 苏东坡传[M]. 张振玉,译. 长沙:湖南少年儿童出版社,2020.

苏茂鸣. 和高中生漫谈数学与哲学的故事[M]. 哈尔滨:哈尔滨工业大学出版社,2014.

孙正聿. 人的精神家园[M]. 南京:江苏人民出版社,2014.

夏烈. 夏烈教授给高中生的19场讲座[M]. 北京:中国青年出版社,2013.

赵汀阳. 坏世界研究:作为第一哲学的政治哲学[M]. 北京:中国人民大学出版社,2009.

朱光潜. 谈美[M]. 北京:北京联合出版公司,2020.

张志伟. 西方哲学十五讲[M]. 北京:北京大学出版社,2004.

赵敦华. 中世纪哲学十讲[M]. 上海:复旦大学出版社,2020.

孙玉莹. 孟子选注[M]. 北京:光明日报出版社,2007.

豪尔赫·路易斯·博尔赫斯. 小径分岔的花园[M]. 王永年,译. 上海:上海译文出版社,2017.

爱克曼. 歌德谈话录[M]. 朱光潜,译. 南京:译林出版社,2020.

恩格斯. 家庭,私有制和国家的起源[M]. 中共中央马克思恩格斯列宁斯大林著作编译局,编译. 北京:人民出版社,2018.

黑格尔. 黑格尔全集(第10卷):纽伦堡高级中学教程和讲话(1808—1816)[M]. 张东辉,户晓辉,译. 北京:商务印书馆,2012.

马克思,恩格斯. 共产党宣言[M]. 单文波,导读、注释. 上海:上海译文出版社,2019.

加缪. 西西弗的神话[M]. 沈志明,译. 上海:上海译文出版社,2013.

加缪. 异乡人[M]. 张一乔,译. 北京:北京大学出版社,2015.

蒙田. 蒙田随笔[M]. 黄建华,译. 北京:人民文学出版社,2020.

波爱修斯. 哲学的慰藉[M]. 贺国坤,译. 西安:陕西师范大学出版社,2009.

柏拉图. 理想国[M]. 郭斌和,张竹明,译. 北京:商务印书馆,2019.

黄仁宇. 万历十五年:增订纪念本[M]. 北京:中华书局,2006.

鲁思·本尼迪克特. 菊与刀[M]. 叶宁,译. 南京:江苏人民出版社,2019.

罗伯特·所罗门,凯思林·希金斯. 大问题:简明哲学导论(第10版)[M]. 张卜天,译. 北京:清华大学出版社,2018.

威尔·杜兰特. 哲学的故事[M]. 蒋剑峰,张程程,译. 杭州:浙江大学出版社,2015.

葛拉西安. 千年智慧书[M]. 树君,继月,编译. 北京:商务印书馆,2010.

附录5
适合家长使用的儿童哲学书目举隅

儿童哲学与教育哲学丛书(全4册)

罗瑶. 幼儿园的诞生[M]. 南京:南京师范大学出版社,2019.

苗曼. 天性引领教育[M]. 南京:南京师范大学出版社,2019.

陶金玲. 生成取向的儿童教育论[M]. 南京:南京师范大学出版社,2018.

张更立. 异化与回归——走向"生活批判"的儿童教育研究[M]. 南京:南京师范大学出版社,2017.

叽里咕噜的哲学(全5册)

玉兰. 叽里咕噜的哲学:宇宙从哪来?@所有人[M]. 北京:中国致公出版社,2018.

玉兰. 叽里咕噜的哲学:我老大,天老二[M]. 北京:中国致公出版社,2018.

玉兰. 叽里咕噜的哲学:第一次做人,好紧张[M]. 北京:中国致公出版社,2018.

玉兰. 叽里咕噜的哲学:鬼是什么,好吃吗?[M]. 北京:中国致公出版社,2018.

玉兰. 叽里咕噜的哲学:扎心了,老铁![M]. 北京:中国致公出版社,2018.

其他

成云雷. 趣味哲学[M]. 济南:山东人民出版社,2014.

秦泉. 哈佛凌晨四点半 哈佛大学送给青少年的最好礼物[M]. 汕头:汕头大学出版社,2014.

吴易梦. 从前有座山:很老很老的禅故事(上)[M]. 西安:陕西师范大学出版社,2012.

吴易梦. 从前有座山:很老很老的禅故事(下)[M]. 西安:陕西师范大学出版社,2012.

阿尔弗雷德·阿德勒. 儿童的人格教育[M]. 彭正梅,彭莉莉,译. 上海:上海人民出版社,2014.

玛丽-法郎士·阿兹布鲁克. 不服从[M]. 黄可,译. 北京:新星出版社,2019.

迈克尔·西格蒙德. 你好小哲学家[M]. 杨妍璐,译. 北京:中国轻工业出版社,2020.

普雷希特. 哲学家与儿童对话[M]. 王泰智,沈惠珠,译. 北京:生活·读书·新知三联书店,2013.

施蒂克尔. 诺贝尔奖获得者与儿童对话[M]. 张荣昌,译. 北京:生活·读书·新知三联书店,2013.

戴蒙,勒纳. 儿童心理学手册(第6版):第4卷 应用儿童发展心理学[M]. 林崇德,李其维,董奇,等,译. 上海:华东师范大学出版社,2015.

乔辛·迪·波沙达. 孩子,假如你吃了棉花糖[M]. 金泰恩,译. 青岛:青岛出版社,2015.

艾莉森·高普尼克. 孩子如何思考[M]. 杨彦捷,译. 杭州:浙江人民出版社,2019.

伊娃·佐勒·莫尔夫. 小哲学家的大问题 和孩子一起做哲学[M]. 杨妍璐,译. 北京:中国轻工业出版社,2019.

贝瑞斯·高特,莫拉格·高特. 学哲学的孩子更聪明:儿童哲学启蒙实践指南[M]. 刘笑非,译. 北京:人民邮电出版社,2019.

罗伯特·路易斯·斯蒂文森. 一个孩子的诗园[M]. 漪然,译. 昆明:云南美术出版社,2018.

约翰·洛克. 教育漫谈[M]. 冯丽霞,译. 上海:上海文化出版社,2020.

拉斐尔·塔姆博里诺. 父亲写给女儿的幸福课[M]. 闫好强,译. 乌鲁木齐:新疆青少年出版社,2019.

皮耶罗·费鲁奇. 孩子是个哲学家:重新发现孩子,重新发现自己[M]. 张晶,译. 上海:上海社会科学院出版社,2016.

附录6
儿童哲学公众号与网址举隅

公众号

1. 思考拉儿童哲学研究中心:宣传和介绍国内外儿童哲学的最新理论成果及实践资讯,提供本研究中心的研究、课程和实践推广资讯,从而推动儿童哲学在我国的稳健发展。

2. 儿童哲学研究所：儿童哲学研究阵地，儿童哲学前沿信息。

3. 南强儿童哲学研究中心（厦门大学儿童哲学实践基地）：为关注孩子"终生可迁移能力"而非"考试高分"的家长，提供了解爱智之学的平台；为有志造就"贯通形上形下，以道御学、御术、御器、御万殊的一代新人"的同路人，提供学习、研究、实践儿童哲学的平台。

4. 儿童哲学启蒙：哲学是儿童的天性，他们是天生的探索者、思想家、哲学家……哲学是人类的智慧，建立一个对儿童成长有意义的观念体系，将影响他们一生。

5. 酷思熊儿童哲学：国内首套原创儿童哲学童话，影响孩子一生的哲学阅读。

6. 儿童爱智坊：好教育激发思考，坏教育扼杀思考。儿童爱智坊是关于"儿童哲学的教育"和"教育的哲学"的研究交流平台。

7. 博雅小学堂：博雅小学堂是中国有影响力的通识教育内容平台，致力于重构5～15周岁孩子的学习内容与方法，为他们搭建可以和世界无缝对接的知识、能力和价值观体系，帮助他们构建人文底色，获得认识自我、幸福生活以及为社会创造价值的能力。

8. 儿童文学：中国少年儿童新闻出版总社。

9. 小小哲学家："90后"哲学博士羊叔的儿童哲学之路分享。

相关网站

儿童哲学课程中心 www.etzx.edu.sh.cn

儿童哲学·中国 www.p4c.org.cn